Servizo de Publicacións
Universida de Vigo

Homenaxes

n.º 015

Edición
Universidade de Vigo
Servizo de Publicacións
Rúa de Leonardo da Vinci, s/n
36310 Vigo

Deseño gráfico
Área de Imaxe
Vicerreitoría de Comunicacións e Relacións Institucionais

Imaxe da portada
Adobe Stock

Maquetación e impresión
Tórculo Comunicación Gráfica, S. A.

ISBN (Libro impreso)
978-84-1188-005-3

Depósito legal
VG 140-2024

Servizo de Publicacións
Universida_{de}Vigo

Orden en el desorden

Tejiendo redes desde la morfología
y la semántica al análisis del discurso

Autor

Antonio Rifón Sánchez

Edición a cargo de

Inmaculada Anaya Revuelta
Miguel Cuevas Alonso
María del Carmen Méndez Santos
José Montero Reguera
Susana Rodríguez Barcia

Epílogo de

Marisa Montero Curiel

Índice

Prólogo

"Cuando un amigo se va –dice la canción– algo se muere en el alma"; cuando, además, el que se va es un hermano, aunque sin lazos de sangre, a quien la muerte impía arrebató mucho antes de tiempo, el desgarrón afectivo, vital, es de tal magnitud que poco o nada ayuda a aliviar el dolor por su ausencia definitiva: acaso el recuerdo agridulce de los muchos momentos compartidos; o el de su retranca infinita, que tantas veces permitió seguir adelante en circunstancias poco propicias; o el de su sonrisa bondadosa que no ocultaba un perfil de profundas convicciones cívicas expresadas siempre con rotundidad... Pero, también por eso mismo, hoy le echo más de menos que nunca.

El pasado 30 de octubre de 2022, Antonio Rifón Sánchez, después de casi dos años de lucha ejemplar, tenaz, contra la enfermedad, dejó de sufrir y acudió al encuentro de la dama del alba. Maestro de muchas generaciones de estudiantes en la Facultad de Filología y Traducción de la Universidade de Vigo, colega muy querido en el centro y académico de reconocido prestigio en su especialidad (morfología del español), se incorporó a esta universidad en la primavera de 1995. Creció aquí personal y académicamente, y en la ciudad olívica emprendió su viaje definitivo, comenzado mucho tiempo antes de lo debido, con 57 años cumplidos el anterior 23 de julio.

Formado en el magisterio santiagués de Jesús Pena Seijas, llegó muy joven a Vigo y, en el camino de su maestro, alcanzó pronto un merecido reconocimiento en el campo de la morfología del español, al ofrecer trabajos en los que sabía conjuntar con eficacia lo mejor de la investigación tradicional con los nuevos enfoques y procedimientos de análisis. Más allá del campo morfológico, la bibliografía compilada por María Méndez Santos para este volumen da magnífica idea de la amplitud de sus conocimientos e intereses, de la capacidad de abrirse camino por sendas poco transitadas y de la variedad de los enfoques aplicados.

El campus de Lagoas-Marcosende lo recibió con su tesis ya debajo del brazo (*La derivación verbal en español*, 1994); esto le permitió, algunos años después, en 1998, acceder a una titularidad en lengua española. Como miembro más antiguo del departamento del mismo nombre con sede en Vigo, pese a su rechazo a los cargos académicos, lo dirigió con enorme templanza en momentos muy difíciles.

Investigador principal de varios proyectos, coordinó el grupo de investigación *Gramática, Discurso e Sociedade* (*GRADES*) y el Grado en Ciencias del Lenguaje y Estudios Literarios. Fue también uno de los *almus pater* del nuevo grado en Filología Aplicada Gallega y Española. Participó en abundantes comisiones y en todos los encargos que desde el decanato de la facultad le fueron asignados, siempre con verdadero y ejemplar sentido de servidor público.

De su mano nació también en 1998 una revista especializada, *Hesperia. Anuario de Filología Hispánica*, hoy referente en este campo y con sello de calidad de la FECYT, que solo dejó cuando ya las fuerzas se le agotaban; aun así, llegó a ver el primer tomo de 2022, dedicado a él. Sus palabras aún resuenan en quienes estuvimos a su lado entonces: "[...] estoy emocionado. El número es completo, están aquellos morfólogos a los que les tengo mucho cariño y respeto. Muchísimas gracias, se me están empezando a saltar las lágrimas, muchas gracias".

Discreto hasta el extremo, poco dado a la vanagloria, es ejemplo de lo mucho que tendría que aprender la universidad española de académicos como Antonio Rifón. Colaboró con generosidad para que las cosas fueran mejor de como a él le llegaron; siempre con una sonrisa, la mejor disposición y mucho trabajo a espaldas. Muy exigente con el trabajo, a veces bromeábamos con el tiempo que tardaba en reunir los materiales para redactar un artículo; el resultado era siempre impecable. Culto, lector de textos muy diversos (conservo, como oro en paño, un ejemplar suyo de *La Odisea*), amigo de sus amigos, tenía siempre tiempo para explicar cualquier minucia, por irrelevante que pudiera parecer, a su alumnado. Aún se me pone la carne de gallina al escuchar, varios meses después de su fallecimiento, cómo le recordaban alumnas suyas a quienes había enseñado que no era lo mismo redactar según qué propósito, y cómo habían de hacerlo. Inquieto, curioso y estudioso de todo, llegó a completar una segunda licenciatura (filosofía) y a expresarse con cierta "dignidad" en ruso. Y con ironía, siempre con mucha ironía y retranca.

En el complicado mundo de la universidad de hoy no abundan las personas que son capaces de unir, de aunar, de generar consenso y buscar el bien común. Antón —así le llamamos siempre— era una de estas personas. La Facultad de Filología y Traducción le está echando mucho de menos. Tenerlo cómo amigo fue una bendición, compartir claustro, un privilegio.

Aunque publicó bastante menos de lo que en su cabeza bullía, constituye un número importante el de los trabajos que publicó en revistas especializadas y publicaciones académicas muy diversas, pero también dispersas, por lo que se hacía necesario reunir una parte sustancial de aquellos en un volumen como este *Orden en el desorden* que —amable lector, amable lectora— tienes ahora en las manos. El título sintetiza bien el eje central de la investigación de Antonio Rifón Sánchez: poner orden, sistema, en un desorden de datos, de materiales distintos, no siempre fáciles de interpretar. La selección —a cargo quienes han editado el volumen— incluye una quincena de trabajos muy diversa, de corte esencialmente morfológico, pero no de manera exclusiva, de modo que constituye una síntesis excelente del quehacer investigador de Antonio Rifón, una verdadera suma en el sentido etimológico de la palabra, esto es, como compendio de, en la definición del *Diccionario de la Lengua Española*, "Lo más sustancial e importante de algo".

Pero se ha querido ofrecer algo más: los trabajos del profesor Rifón, ordenados cronológicamente, se presentan por medio de una introducción breve —apenas una página, poco más— que, a la vez, sintetiza lo esencial de cada uno de ellos y destaca su singularidad en tal o cual campo de investigación. Esto permite, además, la incorporación de voces amigas —colegas, discípulas, amistades— que han sabido añadir el detalle personal, el recuerdo particular que proporciona a la presentación objetiva del texto un tono emotivo. Y hay que decirlo con franqueza: pocas veces en la preparación de un volumen de estas características la respuesta ha sido tan rápida y sentida. Mi agradecimiento profundo a quienes acudieron presto a mi propuesta: Inmaculada Anaya Revuelta, Ivo Buzek, Elena Cabeza Pereiro, Mar Campos Souto, José Luis Cifuentes Honrubia, Miguel Cuevas Alonso, Vanessa Dacosta Cea, Elena Feliú Codina, José María García-Miguel Gallego, María Josefa González Domínguez, Manuel Justo Gil, María del Carmen Méndez Santos, José Ignacio Pérez Pascual, Isabel Pujol Payet, Susana Rodríguez Barcia, María José Rodríguez Espiñeira, David Serrano Dolader y Ana Varela Suárez. *Last but not least*, Marisa Montero Curiel, amiga y colega de Antón, acudió presta a mi llamada para rematar este volumen con un epílogo que hace justicia al magnífico morfólogo que fue Antonio Rifón Sánchez

Hoy, en el primer día del nuevo curso que comienza en septiembre de 2023, cuando remato esta nota prologal, se me agolpan los recuerdos, las emociones, un sentimiento a flor de piel que me lleva inmediatamente a tantos momentos compartidos; una sensación de melancolía lo invade todo. Pero hay que seguir, caminar hacia adelante; Antón no nos permitiría proceder de otra manera, por todos nosotros y, sobre todo, por Carmen y por Bruno, a quienes va dedicado este libro.

José Montero Reguera

Universidade de Vigo

Bibliografía de Antonio Rifón Sánchez

Artículos de revistas

- Rifón Sánchez, A.; S. Rodríguez Barcia y A. Varela Suárez. (2024) Análisis temático del discurso a partir de grafos de coocurrencias. CLAC, 97, 271-288.

- Rifón Sánchez, A.; S. Rodríguez Barcia y A. Varela Suárez. (2022) Visibilidad y construcción discursiva de la mujer en las publicaciones sobre alimentación de la prensa española. *Discurso & Sociedad,* 16(2), 383-419.

- Rifón Sánchez, A. (2020). Progresión temática y cohesión textual a través de grafos de coocurrencias. *Círculo de lingüística aplicada a la comunicación*, 82, 193-208.

- Rifón Sánchez, A. (2020). Las relaciones semánticas en la sufijación del español. *Revista de Filología* de la Universidad de La Laguna, 40, 247-273.

- Rifón Sánchez, A.; A. Varela Suárez y S. Rodríguez Barcia (2020). Expresión de la subjetividad y la contradicción en el discurso de la alimentación en la prensa escrita española. *Tonos digital: Revista de estudios filológicos*, 39, s/p.

- Rifón Sánchez, A. (2018). Estudio exploratorio de la red de prefijos en español. *Hesperia. Anuario de filología hispánica*, 21. 1, 95-112.

- Rifón Sánchez, A. (2016). Estructura de las redes de familias morfológicas antónimas. *LEA: Lingüística Española Actual*, 38 (2), 315-338.

- Rifón Sánchez, A. (2014). Evolución del significado morfológico de los prefijos *supra-* e *infra-*. *Estudios filológicos*, 53, 85-107.

- Rifón Sánchez, A. (2010). Las relaciones semánticas: la inclusión y la exclusión en los verbos del español. *Dicenda: Estudios de lengua y literatura españolas*, 28, 221-246.

- Rifón Sánchez, A. (2010). VI encuentro de morfólogos españoles (Vigo, 7 de mayo 2010). *Hesperia: Anuario de filología hispánica,* 13 (2), 5-6.

- Rifón Sánchez, A. (2009). *-oide.* Un sufijo cosmopolita. *Cuadernos del Instituto de Historia de la Lengua,* 81-114.

- Rifón Sánchez, A. (2009). Los órdenes semánticos. *ELUA: Estudios de Lingüística.* Universidad de Alicante, 23, 241-263.

- Rifón Sánchez, A. (2001). Paradigmas y series derivativas. *Revista de investigación lingüística,* 4 (2), 63-82.

- Rifón Sánchez, A. (2000). *-ori (o/a)* e *iv (o/a)* ¿Nombres postverbales y postnominales? *Epos: Revista de filología,* 16, 43-58.

- Rifón Sánchez, A. (1998). La derivación verbal apreciativa en español. *ELUA: Estudios de Lingüística. Universidad de Alicante,* 12, 211-226.

- Rifón Sánchez, A. (1997). Sobre la oposición verbal 'dinamicidad'/'estatividad' en español. *Romanistik in Geschichte und Gegenwart,* 3, 241-254.

- Rifón Sánchez, A. (1997). Reflexiones en torno a la agencia y la afección en español. *Anuario de estudios filológicos,* 20, 365-387.

- Rifón Sánchez, A. (1997). Sinonimia y polisemia de los sufijos -dor y -nte. *Revista de lexicografía,* 3, 95-110.

- Rifón Sánchez, A. (1994). La habitualidad e iteratividad en la derivación verbal española. *Verba: Anuario galego de filoloxía,* 21, 183-206.

Colaboraciones en obras colectivas

- Rifón Sánchez, A. (2021). Suffix evolution in derivation: four cases from Latin to Spanish. En A. Fábregas Alfaro *et al.* (eds). *The Routledge Handbook of Spanish Morphology* (pp. 222-235). Routledge.

- Rifón Sánchez, A. (2018). Las redes semánticas de los prefijos del español. En Marta Díaz Ferro *et al.* (eds.). *Actas do XIII Congreso Internacional de Lingüística Xeral: Vigo, 13-15 de xuño de 2018* (pp. 775-782). Universidade de Vigo.

- Rifón Sánchez, A. (2016). Bloqueo y competición entre sufijos en la formación de sustantivos deajetivales del español. En C. Buenafuentes de la Mata *et al.* (eds.), *Cuestiones de morfología léxica* (pp. 35-62). Iberoamericana Vervuert.

- Rifón Sánchez, A. (2012). Algunas consideraciones sobre direccionalidad y tiempo en las redes morfológicas. En A. Fábregas Alfaro *et al.* (eds.). *Los límites de la morfología: estudios ofrecidos a Soledad Varela Ortega* (pp. 383-396). Universidad Autónoma de Madrid.

- Rifón Sánchez, A. (2012). Poner encima/poner debajo, sobreponer/suponer. Una historia de prefijos y verbos. En C. Sinner *et al.* (coords.). *Tiempo y espacio en la formación de palabras en español* (pp. 33-46). Peniope.

- Rifón Sánchez, A. (2011). Nominalizations of transfer verbs: Blocking, constraints and competition between affixes. En J.L. Cifuentes Honrubia y S. Rodríguez Rosique (coords.). *Spanish Word Formation and Lexical Creation* (pp. 233-254). John Benjamins.

- Rifón Sánchez, A. y Anaya Revuelta, I. (2007). Separación de acepciones y subacepciones en los sustantivos deverbales del español: el caso del sufijo "-ura". En M. Campos Souto *et al.* (coord.). *Reflexiones sobre el diccionario* (pp. 95-106). Universidade de A Coruña.

- Rifón Sánchez, A. (2004). Rivodó y su Tratado de los compuestos castellanos (1883). En C.J. Corrales Zumbado *et al.* (coords.). *Nuevas aportaciones a la historiografía lingüística: actas del IV Congreso Internacional de la SEHL. La Laguna (Tenerife), 22 al 25 de octubre de 2003* (pp. 1399-1406). Universidad de La Laguna.

- Rifón Sánchez, A. (2002). Organización paradigmática derivativa, un ejemplo del español. En I.C. Báez Montero *et al.* (eds.). *Romeral: estudios filológicos en homenaje a José Antonio Fernández Romero* (pp. 213-228). Universidade de Vigo.

- Rifón Sánchez, A. (2000). Notas sobre las realizaciones semánticas de las nominalizaciones orientadas del español. En M. Martínez Hernández *et al.* (coords.). *Cien años de investigación semántica. De Michel Breal a la actualidad: actas del Congreso Internacional de Semántica* (pp. 865-876). Ediciones clásicas.

- Rifón Sánchez, A. (1999). El género en Nebrija y Villalón: análisis contrastivo. En M. Fernández *et al.* (coords.). *Actas del I Congreso Internacional de Historiografía Lingüística Española: 18-21 de febrero de 1997, La Coruña* (pp. 559-570). Arco Libros.

- Rifón Sánchez, A. (1997). Sobre la variedad significativa del sufijo postverbal -dero. En M.C. Henríquez Salido y M.A. Esparza Torres (eds.). *Estudios de lingüística* (pp. 123-137). Universidade de Vigo.

- Rifón Sánchez, A. (1996). Los Verbos parasintéticos denominales a-___-a(r) y en -___-a(r): una hipótesis semántica. En M.C. Henríquez Salido y A. Rifón Sánchez (eds.). *Estudios de morfología* (pp. 111-126). Universidade de Vigo.

Libros

- Rifón Sánchez, A. (1997). *Pautas semánticas para la formación de verbos en español mediante sufijación.* Universidade de Santiago de Compostela.

Tesis

- Rifón Sánchez, A. (1994). *La Derivación verbal en español.* Universidade de Santiago de Compostela.

Reseñas

- Rifón Sánchez, A. (2012). La historia de los sufijos-ismo e-ista. Evolución morfológica y semántica en la tradición lexicográfica académica española. *Hesperia. Anuario de Filología Hispánica,* 15, 114-116.

- Rifón Sánchez, A. (2011). Bruña Cuevas, Manuel (coord.) Lexicografía bilingüe y plurilingüe del español (siglos XV-XIX). *Hesperia. Anuario de Filología Hispánica,* 13(2), 153-155.

- Rifón Sánchez, A. (2006). García Sánchez, Jairo Javier, Toponimia mayor de la provincia de Toledo (zonas central y oriental), Toledo: Instituto provincial de investigaciones y estudios toledanos. *Hesperia. Anuario de Filología Hispánica,* 9, 279-280.

Obras coordinadas

- Campos Souto, M.; Mariño Paz, R., Pérez Pascual, J.I.; Rifón Sánchez, A. (2012). *Assí como es de suso dicho: estudios de morfología y léxico en homenaje a Jesús Pena.* Cilengua. Centro Internacional de Investigación de la Lengua Española.

- Henríque Salido, M.C. y Rifón Sánchez, A. (1996). *Estudios de morfología.* Publicaciones del Área de Lengua Española. Universidade de Vigo.

Artículos breves

- Rifón Sánchez, A. (3 de junio de 2009). *Neologismos y copyright* Rinconete. https://cvc.cervantes.es/el_rinconete/anteriores/septiembre_09/21092009_01.htm https://cvc.cervantes.es/el_rinconete/anteriores/junio_09/03062009_01.htm

— Rifón Sánchez, A. (18 de junio de 2009). *¿Morirá la tercera conjugación?* Rinconete. https://cvc.cervantes.es/el_rinconete/anteriores/septiembre_09/21092009_01.htm https://cvc.cervantes.es/el_rinconete/anteriores/junio_09/18062009_01.htm

— Rifón Sánchez, A. (1 de julio de 2009). *Influenza, gripe y la muerte del español.* Rinconete. https://cvc.cervantes.es/el_rinconete/anteriores/septiembre_09/21092009_01.htm https://cvc.cervantes.es/el_rinconete/anteriores/julio_09/01072009_01.htm

— Rifón Sánchez, A. (10 de julio de 2009). *¿Qué demonios hablo?* Rinconete. https://cvc.cervantes.es/el_rinconete/anteriores/septiembre_09/21092009_01.htm https://cvc.cervantes.es/el_rinconete/anteriores/julio_09/10072009_01.htm

— Rifón Sánchez, A. (20 de julio de 2009). *El dentista y la sinonimia.* Rinconete. https://cvc.cervantes.es/el_rinconete/anteriores/septiembre_09/21092009_01.htm https://cvc.cervantes.es/el_rinconete/anteriores/julio_09/20072009_01.htm

— Rifón Sánchez, A. (28 de julio de 2009). *Yo hablo la lengua de los césares, ¿y usted?* Rinconete. https://cvc.cervantes.es/el_rinconete/anteriores/septiembre_09/21092009_01.htm https://cvc.cervantes.es/el_rinconete/anteriores/julio_09/28072009_01.htm

— Rifón Sánchez, A. (3 de septiembre de 2009). *Lengua y utilidad.* Rinconete. https://cvc.cervantes.es/el_rinconete/anteriores/septiembre_09/21092009_01.htm https://cvc.cervantes.es/el_rinconete/anteriores/septiembre_09/03092009_01.htm

— Rifón Sánchez, A. (10 de septiembre de 2009). *¿Cuarentón o cuarentañero?* Rinconete. https://cvc.cervantes.es/el_rinconete/anteriores/septiembre_09/21092009_01.htm https://cvc.cervantes.es/el_rinconete/anteriores/septiembre_09/10092009_01.htm

— Rifón Sánchez, A. (21 de septiembre de 2009). *¿Que inventen ellos?* Rinconete. https://cvc.cervantes.es/el_rinconete/anteriores/septiembre_09/21092009_01.htm

— Rifón Sánchez, A. (30 de noviembre de 2009). *Si las viesen con mis ojos... o la vida de las palabras.* Rinconete. https://cvc.cervantes.es/el_rinconete/anteriores/noviembre_09/30112009_01.htm

— Rifón Sánchez, A. (10 de diciembre de 2009). *¿Mi lengua es lo que soy?* Rinconete. https://cvc.cervantes.es/el_rinconete/anteriores/diciembre_09/10122009_01.htm

— Rifón Sánchez, A. (18 de diciembre de 2009). *Orden y desorden: del cerebro al léxico*. Rinconete. https://cvc.cervantes.es/el_rinconete/anteriores/diciembre_09/18122009_02.htm

— Rifón Sánchez, A. (13 de marzo de 2010). *El español y la hidalguía de sus gentes*. Rinconete. https://cvc.cervantes.es/el_rinconete/anteriores/marzo_10/15032010_01.htm

— Rifón Sánchez, A. (7 de mayo de 2010). *La palabra más hermosa del español*. Rinconete. https://cvc.cervantes.es/el_rinconete/anteriores/mayo_10/07052010_01.htm

— Rifón Sánchez, A. (27 de mayo de 2010). *Bla, bla..., bla, bla, bla...* Rinconete. https://cvc.cervantes.es/el_rinconete/anteriores/mayo_10/27052010_01.htm

— Rifón Sánchez, A. (17 de junio de 2010). *Gallego, ¿en el sentido más peyorativo?* Rinconete. https://cvc.cervantes.es/el_rinconete/anteriores/junio_10/17062010_02.htm

— Rifón Sánchez, A. (3 de enero de 2011). *¿Tildes? ¡No gracias!* Rinconete. https://cvc.cervantes.es/el_rinconete/anteriores/enero_11/03012011_01.htm

— Rifón Sánchez, A. (19 de enero de 2011). *Por un puñado de coins*. Rinconete. https://cvc.cervantes.es/el_rinconete/anteriores/enero_11/19012011_01.htm

— Rifón Sánchez, A. (7 de febrero de 2011). *¿Qué fue antes, el huevo o la gallina?* Rinconete. https://cvc.cervantes.es/el_rinconete/anteriores/febrero_11/07022011_02.htm

— Rifón Sánchez, A. (1 de marzo de 2011). *Compring, paseing y charling*. Rinconete. https://cvc.cervantes.es/el_rinconete/anteriores/marzo_11/01032011_01.htm

— Rifón Sánchez, A. (14 de marzo de 2011). *Ser o no ser políticamente correcto*. Rinconete. https://cvc.cervantes.es/el_rinconete/anteriores/marzo_11/14032011_02.htm

— Rifón Sánchez, A. (1 de abril de 2011). *No es lo mismo ser derecho que traidor*. Rinconete. https://cvc.cervantes.es/el_rinconete/anteriores/abril_11/01042011_02.htm

— Rifón Sánchez, A. (18 de abril de 2011). *Cada uno se llama como le viene en gana*. Rinconete. https://cvc.cervantes.es/el_rinconete/anteriores/abril_11/18042011_02.htm

— Rifón Sánchez, A. (13 de julio de 2011). *Be water, my friend*. Rinconete. https://cvc.cervantes.es/el_rinconete/anteriores/julio_11/13072011_01.htm

— Rifón Sánchez, A. (14 de septiembre de 2011). *Periodistas y periódicos*. Rinconete. https://cvc.cervantes.es/el_rinconete/anteriores/septiembre_11/14092011_01.htm

— Rifón Sánchez, A. (22 de septiembre de 2011). *¿Si brb 2 bcs bn?* Rinconete. https://cvc.cervantes.es/el_rinconete/anteriores/septiembre_11/22092011_01.htm

— Rifón Sánchez, A. (11 de octubre de 2011). *El significado de la relatividad y la relatividad del significado*. Rinconete. https://cvc.cervantes.es/el_rinconete/anteriores/octubre_11/11102011_02.htm

— Rifón Sánchez, A. (21 de octubre de 2011). *Oro parece, plata no es*. Rinconete. https://cvc.cervantes.es/el_rinconete/anteriores/octubre_11/21102011_01.htm

— Rifón Sánchez, A. (2 de noviembre de 2011). *Composiciones y descomposiciones*. Rinconete. https://cvc.cervantes.es/el_rinconete/anteriores/noviembre_11/02112011_02.htm

— Rifón Sánchez, A. (4 de enero de 2012). *Ubi sunt*. Rinconete. https://cvc.cervantes.es/el_rinconete/anteriores/enero_12/04012012_01.htm

Capítulo 01
Los verbos parasintéticos denominales *a-__-a(r)* y *en-__-a(r)*: una hipótesis semántica

(*Estudios de morfología*. 1996. Universidade de Vigo. 111-126)

PRESENTACIÓN

En el artículo que presentamos, Antonio Rifón resalta con sagacidad y maestría las interrelaciones entre sus dos campos de estudio preferidos (semántica y morfología), y lo hace en un ámbito especialmente complejo y debatido de la morfología léxica: la ¿parasíntesis? verbal en español. A ello se une el que solía ser tercer pilar de muchas de sus investigaciones: los análisis propuestos se basan siempre en un minucioso estudio de casos.

El artículo de Rifón, a pesar de su brevedad, destaca tanto en sus tomas de postura teórica como en el análisis particularizado de los ejemplos de parasíntesis verbal denominal en español.

Desde el punto de vista teórico, su punto de partida puede resultar sorprendente: los tradicionalmente denominados verbos parasintéticos (en tanto en cuanto que presentarían prefijación y sufijación simultánea y solidaria: *barco > em-barc-ar*), en realidad no lo son. La estructura morfológica subyacente a los mismos no sería ternaria, sino que son verbos formados por medio de la prefijación de verbos posibles (pero no necesariamente existentes). Es decir, que la cadena derivativa sería de este tipo: *barco > barcar > embarcar*. Esto es tanto como decir que la parasíntesis no existe realmente como proceso lexicogenético peculiar y propio, postura que ya había sido defendida por algunos estudiosos en las fechas de redacción de este artículo y que en la actualidad -aunque seguimos quedando morfólogos rebeldes- es quizás la mayoritaria en los estudios de morfología.

En esta misma vertiente teórica, la segunda gran aportación del profesor Rifón es su defensa de que la vocal temática de estos verbos es un "sufijo polivalente", es decir, que sirve tanto para la derivación como para la flexión. O sea, que, en *embarcAr*, la vocal *-A-* es interpretable no solo como sufijo derivativo responsable de la verbalización de la base *barco*, sino también como marca flexiva presente en el paradigma del verbo *embarcar*. Esta arriesgada postura -que compartimos ya en aquellos años y que seguimos defendiendo en la actualidad- es hoy claramente minoritaria entre los morfólogos, los cuales la ven casi como un exotismo descriptivo.

Y el tercer pilar que fundamenta el estudio desde una perspectiva teórica es el convencimiento de que -en el estudio de la morfología léxica del español- debe atenderse conjuntamente tanto al aspecto más propiamente formal (por ejemplo, qué prefijo en concreto se selecciona para formar un verbo parasintético) como al semántico (cuáles son las características semánticas de la base nominal seleccionada y cuáles las del verbo educto de la correspondiente regla de formación de palabras). Este darse la mano las formas y los significados fue y sigue siendo fuente de no pocas posturas enfrentadas entre los morfólogos.

Pero, como ya quedó apuntado al inicio, el trabajo de Rifón destaca no solo por su fundamentación teórica -obligadamente breve, pero audaz y nada tibia- sino también por el cuidadoso estudio de casos específicos de "parasintéticos" verbales denominales en español.

Para su análisis, toma en consideración tanto los significados de los sustantivos de base (designadores de objetos inanimados o animados, designadores de un estado -normalmente abstractos-, designadores de un acto o una acción... con diversas posibles subclases) por los significados de los verbos educto (instrumentales, causativos o incoativos, realización de un acto o acción...). Ante la disparidad de significados que entran en juego en este proceso lexicogenético, la hipótesis de Rifón es muy novedosa, sugerente y atractiva: "... la parasíntesis o la prefijación de verbos posibles, pero no existentes es una tendencia de derivación, no una regla, que es utilizada para marcar de forma más clara el posible significado del verbo derivado" (114). En cierta manera, ello contribuiría a evitar un posible exceso de polisemia en este tipo de verbos.

Y el mayor logro de esta propuesta es demostrar que, por encima del aparente caos y aleatoriedad en los procesos de derivación verbal denominal en español, existe "un pequeño grado de sistematicidad" (119), así como ciertas "tendencias derivativas" (120); línea de investigación en la que -en la actualidad- se sigue trabajando.

David Serrano Dolader

Universidad de Zaragoza

1. Consideraciones preliminares[1]

La parasíntesis es considerada, tradicionalmente, como un proceso morfológico en el que se unen a la vez y en la misma operación morfológica un prefijo y un sufijo a la base de derivación; así es como la concibe Alemany (1920:152):

> La parasíntesis funde en uno ambos procedimientos, formando derivados y compuestos a la vez, como picapedrero, de picar + piedra + oro; endulzar, de en + dulce + ar.

Este concepto de parasíntesis es defendido, entre otros, por Reinheimer-Ripenau (1973) y Malkiel (1978); pero, frente a la idea de la parasíntesis como la unión de un prefijo y un sufijo a una base en una sola operación morfológica, otros autores han propuesto la existencia de un afijo discontinuo formado por los anteriormente considerados prefijos y sufijos (Bosque 1982).

En contra de la existencia de un proceso parasintético se encuentran aquellos autores que defienden que todos los procesos morfológicos son procesos binarios y que, en morfología, nunca se utilizan procesos ternarios como la parasíntesis. Algunos de estos autores consideran que los prefijos son afijos transcategorizadores y que la vocal del tema verbal es un afijo flexivo (Corbin 1987, etc.); otros autores (Scalise 1984) consideran que la vocal del tema verbal es un afijo derivativo y que todo verbo, anteriormente considerado parasintético, es creado por medio de la prefijación de un verbo sólo sufijado posible, pero no existente[2].

Creemos que la postura más adecuada, por razones que por falta de espacio no vamos a exponer, es la de considerar que no existen procesos parasintéticos en la formación de verbos en español, que los verbos hasta ahora analizados como verbos parasintéticos son verbos formados por medio de la prefijación de verbos posibles, pero no existentes y que la vocal del tema ha de ser considerada como un sufijo polivalente que sirve tanto para la derivación como para la flexión. La adopción de esta postura choca frontalmente con el objetivo del artículo, ya que no concedemos a la parasíntesis estatuto de proceso de formación de verbos en español y, sin embargo, es nuestro objeto de estudio, por lo que, antes de nada, debemos explicar esta aparente incoherencia.

Tradicionalmente se considera que un verbo es parasintético si no está documentada su base verbal no prefijada, pero la documentación o no de una base no prefijada es una cuestión de difícil determinación, por lo que muchas veces es imposible de-

---

1 Los datos utilizados han sido recogidos fundamentalmente del Diccionario de la RAE (1984) y del Diccionario de uso del español de María Moliner (1966).

2 Son muchos los autores que han tratado el tema y que turnan partido por una u otra postura. No es nuestra intención dar una lista de los diferentes autores y sus posturas, para ello, remitimos a Serrano Dolader (1995).

cidir si un verbo es parasintético o no. Si considerarnos que todo verbo prefijado se crea a partir de una base verbal posible, existente, o no, el problema de la documentación o no de la base no prefijada queda solucionado, pero no solucionamos todas las cuestiones que surgen en el estudio de los verbos denominales. Un estudio de los verbos tradicionalmente considerados parasintéticos es necesario si queremos explicar por qué existe un porcentaje tan grande de verbos denominales con una base verbal no documentada -el 32'22% de los verbos estudiados creados por medio de la vocal del tema *-a-(r)*, son creados por medio de las parasíntesis verbales *a-...-a- (r)* y *en-...-a-(r)*- y, también, si queremos determinar si existe una regla que establezca cuando un verbo posible debe ser prefijado o no[3].

2. Tipos de bases y verbos derivados

Antes de comenzar el análisis de los verbos parasintéticos, hemos de establecer dos elementos básicos y de capital importancia para el estudio de cualquier proceso morfológico: las características de la base y las del educto derivado.

Como ya hemos indicado, nos centramos en los verbos denominales, por lo que sólo atenderemos a bases sustantivas. Los sustantivos base de derivación los hemos dividido en tres clases semánticas: sustantivos designadores de un objeto inanimado -dejamos de momento las bases sustantivas designadoras de objetos animados- (*baderna, cuerno, grieta, etc*), sustantivos designadores de un estado, normalmente abstractos, (*terror, sal; etc.*) y sustantivos designadores de un acto o una acción (*anexión, alarido, golpe, etc.*).

A partir de los tres tipos de sustantivos se crean verbos con diversos significados. De los sustantivos designadores de estado se crean verbos causativos o incoativos que designan un proceso por el cual el Objeto o el Sujeto de la cláusula pasa a tener o adquiere las cualidades o características propias del sustantivo base (*pasmo —> pasmar* "ocasionar o causar pasmo", *etc.*). De los sustantivos designadores de *acto* o *acción* se crean verbos que designan la realización del acto o la acción designada por el sustantivo (*coacción —> coaccionar* "ejercer coacción", *convulsión —> convulsionar* "producir convulsiones", *etc.*). De los sustantivos designadores de objeto, dejando a un lado verbos con significados marginales, son varios los significados verbales que se pueden crear: el objeto designado por el sustantivo base puede ser considerado como un instrumento, creándose un verbo que designa la utilización de dicho objeto para realizar la acción (*ganzúa —>ganzuar* "abrir con ganzúa", *guadaña —> guadañar* "segar el heno o hierba con guadaña", *etc.*); el objeto designado por el sustantivo

---

3 Hemos estudiado 1850 verbos derivados por medio de la vocal temática -u-(r) a partir de sustantivos, 1006 de estos verbos son no prefijados y 844 prefijados; de los 844 prefijados, 248 están formados por medio de prefijación y 596 por medio de parasíntesis.

base puede ser tornado como portador de las características propias de una clase, el verbo creado es causativo o incoativo y designa un cambio de estado *(dehesa—>dehesar* "convertir en dehesa", *carbón —> carbonar* "hacer(se) carbón", *etc.)*; el objeto designado por la base puede ser creado por el verbo y es, por tanto, un objeto efectuado *(nido—>anidar* "hacer nidos", *argamasa —> argamasar* "hacer argamasa", *etc.)*; puede, también, ser tomado como un objeto afectado por la acción *(jaez—>jaezar* "poner las jaeces", *munición —> municionar* "proveer de munición", *etc.)* y, por último, puede ser considerado como un lugar *(archivo —>archivar* "guardar en un archivo", *almacén —> almacenar* "guardar en un almacén", *etc.)*[4].

3. La parasíntesis a partir del tipo de base y del tipo de verbo

Nuestra primera hipótesis de trabajo propone que, en el caso de los verbos parasintéticos, la no documentación de un verbo base sólo sufijado no se debe a que la parasíntesis sea un proceso de formación verbal, ni tampoco exclusivamente a la no utilización o a la desaparición de la base verbal sólo sufijada al imponerse, por diversas razones, el uso de la forma prefijada, sino que existe otra razón que puede explicar la existencia de este tipo de verbos: la parasíntesis o la prefijación de verbos posibles, pero no existentes es una tendencia de derivación, no una regla, que es utilizada para marcar de forma más clara el posible significado del verbo derivado.

Como hemos visto, la derivación verbal por medio de la vocal del tema *-a-(r)* crea, a partir de tres tipos de bases sustantivas, significados de muy diferentes tipos. Esta gran posibilidad significativa hace que el significado del verbo derivado sea ambiguo, ya que el verbo creado se puede interpretar de maneras muy diferentes; así, el verbo *jaezar* derivado del sustantivo *jaez* puede ser interpretado como "hacer jaeces", "poner jaeces", "convertir en jaeces", "atar con jaeces", etc. Lo que, según parece, se trata de conseguir con la parasíntesis o, mejor dicho, la prefijación de verbos posibles no existentes es marcar de alguna manera el significado verbal que se pretende crear.

Es indudable que, si lo que se intenta es marcar de forma más clara el significado del verbo y evitar un exceso de polisemia, se crearán más verbos parasintéticos a partir de sustantivos designadores de objetos que a partir de sustantivos designadores de actos o estados, puesto que los primeros capacitan al verbo para tener muchas más posibilidades significativas y, por tanto, la necesidad de marcar el significado verbal que se pretende crear es mayor. Esta predicción la confirman los datos:

---

4 A partir de ahora, tomaremos como terminología abreviada para designar cada uno de los tipos de verbos la siguiente: verbos designadores de cambio de estado "estados"; verbos cuya base se usa como un instrumento, "instrumentales" verbos cuya base es efectuada, "efectuados"; verbos cuya base es afectada, "afectados"; verbos cuya base es tornada como un ligar, "locativos'".

	No-Parasintéticos	Parasintéticos
Objetos	55,70%	44'30%
Estados	75'00%	25'00%
Actos	92'80%	7'20%

Frente a los verbos derivados sobre sustantivos designadores de actos y estados que presentan un total predominio de las formaciones no parasintéticas, la creación de verbos a partir de sustantivos designadores de objetos se realiza casi con la misma frecuencia por medio de procesos parasintéticos como por procesos no parasintéticos. No creemos que estos datos sean pura casualidad, sino que muestran de forma clara una tendencia en los procesos morfológicos verbales del español.

Si atendemos al tipo de verbo creado, nos hemos de fijar en los tipos de verbos creados a partir de sustantivos designadores de objetos. A partir de este tipo de sustantivos se pueden crear cinco tipos de verbos -verbos instrumentales, efectuados, afectados, estados y locativos- que no presentan la misma frecuencia de creación. El significado más común es el instrumental que representa el 34'18% del total de verbos denominales; los verbos efectuados representan el 27'12%; los afectados el 20'32%, los locativos el 12'33% y los estados el 6'04%. Si considerarnos que la parasíntesis es utilizada para marcar el significado en aquellos verbos que puedan presentar varias posibilidades significativas, es normal pensar que cuanto menos frecuente sea el significado que se pretende crear, menos predecible será su creación y, por tanto, más necesidad habrá de prefijar dichos verbos. Según esta hipótesis, si creamos un verbo con significado de cambio de estado a partir de un sustantivo designador de un objeto, serán mayores las posibilidades de que dicho verbo sea creado por parasíntesis que de forma no parasintética, como muestran de forma clara los datos.

	No-Parasintéticos	Parasintéticos
Instrumentales	62'69%	37'31%
Efectuados	63'95%	36'05%
Afectados	57'74%	4'26%
Estados	46'48%	53'52%
Locativos	19'31%	80'69%

Vemos con claridad cómo se produce un aumento progresivo en los tantos por ciento de los verbos creados de forma parasintética dependiendo de la frecuencia de aparición del significado del verbo derivado.

Podemos decir que existe una tendencia en la creación de verbos por medio de la llamada parasíntesis y que dicha tendencia está marcada por el grado de predecibilidad del significado del verbo derivado: cuanto más predecible es el significado del verbo que se pretende crear, menos posibilidades hay de que este se cree por medio de parasíntesis. Concluimos también que la no documentación de bases verbales no prefijadas puede, además de por otros factores, estar regulada por ciertas tendencias morfológicas: si, cuando creamos un verbo cuyo significado es poco predecible, tendemos a crearlo por medio de la prefijación, es normal que el verbo no prefijado desaparezca del uso, ya que dicho verbo presenta mucha ambigüedad con respecto a su significado.

4. Los prefijos a- y en- y la parasíntesis

Nos hemos centrado en los verbos derivados por medio de la vocal del tema verbal *-a-(r)* y en los parasintéticos *a-...-a-(r)* y *en-...-a-(r)* por varias razones. La primera es que como indica Serrano Dolader (1995: 120), "de las cuatro combinaciones posibles, son los grupos [*a—ar*] y [*en—ar*] los más significativos" y la segunda razón es que son estos los prefijos que están menos marcados semánticamente.

Que sean las formaciones parasintéticas más significativas y que no añadan casi ningún valor significativo al verbo son dos características que podemos relacionar. Los prefijos a- y *en-* son sólo utilizados, en los casos de los verbos denominales, como una marca formal del significado del verbo derivado, por lo que tienden a perder su significado que, sin embargo, mantienen otros prefijos como *des-*, *re-*, *ante*, etc. Sobre el problema de si estos prefijos añaden o no significado al verbo prefijado hay diversas opiniones que pasamos a reseñar.

Son muchos los autores que proponen que los prefijos estudiados no añaden ninguna o pocas notas de significado al verbo que prefijan; así, Alemany (1920: 173-174) considera que el prefijo *a-* ha perdido la mayoría de sus notas significativas y no añade significado alguno al verbo; su función es sólo intensiva:

En el latín denotaba esta partícula la idea de aproximación en el espacio y en el tiempo; y, por tanto, dirección o tendencia hacia un punto en sentido recto o figurado; en el lenguaje, popular, como ya nota Cuervo (1), vino a ser puramente intensiva, por lo que muchos verbos se hicieron sinónimos de los simples;

Y Salvá (1859: 43) sobre los prefijos *en-* e *in-*:

En ciertas vozes solo determinan su significado en cuanto es algo diverso del que tiene cl simple, como *encargar, encerrar, impresión, impugnar*; y en otras apénas añaden cosa alguna, porque e*nalbardar, enarbolar, encabestrar, inaugurar, inflexión, informar* e *intentar* se diferencian mili poco de *albardar, arbolar, cabestrar, augurar, flexión., formar* y *tentar.*

30 También hay autores que consideran que dichos prefijos mantienen notas significativas; así, Quilis (1970: 2.38 y 241) considera que el morfema {ab-} indica "proximidad, dirección" y el morfema {en-} significa fundamentalmente "interioridad" y otras derivaciones semánticas.

Como postura más extrema está la de aquellos autores (Darmesteter 1875) que consideran que dichos prefijos se relacionan tanto semántica como formalmente con las preposiciones "a" y "en"[5].

Creemos que la pérdida de las notas significativas de estos prefijos se muestra de forma clara en que, en los verbos prefijados no parasintéticos, muchos verbos prefijados son sinónimos de sus bases no prefijadas:

Colchar "Acolchar"
Acolchar "Poner algodón, seda cortada, lana, estopa, cerda, u otras materias de este tipo, entre dos telas y luego bastearlas"

Saetar "Asaetear"
Asaetar "Herir con saetas"

Garrochar "Herir con la garrocha"
Agarrochar "Herir a los toros con garrocha u otra arma semejante"

Hermanar "Unir, juntar, uniformar"
Ahermanar (ant.) "Hermanar"

Jaezar "Poner las jaeces a las bestias, enjaezar"
Enjaezar "Poner las jaeces a las caballerías"

Arcar "Arquear, dar figura de arco"
Enarcar "Arquear, dar figura de arco"

Grapar "Sujetar con una grapa de hierro u otro metal"
Engrapar "Asegurar, enlazar o unir con grapas"

Maderar (ant.) "Cubrir con madera, enmaderar"
Enmaderar "Cubrir con madera los techos, las paredes y otras cosas/2. Construir el maderamen de un edificio"

También se muestra en aquellos casos en que existe un verbo no prefijado, uno prefijado por a-, otro prefijado por en- sobre la misma base y los tres son sinónimos.

---

5 Serrano Dolader (1995) hace un completo estudio de esta propuesta.

Betunar ant. "Embetunar"
Abetunar "Embetunar"

Embetunar "Cubrir una cosa con betún"
Viciar "Dañar o corromper física o moralmente"

Aviciar ant. "Enviciar"
Enviciar "Corromper inficcionar con un vicio"

Gavillar "Hacer las gavillas de la siega"
Agavillar "Hacer o formar gavillas"
Engavillar "Agavillar"

Nosotros creemos que la pérdida de notas significativas no ha sido total. Si bien los prefijos *a-* y *en-*, no añaden una nota significativa clara y marcada, si parece que existe una tendencia a elegir un prefijo u otro para prefijar verbos con un cierto significado a partir del significado original de dichos prefijos. Esta tendencia ha sido reconocida, entre otros, por Serrano Dolader (1995: 122-123):

> Ambos esquemas no se encuentran en oposición complementaria para la expresión diferenciada de determinados contenidos pero puede hablarse de una cierta tendencia significativa: la expresión de los valores locativos-direccionales "introducir X en..." (*encebollar; envinar, envinagrar*) o "introducir... en X" (*embaular, enceldar, enzurronar*) es mayoritariamente actualizada por medio del esquema [en--ar], mientras que la expresión de aquellos valores más directamente relacionados con los significados que también transmiten los parasintéticos deadjetivales (i.e. "adquirir o hacer adquirir alguna o algunas de las cualidades del sustantivo base") se actualizan fundamentalmente a través del esquema [a--ar] (*aflaular, ajuglaran asedar*).

Aunque el propio autor enfatiza que no puede hablarse de "tendencias regulares" y que el resto de notas significativas se pueden transmitir indiferentemente por medio de uno u otro prefijo.

El hecho de que se creen verbos prefijados sinónimos a sus bases verbales no prefijadas y verbos prefijados por *a-* y *en-* sinónimos puede hacernos pensar que la creación de un verbo por medio de *a-* o de *en-* se realiza de forma aleatoria y que se puede crear un verbo por *a-* o por *en-*sin que nada marque qué afijo ha de adjuntarse a un verbo o a otro. Si bien es cierto que la prefijación por *a-* o *en-* se produce con un alto grado de aleatoriedad, también es cierto que existe un pequeño grado de sistematicidad en las tendencias de prefijación, sistematicidad que se descubre por el diferente porcentaje de verbos prefijados por uno u otro afijo dependiendo del tipo de base y del significado del verbo derivado. Existe una cierta estructuración en la asignación del prefijo utilizado para crear verbos dependiendo del tipo de base: los verbos derivados de sustantivos designadores de objetos toman casi en igualdad de ocasiones el prefijo *a-* y *en-*, y los verbos derivados de sustantivos de actos y estados toman mayoritariamente el prefijo *a-*. Teniendo en cuenta que los verbos creados sobre sustantivos designadores de actos o estados son creados por parasíntesis en muy escasas ocasiones, podemos decir que el número de estos tipos de verbos prefijados por *en-* es muy reducido (sólo hemos documentado cinco casos de cada tipo).

Parasintéticos

	A-...-A-	EN-...-A-
Objetos	48'37%	51'63%
Actos	73'68%	26'32%
Estados	62'50%	37'58%

En cuanto a las tendencias de prefijación a partir del significado del verbo derivado de sustantivos designadores de objeto, existe un cierto grado de regularidad. En estos verbos la prefijación se distribuye en dos pares: un par, en el que se encuadran los verbos instrumentales y locativos, cuya forma de prefijación es principalmente el prefijo *en-*, otro par cuyo prefijo es *a-* y que agrupa a los verbos de objeto efectuado y de objeto interpretado como un estado y, entre ambos pares, se sitúan los verbos de objeto afectado que son prefijados casi en el mismo porcentaje por *a-* y *en-*, aunque hay un pequeño desequilibrio a favor de *a-*:

Parasintéticos

	A-...-A-	EN-...-A-
Instrumentales	39'33%	60'67%
Locativos	19'66%	80'34%
Afectados	55'45%	44'55%
Efectuados	7'65%	24·35%
Estados	71'05%	28'85%

Como podemos observar hay una tendencia a prefijar por *a-* los verbos con significado de efectuación del sustantivo base, ya sea este designador de actos u objetos, y los verbos que implican un cambio de estado, ya sean derivados de sustantivos designadores de estados o de objetos. La prefijación por *en-* aparece como mayoritaria en aquellos verbos con significado instrumental o locativo. La existencia de estas tendencias derivativas sólo puede ser explicada si, en realidad, el prefijo no ha perdido todas sus notas significativas, aunque las notas que mantenga sean tan imprecisas que no añaden significado alguno al verbo que prefijan. La conservación en cierto grado de las notas de significado hace que se tienda a prefijar por uno u otro prefijo los verbos dependiendo de la cercanía de su significado y del significado del prefijo y que dichas notas significativas sean imprecisas y no totalmente marcadas provoca que se pueda, aunque en menor medida, prefijar un verbo por un prefijo a pesar de que sus significados sean diferentes, ya que este no añade significado alguno al verbo.

Anteriormente hemos considerado que los prefijos *a-* y *en-* han perdido sus valores significativos en la prefijación de verbos creados por *-a-(r)*, pérdida que se muestra en la aparición de verbos sinónimos prefijados por ambos prefijos sobre la misma base, relación de sinonimia que también se da en muchos de los parasintéticos, los cuales, en caso de interpretar el sustantivo de objeto de la misma manera, no presentan diferencia significativa entre los verbos prefijados por *a-* y *en-*, ya que estos no determinan el significado del verbo, el cual ha sido definido con anterioridad a la prefijación:

Enmaromar "Atar o sujetar con maromas"
Amaromar "Atar o sujetar con maromas"

Empantanar "Llenar de agua un terreno, dejándolo hecho un pantano"
Apantanar "Llenar de agua algún terreno, dejándolo hecho un pantano"

Enmordazar "Poner mordaza"
Amordazar "Poner mordaza"

Enjardinar "Poner y arreglar los árboles como están en los jardines/2,
Convertir un terreno en jardín"
Ajardinar "Convertir en jardín un terreno"

Encorralar "Encerrar o meter el ganado en el corral"
Acorralar "Meter y guardar en el corral"

Enhornar "Meter una cosa en el horno para asarla o cocerla
Ahornar "Enhornar"

Existen verbos prefijados por *a-* y *en-* creados sobre una misma base con diferente significado, este diferente significado no se puede achacar al prefijo que presentan ya que este no añade ningún tipo de significado constante a dichos verbos. En estos casos, lo que sucede es que se utiliza diferente prefijo para marear los diferentes significados que puede poseer el verbo no prefijado inexistente; son los casos en los que más claramente los prefijos son utilizados como marcas para eliminar la ambigüedad que el verbo sufijado puede presentar:

Embanderar "Adornar con banderas"
Abanderar "Matricular o registrar bajo la bandera de un estado un buque de nacionalidad extranjera"

Empedrar "Cubrir el suelo con piedras..."
Apedrar "Apedrear, tirar piedras a una persona"

Envinagrar "Poner o echar vinagre en una cosa"
Avinagrar "Poner áceda o agria alguna cosa"

Entornillar "Hacer o disponer una cosa en forma de tornillo"
Atornillar "Introducir un tornillo haciéndole girar alrededor de su eje / 2. Sujetar con tornillos"

Por tanto, la elección de *en-* como prefijo de ciertos verbos por su significado no implica la no vaciedad de significado del mismo en estas formaciones; tal vaciedad se demuestra si tenemos en cuenta que el prefijo *en-* crea verbos a los que no añade ninguna de sus notas significativas y que se crean verbos por *a-* con significados cercanos o semejantes a los que posee el prefijo *en-*.

5. Verbos locativos e instrumentales

El prefijo *en-* es utilizado como afijo predominante en la prefijación de verbos locativos e instrumentales por la cercanía o semejanza entre sus significados. La prefijación por *a-* o por *en-* dentro de este tipo de verbos se realiza también atendiendo a la cercanía de significados entre el verbo y el prefijo.

En los verbos locativos, aquellos que implican de alguna forma el significado de "interioridad" son mayoritariamente prefijados por *en-*:

"Meter en...":
embarcar, embodegar, embaular, embotellar, encajonar, encamar, encuevar, enchironar, enlatar, entorilar, etc.

"Guardar en...":
embolsar, encamarar, encarpetar, entrujar, etc.

"Encerrar en...":
enjaular, enceldar, emparedar, etc.

"Poner dentro de...":
encanastar, encantarar, encestar, enfundar, ensilar, engranerar, entinar, etc.

Si los verbos no indican de forma tan clara la "interioridad" pueden ser prefijados por *a-* o por *en-*:

Encanalar "Conducir el agua u otro líquido por canales, o hacer que un río o un arroyo entre por un canal"

Envergar "Sujetar, atar las velas a las vergas"

Encumbrar "Levantar en alto/3. Subir la cumbre, pasarla"

Abrahonar "Ceñir o abrazar a otro con fuerza por los brahones"

Acogotar "Matar con herida o golpe dado en el cogote"

Amarar "Posarse en el agua un avión"

Atrochar "Andar por trochas o sendas"

Contraviniendo estas tendencias están aquellos verbos que, indicando "interioridad" son prefijados por *a:*

Acorralar "Encerrar o meter el ganado en el corral"

Ahornar "Meter una cosa en el horno para asarla o cocerla"

Atrojar "Guardar en el troje frutos y especialmente cereales"

Aunque estos representan un porcentaje muy reducido con respecto a los derivados por en-. Los verbos prefijados por en- que implican "interioridad" representan el 76'60% de los prefijados por *en-* y los prefijados por *a-* representan sólo el 31,43%. Teniendo en cuenta que el grado de formación de verbos locativos por medio de *a-* es escaso (19'66%), podemos concluir que la mayoría de los verbos locativos que indican interioridad son prefijados por en-. Es también reseñable el hecho de que el 67'52% de los verbos locativos posee una nota de interioridad, de manera que, en la mayoría de los casos, significan "que algo se pone (guarda, mete, coloca, etc.) dentro de algo" siendo ese lugar designado por el sustantivo base.

El caso de los verbos instrumentales es más problemático. Se elige el prefijo *en-* sobre todo para aquellos casos en los que, tras la utilización del medio o instrumento, el objeto afectado pasa a poseer ese medio o ese instrumento; son verbos con significados del tipo "cubrir con...", "teñir con...", "fortificar con...", "envolver con...", en todos ellos, una vez finalizada la acción, el instrumento o medio utilizado para su realización permanece como parte del objeto afectado, pudiéndose decir que dichos objetos tienen o poseen dicho instrumento. Esta permanencia del instrumental tras la finalización de la acción no sucede en otros tipos de verbos con significados como "golpear con...", "medir con...", "frotar con...", "cortar con...". En el caso de los instrumentales no se produce una tendencia tan marcada como en los locativos a prefijar unos verbos con *a-* y otros con *en-*; existe una mayor fluctuación debida, tal vez, a que el significado por el que se asigna uno u otro prefijo no es tan claro como en los motivos; aun así, se puede ver una ligera tendencia a realizar esta diferenciación en la prefijación.

6. Verbos creados sobre bases animadas

Hasta ahora hemos dejado de lado los vernos creados sobre bases animadas y lo hemos hecho conscientemente ya que, si bien dichas bases se pueden comparar a las bases sustantivas de objeto, los significados que toman los verbos creados sobre ellas presentan diferencias con respecto a los que toman los derivados sobre bases designadoras de objetos.

En la creación parasintética se comportan dichas bases de manera semejante a como lo hacen las bases designadoras de objetos. Presentan un alto porcentaje de verbos creados por medio de parasíntesis: el 48'48% son verbos parasintéticos, siendo el 44'30% los derivados de sustantivos de objeto parasintéticos. Donde se da una clara variación es en la elección del prefijo utilizado, variación explicable puesto que los verbos derivados de sustantivos animados toman significados no posibles en los verbos derivados de objetos inanimados. Estos significados son modales, agentivos, etc.; únicamente aparece mi significado común con los verbos de objeto: el significado de objeto interpretado como un estado. En estos casos, los verbos se comportan igual que los derivados de objeto inanimado: se forman fundamentalmente por medio del prefijo *a-*. La creación de significados diferentes a los creados a partir de verbos de objeto y el hecho de que el único significado compartido sea uno que se crea fundamentalmente por *a-* explica el alto porcentaje de verbos sobre bases animadas prefijados por *a-*: son prefijados por *a-* e] 81'25% de los verbos creados de forma parasintética y sólo el 18'75 son prefijados por *en-*.

7. Conclusiones

Hemos determinado que la prefijación de verbos posibles, pero no existentes (parasíntesis) sigue unas pautas de creación determinadas por el tipo de base a partir de la que se crea el verbo: se deriva un mayor número de verbos parasintéticos sobre aquellas bases que mayor ambigüedad semántica dan al significado del verbo derivado. Se ha establecido también que los prefijos implicados en la creación de verbos parasintéticos y prefijados, *a-* y *en-*, no añaden ningún significado especial al verbo que prefijan y que se usan para prefijar unos u otros verbos dependiendo del significado de estos. Hay que decir que se trata de una tendencia y no de una regla, por lo que pueden aparecer verbos prefijados por *a-* que por su significado deberían ser prefijados por *en-* y viceversa.

Capítulo 02
Sobre la oposición verbal 'dinamicidad' / 'estatividad' en español[6]

(*Romanistik in Geschichte und Gegenwart*.1997. 3. 241-254).

PRESENTACIÓN

El presente artículo nació con el propósito de abordar el funcionamiento de la clásica oposición 'dinamicidad'- 'estatividad' en los distintos tipos de predicaciones en español, mostrando de forma certera las dificultades en la delimitación de las fronteras de tal oposición y, más allá, la importancia indudable que presenta toda información aspectual ligada al verbo; una relevancia que ha sido constatada en numerosos estudios lingüísticos publicados con posterioridad.

Desde una perspectiva enormemente clarificadora, el texto que aquí se recoge establece como punto de partida la interacción de ciertos rasgos, como son la homogeneidad, la conceptualización de límites y la continuidad, los cuales sientan las bases para identificar las situaciones dinámicas frente a las estáticas que designan los verbos, y ello, teniendo en cuenta que la presencia de unos u otros rasgos comportan, a su vez, ciertas repercusiones sintácticas.

Esta aproximación supone adoptar las posturas de diferentes lingüistas (Brinton, Comrie, Dik, Frawley, Langacker, entre otros). En una línea similar a la apuntada por estos autores, el artículo se detiene acertadamente en destacar cuáles son las pruebas formales que actúan en el español (las modificaciones adverbiales, la agentividad, la compatibilidad con el progresivo, la capacidad de extensión o incrementación, la predicación en pasado), esto es, aquellas pruebas diagnósticas que permiten establecer la distinción entre ambos tipos de situaciones y, en consecuencia, reconocer la existencia de estructuras más o menos prototípicas. La aplicación de cada una de esas pruebas a diferentes verbos del español conlleva clasificar dichos verbos en dis-

---

6 Este estudio fue subvencionado por la DGYCIT del Ministerio de Educación y Cultura dentro del proyecto PS/94-0160.

tintos tipos en función de su grado de dinamismo. Los resultados obtenidos revelan, en este sentido, cómo la oposición verbal 'dinamicidad'- 'estatividad' está vertebrada en torno a una escala gradual.

38 Sin duda, el enfoque propuesto evidencia de manera notable las características básicas de esta oposición verbal en torno a una categoría de especial complejidad, la del aspecto, una de las más polémicas, tanto en la lingüística española como en la teoría gramatical general, a las que se ha dedicado gran atención. Diversos estudios han abordado en los últimos años las propiedades semánticas y sintácticas de los verbos del español y su asociación con el componente aspectual y 'Aktionsart', de la mano de investigadores como Cifuentes Honrubia, García-Miguel u Horno Chéliz. Todo ello hace que este esclarecedor artículo continúe siendo, más de veinte años después de su publicación, toda una referencia al tratar el concepto de 'dinamicidad' en la investigación contemporánea.

Volver a mirar y repasar años después este artículo, una de las primeras lecturas de mi tesis doctoral, significa recordar con admiración la figura de Antonio Rifón, desde el orgullo de haber aprendido en los campos de la morfología y la semántica del español de uno de los grandes maestros y de haber compartido mis años de investigación como doctoranda con quien ocupa un lugar entre los mejores.

Vanessa Dacosta Cea

En este artículo pretendo establecer las características básicas de la oposición verbal 'dinamicidad' / 'estatividad', descubrir las pruebas gramaticales que permiten acceder a la diferenciación de dichas características, comprobar qué estructura semántica organiza la categoría 'dinamicidad' / 'estatividad' y establecer los distintos tipos de verbos del español a partir de dicha posición.

1. El rasgo 'homogeneidad'

El rasgo 'homogeneidad' es, sin duda alguna, uno de los rasgos que mejor definen la diferencia entre situaciones dinámicas y estáticas, y, a la vez, uno de los rasgos que más ampliamente ha sido reconocido por los diferentes autores que, desde una u otra perspectiva, se han ocupado del tema[7].

Las situaciones dinámicas poseen una estructura interna formada por un conjunto de fases diferentes a través de las que se desarrolla la acción. La existencia de diferentes fases de desarrollo implica un cambio entre fase y fase, de manera que la estructura interna de una situación dinámica está compuesta por diversos cambios sucesivos. Las situaciones dinámicas, puesto que están compuestas por fases que se realizan por medio de un cambio, han de ser consideradas como situaciones heterogéneas que se pueden dividir en partes conceptualmente diferentes; es decir, como indica Dik (1981: 91), "[+dyn] SoAs[8], [...], necesasarily involve some kind of change, some kind of internal dynamism".

Las situaciones estáticas, por el contrario, no poseen o no son vistas como poseedoras de una estructura interna, de manera que carecen de fases diferenciadas o, como dice Brinton (1988: 24), "all the temporal fases of a state are undifferentiated"; por tanto, carecen de cambios en su interior y es, en este sentido, en el que se puede decir que las situaciones estáticas son homogéneas.

La oposición 'homogeneidad' / 'heterogeneidad' conlleva una serie de repercusiones sintácticas que, consideradas como pruebas formales, permiten establecer cuándo una situación posee uno u otro rasgo de la oposición.

Así, por ejemplo, la heterogeneidad es la propiedad que permite que las situaciones dinámicas puedan ser modificadas por adverbios de velocidad (*rápidamente, lentamente*). Los adverbios del tipo *lentamente* o *rápidamente*, cuando modifican una situación dinámica, establecen el tiempo de desarrollo de la acción indicando la velocidad con la que se pasa de una fase a otra de la acción: el adverbio *rápidamente*

---

7 Aunque nombrada de formas diferentes, la homogeneidad aparece como rasgos de la estatividad en Lyons (1977), Langacker (1987: 81), Brinton (1988: 24-25) y Dik (1989: 91-93), entre muchos otros.

8 'SoAs' es la abreviatura utilizada por Ditz (1989) para referirse a lo que él denomina 'states of affairs'. Los 'states of affairs' son designados por "the nuclear predication as a whole" (Ibid: 89).

disminuye el lapso de tiempo que transcurre entre el paso de una fase a otra de las que componen la estructura interna de la acción dinámica y el adverbio *lentamente* aumenta dicho lapso temporal[9].

40 La estructura interna de las situaciones estáticas, al ser homogénea, carece de fases diferenciadas, por lo que no es posible la modificación por medio de este tipo de adverbios; obviamente no se puede alargar ni acortar el lapso de tiempo que transcurre entre fases inexistentes.

Con todo, estas diferencias en cuanto a la modificación adverbial que han sido utilizadas como prueba formal para comprobar los rasgos de una situación pueden ser objeto de ciertas matizaciones. Dik (1989: 91-92) indica que la modificación adverbial se puede realizar en ambos tipos de situaciones, pero con comportamientos diferentes: en las situaciones dinámicas, el adverbio se sitúa en el nivel 1, mientras que, en las situaciones estáticas, se sitúa en el nivel 2. Los modificadores adverbiales de velocidad situados en el nivel 1 hacen referencia a la velocidad interna de desarrollo de la situación y los situados en el nivel 2 designan la velocidad de la acción con respecto a un punto exterior a la misma:

La sustancia enrojeció rápidamente (modificador de nivel 1)
Rápidamente, la sustancia estuvo roja (modificador de nivel 2)

Realizadas las oportunas matizaciones a la prueba, se puede decir que en las situaciones

1)   a. Juan abre la puerta
      b. El edificio es rojo

existe una situación caracterizada por ser heterogénea (1a) y otra por ser homogénea (1b), ya que en (2a), el adverbio se sitúa en el nivel 1 y, en (2b), se sitúa en el nivel 2.

2)   a. Juan abre la puerta rápidamente (situación heterogénea)
      b. Rápidamente, el edificio es rojo (situación homogénea)

Comrie (1976: 49-50) indica que el comienzo y el final de un estado son dinámicos y que, para un estado continúe, no es necesario esfuerzo; mientras que sí es necesario para que lo haga una situación dinámica. Este esfuerzo, reconocido por Comrie, es preciso en las situaciones dinámicas porque dichas situaciones están constituidas por fases diferentes y, como ya se ha indicado, entre fase y fase se produce un cambio que, como todo cambio, requiere esfuerzo para poder tener lugar. El cambio entre las fases de una situación dinámica es semejante al cambio que se produce en aquellas situaciones que implican un cambio de estado, bien sea este el comienzo

---

9 Esta modificación adverbial es utilizada como prueba para diferenciar entre situaciones dinámicas y estáticas por Casper de Groot (1985: 74).

o entrada en un estado o el final o saluda de un estado (situaciones incoativas y ter-minativas) y en los tres es necesaria la existencia de un esfuerzo para que el cambio se pueda producir. Existe, pues, otra repercusión sintáctica derivada de la homoge-neidad y heterogeneidad de las situaciones estáticas y dinámicas: las primeras no implican necesariamente ningún esfuerzo para su desarrollo, las segundas, al están compuestas por cambios sucesivos entre fases, requieren un esfuerzo para conti-nuar. Si se toma el concepto de esfuerzo como un concepto semejante al de agencia, en un sentido amplio, habrá que considerar que las situaciones dinámicas precisan de un iniciador de la acción y, para comprobar si existe o no un iniciador de la acción, se puede tomar como prueba la respuesta o no de dichas situaciones a la pregunta "¿Qué hizo / hace X?", la cual descubre la existencia o inexistencia de un iniciador inmediato implicado en la situación.

3)   a. ¿Qué hace Juan? Abre la puerta
      b. ¿Qué hace el edificio? *Es rojo.

Comrie (1976: 49 nota 1) puntualiza que no todas las situaciones dinámicas, toman-do este concepto en sentido amplio, han de tener agente, por lo que, de tener en cuenta este rasgo, se podrían confundir las situaciones dinámicas no agentivas y las estáticas, las cuales son también no agentivas. Si bien esta idea es correcta, creo que las situaciones dinámicas prototípicas poseen un agente, tomado este en sentido amplio como un iniciador, pero, también, hay situaciones dinámicas no prototípicas que no presentan un iniciador; me ocuparé de esta cuestión al tratar los rasgos de dinamicidad y estatividad en su conjunto.

2. La existencia frente a la no existencia de límites

A los rasgos de 'heterogeneidad' y 'homogeneidad' se ha de añadir otro rasgo que diferencia las situaciones dinámicas de las estáticas: la existencia de limtes en las primeras frente a la no existencia en las segundas. Brinton (1988: 24) se refiere a esta diferencia cuando indica que los estados "are characterized by the inherent qualities of duration and homogeneity, as well as by the lack of change, limits and agency".

Este autor, a los ya reconocidos rasgos de la homogeneidad -ausencia de cambios y agencia- añade otros dos elementos -la duración y la ausencia de límites-. Antes que Brinton (1988), Langacker (1987: 81) plantea una idea semejante y propone dos esquemas diferentes para representar el alcance de la predicación en las situaciones dinámicas y estáticas prototípicas[10]:

---

10 Langacker (1987) utiliza la etiqueta 'perfective process' para las situaciones dinámicas e 'imperfective process' para las estáticas.

42

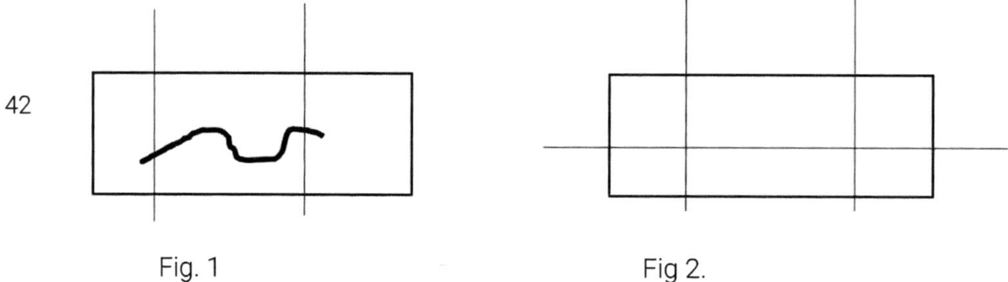

Fig. 1   Fig 2.

En el primer esquema (fig. 1) se muestra cómo las situaciones dinámicas son heterogéneas (líneas gruesas onduladas) y sus límites entran dentro del alcance de la predicación (líneas finas verticales); en el segundo (fig. 2) observamos cómo las situaciones estáticas son homogéneas (línea continua horizontal) y sus límites quedan fuera del alcance de la predicación.

Tenemos, por tanto, una diferencia crucial en cuanto a la forma de concebir unas situaciones y otras. El comienzo y el final de las situaciones dinámicas son concebidos como elementos incluidos dentro de la situación descrita por la cláusula o predicación. El comienzo y el final de las situaciones estáticas quedan fuera de la predicación, por lo que el estado descrito se ha dado antes del alcance de la predicación y se da con posterioridad al alcance de la misma. La diferencia de conceptualización de los límites de las situaciones dinámicas y estáticas se comprende de una forma más clara y sencilla si se acude a las explicaciones de las repercusiones sintácticas que conlleva.

Langacker (1987: 81) señala que las situaciones dinámicas pueden ser repetidas, pero no extendidas y que las estáticas pueden ser extendidas, pero no repetidas: "Internal homogeneity percludes distintive initial and final states; it thus remove the most obvious basis for bounding, which is necessary for replicability. Moreover, indefinite expansability / contractability is incompatible with both bounding and replicability".

Las situaciones dinámicas no son extensibles puesto que sus límites están dentro del alcance de la predicación; su punto final está incluido en la predicación y la situación no puede continuar a partir de ese punto. Las situaciones estáticas son extensibles ya que su punto final, el cese del estado, no está incluido en la predicación y dicho estado puede continuar más allá de la situación descrita por la predicación.

Esta diferencia conlleva que, si la predicación se realiza en tiempo pasado, lo que sirve para marcar de forma clara el punto final de la situación, las situaciones dinámicas no pueden ser extendidas por medio de *"y aún lo V"* y las situaciones estáticas sí[11].

---

11 Langacker (1987: 81-82) propone para el inglés una prueba semejante "(24) a. *Paul learned the answer – in fact he still does. B. Paul knew the answer – in fact he still does".

4)	a. *Juan abrió la puerta y aún la abre (no extensible / dinámica).
	b. El edificio fue rojo y aún lo es (extensible / estática)

Como se puede observar, en la primera cláusula, la situación se ha dado por finalizada; su límite final cae dentro de la predicación y no puede continuar a partir de ese punto. No es, por tanto, extensible. En la segunda cláusula, el límite de la situación no es alcanzado por la predicación; esta indica que en un tiempo pasado el estado descrito se daba, pero no implica que dicho estado no pueda existir en un momento futuro con respecto a la predicación o en uno actual con respecto al punto de habla; es, por tanto, extensible.

El proceso de repetición o incrementación se basa en los mismos principios que el de extensión. Si en las situaciones dinámicas prototípicas el punto final absoluto de la situación es alcanzado por la predicación, se puede entender que estas situaciones pueden ser repetidas, puesto que, una vez finalizada dicha situación, esta puede volver a empezar. En las situaciones estáticas prototípicas, el punto final absoluto no es alcanzado por la predicación, por lo que no se puede decir que el estado haya cesado y, por tanto, una situación que no ha cesado todavía no puede ser repetida todavía. La prueba que utilizaré para comprobar si esta posibilidad es la modificación por medio de "repetidamente" y "una y otra vez"[12].

5)	a. Juan abrió la puerta repetidamente / una y otra vez (repetida / dinámica)
	b. *El edificio fue rojo repetidamente / una y otra vez (no repetida / estática)

Otra de las consecuencias de la diferente conceptualización de los límites de las situaciones dinámicas y de las estáticas es que, como se puede ver de forma clara en las primeras, se puede preguntar por toda la situación ya que sus límites están dentro del alcance de la predicación; mientras que, en las segundas, no se puede preguntar por toda la situación debido a que sus límites absolutos están fuera de la misma. Frawley (1992: 150-151) llama a este rasgo 'unitization' y nosotros unificación; este autor considera que los verbos dinámicos ('active' en su terminología) son unificados y los estáticos, no. La diferencia entre eventos unificados y no unificados corre paralela a la que existe entre unidades discretas y continuas, entre perfectivo e imperfectivo o entre eventos genéricos cerrados y abiertos (Frawley, 1992: 331). Utilizaré como prueba para establecer la capacidad o no de unificación de una situación la pregunta "*¿Qué sucedió?*". Las situaciones dinámicas responderán a la pregunta, pero no las estáticas, las cuales no pueden ser unificadas[13].

---

12 Esta prueba también es propuesta por Langacker (1987: 81-82): "(23) a. *Harry played the tune again and again. B. Harry resembled his father again and again".

13 Frawley (1992: 150) formula la prueba como sigue "A. What happened? B. Harry stole $10? The book cost 10$ A question like What happened? Ask about unitized act, and thus estatives, which are not unitized, are ruled out".

6) a. ¿Qué sucedió?
    b. Juan abrió la puerta
    c. *El edificio es rojo.

44

3. El rasgo de 'continuidad'

Este rasgo está estrechamente ligado a los dos anteriores. Decimos que los 'estados' son continuos puesto que son homogéneos y sus límites quedan fuera del alcance de la predicación, y que las situaciones dinámicas no son continuas por ser heterogéneas y sus límites formar parte del alcance de la predicación.

Como todos los rasgos reconocidos hasta ahora, este rasgo conlleva una repercusión sintáctica como es la capacidad de las situaciones dinámicas para aparecer en tiempo progresivo y la incapacidad de las estáticas. El interés e importancia de este rasgo lo ha llevado a ser, junto al de homogeneidad, el más estudiado y citado por los autores que han tratado esta cuestión[14].

Sin intentar hacer un estudio pormenorizado de las razones que imposibilitan la aparición de las situaciones dinámicas en tiempo progresivo, esbozaré algunas de ellas que muestras pistas para su explicación.

Langacker (1987: 84-89) indica como razón principal para lo aparición de los estados en formas progresivas el hecho de que el progresivo es imperfictivizante y, como las situaciones estáticas son imperfectivas (Langacker las llama 'imperfective process'), no pueden aparecer expresadas en formas progresivas. Lo que hace el progresivo, según Langacker, es restringir el alcance de la predicación y dejar fuera de ella el inicio y el final de la situación y, como ya hemos visto, esta característica es propia de los estados, por lo que los estados y formas progresivas son incompatibles.

Rodríguez Espiñeira (1990: 185-190) analiza las posturas de diversos autores y, entre otros aspectos, destaca que "las formas progresivas expresan continuidad de tal modo que su combinación con predicados inherentemente durativos sería superflua" (ibid. 187). Según la autora, además de la incompatibilidad a causa de la continuidad, parece que también hay una relación "con la expresión o no de algún tipo de esfuerzo por parte de un participante" (ibid. 187). Rodríguez Espiñeira acepta la existencia de predicaciones estáticas en forma progresiva, pero considera que dichas predicaciones han sido recategorizadas como dinámicas.

Bertinetto (1994) estudia la relación entre estatividad, progresividad y habitualidad y analiza diez semejanzas y cuatro diferencias entre progresividad y estatividad (ibid. 196-406). No pretendo ahora hacer un estudio de las relaciones entre progresividad

---

14 Son muchos los autores: Vendler (1967), Chafe (1970), Quirk *et al.* (1972), Comrie (1976), Halliday (1985), Langacker (1987), Brinton (1988), Dik (1989), Frawley (1992), etc.

y estatividad, sino solo mostrar que la incompatibilidad entre estados y formas progresivas no es total en español; esta incompatibilidad parcial puede deberse a que, como apunta Bertinetto, la progresividad y la estatividad, si bien presentan muchas semejanzas, presentan, a la vez, muchas diferencias y esta puede ser la razón de que, en español, existan verbos considerados estáticos cuya aparición en formas progresivas sea más normal que la de otros verbos también estáticos.

45

7)   a. Quedan tres libros.
      *Están quedando tres libros.

      b. Juan es tonto.
      Juan está siendo tonto.

Mucho más común es que el mismo verbo pueda aparecer en progresivo de forma más natural en unas situaciones que en otras.

8)   a. Juan es tonto.
      Juan está siendo tonto.

      b. El edificio es rojo.
      El edificio está siendo rojo.

Se puede pensar que la aparición de verbos estáticos en formas progresivas se trata de una recategorización semejante a la que ocurre en los sustantivos continuos tratados como discontinuos (*quiero café* frente a *quiero un café*) y parece que, al igual que ocurre en la recategorización de los sustantivos, en este caos, por medio del progresivo, que otras (*quiero un café* frente a **quiero un dinero* y *Juan está siendo tonto* frente a **el edificio está siendo rojo*).

Lo que parece claro, siguiendo la propuesta de Langacker (1987), es que el progresivo muestra la situación dinámica como homogénea y deja fuera del alcance de la predicación los límites absolutos de la misma convirtiendo así una situación dinámica en una situación con las características de una situación estática.

Utilizando los gráficos de Langacker (1987), podemos representar una situación dinámica en progresivo como

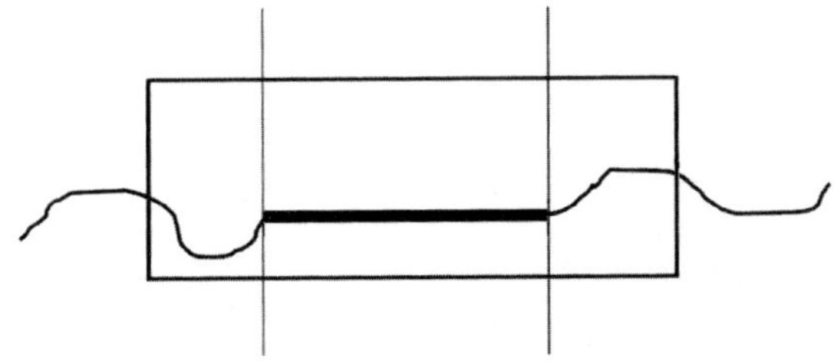

Fig. 3.

Como se puede observar, la parte de la situación dinámica alcanzada por la predicación se ha homogeneizado (línea continua gruesa), pero la predicación (línea vertical fina) no alcanza los extremos absolutos de la situación, sino que esto quedan fuera de la misma (línea ondulada fina).

46

Quede aquí la discusión sobre la compatibilidad o no de la progresividad y la estatividad y admitamos, teniendo en cuenta los problemas que existen, que las situaciones dinámicas prototípicas pueden ser expresadas en progresivo, mientras que las estáticas no, por lo menos sin que adquieran un valor adicional al de la progresividad o continuidad (estado contingente, etc.).

9)   a. Juan está abriendo la puerta.
       b. *El edificio está siendo rojo.

4. Dinamicidad, estatividad y jerarquización

Se han independizado tres rasgos -homogeneidad, existencia de límites y continuidad- que diferencian las situaciones dinámicas de las estáticas. A partir de estos rasgos se han reconocido cinco repercusiones sintácticas que muestras diferentes facetas de cada uno de ellos -modificación por medio de adverbios de velocidad, grado de control o agencia, capacidad de extensión o incrementación, posibilidad de unificación y compatibilidad con el progresivo-; utilizando estas repercusiones sintácticas se puede determinar si una situación es dinámica o estática según se comporte con las diferentes pruebas; así, la cláusula *"La casa dista cien metros"* representa una situación estática y la cláusula *"Juan corrió cien metros"* una dinámica por sus diferentes respuestas a las cinco pruebas propuestas.

Prueba 1: *La casa dista cien metros lentamente / rápidamente.
          Juan corre cien metros lentamente / rápidamente.

Prueba 2: *¿Qué hace la casa?* *La casa dista 100 metros.
          ¿Qué hace Juan? Corre cien metros.

Prueba 3: La casa distó 100 metros y *aún los dista.*
          *La casa distó cien metros *una y otra vez / repetidamente.*
          *Juan corrió cien metros *y aún los corre.*
          Juan corrió cien metros *una y otra vez / repetidamente.*

Prueba 4: *¿Qué sucedió?* *La casa distó cien metros.
          ¿Qué sucedió? Juan corrió cien metros.

Prueba 5: *La casa está distando cien metros[15].
          Juan está corriendo cien metros.

---

15 Creemos que esta cláusula solo sería aceptable si tomase el significado adicional de aproximación (*la casa distó aproximadamente cien metros*) significado no propio del progresivo.

Establecidos los rasgos de la oposición 'dinamicidad' / 'estatividad' y sus repercusiones sintácticas, se podría pensar que, en el análisis de las diferentes situaciones, se es capaz de determinar de forma clara cuándo una situación es dinámica y cuando es estática, pero no es así. Existen situaciones que no presentan todos los rasgos de la dinamicidad e incluso situaciones que poseen rasgos de la dinamicidad y, además, la capacidad de ser extendidas, rasgo propio de la estatividad, por lo que no es posible determinar con exactitud si dichas situaciones son dinámicas o estáticas.

La posibilidad de que la oposición 'dinamicidad' / 'estatividad' no sea una diferenciación discreta es apuntada por algunos autores, entre ellos Langacker (1987: 86): "Theo ver-all análisis therefore predicts the existence of perfective processes analogous to spot -which are internally homogeneous, but nevertheless construed as being bounded. This is what I propose for verbs like *sleep, wear (a sweater), walk, swim, dream, perspire, etc.*".

El autor reconoce la existencia de procesos perfectivos (dinámicos) que son homogéneos (rasgo de la estatividad) y que son limitados (rasgo de la dinamicidad), los cuales serían procesos de una clase intermedia entre los dinámicos y los estáticos.

Frawley (1992: 155) señala que la diferencia entre dinamicidad y estatividad no es discreta, sino gradual. Un verbo como *lie* puede ir en progresivo y es extensible, pero no admite 'pseudo-clefts' (What X do be Y?) ni es unificable y propone definirlo como semiestativo. Un verbo como *remain* no es extensible, no admite progresivo, pero sí es ejecutable y unificable, lo define como 'semiestativo'.

Frawley tiene razón, la oposición 'dinamicidad' / 'estatividad' no es discreta, sino gradual. El problema ahora es establecer en qué criterios se basa la gradación de dicha oposición. Esta gradación puede estar regida por una jerarquía en la que unos rasgos se presentan como más importantes o prominentes que otros; en esta escala, la posesión de un rasgo supondría la posesión de los demás rasgos menos prominentes. Este tipo de organización es el que apunta Frawley (1992: 155) cuando se pregunta si existe una escala de la actividad del tipo 'extensión' > 'unitization' / 'execution'. Otra posibilidad es que los rasgos de la 'dinamicidad' / 'estatividad' no estén jerárquicamente organizados, de manera que solo se puede determinar el grado de dinamicidad o estatividad de una situación dependiendo del número de rasgos que posea. Para determinar qué estructura semántica adopta esta oposición. El único camino es estudiar diferentes verbos y situaciones para comprobar si existe o no una jerarquía de rasgos y, en caso de no existir, poder determinar qué grados de dinamismo presentan las diferentes situaciones.

Frente a verbos como *correr* o *distar*, uno claramente dinámico y otro estático, nos encontramos con otros verbos o situaciones que no muestran de forma tan clara su adscripción a uno de los dos tipos de verbos antes mencionados, cinco tipos más clasificados dependiendo de su comportamiento con las cinco pruebas utilizadas[16]:

	M	C	I	U	P	Ext.
Aconsejar	-	+	+	+	+	-
Alegrarse	+	+	+	+	+	+
Amar	-	+	-	+	+	+
Permanecer	-	+	-	+	-	+
Necesitar	-	-	+	+	+	+

Vista la organización de los diferentes rasgos presentados en este cuadro, no parece que exista ningún tipo de orden o jerarquía que organice de alguna forma la categoría y los datos inclinan a pensar que la estructuración de la categoría 'dinamicidad' / 'estatividad' no es jerárquica. Sin embargo, se considera que la modificación por medio de adverbios y la extensión son elementos que marcan de forma clara la dinamicidad o estatividad de una situación -estos dos rasgos, excepto en un caso que abordaré posteriormente, no aparecen nunca de forma conjunta marcados como positivos- tendremos ya un principio de organización. La modificación por adverbios está en el punto más alto de la escala de la dinamicidad y la extensión en el más bajo.

Por otro lado, parece ser que, en principio, el control, tal como apunta Comrie (1976: 49 nota 1), puede variar en las situaciones dinámicas presentándose o no y, si seguimos a Dik (1989), autor que considera la existencia de situaciones no dinámicas controladas, se puede concluir que el rasgo control, incluido por nosotros en el de homogeneidad, funciona como un elemento de clasificación marginal. El control regula el grado de dinamicidad dentro del mismo tipo de verbo; de manera que ante dos situaciones que presentan los mismos rasgos de dinamicidad, una controlada y la otra no, la controlada es vista como más dinámica, pero de una situación, por el mero hecho de ser controlada, no se puede decir que sea dinámica puesto que existen situaciones no dinámicas controladas.

Quedan por tratar tres rasgos: la continuidad, la unificación y la incrementación. Según parece, toda situación que pueda ser incrementada puede aparecer en progresivo, pero no a la inversa:

Juan necesitó una y otra vez verte.
Juan está necesitando verte.

---

16 Desde ahora marcaré mediante los símbolos +/- la posibilidad o no de aplicarse la prueba al verbo o situación. En los cuadros propuestos, las pruebas se corresponden con las siguientes iniciales: modificación por medio de lentamente/rápidamente (M), existencia de control (C), posibilidad de incrementación (I), posibilidad de unificación (U), posibilidad de aparecer en progresivo (P) y posibilidad de ser extendido (Ext.).

*Juan ansió una y otra vez verte.

Juan está ansiando verte.

Este hecho apunta a que la incrementación se encuentra más alta en la jerarquía que la continuidad. La unificación se puede presentar, a su vez, en situaciones que no pueden ser incrementadas ni aparecer en progresivo, lo que apunta a que está por debajo de ellas en la jerarquía: 49

*Juan permanece repetidamente / una y otra vez en casa.

*Juan está permaneciendo en casa.

¿Qué sucedió? Juan permaneció en casa.

Teniendo en cuenta esta jerarquización y poniendo orden en el cuadro anterior, se puede proponer la existencia de un cierto orden jerárquico y establecer en principio seis tipos de verbos a partir de su grado de dinamismo.

	M	I	P	U	Ext	Ejemplos
Tipo 1	+	+	+	+	-	Atravesar, construir, corregir, correr, etc.
Tipo 2	-	+	+	+	-	Aconsejar, comprar, vender, etc.
Tipo 3	-	+	+	+	+	Ansiar, faltar, querer, necesitar, oír, etc.
Tipo 4	-	-	+	+	+	Amar, comprender, conocer, gustar, etc.
Tipo 5	-	-	-	+	+	Permanecer, costar, durar, etc.
Tipo 6	-	-	-	-	+	Creer, distar, estar, medir, etc.

Presentamos ahora algunos ejemplos de cada uno de los seis tipos reconocidos en el cuadro anterior y sus respuestas a cada una de las pruebas; por cuestiones de espacio, analizamos solo un verbo de cada uno de los seis tipos que hemos establecido.

Tipo 1: El barco atravesó el océano.

(M+): El barco atravesó el océano *lentamente*.

(I+): El barco atravesó el océano *una y otra vez*.

(P+): El barco *está atravesando* el océano.

(U+): *¿Qué sucedió?* El barco atravesó el océano.

(Ext+): *El barco atravesó el océano *y aún lo atraviesa*.

El último ejemplo solo es aceptable si se considera que la acción es habitual y que "el barco" se dedica a atravesar el océano y, aunque ha acabado una de sus singladuras, va a seguir realizando la travesía; no es aceptable si se considera como la continuación de la acción acabada designada por el verbo atravesó.

Tipo 2:   El librero vendió el libro.

(M+): *El librero vendió el libro *lentamente*.

(I+): El librero vendió el (mismo) libro *una y otra vez*.

(P+): El librero *está vendiendo* el libro.

(U+): *¿Qué sucedió?* El librero vendió el libro.

(Ext+): *El barco vendió el libro *y aún lo vende*.

En caso de que modifiquemos la primera cláusula propuesta por medio de *rápida-mente*, se convertiría en aceptable (*El librero vendió el libro rápidamente*), pero el adverbio se sitúa en el nivel 2 de modificación y, como ya hemos indicado, para que se marque como positivo el rasgo de modificación (M), el adverbio debe estar situado en el nivel 1 de modificación.

Tipo 3:   El niño oyó el ruido.

(M+): *El niño oyó el ruido *lentamente*.

(I+): El niño oyó el ruido *una y otra vez*.

(P+): El niño *está oyendo* el ruido.

(U+): *¿Qué sucedió?* El niño oyó el ruido.

(Ext+): * El niño oyó el ruido *y aún lo vende*.

Tipo 4:   Pedro conoció a tus amigos.

(M+): * Pedro conoció a tus amigos *lentamente*.

(I+): *Pedro conoció a tus amigos *una y otra vez*.

(P+): Pedro *está conociendo* a tus amigos.

(U+): *¿Qué sucedió?* Pedro conoció a tus amigos.

(Ext+): Pedro conoció a tus amigos *y aún los conoce*.

Tipo 5:   Los libros costaron mucho.

(M+): * Los libros costaron mucho *lentamente*.

(I+): * Los libros costaron mucho *una y otra vez*.

(P+): *Los libros *están costando* mucho.

(U+): *¿Qué sucedió?* Los libros costaron mucho.

(Ext+): Los libros costaron mucho *y aún cuestan mucho*.

En la cláusula expresada en progresivo, no podemos marcar el rasgo 'progresivo' (P) como positivo puesto que estamos recategorizando un estado en un estado contingente.

Tipo 6: El niño mide un metro[17].

       (M+): * El niño mide un metro *lentamente.*

       (I+): * El niño mide un metro *una y otra vez.*

       (P+): * El niño *está midiendo* un metro.

       (U+): * *¿Qué sucedió?* El niño mide un metro.

       (Ext+): El niño mide un metro *y aún mide un metro.*

He dejado a un lado el rasgo control puesto que, como ya se ha indicado, este realiza una diferenciación en el grado de dinamicidad entre verbos pertenecientes al mismo tipo. Como parece lógico, el rasgo control no efectúa diferencias en los verbos que designan situaciones altamente dinámicas o altamente estáticas; todos los verbos de los tipos 1 y 2 designan situaciones controladas y los del tipo 6 no controladas. En los tipos 3, 4 y 5 sí tiene importancia el rasgo control. De las situaciones designadas por los verbos del tipo 3 podemos decir que son más dinámicas que estáticas y que, en su mayoría y debido a su mayor grado de dinamicidad, son controladas (*ansiar, faltar -a algo-, querer, prohibir, prometer, ver -algo o a alguien-, etc.*), aunque pueden aparecer algunas no controladas o, por lo menos, que puedan ser entendidas como no controladas (*necesitar, oír, etc.*). En las situaciones designadas por verbos del tipo 5, ocurre lo contrario; como son situaciones más estáticas que dinámicas, suelen ser no controladas (*costar, durar -x tiempo-*, etc.), pero pueden aparecer algunas controladas (*permanecer, etc.*). Los verbos del tipo 4 designan situaciones intermedias entre la dinamicidad y la estatividad, por lo que pueden designar tanto situaciones controladas (*amar, comprender, morar, etc.*), como no controladas (*conocer, gustar, oler -mal-,* etc.). Vemos como el rasgo control actúa como elemento diferenciador dentro de cada tipo de verbo o situación reconocido y que cobra mayor importancia en aquellos casos en los que los verbos o situaciones muestran menos claridad en cuanto a su dinamismo o su estatividad.

Además de estas seis clases reconocidas, existe un séptimo tipo que muestra como positivos todos los rasgos de la dinamicidad y la estatividad. Dentro de este tipo se hallan fundamentalmente verbos incoativos que implican un cambio de estado; estos verbos, por ser incoativos, son dinámicos, como ya se ha indicado con anterioridad y, por indiciar un cambio a un estado, son extensibles, puesto que en la incoatividad no se indica el final del cambio, sino que este puede continuar y ser extendido (*agrandar, alegrarse, debilitar,* etc.).

    10) a. Juan se alegró por tu llegada y aun se alegra.

---

17 Esta cláusula designa una cualidad o característica del niño, su altura, y hemos de diferenciarla de su homónima que designa que el niño realizó la acción de medir algo de un metro que pertenece al tipo 1.

5. A modo de conclusión

Se han establecido varios rasgos que diferencian la estatividad y la dinamicidad y las pruebas formales que nos permiten determinar cuándo una situación posee o no cada uno de estos rasgos. Si bien, en principio, he considerado que existían unos rasgos propios de la dinamicidad y otros de la estatividad, posteriormente se ha comprobado que no se pueden establecer una diferenciación dicotómica de este tipo. Los rasgos de la categoría 'dinamicidad' / 'estatividad' se estructuran jerárquicamente estableciendo de esta forma una gradación de mayor a menor dinamicidad de modo que, en esta jerarquía, se dan situaciones claramente dinámicas (tipo 1 y 2), situaciones claramente estáticas (tipo 6), situaciones con rasgos de estatividad (tipo 3), situaciones estáticas con rasgos de dinamicidad (tipo 5) y situaciones que se encuentran a caballo entre la dinamicidad y la estatividad y que son el punto intermedio de la categoría (tipo 4).

Hay que señalar, además, la existencia de otros factores que influyen en el grado de dinamicidad de las situaciones; factores como el control, ya estudiado, o la telicidad, de la cual simplemente apuntaré que las situaciones télicas suelen ser vistas como situaciones más dinámicas que las atélicas, pero esta relación -la que se da entre grado de dinamicidad y 'aktionsart'- merece un estudio más amplio.

Capítulo 03
Sinonimia y polisemia de los sufijos *–dor* y *–nte*[18]

(Revista de lexicografía. 1997. 3. 95-110)

PRESENTACIÓN

El profesor Antonio Rifón tenía la virtud de hacer fácil lo difícil a través de sus explicaciones y de su manera de ser, sencillo y cercano. Sus interesantes clases de Morfología y Semántica me abrieron una ventana nueva hacia el inmenso y apasionante mundo de la formación de palabras y del estudio del significado y de las relaciones semánticas. Este interés lingüístico me ha concedido el privilegio de aprender y de investigar bajo su supervisión, su conocimiento y su generosidad: primero, como alumna y, después, como doctoranda. Durante los años de investigación, trabajo y reuniones, me acompañaba una libreta en la que lo anotaba prácticamente todo. En muchas ocasiones se convirtió en la protagonista, puesto que a Antonio Rifón le parecía un adelanto frente a los folios sueltos, que acaban traspapelándose. Ha llegado el momento de volver a abrirla. En ella viven anotaciones, tachones, comentarios, dudas, explicaciones, ideas, soluciones, risas, lágrimas, gestos, imágenes, música, humor, empatía y muchas anécdotas; en definitiva, multitud de recuerdos imborrables. Releerla me ha hecho recordar y me ha llevado hasta uno de los artículos de Antonio Rifón: "Sinonimia y polisemia de los sufijos -dor y -nte". Su lectura nos sitúa en el campo de la morfología derivativa, concretamente en el análisis semántico de los sustantivos derivados en español a través de los sufijos -dor y -nte.

Diferentes trabajos en los que se analizan los significados de los sufijos -dor y -nte muestran similitudes en sus clasificaciones semánticas que apuntan a la posibilidad

---

18 La elaboración de este estudio ha sido posible gracias a la financiación de la DGICYT del Ministerio de Educación y Cultura a través del proyecto PS94-0160.

de que entre ellos exista una relación de sinonimia. Además, como los sufijos -dor y -nte forman nombres de agente, el profesor Antonio Rifón toma como modelo un análisis de la polisemia de las derivaciones del sufijo agentivo danés -es en el que se aplica la escala de la agentividad como pauta reguladora y analiza los diversos significados de los nombres derivados por -dor y -nte teniendo en cuenta los mismos criterios de análisis. Partiendo de estas suposiciones, el artículo muestra un estudio detallado y claro de la pauta en la derivación de los nombres postverbales de los sufijos -dor y -nte con la finalidad de explicar la aparente polisemia y la aparente sinonimia entre ambos sufijos. Para ello analiza los significados de los nombres derivados de ambos sufijos a través de la escala de agentividad (agente inmediato, agente mediato, no agentivo) y de las funciones semánticas de agente, fuerza, causa, instrumento, locativo y actante estativo. Las conclusiones de su análisis muestran, por un lado, que, si se tiene en cuenta la escala de la agentividad, el sufijo -dor selecciona los significados que implican control en la acción (agentes, fuerzas, instrumentos) y el sufijo -nte los que no poseen control sobre la acción (causas y actantes no agentivos). La aparente polisemia entre ellos desaparece si se selecciona como pauta reguladora el rasgo control, ya que tanto el sufijo -dor, que selecciona la subcategoría control, como -nte, que selecciona la subcategoría no control, pueden formar nombres con los significados de agente, causa, instrumento, etc. Por otro lado, la aparente sinonimia se relaciona con el concepto de control como categoría gradual en la que los límites entre la subcategoría de control y no control son borrosos. Esto explica que entre algunas de sus formaciones exista un mayor grado de sinonimia que en otras.

Una vez más, con la lectura de este artículo han surgido nuevas anotaciones, nuevas reflexiones y nuevos comentarios que se quedarán reflejados en esa libreta llena de recuerdos. Gracias por todo, Rifón.

María Josefa González Domínguez

Los sufijos *-dor* y *-nte* han sido caracterizados tradicionalmente como formadores de nombres de Agente. Así, Alemany (1920: 44) clasifica el sufijo *-dor* como denotador del "agente de la significación del verbo y, a veces, también del instrumento y del lugar" y, el sufijo *-nte* (1920: 23), como sufijo formador de sustantivos que denotan empleo, profesión, ocupación, etc. Lang (1990: 186-187 y 189), al tratar las nominalizaciones deverbales, los clasifica como sufijos agentivos. También Rainer (1993: 447 y 616) reconoce tanto en los derivados por *-dor* como en los derivados por *-nte* la existencia de un grupo que designa nombres de oficios. Esta similitud en la clasificación semántica de los sufijos *-dor* y *-nte* parece remitir a la existencia de una relación de sinonimia. En este artículo pretendo estudiar si, entre ambos sufijos, existe o no dicha relación.

Para determinar si estos sufijos son sinónimos, se ha de analizar si las formaciones nominales derivadas por medio de ambos sufijos son reguladas por las mismas pautas de derivación, caso en el que sí serían sinónimos, o si, por el contrario, cada sufijo posee sus propias pautas de derivación, caso en el que no serían sinónimos.

En relación a esta cuestión, Laca (1993: 201) indica que:

> De la comparación de los esquemas de lexicalización se desprende que los sufijos *-dor* y *-nte* no son funcionalmente equivalentes, sino que a través de ellos se expresan dos modos diferentes de concebir al sujeto de una construcción activa.

Al final de su artículo (1993: 202), Laca compara algunos ejemplos de nombres derivados *(sufriente, sufridor; contendiente, luchador;* hablante, *hablador;* viviente, *vividor; componente, compositor; secante, secador; colgante, colgador)* y observa que existen diferencias entre ellos en cuanto a la volición, el control y la aspectualidad (habitualidad o no) del argumento del verbo nominalizado por el sufijo.

Por otro lado, Booij (1986), al tratar los nombres de Agente en danés creados por medio de *-er*, señala la existencia de una polisemia en este tipo de derivación, ya que este sufijo crea nombres con diversos significados (agentes, instrumentos, etc.). Para este lingüista, dicha polisemia se resuelve si se tiene en cuenta la escala de la agentividad y la existencia de diferentes tipos de agentes. Sobre el problema de la polisemia del sufijo *-dor*, Rainer (1993), tras reconocer que este sufijo crea tres grupos principales de formaciones: "Nomina agentis, Nomina instrumenti (zu denen man auch die Bezeichnungen für Chemikalien rechnen kann) und Nomina loci" (1993: 446), mantiene una postura diferente a la de Booij (1986) y otros autores. Rainer (1993: 453) no propone una única regla, sino una regla fragmentaria que explicaría las diferentes formaciones y usos.

Trataré de mostrar aquí que, con respecto a los sufijos *-dor* y *-nte* españoles, se puede hablar de una polisemia en sus derivaciones que ha de ser explicada, al igual que hizo Booij para el sufijo danés *-er*, por medio de la aplicación a estas derivaciones de la escala de la agentividad como pauta reguladora.

Si bien se ha de reconocer que son numerosas las facetas que pueden influir en la formación de nombres por medio de estos dos sufijos, en este momento, el campo de estudio estará limitado al análisis de aquellos aspectos que tengan alguna relación con la agentividad del sujeto del verbo base y que, de alguna manera, determinen las pautas de formación de nombres por medio de *-dor* y *-nte* y que, al mismo tiempo, expliquen la aparente sinonimia y polisemia de ambos sufijos.

1. La escala de la agentividad[19]

Es necesario, como punto de partida y, aunque sea brevemente, establecer los conceptos generales de la agentividad que serán utilizados en este estudio.

Dentro de la agentividad se ha de diferenciar entre iniciadores inmediatos y mediatos. Los inmediatos no precisan de la actuación de ningún otro iniciador para realizar o producir la acción. Los mediatos precisan de la participación de un iniciador inmediato para la realización de la acción[20].

> *Los bomberos* inundaron la casa con sus mangueras (Iniciador inmediato)
>
> *Las mangueras* inundaron la casa (Iniciador mediato)

Dentro de los actores inmediatos podemos diferenciar entre aquellos que controlan la acción y aquellos otros que no la controlan. Los iniciadores inmediatos que no controlan la acción serán llamados *Causas*. Las Causas inician la acción por su mera presencia, posición, movimiento, sin ejercer ningún tipo de control sobre ella.

Los iniciadores con control de la acción pueden ser clasificados en *Agentes*, que son los iniciadores que poseen volición, y *Fuerzas,* que son iniciadores que, si bien controlan la acción de alguna manera, no lo hacen a partir de su volición[21].

> Los *bomberos* inundaron la casa (Agente)
>
> *La lluvia* inundó la casa (Fuerza)
>
> *El agua* inundó la casa (Causa)

Para el estudio de estos dos sufijos, también es necesario la consideración de que las situaciones estativas carecen de iniciador.

---

19 Todos los conceptos sobre la agentividad que aquí se exponen de forma breve están desarrollados de una forma amplia en Rifón (1997).

20 La mayoría de los iniciadores mediatos aparecen en la oración funcionando semánticamente como instrumentales, bien funcionando como complementos circunstanciales, bien funcionando como sujetos.

21 Las fuerzas suelen ser entidades de la naturaleza que realizan la acción sin que ningún otro actor las controle.

2. La derivación a partir de verbos estativos

La primera gran diferencia que se establece entre la derivación por medio de los sufijos *-dor* y *-nte* gira en torno a la diferente capacidad para derivar nombres a partir de situaciones estativas. No se crean nombres de verbos estativos o de acepciones estativas de verbos mediante el sufijo *-dor*, mientras que sí se crean por medio de *-nte*.

Los nombres creados a partir de situaciones estativas por medio de *-nte* pueden ser derivados de verbos únicamente estativos (*carecer, competer, colindar, distar, lindar,* etc.) o de verbos estativos y dinámicos (*ascender, componer, contener, formar, ocupar, penetrar,* etc.).

En cuanto a los nombres derivados de verbos estativos, son pocos los existentes de estativos que poseen un sólo actante, como en:

El problema *existe* y no es fácil de resolver / El problema *existente* no es fácil de resolver

Recogió la basura que *hedía* / Recogió la basura *hediente*

La mayoría de los nombres formados sobre verbos estativos lo hacen a partir de verbos con dos actantes entre los que se establece algún tipo de relación.

competer algo a alguien
Esto *compete* a nuestra oficina / Nuestra oficina es *competente* en esto

carecer algo de algo
El pueblo *carece* de agua / El pueblo está *carente* de agua

yacer alguien o algo en algún lugar
El muerto *yace* en su tumba / El muerto está *yacente* en su tumba

colindar/ lindar algo con algo
La finca que *colinda* / *linda* con la mía ha sido expropiada / La finca *colindante* / *lindante* con la mía ha sido expropiada

equidistar dos cosas de otra
Estos dos pueblos *equidistan* de la capital / Estos dos pueblos están *equidistantes* de la capital

Sobre verbos denotadores tanto de situaciones dinámicas como estativas, el comportamiento de estos dos sufijos es de gran interés. El sufijo *-dor*, en caso de derivar un nombre de alguno de estos verbos, lo hace a partir de su lectura dinámica; mientras que el sufijo *-nte* lo hace a partir de su lectura estativa. Estos son, posiblemente, los verbos en los que se muestra una diferencia más clara entre los nombres derivados por medio de *-dor* y *-nte*.

Para el estudio de estos verbos es necesario poder determinar de manera formal cuándo codifican una situación estativa y cuándo una dinámica. Para ello, utilizaremos la prueba de la incrementación y la prueba de la extensión. Si una oración puede ser extendida por medio del adverbio *aún* codifica una situación estativa. Si, por el contrario, no puede ser extendida, pero sí reiterada o repetida por medio de una y otra vez, repetidamente, codifica una dinámica[22].

Comprobemos la relación entre dinamicidad / estatividad y los sufijos *-dor* y *-nte* a través del verbo *componer.*

> a) El músico compuso la ópera.
> El músico compuso la ópera *una y otra vez / repetidamente*
> *El músico compuso la ópera *y aún la compone*

> b) Estos jugadores compusieron el equipo
> *Estos jugadores compusieron el equipo una y otra vez / repetidamente
> Estos jugadores compusieron el equipo y *aún lo componen*

Sólo se puede derivar un nombre en *-dor* a partir de la acepción dinámica (a) del verbo *componer,* mientras que de la estativa se deriva uno por medio de *-nte* (b).

> El músico fue el *compositor* de la ópera
> Estos jugadores fueron los *componentes* del equipo

Como *componer,* hay otros verbos que poseen acepciones a partir de las que se puede derivar un nombre en *-nte* y que indican un estado en el que se encuentra el actante que funciona como sujeto. Así, en

> Doce equipos son *los formantes / *los formadores* de la liga.
> Varias personas son *las ocupantes / *las ocupadoras* del vagón de atrás[23]
> La botella es *el continente / *la contenedora* del vino
> La herida era muy *penetrante / *penetradora*
> Aquel era un famoso puente *colgante / colgador*
> El siguiente / *seguidor* en la lista eres tú
> Le compré la tela *sobrante / *sobradora*
> Este camino es *descendente / *descendedor*
> Aquel hombre era su *ascendiente / *ascensor*

---

22 Estas dos pruebas son propuestas por Langacker (1987: 81). Para la comprobación de la dinamicidad o estatividad de una situación han sido elaboradas numerosas pruebas que, en este momento, no tendremos en cuenta: modificación por *rápidamente*, respuesta a la pregunta *¿qué sucedió?*, comportamiento con respecto al progresivo, etc.

23 En esta oración el verbo *ocupar* posee el significado de 'Estar <una persona o una cosa> en [un lugar]' (DS, 1996), acepción que es claramente estativa frente a la acepción claramente dinámica de la oración *Los romanos fueron los ocupadores /* ocupantes de la península,* en la que el significado de *ocupar* es 'Apoderarse <una persona> de [un lugar] o instalarse en él' (DS, 1996).

Ninguna de las situaciones designadas por estas oraciones presenta el rasgo dinamicidad que sí presentan las oraciones siguientes con los mismos verbos y de las que se puede derivar un nombre en -dor.

Los maestros son *los formadores* / **Los formantes* de los muchachos
Los romanos fueron *los ocupadores* / **los ocupantes* de la península
Las murallas fueron *las contenedoras* / **las continentes* del ataque enemigo
El nuevo delantero es muy buen *penetrador* / **penetrante*
Puso el abrigo en el *colgador* / **colgante*[24]
Aquellos eran los *seguidores* / *siguientes* del equipo
Aquel niño era muy *sobrador* / **sobrante*
Cogió el *descendedor* / *descensor* / **descendente*[25]
Para subir al cuarto cogió el *ascensor* / **ascendiente*

Relacionados con esta diferencia entre dinamicidad / estatividad están aquellos verbos cuyo nombre derivado por -dor selecciona lecturas dinámicas y el derivado por medio de -nte selecciona una lectura genérica que no indica una acción realizada por el sujeto, sino, más bien, un estado o propiedad inherente a él y que, a pesar de indicar cierta dinamicidad, su carácter genérico la reduce en un gran grado, resultando una predicación cuasi estativa y siempre no controlada. Esta es la diferencia apuntada por Laca (1993: 202) cuando define a viviente como "estativo, no controlado, no agentivo, no transitivo" y a *vividor* como "habitual, controlado, agentivo, "transitivo"".

Los seres *vivientes* / Las personas *vividoras*
Los *hablantes* / los *habladores*
Los *creyentes* / Los *creedores*
Los *sufrientes* / Los *sufridores*
Los *videntes* / Los *visores* / Los *veedores*

Hasta aquí, se ha visto que la dinamicidad / estatividad de los verbos base determina la orientación de la derivación nominal, pero el problema se plantea al observar que no todos los derivados por medio de -nte lo hacen a partir de acepciones estativas de los verbos, sino que en la gran mayoría de los casos lo hacen de acepciones dinámicas. Se puede entonces sospechar que, además de la diferencia entre dinamicidad / estatividad, ha de existir otro u otros rasgos que determinen u orienten la derivación.

---

24 Aquí *colgante* no es sinónimo de instrumento, sino de objeto que está colgado. Fijémonos que *colgante* con la acepción de cosa 'que cuelga' (DS, 1996) deriva de la lectura estativa, como en *Fuente colgante*.

25 Si bien no existen ni *descensor, ni *descendedor, sí podrían ser creados para una máquina que desciende personas o cosas, al igual que existe *ascensor* para una máquina que las asciende.

3. Formación de locativos[26]

Si bien la creación de locativos por medio de estos sufijos es poco rentable, se puede ver de forma clara en estas formaciones la pauta que marca la derivación por medio de *-nte* y *-dor*.

Los nombres locativos derivados por medio de *-dor* lo son en cuanto que codifican entidades que designan un lugar en el que un Agente realiza una acción que pasará a caracterizar dicha entidad *(comedor, cenador, corredor, recibidor, mirador, abrevador, etc.)*. Estos nombres pueden referirse tanto al Agente que realiza la acción como al 'lugar donde se acostumbra a o que sirve para realizar la acción'. Por ejemplo, comedor se puede referir tanto a la 'habitación que sirve para comer' como a un 'Agente que come mucho'; recibidor puede designar tanto el 'lugar donde se recibe' como el 'Agente que recibe algo'; así, en el DUE (1960), uno de los significados que se le asigna es el de 'adjetivo y nombre aplicado al que recibe' y, en el DRAE (1992), el de 'en la orden de San Juan, ministro diputado para recoger los fondos que pertenecen a ella'.

El rasgo común de los locativos en *-dor* es que todos implican, de una u otra manera, un Agente y, por tanto, derivan de situaciones dinámicas conceptualmente controladas.

El sufijo *-nte* crea nombres locativos con características muy diferentes. Los locativos en *-nte* derivan de situaciones estativas o cuasi estativas y designan una cierta disposición espacial *(pendiente, rasante, vertiente)* o una cierta afección de carácter genérico *(batiente, rompiente)*. Los locativos creados por medio de *-nte* no designan, al contrario de los derivados por medio de *-dor*, lugares a los que se les pueda achacar una cualidad por el uso que hace de ellos un Agente, sino por una cierta cualidad inherente a su disposición o localización. Tomemos como ejemplo el verbo *romper*. Este verbo puede constituir tanto predicaciones cuasi estativas como predicaciones claramente dinámicas.

a) Las olas rompieron en las rocas una y otra vez
Las olas rompieron en las rocas y aún lo hacen[27]

b) Las olas rompieron las rocas una y otra vez
*Las olas rompieron las rocas y aún lo hacen

Fijémonos que, en la lectura cuasi estativa e intransitiva de *romper* (a), la nominalización se realiza por medio de *-nte*; mientras que, en la acepción dinámica y transitiva (b), la nominalización se realiza por medio de *-dor*.

---

26 Seguiré, con ligeros cambios, los tres grupos de derivados nominales por estos sufijos establecidos por Rainer (1993: 446): *nomina agentis, nomina instrumenti y nomina loci.*

27 Si consideramos que la dinamicidad/estatividad es una categoría de tipo gradual en uno de cuyos extremos se encuentran las predicaciones dinámicas prototípicas y en el otro las predicaciones estativas prototípicas, esta predicación constituida por el verbo romper se situaría en un punto intermedio de la escala.

a) Las rocas son el *rompiente* de las olas
b) Las olas son las *rompedoras* de las rocas

Por tanto, el lugar designado por la nominalización 'el *rompiente* de las olas' no es *rompiente* porque las olas lo utilicen para romper en él, sino porque las olas rompen en él. La acción que se da en este lugar (el *rompiente)* posee más características de una situación estativa que de una dinámica.

Se puede concluir que el grado de control de la situación sobre la que se produce la nominalización marca ciertas pautas en la derivación por medio de *-dor* y *-nte.*

4. Los iniciadores inmediatos frente a los mediatos

Al analizar la escala de la agentividad, he diferenciado dos tipos de iniciadores: los inmediatos y los mediatos. Dentro de los primeros reconocía la existencia de unos con control sobre la acción y otros carentes de dicho rasgo, a los que denominamos causas. Los mediatos y las causas se asemejan en que ambos no poseen control sobre la acción y se diferencian en que los primeros necesitan de un iniciador inmediato que los controle y maneje, que en la oración puede estar presente o ausente, y los segundos no[28].

Analizaré ahora la derivación de nombres por medio de *-dor* y *-nte* a partir de situaciones no controladas y realizadas por iniciadores mediatos y causas.

Laca (1993: 195-196) considera que los sustantivos derivados por *-dor* de bases inanimadas son en la mayoría de los casos" nombres de instrumento en sentido estricto: designan todo tipo de aparatos, utensilios, herramientas, máquinas o partes de tales artefactos, según la función que estos cumplen". Dentro de los nombres de instrumentos creados por *-dor,* diferencia la autora aquellos que:

> [...] no son designaciones de artefactos según la función, sino que se basan en la capacidad de producir un efecto determinado, y designan agentes químicos *(blanqueador, catalizador, fiador, reforzador).* Este tipo que produce sustantivos no individuados (nombre masa o continuos), apenas está representado dentro de los derivados en *-dor.*

Al tratar los nombres en *-nte* (Laca, 1993: 199), reconoce que los instrumentos en sentido estricto son muy escasos y que la mayoría designan agentes químicos.

Me ceñiré, en este apartado, a aquellos nombres en *-nte* que designan agentes químicos y que, por tanto, son nombres concretos que designan un objeto, al igual que los instrumentales en *-dor* con los que Laca los ha agrupado.

---

28 Se ha apuntado ya el hecho de que los iniciadores mediatos aparecen normalmente funcionando como Instrumentales. Sobre las consecuencias de la presencia o ausencia del iniciador inmediato controlador de un instrumental vid. Schlesinger (1989).

Las diferencias entre estos dos modos de derivación se pueden ver de forma clara si se compara, por un lado, *calmante, colorante, desinfectante* y, por otro, *abridor, colador, borrador*. En los derivados por -*nte*, sólo se puede aplicar la derivación si el término introducido en la nominalización es una Causa.

62

> El enfermo se calmó a causa de / con estas pastillas
> El producto se coloró a causa de / con estas sustancias
> La herida se desinfectó a causa de / con estos medicamentos

En estas oraciones vemos cómo el actante que es utilizado para la nominalización aparece como término de las frases preposicionales propias de las Causas: *a causa de, con.*

> Estas pastillas son *calmantes*
> Estas sustancias son *colorantes*
> Estos medicamentos son *desinfectantes*

Si estas entidades fuesen entendidas como instrumentos en sentido estricto, sólo podrían aparecer introducidas en la oración por la preposición *con*. Como ocurre en los instrumentales en -*dor*

> La botella se abrió *a causa de / con este aparato
> La leche se coló *a causa de / con este aparato
> El encerado se borró *a causa de / con este aparato
> Este aparato es un *abridor*
> Este aparato es un *colador*
> Este aparato es un *borrador*

Otra clara diferencia entre unos y otros derivados es la que se muestra en que, en los derivados por medio de -*nte*, la característica designada por medio de la nominalización es inherente a las sustancias que se les aplica, por lo que el proceso indicado por el verbo se realiza sin necesidad de que un Agente lo provoque. Las propias características de la sustancia implican la realización del proceso; son sustancias con capacidad por sí solas de provocar dicho proceso y, por tanto, son iniciadores inmediatos. En los Instrumentales, las características aplicadas por las nominalizaciones en -*dor* no son inherentes al objeto, sino que es posible aplicárselas debido a que son utilizados por un Agente para una determinada acción y dicho uso por parte de un Agente es necesario para que se le pueda designar por medio del nombre derivado; son, por tanto, iniciadores mediatos.

5. Situaciones controladas frente a situaciones no controladas

Como se ha visto, por medio de -*nte* se derivan nombres de productos químicos que son vistos como Causas de la acción y, por medio de -*dor*, nombres de entidades que son vistas como instrumentos. También se derivan por medio de *-nte* otros nombres que, al igual que los anteriores, codifican la Causa iniciadora de la acción pero que, a diferencia de ellos, no designan un producto químico. Así tenemos los verbos *cargar, contaminar, acuciar* cuyas nominalizaciones por medio de *-nte* designan una Causa no controladora de la acción, mientras que las por medio de *-dor* indican un Agente controlador de la misma.

Sus palabras eran *cargantes*
Era *cargador* de mercancías en el puerto

La empresa es *contaminante*
El empresario es un *contaminador*

El jefe es un *acuciador*
Este problema es *acuciante*

Un ejemplo claro de la diferencia entre Causa y Agente lo tenemos en el par *contaminante / contaminados*. Así, *contaminante* se aplica a entidades que no poseen control sobre la acción (productos químicos, fábricas, industrias, vertederos, etc.); mientras que *contaminador* se aplica sólo a entidades que poseen control sobre la acción de contaminar. Así, a un empresario se le puede acusar de *contaminador,* pero no es normal acusarle de *contaminante*. Sin embargo, es difícil determinar cuándo a ciertas entidades se les puede aplicar *contaminante* o *contaminador* (una fábrica puede ser *contaminante* y posiblemente también *contaminadora*). Esta vacilación en la asignación de nombres postverbales no niega la tendencia derivativa establecida, ya que la vacilación se debe a que, en muchos casos, una misma entidad implicada en una misma acción puede ser vista tanto como controladora, y producirse la nominalización por medio de *-dor,* o como no controladora, y producirse la nominalización por medio de *-nte*.

6. La diferencia entre predicaciones habituales y no habituales

Hasta ahora se ha visto que el sufijo *-nte* tiende a escoger como bases de derivación verbos cuyo sujeto es un iniciador que no posee control sobre la acción, mientras que el sufijo *-dor* elige verbos cuyo actor posee dicho control. Las cosas se complican si tenemos en cuenta que el sufijo *-nte* también puede designar Agentes (*delineante, dependiente, concursante, viajante, visitante, vigilante, comerciante, etc.*), aunque lo hace con mucha menos asiduidad que el sufijo *-dor,* que es el que de modo mayoritario deriva este tipo de nombres[29].

---

29 Los nombres derivados por *-nte* que designan un Agente suelen indicar una actividad profesional u oficio y, como reconoce Rainer (1993: 616), es un grupo relativamente pequeño: "Bei den nominalen Bildungen gibt es zuerst eine relativ kleine Gruppe von Berufsbezeichnungen".

Laca (1993, 194:199) distingue, entre otros, dos tipos de formaciones que designan seres animados. Uno posee un "valor genérico, disposicional o habitual" (1993: 194) y otro "un valor episódico, ocasional, referido a una ocurrencia espacio-temporal determinada del tipo de proceso en cuestión" (1993: 194). Al tratar estos dos tipos de formaciones por medio de *-nte,* Laca apunta (1993: 198-199) que los del primer tipo son muy escasos; mientras que son muchos los del segundo, entre los que se hallan muchos que derivan de "acepciones verbales no agentivas, trátese de designaciones de tipo Æestativo∅ de una capacidad o actitud psicológica *(aspirante, creyente, ignorante, hablante, pretendiente, simpatizante, vidente),* de un proceso en curso no controlado por el sujeto *(agonizante, convaleciente, durmiente),* o bien de una amplia miscelánea de casos en los que los verbos de base sólo pueden interpretarse como designaciones de relaciones".

Atendiendo a lo que expone la autora, se puede añadir otro rasgo que determina las pautas de formación de los dos sufijos que nos ocupan. El sufijo *-dor* crea nombres de Agente tanto a partir de predicaciones episódicas como de predicaciones habituales. El sufijo *-nte* puede crear también nombres a partir de estos dos tipos de predicaciones, pero con dos salvedades. En primer lugar, son muy pocos, como señalan Laca y Reiner (1993: 616), los nombres creados por *-nte* a partir de predicaciones habituales *(delineante, vigilante, cantante, dibujante, traficante, etc.).* En segundo lugar, si bien crea numerosos nombres a partir de predicaciones episódicas, gran parte de ellos se crean a partir de situaciones no controladas y, por tanto, son pocos los nombres creados sobre predicaciones episódicas que presentan un Agente que controle la acción.

7. Conclusiones

Indudablemente han quedado numerosos temas de interés sin analizar, por ejemplo: la influencia de la estructura argumental del verbo base, la herencia de argumentos por parte del nombre derivado, las diferencias en la creación de sustantivos y adjetivos, etc. Sin embargo, creo que se puede establecer una importante pauta en la derivación de nombres postverbales por medio de *-dor* y *-nte* que explique su aparente polisemia y sinonimia.

Booij (1986: 509) explica la polisemia de los nombres deverbales Agentes por medio de la extensión de la categoría conceptual de la agentividad:

> My basic claim is that the conceptual category Agent that is associated with *-er* nouns derived from verbs with an Agent subject can be extended according to the following extension scheme:

> Personal Agent > Impersonal Agent > Instrument

Dressler (1986: 526) propone la existencia de una jerarquía de la polisemia de la agencia:

> The agent polysemy does not consist of an unordered set of meanings but seems to have a hierarchical structure: agent > instrument > (locative / source).

Al igual que han hecho estos autores, se puede establecer una jerarquía de la agentividad utilizando las diferencias entre funciones semánticas propuestas al principio de este artículo (apdo. 1). La jerarquía de la agentividad se ordena de mayor a menor como sigue

> Iniciador inmediato > Iniciador mediato > No agentivo

Si en esta jerarquía introducimos las funciones semánticas, el resultado es que estas están jerarquizadas de la siguiente manera:

> Agente > Fuerza > Causa > Instrumento > Locativo > Actante estativo

Mediante esta jerarquía se puede explicar la aparente polisemia de los sufijos *-dor* y *-nte*. Los sufijos que nos ocupan derivan nombres a partir de actantes que conceptualmente son categorizados dentro de la categoría de la agentividad. Dentro de esta categoría, el sufijo *-dor* selecciona aquellos significados que implican control de la acción (Agentes, Fuerzas e Instrumentales), mientras que el sufijo *-nte* selecciona aquellos que no poseen control sobre la acción (Causas y actantes no agentivos). La posible polisemia de ambos sufijos queda anulada si se toma como pauta reguladora de la derivación la subcategoría del control. Los sufijos *-dor* y *-nte* derivan nombres con el rasgo control y no control respectivamente. La aparente polisemia se debe a que en ambas subcategorías (control y no control) están incluidos diversos significados posibles (Agente, Causa, Instrumento, etc.) y, por tanto, los derivados nominales pueden tener cualquiera de estos significados.

Laca (1993: 201-202) considera que los derivados por *-dor* derivan de forma prototípica nombres de "sujetos que corresponden a instancias causales de procesos agentivos controlados por humanos" mientras que *-nte* los deriva prototípicamente de "sujetos que corresponden a entidades directamente involucradas en un estado de cosas no controlado". Coincidimos con la autora en que es el grado de control el que regula la formación de los nombres postverbales en *-dor* y *-nte*.

La aparente sinonimia entre ambos sufijos se debe a que el grado de control es una categoría gradual en la que las fronteras entre el control y el no control son difusas o no discretas. El carácter difuso de los límites de estas subcategorías provoca que en algunas de sus derivaciones se produzca un cierto grado de sinonimia. Esto explica que se produzca un mayor grado de sinonimia en aquellas formaciones situadas en la zona fronteriza entre ambas subcategorías. Así, la sinonimia es mucho mayor en las derivaciones nominales que indican una Causa o un Agente de una predicación episódica *(blanqueador, blanqueante; contaminador, contaminante, etc.)*, que en aquellas creadoras de nombres de Agente sobre una predicación habitual o de instrumento, las cuales precisan de un alto grado de control, y es casi nula en la formación de nombres derivados a partir de predicaciones estativas.

Capítulo 04

Sobre la variedad significativa del sufijo postverbal –*dero*[30]

(*Estudios de lingüística*. 1997. Universidade de Vigo. 123-137).

PRESENTACIÓN

Antón Rifón fue, ante todo, buena persona y un modelo de *savoir-être* en un mundo académico no siempre apacible. Sus trabajos son claros, cercanos, fáciles de entender, lejos de la oscuridad de un pretendido estilo científico pedante. Así, su sabiduría se ve transmitida en todos sus artículos, como en este dedicado al análisis del sufijo -*dero*. En particular, en él, Rifón analiza su posible interpretación homonímica y polisémica. En primer lugar, contextualiza -*dero* en relación con otros sufijos creadores de nombres postverbales como -*sor*. Este último sufijo nos trae a la mente palabras como *professor* -del latín- que designa a las personas que como él explicaban públicamente su conocimiento y lo transmitían a otras generaciones. Todo esto lo fue Antón, es decir, un gran docente. Seguidamente en el artículo, Rifón revisa trabajos previos de grandes morfólogos como Alemany y Bolufer o Rainer. Esto demuestra su profundo conocimiento del campo que, además, no se limitaba a una tradición hispanística *strictu sensu*, porque, de hecho, en la sección de análisis de las hipótesis interpretativas sobre la polisemia o la homonimia de este sufijo, Rifón se acerca incluso a lecturas en inglés y alemán. En dicha sección, Antón revisa con precisión los factores que podrían inclinar la balanza hacia una hipótesis u otra, pero con gran maestría en su análisis y una gran modernidad, dado que apuesta por una interpretación más cognitiva de la semántica basándose en la teoría de los prototipos: no hay dos sufijos homónimos, sino una extensión de un valor central (el locativo) que va evolucionado a raíz de extensiones de interpretación de los diferentes agentes y complementos relacionados. Asimismo, Rifón toma en consideración las características sintácticas

---

30 Este trabajo ha sido elaborado en el seno del proyecto de investigación subvencionado por la DGICYT del Ministerio de Educación y Cultura PS94-0160.

del verbo base como uno de los factores principales para apoyar o refutar las hipótesis de partida. Por otra parte, como excelente filólogo que era nunca olvidaba que la sincronía de hoy es el resultado de las sincronías de ayer y que poco vale teorizar sin disponer de argumentos de peso, de un apoyo documental convincente y de un marco teórico firme para las hipótesis. De este modo, y de forma muy adecuada, consiguió elaborar una teoría sobre cómo desde lo locativo (el valor más productivo), aparecieron interpretaciones más cercanas a lo instrumental, causal y fuerzas implicadas, hasta llegar a los actores agentivos. Con brillante destreza, acaba explicando también cómo, siguiendo la teoría de Foley y van Valin y su concepto del *sufridor*, se pueden desarrollar interpretaciones de -dero como codificador de valores semánticos relacionados con el Paciente. Rifón termina este artículo con un resumen claro y conciso sobre los tres valores prototípicos de un -dero polisémico, a saber, (1) locativo, (2) instrumental y (3) posibilidad de ser afectado por la acción, teniendo en cuenta una perspectiva de análisis moderna -la cognitiva- y un modelo coherente que supera, en muchos casos, explicaciones morfológicas previas que se basaban más en buscar las excepciones y las diferencias, que en encontrar modelos consistentes. Esta fue su gran contribución: ser moderno y coherente. Estas aportaciones son fundamentales no solo para la morfología más teórica, sino para el análisis semántico y para desarrollar técnicas lexicográficas más exactas y de mejor calidad. Por todo ello, Antón Rifón es **valedero** de su fama. Dicho en términos semánticos -que seguro que le emocionarían más- *que vale, que es firme y subsistente* (*DLE*, 2023). Porque sí, Rifón subsistirá en sus trabajos, en sus enseñanzas y en nuestros corazones.

Ivo Buzek
Masarykova univerzita

María del Carmen Méndez Santos
Universidade de Vigo

1. Introducción

Por medio de la derivación que afija el sufijo -*dero* a verbos se crean, en español, nombres que designan un participante del verbo base, sea este actante o circunstante[31]. En este tipo de derivaciones tiene especial importancia la función semántica del participante que la derivación codifique[32]. La codificación de una función semántica del verbo base es lo que ha llevado a la tradición morfológica a hablar de "nomina agentis", "nomina actionis", "nomina loci", "nomina instrumenti", etc., y, por tanto, es uno de los rasgos que permite hacer una clasificación de los nombres posverbales.

El hecho de que la mayoría de los sufijos creadores de nombres postverbales no codifiquen una única función semántica, sino que un mismo sufijo pueda codificar varias funciones diferentes, es uno de los principales escollos que se plantean en el estudio de la formación de nombres a partir de verbos. Así, por medio del sufijo -dor, se puede codificar un Agente (*compositor* 'que compone obras musicales // Que hace composiciones musicales'), un Instrumental (*abridor* 'abrelatas // abrebotellas') o un Locativo (*mirador* 'lugar bien situado para contemplar un paisaje o un acontecimiento')[33].

El sufijo -*dero* posee, también, varias posibilidades significativas. Alemany (1920: 42-43) señala que este sufijo crea adjetivos que "denotan la posibilidad o la necesidad de que la significación del verbo primitivo se cumpla en el substantivo a quien aquéllos se refieren" y también "los hay que tienen significación activa y expresan que el nombre con quien conciertan tiene virtud o capacidad para ejecutar la acción del verbo". Los sustantivos creados por este sufijo "designan generalmente el lugar en que puede verificarse la acción expresada por el verbo primitivo" y "también designan el instrumento". Rainer (1993: 442-443) caracteriza este sufijo como formador de "nomina loci", "nomina instrumenti" y otros dos significados parafraseados como "der / die /das xt" y "der/die/das xen kann". A partir de las paráfrasis dadas por estos dos autores, se puede concluir provisionalmente que el sufijo -*dero* crea cuatro significados diferentes: 'posibilidad de una entidad de ser Agente de la acción' (*acontecedero*

69

---

31 A este tipo de derivaciones que codifican uno de los participantes de la estructura oracional. Breada Lira (1993) las llama "nominalizaciones orientadas" y Ulland (1993), "nominalizaciones extranucleares".

32 Si bien se opta por una postura en la que se estudia la función semántica del participante que codifican las nominalizaciones, no es esta la única que se adopta en la teoría morfológica. Para Brenda Laca (1993) el sufijo -*dor* es una nominalización orientada de sujeto, por lo que, para esta autora, lo que tiene importancia en la derivación es la función sintáctica del participante codificado. Malka Rappaport y Beth Levin (1992) propugnan que en las nominalizaciones inglesas por medio del sufijo -er lo que tiene verdadera importancia es la existencia o no de un argumento externo. Existen, al menos tres posturas: una que atiende a la función sintáctica de la entidad nominalizada, otra a su carácter de argumento externo o interno y otra a su función semántica.

33 Para las definiciones de las palabras se utiliza el *DRAE* (*Diccionario de la Real Academia Española*, Madrid, Espasa Calpe). Se reservan para las definiciones, significados y paráfrasis las comillas simples (') y para las citas dentro del cuerpo del texto las dobles ("").

'que puede acontecer')[34], 'posibilidad de ser Paciente de la acción' *(compradero 'comprable,* que puede comprarse'), 'instrumental' *(exprimidero* 'exprimidor, instrumento usado para estrujar la materia cuyo zumo se quiere extraer') y locativo' *(caladero* 'sitio a propósito para calar las redes de pesca')[35].

Para explicar esta múltiple posibilidad significativa, se puede optar por dos soluciones: la homonimia o la polisemia. Si se propone la existencia de una homonimia, el sistema poseería más de un sufijo -*dero* y, por tanto, más de una regla de derivación. Si, por el contrario, se opta por la existencia de una polisemia, los nombres se derivarían por medio de un único sufijo y de una única regla de derivación, pero habría que explicar la creación de significados tan dispares.

El objetivo de este artículo es estudiar el funcionamiento de este sufijo y decidir si su múltiple capacidad significativa es un caso de homonimia o de polisemia.

2. Los significados del sufijo -*dero*

Son cuatro los significados que de forma más o menos productiva se crean por medio del sufijo -*dero:* 'locativo', 'instrumental' y 'posibilidad de ser Agente o Paciente de la acción'. Entre estos cuatro significados las diferencias porcentuales de creación son muy significativas. La codificación de la 'posibilidad de ser Agente de la acción' se realiza únicamente en el 10'7% de los significados, la de Paciente en el 17'75% y la codificación de un Instrumental en el 19'8%. Es, sin duda alguna, la codificación del Locativo la que es más productiva, realizándose en el 48'6% de los casos.

Cada uno de estos cuatro significados se puede presentar en solitario, teniendo, entonces, el nombre derivado un único significado:

ahechadero 'lugar destinado para ahechar'

aliviadero 'vertedero de aguas sobrantes, embalsadas o canalizadas'

arrendadero 'anillo de hierro con una armella que se clava en madera o en la pared, y sirve para atar las caballerías en los pesebres por las riendas o por el ramal de la cabezada'

lidiadera 'que puede lidiarse o torearse'

---

34 Este significado es provisional, ya que, como se verá a lo largo del artículo, las nominalizaciones de este tipo no codifican un Agente.

35 Además de estos cuatro significados, también se crean nombres que codifican un Temporal, 'la acción de V' o 'el efecto de V', pero sus porcentajes de creación (1,6%, 1,3% y 0,25%) indican que son significados muy marginales de carácter idiosincrásico, por lo que no serán tenidos en cuenta en este estudio. Cutidero `batidero, continuo golpear de una cima con otra/ant. choque o golpe'. Resistidero 'tiempo después del mediodía en que aprieta más el calor.

o conjuntamente, teniendo el nombre más de un significado:

ahogadero 'que ahoga / Cordel delgado que se ponía a los que habían de ser ahorcados, para acelerar su muerte / Cuerda o correa de la cabezada que ciñe el pescuezo de la caballería'

deslizadero 'deslizadizo / Lugar o sitio resbaladizo'

rodadero 'que rueda con facilidad / Que está en disposición o figura para rodar / Terreno pedregoso y con fuerte declive en el que se producen fácilmente desprendimientos de tierras o guijarros'

tostadero 'dícese del útil o máquina para tostar / Lugar o instalación donde se tuesta algo / Lugar donde hace excesivo calor'

En la codificación del Locativo del verbo base, tres son los significados fundamentales que pueden tener los nombres derivados, existiendo diferencias en las posibilidades de creación de los tres.

Con respecto al número de nombres que lo presentan, el significado más productivo es el de 'lugar donde se, realiza / se puede realizar / es fácil de realizar la acción indicada por el verbo base':

abarrancadero 'sitio donde es fácil abarrancarse'

aguardadero 'aguardo, lugar donde se oculta un cazador'

amasadera 'local donde se amasa el pan'

cagadero 'sitio donde, en algunas partes, va la gente a evacuar el vientre'

descansadero 'sitio o lugar donde se descansa o se puede descansar'

espulgadero 'lugar donde se espulgaban los mendigos'

hozadero 'sitio donde van a hozar puercos o jabalíes'

matadero 'sitio donde se mata y desuella el ganado destinado al abasto público'

patinadero 'sitio donde se patina sobre hielo artificial o sobre un pavimento duro y muy liso'

El segundo significado que con más frecuencia es creado es el de 'lugar apto / a propósito para /destinado para realizar la acción indicada por el verbo base':

abrevadero 'estanque, pilón o paraje, del río, arroyo o manantial a propósito para dar de beber al ganado'

ahechadero 'lugar destinado para ahechar'

aparcadero 'aparcamiento, lugar destinado para aparcar vehículos' caladero 'sitio a propósito para calar las redes de pesca'

cenadora 'sitio destinado para cenar/ Cenador de, los jardines'

echadero 'sitio a propósito para echarse a dormir o descansar'

fumadero 'local destinado a los fumadores'

nadadero 'lugar a propósito para nadar'

recodadero 'mueble o sitio acomodado para recodarse'

reñidero 'sitio destinado a la riña de algunos animales, y principalmente de los gallos'

El tercero es el de 'lugar por donde se realiza la acción del verbo base':

arrastradero 'camino por donde se hace, en el monte, el arrastre de maderas / Sitio por donde se saca arrastrando de, la plaza de toros los animales muertos'

arremetedero 'lugar por donde puede atacarse una plaza fuerte'

azagadero 'azagador, senda por donde las ovejas y cabras tienen que ir azagadas'

desembocadero 'desembocadura de un río o canal/Abertura o estrecho por donde se sale de un punto a otro, como calle, camino, etc.'

desfiladero 'paso estrecho por donde la tropa tiene que marchar desfilando / Paso estrecho entre montañas'

desvaporizadero 'lugar por donde se evapora o respira una cosa'

entradero 'espacio por donde se entra'

rebasadero 'lugar o paraje por donde un buque puede rebasar o montar un peligro o estorbo cualquiera'

rebosadero 'sitio u orificio por donde rebosa un líquido'

sopladero 'abertura por donde sale con fuerza el aire de las cavidades subterráneas'

Hay, además, unos pocos nombres en los que se dan otros significados que se podrían definir como: 'tipo de lugar', 'lugar a donde' y 'lugar desde donde se realiza la acción del verbo base':

abajadero 'cuesta, terreno en pendiente'

bramadero 'poste que en América amarran en el corral para herrarlos, domesticarlos o matarlos / Sitio adonde acuden con preferencia los ciervos y otros animales salvajes cuando están en celo'

miradero 'lugar desde el que se contempla un panorama amplio, hermoso, etc.

Estos tres últimos significados pueden ser obviados puesto que son de creación muy escasa y, además, su inclusión en el estudio no modificaría en nada las conclusiones de este. De los tres significados más productivos, lo que interesa en este momento no son sus diferencias, ni las pautas que regulan la creación de uno u otro significado, sino sus características comunes.

El 77% de los nombres documentados derivados por medio de *-dero* y que poseen significado 'locativo' tienen uno de los dos primeros significados ('lugar donde se realiza/se puede realizar/es fácil de realizar la acción indicada por el verbo base' o 'lugar apto/a propósito para/destinado para realizar la acción indicada por el verbo base'). Las diferencias entre estos dos significados son mínimas y, en muchos casos, una misma palabra puede ser definida por cualquiera de ellos sin que suponga una variación semántica importante:

> apartadero 'lugar que sirve en los caminos para dejar el paso libre / Sitio en que se aparta'

> desembarcadero 'lugar destinado o que se elige para desembarcar'

El tercer significado, 'lugar por donde se realiza la acción del verbo base', lo presentan el 15'8% de los nombres con significado 'locativo'. Este significado lo adquieren aquellos nombres derivados de verbos de movimiento en los que se indica un cierto desplazamiento que se realiza o puede realizarse por un lugar *(aliviar, arrastrar, arremeter, cagar, desembocar; entrar; rebasan rebosan sumir, tragan vaciar)*. Hay que reconocer que de muchos de los derivados por medio de *-dero* se puede hacer una paráfrasis tanto de 'lugar por donde' como de 'lugar donde' conectando estos derivados con los derivados que poseen los dos significados anteriores:

> aliviadero 'lugar por donde o lugar donde alivia'

> desembocadero 'lugar por donde o lugar donde desemboca' sumidero 'lugar por donde o lugar donde sume'

Lo común a todos estos derivados es que, tal como señala Alemany (1920: 43), "designan generalmente el lugar en que puede verificarse la acción expresada por el verbo primitivo". A partir de esta definición se pueden distinguir algunos de los rasgos que se unen para configurar el significado de estos nombres. Son nombres que indican un lugar en el que o por el que es posible realizar la acción expresada por el verbo base debido a que reúne las condiciones necesarias para que esta sea realizada. Así, un *ahechadero* lo es en cuanto que es un lugar que está adaptado y destinado a 'limpiar con el harnero o criba el trigo u otras semillas', por lo que, en él, es posible realizar la acción de *ahechar*. En estos nombres se unen, por tanto, los rasgos 'locativo' y 'posibilidad' para conformar el significado de 'lugar donde o por donde es posible realizar la acción indicada por el verbo base'.

En cuanto a los nombres en los que se codifica la 'posibilidad de ser Agente o Paciente de la acción', son varios los significados que pueden tomar:

a) Que merece ser Vdo: *aborrecedero.*

b) Que se V fácil ente: *abridero,*

e) Que puede (o debe) Vse: *aplicadero, casadero, compradero, creede- ro, excusadero, exigidero, lidiadero, otorgadero, robladero.*

d) Que se ha de V: *convocadero, (ladero, dividiatero, habellero, levadero, repartidero,*

e) Que se ha de V o puede Vse: *cobradero.*

f) Que se puede V: *decidero, defendedero, ensefiadero, paridera, loadero, llevadero, recibidero, rompedero., segadero, sufridero,*

g) Que se V: *deleznadero, olvidadero.*

h) Que puede V: *acaecedero, aconiecedero, cabeclero, empecedero, .fallecedero.*

i) Que V: *perecedero, venidero, crecedero, crujidero, chirriadero, radero, mancilladero, plañidero.*

j) Que ha de V: *comenzadero.*

k) Que V o que puede *V: duradero.*

A partir de estos significados se puede observar como la derivación va a tener diferentes resultados significativos dependiendo de la transitividad del verbo base. Si el verbo es transitivo, el nombre derivado va a *tener* una lectura pasiva (significados del (a) al (g)); mientras que, si es intransitivo se codifica el único actante existente, el sujeto, y el derivado puede tener una lectura activa si el verbo es activo, o una lectura media si el verbo es medio (significados del (h) al (k)).

Hasta ahora se ha reconocido como uno de los significados creados por el sufijo postverbal -*dero* la 'posibilidad de ser Agente de la acción del verbo'. Este significado se asignaba a aquellos derivados sobre bases verbales intransitivas que poseen una lectura activa, aunque se ha recalcado que era un significado provisional. Ha sido tratado como provisional puesto que, si bien está claro que el participante codificado por estos verbos funciona como sujeto, no está tan claro que sea un Agente, a pesar de lo que puedan hacer pensar sus paráfrasis:

acontecedero 'que puede acontecer'

deleznadero 'deleznable, que se rompe fácilmente/ que se desliza y resbala con mucha facilidad'

duradero 'dícese de lo que dura o que puede durar' fallecedero 'que puede fallecer o faltar'

En cláusulas como

> Los hechos acontecen

> El vidrio se delezna

> Los hechos duran mucho

no parece que sus sujetos sean Agentes, ya que no son ni volitivos, ni controlan la acción; de ahí que no puedan ser modificados por *voluntariamente,* ni aparecer en imperativo.

> *Los hechos acontecen *voluntariamente*

> *El vidrio se delezna *voluntariamente*

> *Los hechos duran *voluntariamente*

> *¡Acontecer *¡Deléznate! * ¡Dura!

Si tenernos en cuenta que el sufijo *-dero* que, crea estos significados es sinónimo del sufijo *-ble,* tal como parece apuntar Val Álvaro (1981: 189-190), se le pueden aplicar las conclusiones generales a las que llega Elena de Miguel (1986: 180- 181) para este sufijo.

La regla de formación de adjetivos en *-ble* en castellano simplemente permite que un sintagma nominal que lleva asociada la función temática de *tema* ocupe la posición de sujeto del adjetivo.

Sin entrar en una discusión terminológica sobre las etiquetas de las funciones semánticas, ni en otra quizás más polémica sobre el tipo semántico de los sujetos de estos verbos, baste, en este momento, saber que, teniendo en cuenta que la función de *tema* referida por la autora implica la afección de la entidad que la desempeña por parte de la acción del verbo, todos estos sujetos, por ser *temas,* son, en alguna medida y de alguna manera, afectados por la acción del verbo.

Por tanto, las diferencias entre los adjetivos derivados por medio de *-dero* no se deben a la distinta función semántica de la entidad codificada por la derivación, ya que esta es siempre una entidad afectada por la acción del verbo, sino a la diferente estructura sintáctica del verbo base. Si el verbo base es transitivo y la acción que afecta a la entidad codificada por el sufijo es efectuada por un Agente, el adjetivo derivado tendrá una lectura pasiva. El sujeto del derivado es la entidad afectada y presupone la existencia de un Agente (I). Si el verbo base es intransitivo en voz media, el adjetivo posee una lectura media (II). Si el verbo base es intransitivo activo, el adjetivo derivado posee una lectura activa (III).

> (I) Los soldados pueden defender el fuerte

> El fuerte es defendedero (por los soldados)

(II) El vidrio puede deleznarse
El vidrio es deleznadero

(III) Las consecuencias pueden durar
Las consecuencias son duraderas

El hecho de que los adjetivos derivados por medio de *-dero* nunca codifiquen la función semántica Agente obliga a replantear el significado de los mismos. Todos los adjetivos derivados por este sufijo codifican el participante que es afectado por la acción del verbo, ya sea objeto o sujeto del verbo base. Las diferencias residen en que, a partir de verbos transitivos cuyo participante afectado es el objeto del verbo, se crea un adjetivo con lectura pasiva; mientras que, de verbos intransitivos cuyo participante afectado es sujeto del verbo, se crean adjetivos con lectura media o activa.

Como conclusión, hay que decir que los cuatro significados reconocidos como posibilidades de creación del sufijo *-dero* quedan reducidos a tres: locativo', 'instrumental' y 'posibilidad de ser afectado por la acción del verbo'.

3. La interpretación homonímica del sufijo *-dero*

Para explicar la existencia de tres significados productivos creados por medio de la afijación de *-dero* a una base verbal, se puede optar por una interpretación homonímica. Proponer la existencia de una homonimia sufija, implica la necesidad de establecer qué significados creados por la derivación son variantes y cuáles invariantes, tal como indica Gutiérrez Ordóñez (1992: 126) al tratar la diferencia entre homonimia y polisemia:

> Por consiguiente, tal distinción se nos antoja innecesaria y poco importante en una descripción funcional del léxico. Lo que resulta necesario conocer es si los contenidos ligados a una misma expresión son significados independientes (de signos distintos) o, más bien, variantes de contenido.

El mismo autor (Ibíd., 1992: 49-56) propone diez reglas que determinan cuándo dos significados son variantes o invariantes. Utilizaré alguna de estas diez reglas para mostrar cómo se podría hacer una interpretación homonímica de las derivaciones postverbales por medio del sufijo *-dero;* por la que se llegaría a reconocer la existencia de dos sufijos diferentes[36].

En primer lugar, el sufijo *-dero* crea palabras pertenecientes a dos categorías diferentes y lo hace dependiendo del significado de las mismas (Regla I). Crea mayori-

---

36 Se han dejado a un lado varias de las diez reglas propuestas por Gutiérrez Ordoñez (1992, 49-56), en concreto, las VI, VIII, IX y X, por dos razones: en primer lugar, las reglas utilizadas bastan para mostrar la posibilidad de una interpretación homonímica de este sufijo y, en segundo lugar, por considerar que su aplicación es menos inmediata que el de las otras reglas para el caso que nos ocupa.

tariamente sustantivos con los significados 'locativo' e 'instrumental' y adjetivos con el significado 'posibilidad de ser afectado por la acción del verbo'. Esta primera regla apunta ya a la existencia de dos sufijos homónimos, *-dero¹* que crea sustantivos con el significado locativo' e 'instrumental' y *-dero²* que crea adjetivos con el significado de posibilidad de ser afectado por la acción del verbo base'.

La diferencia categorial en la creación de nombres remite a las reglas II y III. Los nombres creados por *-dero¹* "*admiten* diferente segmentación en constituyentes" (Ibid.: 50) que los derivados por el sufijo *-dero²*. Esta diferente posibilidad de segmentación se debe a que los derivados por *-dero²* poseen siempre flexión de género y, por tanto, de ellos, se puede realizar una segmentación en la que se diferencien, como vocales flexivas, las vocales átonas finales del tema del adjetivo; mientras que, en los derivados por *-dero¹*, al no tener variabilidad de género, sino que son siempre masculinos terminados en /o/ o femeninos terminados en /a/, es posible mantener la vocal final átona de los sustantivos como perteneciente al terna del mismo[37]. Como ya se ha indicado, también su combinación genérica es diferente (regla III), puesto que, mientras los derivados por el sufijo *-dero¹*, no varían en género, sea este femenino o masculino, los derivados por el sufijo *-dero²*, si tienen variación genérica.

    abreva-dero¹, chirria-dero¹, allega-dera¹, etc,
    dura-der²-ola, cabe-der²-o/a, compra-der²-ola, etc.

También parece que los nombres creados por uno y otro sufijo se inscriben en campos semánticos diferentes (regla IV) y establecen, por lo menos, diferentes relaciones de sinonimia (regla V). Así, los derivados por medio de *-dero²* establecen sus relaciones de sinonimia con nombres derivados por el sufijo *-dor*, mientras que los derivados por medio del sufijo *-dero'* lo hacen con nombres derivados por el sufijo *-ble*.

    Ceñidero/ ceñidor, disparadero/disparador, etc.
    comenzadero/ comenzable, aplicadero/ aplicable, etc.

De la misma manera, los derivados por uno y otro sufijo rigen funciones sintagmáticas diferentes (regla VII). Los derivados por medio de *-dero¹* pueden regir los complementos del nombre, mientras que los derivados por *-dero²* funcionan como modificadores del complemento del verbo que se pretende codificar, el participante afectado.

    Las vacas beben en el abrevadero
    El abrevadero de las vacas

    Estos instrumentos duran mucho
    Estos instrumentos son duraderos

---

37 Estas segmentaciones son, cuanto menos, criticables desde un punto de vista morfológico, pero, sin entrar en discusiones sobar la flexión de género en español, son, en este caso, útiles, puesto que dan cuenta de la diferencia en la flexión de una derivación y otra.

Atendiendo a estas reglas, se concluye que, por lo menos, los contenidos locativo-instrumental y 'posibilidad de ser afectado por la acción del verbo' son invariantes de contenido y que, por tanto, existen dos sufijos -*dero* diferentes: un -*dero*[1] que crea el significado 'locativo-instrumental' y un -*dero*[2] que crea el significado 'posibilidad de ser afectado por la acción del verbo base'.

4. La interpretación polisémica del sufijo -*dero*

Para proponer una explicación polisémica de la variabilidad significativa del sufijo postverbal –dero, hay que partir de la existencia de un significado prototípico desde el que se produzcan, por extensión, los otros significados, Como significado prototípico, se propone la codificación del Locativo, ya que, además de otras razones que se estudiarán a continuación, es el significado que porcentualmente más frecuentemente se crea (48'6%).

Una de las extensiones de significado es la que se realiza desde la codificación del Locativo hacia la del Instrumental. Para explicar esta extensión se ha de atender a las características de ambas funciones semánticas y a su situación en la escala de la Agencia-Afección[38].

Jackendoff (1990: 142) señala tres características del instrumental:

> In general, the characteristics of an Instrument are: (1) it plays the role in the means by which the actor accomplishes the action (notice that Instrumental *with* NP can offer paraphrased with *by means of NP)*; (2) the Actor acts on the Instrument; (3) the Instrument acts on Patient.

Teniendo en cuenta estas tres características, el Instrumental es, en cierto grado, afectado por la acción del Agente y, en cierto grado, iniciador de la acción sobre el Paciente. Es afectado en cuanto que es utilizado por el Agente para poder realizar la acción y es iniciador puesto que, sin su mediación, no puede producirse dicha acción. Una de las pruebas de que es un tipo de iniciador es que la desaparición o elusión del Agente de la oración supone el traslado del Instrumental a la posición de sujeto debido a que es el siguiente participante iniciador de la acción[39].

Por otro lado, los Locativos son, en cierta medida, afectados por la acción del Agente. Así, William A. Foley y Robert D. Van Valin Jr. (1984: 61) indican que en oraciones como:

---

[38] Si bien se utiliza el término "escala de la Agencia-Afección", existen otros muchos términos que denominan conceptos parcial o totalmente semejantes "Actor / Undergoer hierarchy", "Jerarquía Temática", etc.

[39] No todos los instrumentales pueden usar a ser sujetos de la oración. Levin y Rappaport (1988: 1071), citando a Marantz (1984), diferencian entre instrumentales *facilitadores (facilitating)* que no pueden ser sujetos e *intermediarios* (Intermediary) que pueden ser sujetos y que serían aquellos que, de alguna manera, pueden realizar la acción autónomamente.

a. Bill loaded (the) hay on the truck

b. Bill loaded the truck with (the) hay

a. Harry sprayed (the) paint on the wall

b. Harry sprayed the wall with (the) paint

el Locativo de las (a) es parcialmente afectado y el de las (b) es totalmente afectado. Según estos autores:

> This reading of total affectedness correlates with the occurrence of the locative as undergoer

Existe, por tanto, un punto de conexión entre el Instrumental y el Locativo. Ambos son, en alguna medida, afectados por la acción del Agente, si bien se diferencian en que los Instrumentales son, también, en alguna medida iniciadores de la acción, característica que no parecen poseer los Locativos, y en que el tipo de entidad afectada es distinto.

Los nombres con significado 'locativo' y los que tienen significado 'instrumental' creados por medio del sufijo -dero presentan una característica común: ambos codifican entidades que son afectadas de forma muy semejante por la acción del Agente. El Agente se vale de las entidades caracterizadas como Instrumentales como mediadoras en la realización de la acción designada por el verbo base, mientras que las entidades entendidas como locativos son afectadas porque el Agente realiza la acción en ellas o por ellas,

Esta semejanza en la afección puede explicar que, en algunos nombres derivados, los significados no puedan ser claramente calificados como 'locativos' o como 'instrumentales'. Así, el primer significado de *vertedero* (lugar a donde o por donde...') puede ser clasificado claramente como locativo, pero su segundo significado ('conducto por el que se arrojan los escombros a un depósito...') no puede serlo tan claramente, ya que un conducto puede ser entendido tanto como el lugar por donde se arrojan los escombros como el instrumento que se utiliza para facilitar o posibilitar el arrojo de los escombros.

Si se tiene en cuenta el mayor porcentaje de creación de nombres con significado locativo' que con significado 'instrumental' y la cercanía significativa entre ambos significados, es comprensible que sea el significado 'locativo' el propuesto como significado prototípico o básico a partir del cual y por semejanza se extienda la capacidad creativa del sufijo -dero al significado 'instrumental'.

La cercanía significativa entre el Instrumental y el Locativo provoca que ambos se sitúen en puntos vecinos de la jerarquía de la Agencia-Afección. William A. Foley y Robert D. Van Valin, Jr. (1984: 59) proponen una jerarquía de sus "macroroles" como sigue:

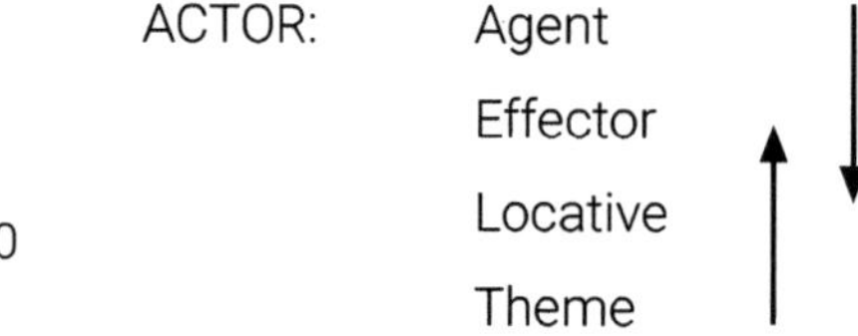

En la jerarquía propuesta por estos autores no aparece el Instrumental ya que este es considerado como un "effector". En este tipo de papel semántico se encuadran tanto los Instrumentales como las Fuerzas, como señala Robert D. Van Valin, Jr, (1993: 42):

> On the other hand, there are things on the left side of this continuum which can be casual, but no instigating or controlling. Examples of this include instruments and forces, which are grouped together under the broader terrn, *effector.*

Si diferenciamos dentro de los Actores aquellos que son volicionales, controlan la acción y son los iniciadores inmediatos de la misma (Agentes), los que son no volicionales, pero controlan la acción y son iniciadores inmediatos (Fuerzas), los que son no volicionales, no controlan la acción y son iniciadores inmediatos (Causas) y aquellos otros que no son volicionales, no controlan la acción y son iniciadores mediatos de la misma (Instrumentales), la jerarquía de la Agencia-Afección quedaría como sigue:

ACTORES   PACIENTES

Agentes — Fuerzas — Causas — Instrumentales — Locativos — Pacientes

Como se puede ver, el sufijo *-dero,* partiendo del significado prototípico 'locativo', extiende, por semejanza, su capacidad de creación significativa hacia el punto en la escala más a la izquierda, es decir, hacia el Instrumental.

La cuestión es, ahora, saber si es posible que el sufijo *-dero,* al igual que ha extendido su significado hacia el punto en la escala más a la izquierda a partir de su significado prototípico 'locativo', lo extienda hacia el punto en la escala más a la derecha. En principio, parece que se puede proponer esta extensión, ya que la siguiente función a la derecha es el Paciente y, este, al igual que el Locativo, es un participante afectado por la acción, Se ha de recordar que William A. Foley y Robert D. van Valin Jr, (1984) sitúan a ambas funciones en la posición de la escala del sufridor ("undergoer").

Por tanto, el significado 'posibilidad de ser afectado por la acción del verbo' es adquirido por el sufijo *-dero* por semejanza con ciertos rasgos del Locativo, a pesar de que, indudablemente, la afección de ambas funciones es de distinto tipo. El Locativo es afectado en cuanto a que es utilizado por el Agente para realizar en él o por él la acción del verbo y el Paciente lo es en cuanto a que, en líneas generales, es sobre el que recae la acción del verbo.

Anteriormente se había propuesto la existencia de dos sufijos *-dero* homónimos. Un sufijo, *-dero*[1], que crea nombres con los significados locativo' o 'instrumental' y otro, *-dero*[2], que crea nombres con los significados 'posibilidad de ser afectado por la acción del verbo'. Si se considera que es posible una extensión del significado del sufijo *-dero* a partir de su significado 'locativo', no existiría tal homonimia, sino que el sufijo sería polisémico.

Se puede, incluso, proponer que el significado modal de 'posibilidad' también es heredado a partir del significado locativo'. Como ya se ha expuesto, Alemany (1920: 43) indica que los sustantivos creados por este sufijo "designan generalmente el <u>lugar en que puede verificarse la acción</u> expresada por el verbo primitivo"[40]. Esta definición, entre otros indicios, había llevado a identificar dos rasgos que conformaban el significado de los nombres que codificaban el Locativo: 'locativo' y 'posibilidad'. Por otro lado, en el significado más frecuente de los nombres locativos, se incluyen elementos léxicos que indican el rasgo de 'posibilidad' (lugar donde se realiza /<u>se puede</u> realizar / es <u>fácil de</u> realizar la acción indicada por el verbo base'). Existe, por tanto, otro rasgo que relaciona el significado 'locativo' y el significado 'posibilidad de ser afectado', como es el rasgo modal de 'posibilidad'. En un caso, se codifica el lugar que puede ser escenario de la acción del verbo y, en el otro, la entidad que puede ser Paciente de la acción del mismo. La posibilidad de ser el lugar afectado por la acción pasa a ser la posibilidad de ser la entidad afectada por la acción. Como puede observarse, la única diferencia patente es el tipo de entidad que es afectada por la acción; en los Locativos es una entidad caracterizada como lugar y, en los Pacientes, otros tipos de entidades.

La extensión de un significado a otro se realiza por el lazo de unión que establece la expresión de la afección de un lugar a la afección de una entidad con características diferentes a un lugar. Esta extensión lleva consigo un rasgo de modalidad ya incluida en los significados de algunos nombres locativos creados por el sufijo *-dero* como es la 'posibilidad'.

Por tanto, la derivación de adjetivos por medio de *-dero* con el significado 'que puede ser afectado por la acción del verbo' sólo exige que el esquema semántico de su base posea un participante que sea afectado por la acción del verbo, ya sea realizada la acción por un Agente o no, e independientemente de la función sintáctica que realice la entidad que sea afectada.

---

40 El subrayado es mío.

5. Conclusiones

El sufijo *-dero* puede crear tres significados diferentes que pueden ser definidos como: 'locativo', 'instrumental' y 'posibilidad de ser afectado por la acción del verbo'.

La creación de estos tres significados puede ser explicada por medio de la existencia de dos sufijos *-dero* homónimos. Un sufijo *-dero*[1] que crea sustantivos con los significados locativo' e Instrumental' y un *-dero*[2] que crea el significado 'posibilidad de ser afectado por la acción del verbo'. A pesar de que esta explicación es posible, no da cuenta de la relación que existe entre estos tres significados, ni es aplicable a todo el sistema de derivación postverbal, por lo que es más adecuada una explicación polisémica de la derivación por medio de *-dero*.

Para realizar una explicación polisémica de esta derivación se ha de partir de un significado prototípico, el significado 'locativo', a partir del que se deriven el resto de significados a través de las semejanzas existentes entre las funciones Instrumental y Paciente con la función semántica Locativo codificada en la derivación prototípica de este sufijo.

Las ventajas de una interpretación polisémica son varias. En primer lugar, descubre las relaciones basadas en procesos semánticos de semejanza existentes entre los diferentes significados creados por el sufijo. En segundo lugar, permite formular una explicación unificada de la derivación sin necesidad de multiplicar el número de signos que provoca la explicación homonímica. En tercer lugar, apunta hacia la posibilidad de establecer una teoría unificada que explique en su conjunto la derivación postverbal en español a partir de las extensiones de significado que se dan a lo largo de la jerarquía de la Agencia-Afección sobre el significado prototípico de cada sufijo. Esta teoría unificada no sólo daría cuenta de los diferentes significados creados por cada sufijo postverbal, sino también de las relaciones que se establecen entre ellos.

Capítulo 05
-ori (o/a) e *-iv (o/a)* ¿nombres postverbales y postnominales?

(Epos. Revista de filología. 2000. XVI. 43-57)

PRESENTACIÓN

Si siempre resulta comprometida la tarea de presentar en pocas líneas el trabajo de un colega, mucho más lo es cuando al natural afecto se suma el dolor por el amigo prematuramente desaparecido. Me toca en esta ocasión revisar un texto ya antiguo de Antonio Rifón, aparecido el último año del siglo pasado pero que, como la gran mayoría de sus trabajos, conserva el mismo interés que en el momento de su publicación.

Ya bregado a esa altura de su trayectoria por una serie de publicaciones de interés, en buena parte vinculadas al trabajo seminal de su tesis doctoral, se anima Rifón a examinar con atención las dos interpretaciones fundamentales acerca de la naturaleza de las bases de derivación de los sufijos *-ori(o/a)* e *-iv(o/a)*. En líneas generales, se acepta en esas fechas por parte de investigadores como Ramón Almela Pérez (1999) o Franz Rainer (1999) la existencia de dos tipos de bases: verbos, por un lado, a los que se unen un sufijo *-ori(o/a)* y otro *-iv(o/a)*, y sustantivos, por otro, a los que se aplican otros dos sufijos, homónimos de los anteriores.

No obstante, en esta ocasión el detallado análisis de Rifón pone en duda las interpretaciones entonces predominantes entre los morfólogos; a la luz de las observaciones de los lexicógrafos, que interpretan casos como el de *adulatorio* como una palabra polisémica y no como dos voces homónimas (*adulatorio*[1], "perteneciente o relativo a la adulación", construido sobre una base nominal, frente a *adulatorio*[2], "que adula", construido sobre una base verbal), nos encontraríamos ante un único sufijo *-ori(o/a)* y un único sufijo *-iv(o/a)*. Todo ello lleva aparejada para Rifón la conclusión de que si los ejemplos que ha manejado (*adulatorio, amatorio, condenatorio, contemplativo...*) son, en efecto, voces polisémicas, sus bases de derivación habrían de ser igualmente verbales o nominales, mas no ambas. Por ello, trata de precisar cuál es el tipo de base de estas derivaciones, volviendo la mirada hacia la interpretación establecida hace más de un siglo por José Alemany Bolufer (1920), ratificada por Yakov Malkiel (1941 y 1998), que ve clara le existencia de una base verbal; así se explicaría también que una muy amplia mayoría de las voces resultantes tengan un significado deverbal (más del setenta por ciento de los 682 casos cuidadosamente estudiados por nuestro investigador).

Rifón prosigue ofreciéndonos un excelente y refinado análisis que concluye —más en línea con el pensamiento de los lexicógrafos que de los morfólogos— que el significado básico sería deverbal y que, mediante esos sufijos, se puede codificar en el nombre derivado no solo uno de los actantes del verbo, el agente (*fugitivo*), sino "todos los elementos implicados en el concepto verbal": el instrumento (*defensivo*), el lugar (*consultorio*), el paciente (*consultivo*), la acción (*velatorio*), el efecto (*escapatoria*),... La aparición de los minoritarios significados relacionales (básicamente "perteneciente o relativo a S" o "que contiene, tiene, incluye, implica S") se han extendido claramente a partir de los originales deverbales.

Todavía examina Rifón el modo en que la formación de nombres mediante *-ori(o/a)* e *-iv(o/a)* puede relacionarse con otras derivaciones, para lo cual matiza con precisión las semejanzas y diferencias que mantienen. Y es capaz, además, de hacerlo de forma concisa, clara y elegante, teñida de una nada falsa modestia que le lleva incluso a considerar que "quedan algunos puntos de interés sin tratar y, posiblemente, otros menos claros de lo que desearía". Es, pues, el suyo un tono discreto y sin alharacas, que casa bien tanto con el rigor de su trabajo como con su carácter aparentemente desenfadado, pero dotado de una envidiable entereza.

José Ignacio Pérez Pascual

Universidade de A Coruña

En este artículo, intentaré analizar las dos propuestas fundamentales que se han realizado sobre la naturaleza de las bases de derivación de los sufijos *-ori(o/a)* e *-iv(o/a):* una en la que se reconocen dos tipos de bases, verbos y sustantivos, y otra que propone un único tipo de bases, verbos. El análisis de los tipos de bases y el apoyo a una de estas dos propuestas conlleva el estudio de los significados creados por estos sufijos: un significado deverbal activo y uno relacional. Si se apoya la existencia de dos tipos de bases, no habría ningún problema para explicar la existencia de dos significados, derivando uno de los verbos y otro de los sustantivos; pero, si se propone la existencia de una única base, la verbal, habrá que explicar también cómo se crea el significado relacional a partir de un verbo.

1. ¿Cuatro sufijos?

Una simple consulta en un diccionario de las palabras formadas por medio de los sufijos *-ori(o/a)* o *-iv(o/a)* da cuenta de la gran variedad con la que han sido descritos sus significados. Por ejemplo, en el DRAE (1992), se puede encontrar *compensatorio* "adj. Que compensa o iguala", *combinatorio* "adj. Perteneciente o relativo a la combinación", *suspensorio* "adj. Que sirve para suspender en alto o en el aire // 2. m. Vendaje para suspender el escroto", *purificatorio* "adj. Que sirve para purificar una cosa", *adivinatorio* "adj. Que incluye adivinación o se refiere a ella", *imprecatorio* "adj. Que contiene o denota imprecación", *ablandativo* "adj. Que tiene virtud de ablandar", *administrativo* "adj. Perteneciente o relativo a la administración", *evasivo* "adj. Que incluye una evasiva o la favorece", *verificativo* "adj. Dícese de lo que sirve para verificar una cosa", *retorsivo* "adj. Dícese de lo que incluye una retorsión". Tomando como punto de partida las definiciones de estos ejemplos, es posible establecer dos tipos de derivaciones. El primero lo forman aquellas que designan de alguna manera el actor, mediato o inmediato, de la acción y cuya base puede ser identificada como verbo (*compensatorio, suspensorio, purificatorio, ablandativo, verificativo*)[41]. El segundo tipo está compuesto por aquellas otras palabras cuya definición lexicográfica remite a una base nominal y a un significado relacional (*combinatorio, adivinatorio, imprecatorio, administrativo, evasivo, retorsivo*). Se pueden identificar, por tanto, dos tipos de bases: verbos y sustantivos.

La conclusión de que existe una base verbal y una nominal, extraída de los datos lexicográficos, ha sido defendida por distintos autores.

Faitelson-Weiser (1993, 38-39 /40-45), que realiza un estudio bastante detallado de los valores de los sufijos formadores de adjetivos en español, considera la existen-

---

41 Remito a Rifón (1997a) para un análisis de las diferencias entre actor mediato e inmediato y para cualquier consulta sobre la terminología y conceptos de las funciones semánticas (Agente, Causa, Instrumental, Paciente, etc.) referidos en este artículo.

cia de dos sufijos —/rj/— (-ori(o/a): —/´rj$_1$/— con el valor genérico de agente y los específicos de agente efectivo no marcado y virtual no marcado y —/´rj$_2$/— con el valor relacional general. El valor de agente, según esta autora, puede derivar tanto de nociones verbales como de nociones sustantivas; aunque, por los ejemplos que ofrece, parece que, en el caso del sufijo —rj$_1$/—, la noción de agente es derivada de nociones verbales, ya que, con el valor de agente efectivo no marcado, considera los derivados *"comprob-atorio, capt-ori(o/a), destruc-torio, etc."* y, con el de virtual no marcado, *"asimil-atorio, evacuat-ori(o/a), trasmut-atorio, etc."*. El valor de relación parece remitir siempre a un sustantivo: sus paráfrasis son "que se relaciona con S" o "que se relaciona con NPr". Como se puede observar, Faitelson-Weiser reconoce dos sufijos diferenciados por sus significados y estos por el tipo de base: verbo frente a sustantivo.

Almela Pérez (1999, 108: 119) elabora, de manera esquemática, pero completa, un cuadro sinóptico de los afijos derivativos españoles en el que, a los sufijos *-iv(o/a) y -ori(o/a)*, se les asignan distintos valores y distintas bases derivativas. El que hasta ahora se ha considerado sufijo único *-ori(o/a)* se divide en un sufijo *-ori(o/a)* sustantivador con base verbal y "sentido" de "acción"; *y* un sufijo *-ori(o/a)* adjetivador, con los alomorfos /torio/ y /sorio/, con base sustantiva *y el* "sentido" de "condición", o con base verbal y el "sentido" de "acción". Se reconocen, además, dos sufijos *-toria y -torio* con base verbal: el primero con el "sentido" de "acción" y el segundo con los "sentidos" de "lugar o acción". El sufijo *-iv(o/a)* sólo *se* reconoce como adjetivador, si bien es cierto que también se hace referencia a un sufijo sustantivador *-iva* con base verbal *y* "sentido" de "actividad". El sufijo *-iv(o/a)* adjetivador tiene tres "sentidos" —"relativo a, cualidad y condición"—, derivando los dos primeros de sustantivos y el tercero de verbos. Se vuelve a establecer otra vez una diferencia de significados derivados, en este caso, no son sólo dos, pero sí a partir de dos tipos de bases: verbo frente a sustantivo.

Rainer (1999, 4603:4604), citando a Laca (1986), considera que en ambos sufijos se puede diferenciar entre "un grupo deverbal y un grupo denominal de sentido relacional". A los deverbales los agrupa con los denominados "adjetivos deverbales activos puros" con las paráfrasis "que V" o "que sirve para V". A los denominales los considera adjetivos relacionales que derivan normalmente de un sustantivo en *-ción*, aunque "también hay un pequeño grupo derivado de sustantivos que no terminan en *-(c) ión"* (Rainer, 1999, 4619). En este caso el reconocimiento de dos significados determinados por el tipo de base es totalmente explícito: hay una base verbal que crea adjetivos deverbales activos puros y una base sustantiva que crea adjetivos relacionales.

La existencia de dos bases de derivación de categorías léxicas diferentes conlleva tener que reconocer la existencia de dos sufijos distintos, lo que implica la existencia de una homonimia afijal. Se ha de considerar, por tanto, que existe un sufijo *-ori(o/a)$_1$*

y uno *-iv(o/a)*, que se unen a bases verbales, y otros dos sufijos *-ori(o/a)$_2$* e *-iv(o/a)$_2$* que se unen a sustantivos. Parece que, en líneas generales, esta es la idea hacia la que, de manera más o menos explícita, apuntan las propuestas analizadas anteriormente. La existencia de homonimia afijal es también apoyada desde un punto de vista morfológico y semántico, si se acepta la existencia de dos tipos bases que pertenecen a categorías léxicas diferentes.

En morfología léxica, ya desde Aronoff (1976, 47:48), se ha propuesto que la especificación sintáctico-semántica de una regla de formación de palabras puede ser más o menos compleja, pero siempre es la misma. A esta propuesta se ha de añadir la hipótesis del educto único que, completando la anterior, especifica que hay una única regla cuando son creados eductos pertenecientes a una única categoría y con una única especificación sintáctico-semántica. A partir de estas dos hipótesis, los casos que nos ocupan tienen que ser tratados como cuatro reglas de formación de palabras distintas, ya que toman bases de diferentes categorías y crean eductos que, aunque pueden ser de la misma categoría, tienen especificaciones sintáctico-semánticas diferentes. Si bien es cierto que la hipótesis de la base única sufrió modificaciones posteriores (Scalise, 1987: 157-166), estas no afectan a la propuesta hecha para estos dos sufijos, ya que, en estas modificaciones, se permite la derivación de bases sustantivas y adjetivas a la vez, pero nunca, como en este caso, de bases sustantivas y verbales. Sin hacer un análisis profundo sobre la total validez de estas dos hipótesis, se puede considerar que son de aplicación general en español, ya que, mientras que algunos sufijos pueden crear verbos a partir de sustantivos y adjetivos (por ejemplo, todos los sufijos verbales) o crear adjetivos y sustantivos a partir de verbos *(-dor, -nte, -iv(o/a), -ori(o/a))*, parece que, salvo los apreciativos, no existen sufijos derivativos que tomen como bases sustantivos y verbos[42]. Por tanto, la mejor solución es, indudablemente, considerar la existencia de dos sufijos homónimos *-ori(o/a)* y de dos sufijos *-iv(o/a)* también homónimos.

Desde un punto de vista semántico, la solución del problema no es tan sencilla, puesto que, en primer lugar, la propia diferencia entre homonimia y polisemia no es clara y, en segundo lugar, el problema de la homonimia se ha estudiado generalmente a partir de temas y no de morfemas afijales[43]. Creo que, sin embargo, si se adaptan las pruebas propuestas para resolver el problema de la homonimia al análisis de los afijos, algunas de ellas pueden ser de gran utilidad. De las diez reglas "funcionales e in-

---

42 Los sufijos apreciativos poseen características especiales, puesto que toman bases nominales y verbales a partir de las que crean significados semejantes, estableciéndose un paralelismo claro entre las derivaciones hechas sobre nombres y las realizadas sobre verbos, como intento mostrar en Rifón (1998).

43 Utilizo el término 'tema' en el sentido de Pena (1991: 368 y 1999: 4315-4317) y prefiero reservar el término de 'lexema' para la unión de un semema a un significante, es decir, al hecho de que un significado esté representado por un significante; desde este punto de vista, todos los temas son lexemas, pero también lo son todos los morfemas, sean raíces o afijos.

manentes" propuestas por Gutiérrez Ordóñez (1992: 49-56), utilizaré sólo dos como muestra de su posible aplicación. Por medio de estas reglas se trata de resolver si los significados asociados a un significante son invariantes de contenido o variantes, es decir, si existe homonimia o polisemia, siempre teniendo en cuenta las limitaciones que reconoce el autor para dicha delimitación en sincronía[44].

La primera prueba determina que serán homónimas las palabras que pertenezcan a categorías diferentes. Si se tiene en cuenta que se está tratando con sufijos, estos serán homónimos cuando especifiquen diferente categoría para el educto, pero también, cuando la especificación de la base remita a bases de distinta categoría, como son los casos de los sufijos *—ori(o/a)* e *—iv(o/a)*. La segunda, regla IV de Gutiérrez Ordoñez (1992:52-53), indica que dos significados serán invariantes si se inscriben en paradigmas semánticos diferentes. Las palabras derivadas por *-ori(o/a)* e *-iv(o/a)* a partir de verbos se inscriben en el paradigma semántico de los sufijos que crean nombres de agente, instrumento, etc. *(-dor(a), -nte, -der(o);* mientras que los que derivan de sustantivos se integran con los sufijos formadores de adjetivos relacionales como *-al, -ic(o/a)*, por lo que ambos tipos han de ser homónimos. Estas dos pruebas bastan para mostrar el tipo de adaptaciones que habría que hacer para aplicar este tipo de pruebas a los afijos y, además, aportan nuevos apoyos a la interpretación homonímica de estos dos sufijos.

Ante todos estos datos, opiniones y pruebas, parece que se ha de reconocer definitivamente, como se ha venido haciendo, la existencia de dos sufijos *-ori(o/a)* y dos sufijos *-iv(o/a)* homónimos que se unirían unos, a bases verbales y crearían un significado deverbal activo y otros, a bases nominales, a partir de las que crearían un adjetivo relacional. Pero, para validar totalmente esta conclusión, se ha de solucionar algún problema que siembra ciertas dudas sobre ella.

2. Problemas de la solución homonímica

El principal problema que se ha de resolver si se acepta la solución homonímica proviene de la información lexicográfica. Al consultar los diccionarios, se hallan palabras derivadas por medio de *-iv(o/a)* u *or(io/a)* a las que se les asignan varias acepciones de las que unas pueden ser identificadas con el significado deverbal y otras con el significado denominal:

Adulatorio: adj. Perteneciente o relativo a la adulación // 2. Que adula.

---

44 Son muchas las propuestas sobre la diferencia entre homonimia y polisemia, muchas las pruebas elaboradas y, también, muchas las críticas a todas ellas. Como ejemplos sirvan el artículo de Zwicky y Sadock (1975) en el que se hace una crítica a las pruebas propuestas para determinar la polisemia; el de Panman (1982) para una discriminación entre homonimia y polisemia por medios estadísticos y, para una visión general y detallada de la cuestión, se puede consultar el estudio de Muñoz Núñez (1999).

Amatorio: adj. Relativo al amor // 2. Que induce a amar.

Condenatorio: adj. Que contiene condena o puede motivarla // 2. *Der.* Dícese del pronunciamiento judicial que castiga al reo o que manda al litigante entregar cosa o cumplir obligaciones.

Contemplativo: adj. Perteneciente a la contemplación // 2. Que contempla // 3. Que acostumbra meditar intensamente //...

Delegatorio: adj. Que delega o encierra alguna delegación.

Discursivo: adj. Que discurre o reflexiona // 2. Propio del discurso o del razonamiento.

Imaginativo: adj. Perteneciente o relativo a la imaginación// 2. Que continuamente imagina o piensa.

Inquisitivo: adj. ant. Que inquiere y averigua con cuidado las cosas o es inclinado a ello // 2. Perteneciente a la indagación o a la averiguación.

Inquisitorio: adj. Que tiene capacidad para inquirir // 2. Perteneciente a la inquisición o a la averiguación de las cosas.

Interpretativo: adj. Perteneciente o relativo a la interpretación // 2. Que sirve para interpretar una cosa.

Natatorio: adj. Perteneciente o relativo a la natación // 2. Que sirve para nadar.

Todas estas palabras han sido recogidas del DRAE (1992), pero los ejemplos tomados de otros diccionarios corroboran la idea de que, en alguna medida, los lexicógrafos consideran estas palabras polisémicas[45]. Sin embargo, si se les aplicase la solución propuesta hasta ahora, deberían ser consideradas homónimas, ya que se entiende que han sido formadas por distintos sufijos a partir de distintos tipos de bases. Ahora bien, creo que proponer la existencia de una palabra *adulatorio*[1] con el significado "perteneciente o relativo a la adulación" y base nominal (*adulación*) y otra *adulatorio*[2] con el significado "que adula" y base verbal (*adular*) sería un grave error, al igual que si se hiciese para el resto de los ejemplos propuestos. Ante esto, se puede optar por dos caminos: o la solución que se ha propuesto es errónea, o lo es el tratamiento que dan los lexicógrafos a estas palabras. Parece más bien, y es este el camino que exploraré a partir de ahora, que es la solución que propone una homonimia afijal, y no la solución polisémica propuesta por los lexicógrafos, que consideramos errónea.

---

45 Sirvan como ejemplos de palabras con significado deverbal y relacional: *permisivo, extensivo, discursivo, suplicatorio, laudatorio, delegatorio* recogidas en el VOX y *formativo, informativo, prohibitivo, denegatorio, obligatorio, exclamatorio* recogidas en el DEA

El primer paso para solucionar los problemas planteados por los datos lexicográficos es aceptar que las palabras de los ejemplos anteriores y todas aquellas con definiciones lexicográficas semejantes son polisémicas. Si estas palabras complejas son polisémicas y no homonímicas, quiere decir que han sido formadas por el mismo sufijo, y, por tanto, que hay un único sufijo -iv(o/a) y un único sufijo -ori(o/a). Para que exista un único sufijo, y no dos como se había propuesto anteriormente, las bases de derivación deberían ser o verbales o nominales, pero no ambas. Si se concluye que los ejemplos anteriores son polisémicos y que han sido derivados por un único sufijo, se puede extender esta conclusión a todas las palabras derivadas por medio de los sufijos -iv(o/a) y -ori(o/a) y, entonces, concluir, también, que, en español, sólo hay un sufijo -iv(o/a) y uno -ori(o/a) y que toman un sólo tipo de base.

Quedan ahora por estudiar dos aspectos fundamentales derivados de las anteriores propuestas: cuál es el tipo de base de estas derivaciones y cómo se pueden derivar dos significados, el deverbal y el relacional, de un único tipo de base.

3. Nombres deverbales

La propuesta de un único tipo de base de derivación no es nueva; aparece en distintos autores, ya clásicos, del estudio morfológico del español o de las lenguas romances.

En principio, y sin intentar ni siquiera esbozar un estudio diacrónico, el sufijo latino -ivus fue eminentemente de carácter verbal, como indica Malkiel (1941:100) "in Latin, -ivus was, from the very beginning, an essential verbal suffix, thought in a few derivatives it could be added also to nominal stems" y una de sus principales funciones, siguiendo a este autor, "was to extend the t participle so as to give it durative coloring". Es, por tanto, un sufijo post-verbal, pero cuya base no es el tema de presente, sino el participio en -t- al que trataba de añadir valores de duratividad. Si Malkiel (1941 y 1988) estudia y analiza la evolución de los sufijos latinos -ivus y -oriu y -oria desde el latín hasta las lenguas romances, Alemany Bolufer (1920: 95-98 y 118-120) realiza un estudio que parte del español. Alemany Bolufer (1920:96) propone para ambos sufijos españoles -iv(o/a) y -ori(o/a) una única base verbal. De -iv(o/a) dice que "forma adjetivos derivados de casi todos de verbos" ya que "los derivados de adjetivos y sustantivos son pocos; así *adustivo y altivo*, de adusto y alto; *instintivo y objetivo*, de instinto y objeto". De -ori(o/a) indica que "forma como DERO, adjetivos y sustantivos, derivados de verbos" (Alemany Bolufer, 1920:119)[46]. Por otro lado, Fernández Ramírez (1975: 323) afina un poco más con respecto a las bases del sufijo -iv(o/a) cuya "base de derivación es casi siempre el tema de un participio de perfecto".

---

46 Se ha de añadir que Alemany Bolufer (1920) considera tres alomorfos para el sufijo *-ori (o/a)* y otros tres para *-iv (o/a)*: *-orio, -torio, -sorio, -ivo, -ativo* e *-itivo*.

Considero que estos autores apuntan de forma clara cuál es la base de derivación que se ha de tener en cuenta: la verbal. Un indicio de que es la verbal el tipo de base que se ha de proponer es el mayor número de palabras con el significado deverbal frente al significado relacional. Por otro lado, he de indicar que no trataré cuál es el tema verbal que es o puede ser base de derivación, si el tema de presente o el tema de perfecto, ya que, teniendo en cuenta que, deriven del tema que deriven, se ha de considerar que la base es verbal; esta diferencia entre los temas base de derivación, si bien es importante para comprender y entender de forma general estas dos derivaciones, no lo es tanto para los objetivos que me he propuesto en este artículo.

4. La aparente multiplicidad de significados

Determinada la base de derivación queda por resolver el problema de la multiplicidad de significados. Parece razonable pensar que el significado básico sea deverbal, mientras que el relacional sea una extensión de este; pero, para demostrar este hecho se ha de explicar cómo de un significado deverbal se puede llegar a un significado relacional.

La relación entre el significado deverbal y el relacional parece haber sido ya implícitamente expuesta por Alemany Bolufer (1920: 96) cuando indica que el sufijo *-ivo* toma bases verbales para crear adjetivos que denotan "que el sustantivo con quien conciertan tiene poder para verificar la acción del verbo" y "denotan también pertenencia o relación". Tomo sólo estas dos "denotaciones" entre las cuatro indicadas por Alemany Bolufer, puesto que muestran cómo remite el significado de pertenencia o relación a una base verbal y que, en cierta manera, el deverbal y el relacional están emparentados.

Son varias las razones que llevan a proponer como significado básico el deverbal. En primer lugar, diacrónicamente la base era un tema verbal y, por tanto, parece que el significado deverbal sería el que se tendría que formar en primer término. En segundo lugar, puesto que se da cuantitativamente en un número muy superior de palabras en comparación con el relacional[47]. En último lugar, pero la razón más importante, puesto que la extensión de un significado deverbal a uno relacional puede ser explicada relacionando todos los datos recogidos sobre estos sufijos, y, además, permite hacer una explicación integradora con otros sufijos postverbales (*-dor(a)*, *-nte*, *-der(o/a)*, *-ble*, etc.) y denominales relacionales (*-al*, *-ic(o/a)*, etc.), hecho que me parece imposible si se considera la extensión contraria.

Para comprobar la posibilidad de una derivación desde el significado deverbal al relacional, se ha de tener en cuenta que el significado deverbal es un significado com-

---

47 De los 682 casos estudiados, 490 (71,84%) tienen significado deverbal; 149 (21,85%), relacional y 43 (6,31%) presentan ambos significados. La supremacía de la formación de significados verbales es patente.

plejo que puede ser analizado en otros múltiples significados. El significado deverbal agrupa diferentes significados bajo varias paráfrasis a través de las que se puede descubrir la designación de distintos elementos implicados en el concepto designado por el verbo base[48].

92

Hay paráfrasis de nombres −adjetivos o sustantivos− derivados por medio de los sufijos *-ori(o/a)* o *-iv(o/a)* que remiten al lugar en que se realiza la acción como "lugar donde V" que puede ser aplicada a palabras como *calefactorio, consultorio, diversorio, predicatorio, cagatorio, observatorio, desinfectorio, dormitorio, etc.;* al objeto que es utilizado para la realización de la acción con la paráfrasis "que sirve para V" como en *curativo, adquisitivo, visivo, divisivo, defensivo, verificativo, notificativo, divisorio, aprehensorio, suspensorio, probatorio, purificatorio, depilatorio, declinatorio, respiratorio, etc.;* al agente de la acción por medio de la paráfrasis "que V" en nombres como *excesivo, expresivo, comprensivo, testificativo, ponderativo, imperativo, fugitivo, modificativo, ondulatorio, vibratorio, giratorio, suplicatorio, etc.,* por medio de "que tiene la virtud de / para V" en *restrictivo, decisorio, detersorio, clarificativo, etc.,* "capaz de V" en *conciliatorio, coordinativo, subversivo, placativo,* o "que tiene la facultad de V" en *persuasivo, disgregativo, expeditivo, etc.;* o al paciente de la acción con paráfrasis como "que es Vdo" o "que se puede V" en palabras como *concesivo, conversativo, consultivo, ejercitativo, pospositivo, susceptivo, adjudicatorio, masticatorio, etc.* Además, hay otros nombres derivados, muchos menos que los anteriores, que designan la acción del verbo (*casorio, ayudorio, velatorio, recordatorio, enjuagatorio, jeringatorio, interrogatorio, afirmativo, ahorrativo, aprobativo, etc.*) o su efecto (*casorio, laudatoria, escapatoria, alternativa*).

Por tanto, estos sufijos pueden codificar en la palabra derivada el Agente, la Causa, el Instrumento, el Locativo, el Paciente, la acción y el efecto del verbo base; es decir, pueden codificar todos los elementos implicados en el concepto verbal.

Esta amplia posibilidad de codificación de los elementos implicados en el concepto verbal base relaciona y, a la vez, diferencia a los sufijos *-iv(o/a)* y *-ori(o/a)* de los sufijos postverbales *-dor(a), -nt(e), -der(o/a), -bl(e), -ción, -mient(o), etc.* Estos sufijos postverbales se encargan también de la codificación de alguno de los elementos implicados en el concepto verbal base de derivación: del Agente, *-dor(a)* y *-nt(e)*; del Locativo, *-der(o/a)*; del Paciente, *-bl(e)*; de la acción y el efecto *-ción* y *-mient(o)*. A partir de cada una de estas codificaciones o significados centrales extienden su capacidad de creación hacia los significados más próximos en la escala Agencia-Afección; así, por ejemplo, el sufijo *-dero* crea fundamentalmente nombres, con significado Loca-

---

48 He diferenciado, a partir de los significados que aparecen en el DRAE (1992), 14 paráfrasis con significado deverbal: "que V", "lugar donde V", "que sirve para V", "que sirve para Vse", "que tiene virtud para / deV", "que tiende a Vse", "el que V", "lo que Vse", "que se V", "que puede V", "capaz de V", "que es Vdo", "que tiene la facultad de V", "que tiende, acostumbra a, suele V". Se podrían unificar algunas de estas paráfrasis o reconocer algunas diferentes, pero no afectaría al análisis.

tivo y, a partir de este significado, extiende su capacidad de creación hacia el instrumental y hacia el paciente (Rifón, 1997c y 1997d).

Los sufijos *-ori(o/a)* e *-iv(o/a)* no se comportan de la misma manera que el resto de sufijos postverbales. Es cierto que la paráfrasis "que V" es la que se puede asignar a un mayor número de palabras (25,03%) y que esta *paráfrasis* podría llevar a concluir, de forma errónea, que la función fundamental de estos dos sufijos es la codificación del Agente; pero, esta paráfrasis no sólo puede indicar la codificación del Agente, sino, también, la de una Causa o la de un Instrumental, Actor mediato o inmediato; incluso, estas dos últimas funciones en más casos.

Muestra de que el nombre derivado puede *designar tanto* el Agente, como la Causa o el Instrumental son derivados como *agravatorio, nutritivo, conectivo o comprobatorio*, todos ellos, a partir del significado documentado en el DRAE (1992), parafraseados como "que V":

Esta medida no alcanzará a los efectos agravatorios que las sanciones comprendidas en el apartado anterior puedan producir...

Las sustancias nutritivas se reparten luego por todo el cuerpo.

El sistema nervioso consta de un ganglio cerebroide bilobado del que parten dos conectivos o comisuras circunfaríngeas.

Naturaleza intensiva del acento tardío: datos comprobatorios y cronología[49].

De todo ello se puede concluir que no hay un significado deverbal central del que derivar el resto de significados. Se ha de entender, por tanto, que los sufijos *-ori(o/a)* e *-iv(o/a)* no están orientados hacia la codificación de uno de los actantes del verbo, sino que son capaces de, en sentido figurado, ver todos los elementos implicados en el concepto verbal y, por tanto, son capaces de codificar cualquiera de ellos. Se diferencian, por tanto, del resto de sufijos post-verbales del español, los cuales sí están orientados hacia la codificación de alguno de los elementos del concepto verbal designado por la base.

Establecidas ya de forma muy general las pautas de creación de significados deverbales, queda por explicar el significado relacional, el cual se presenta por medio de muchas menos paráfrasis que el deverbal, lo que le confiere a primera vista una mayor regularidad. La paráfrasis fundamental es "perteneciente o relativo a S" por medio de la que se pueden parafrasear los significados de *circulatorio, cobratorio, combinatorio, denunciatorio, emigratorio, protectorio, exclamativo, obsesivo, erosivo, estimativo, etc.;* otra paráfrasis es "que contiene, tiene, incluye, implica S" por la que se parafrasean los significados de *blasfematorio, adivinatorio, contradictorio, dedica-*

---

49 Ejemplos extraídos del DEA.

torio, evasivo, retorsivo, etc.; hay, además, algunas otras paráfrasis con muy pocos ejemplos. Todas estas paráfrasis pueden combinarse con otras deverbales y, por tanto, combinar significados deverbales con el relacional, como ya se ha indicado.

94   Buscar una relación entre un significado relacional denominal y un significado deverbal parece, en principio, un sin sentido, ya que los adjetivos derivados por *-al, -ic(o/a)*, etc., poseen también un significado relacional semejante al de las palabras derivadas por medio de *-iv(o/a)* y *-ori(o/a)*, y no parece que sea plausible establecer una relación entre los sufijos denominales anteriores y un significado verbal.

Para establecer la primera característica que permita relacionar ambos significados, el relacional y el deverbal, partiré de las características de los adjetivos relacionales que, como indica Bosque (1993: 10), "establecen conexiones entre esas entidades y otros dominios o ámbitos externos a ellas, y de acuerdo con las cuales sitúan o clasifican a los sustantivos sobre los que inciden". Demonte (1999: 150) propone una definición semejante, ya que considera que los adjetivos relacionales son aquellos que "se refieren a un conjunto de propiedades (a una entidad externa) con las cuales el nombre modificado establece una relación semántica determinada". Esta misma autora diferencia tres tipos de relaciones semánticas entre el adjetivo y el nombre modificado. La que interesa en este momento es aquella en la que el adjetivo "tiene el valor semántico que correspondería a una función/gramatical canónica" (Demonte, 1992: 162). Por tanto, los adjetivos que por tener la paráfrasis "perteneciente o relativo a S" u otra semejante han sido reconocidos como adjetivos relacionales, deberán codificar un conjunto de propiedades con las que el nombre modificado establecerá alguna relación que será una función gramatical; esta característica es una de las que permite relacionar estos adjetivos con los deverbales, los cuales codifican también una función gramatical.

Para determinar la segunda característica que permite relacionar ambos significados, es necesario partir de que la base de los adjetivos relacionales derivados por medio de los sufijos *-iv(o/a)* y *-ori(o/a)* y, por tanto, a los que se les puede asignar una base nominal, suele ser un sustantivo deverbal derivado fundamentalmente por *-ción*, los sufijos *-o/-a* postverbales, *-miento* o *-ncia*. Así, de los 105 adjetivos que he documentado a los que el DRAE (1992) define por medio de "perteneciente o relativo a S", la variable S de la paráfrasis ha de ser sustituida por un sustantivo derivado por medio de *-ción* en 70 casos, por uno en *-miento)* en 1, por uno en *−o/-a* en 10, por uno en *-ncia* en 1 y por un sustantivo que no indica acto en 24 casos, lo cual implica que en el 75% de los casos la sustitución de la variable "S" de la paráfrasis se tendría que hacer por un sustantivo postverbal que designa la "acción y el efecto de V"[50].

---

50 El número de palabras derivadas de las que es imposible establecer una base con ninguna relación verbal es mínima. Sólo 24 de 682, es decir, sólo el 3,52%, lo que permite mantener la postura de que este tipo de formaciones es totalmente marginal y, por tanto, que puede desecharse como una formación ren-

La elección de los sustantivos postverbales que indican la "acción o el efecto de V" para establecer la definición o la paráfrasis de este tipo de adjetivos se debe a que son estos los que poseen, entre los postverbales, un significado menos restringido, por el hecho de referirse a la acción del verbo, y, por tanto, implicar, de alguna manera, todos los elementos del concepto verbal. Cuando se definen palabras como *combinatorio, articulatorio, reconstructivo, narrativo* como "perteneciente o relativo a la *combinación, articulación, reconstrucción, narración*" lo que se intenta, al escoger los sustantivos postverbales en *-ción*, es mostrar todas las posibilidades significativas que pueden poseer estos adjetivos y que no se mostrarían si se escogiesen para la paráfrasis otros nombres deverbales como *combinador, articulador, reconstructor, narrador, combinable, articulable, reconstruible, narrable, etc.* que codifican una función gramatical determinada. Por tanto, el hecho de elegir el sustantivo postverbal que indica la acción es obligado si se quieren cubrir en la paráfrasis, de la mejor forma posible los diversos significados que pueden tener estos adjetivos y que se muestran en ejemplos como:

Ejemplo	Significado del adjetivo
Afán combinatorio (afán de/por combinar)	Acción
Proceso combinatorio (proceso que combina)	Actor
Pieza articulatoria (pieza que articula)	Actor
Problema articulatorio (problema para articular)	Acción
Intento narrativo (intento de narrar)	Acción
Texto narrativo (texto que narra)	Actor
Intento reconstructivo (intento de reconstruir)	Acción
Operación reconstructiva (operación que reconstruye)	Actor

En estos ejemplos se puede observar cómo los adjetivos derivados por *-ori(o/a)* e *-iv(o/a)* cuyo significado puede ser definido como "perteneciente o relativo a S" pueden codificar, al igual que los ya tratados deverbales, cualquiera de los elementos implicados en el concepto designado por el verbo base. En estos casos, han sido escogidos algunos adjetivos que codifican la acción y el Actor, entendido este de una manera amplia como Agente, Causa o Instrumental. Indudablemente, no todos los adjetivos de este tipo pueden codificar todos los elementos de la acción: en unos casos se codificarán varios elementos y, en otros, puede que sólo se codifique uno, como parece ocurrir en *decorativo, acusatorio, sucesorio, etc.*

---

table del español. Hay que indicar, además, que muchas de ellas son heredadas directamente del latín (p. e. a*ltivo, adustivo, objetivo*, etc.)

4. Conclusiones

Aun cuando quedan algunos puntos de interés sin tratar y, acaso, otros menos claros de lo que desearía, creo que es posible aprehender de todo lo dicho algunas conclusiones.

En primer lugar, se ha de considerar que interpretar la existencia de dos tipos de derivación por medio de los sufijos *-ori(o/a)* e *-iv(o/a)* a partir de dos tipos diferentes de bases no es adecuado. Estos sufijos poseen sólo un tipo de base, una base verbal, y su significado ha de ser de carácter deverbal.

En segundo lugar, por medio de las palabras derivadas por estos sufijos se pueden codificar cualquiera de los elementos implicados en el concepto del verbo base (Agente, Causa, Instrumento, Locativo, Paciente, Acción y Efecto).

En tercer lugar, la amplitud o diversidad de significados que conlleva la posibilidad de codificar cualquiera de los elementos implicados en el concepto del verbo base ha hecho posible la aparición de un significado relacional derivado del deverbal.

En cuarto lugar, la formación de nombres por medio de *-iv(o/a)* y *-ori(o/a)* se puede relacionar con otras derivaciones. Por un lado, los nombres derivados por los sufijos *-iv(o/a)* y *-ori(o/a)* se asemejan a los nombres postverbales en que ambos codifican elementos implicados en el concepto verbal base; y se diferencian de ellos en que pueden codificar cualquiera de los elementos implicados en el concepto verbal, mientras que los postverbales están marcados para codificar un determinado elemento. Por otro lado, se asemejan a los adjetivos relacionales denominales —derivados por *-al, -ic(o/a), etc.—* en que, tal como indica Demonte (1999: 150), "se refieren a un conjunto de propiedades (a una entidad externa) con las cuales el nombre modificado establece una relación semántica determinada" y se diferencian en que las propiedades referidas por unos son nominales y las referidas por medio de los nombres en *- iv(o/a)* y *-ori(o/a)* son verbales.

Capítulo 06
Paradigmas y series derivativas

(*Revista de investigación lingüística. 2001. 4.2. 63-82*).

PRESENTACIÓN

Antonio Rifón en su estudio *"Paradigmas y series derivativas"* plantea, en una breve introducción, que el concepto de "paradigma" se aplicó inicialmente a la morfología flexiva, y establece cuáles van a ser los objetivos de este su trabajo: comprobar si son aplicables a la morfología derivativa los parámetros de la morfología flexiva. El estudio se estructura en tres partes: 1. La raíz y las series derivativas; 2. El significado común de las formas del paradigma; 3. Los paradigmas como modelos semánticos y formales.

En el PRIMER APARTADO *"La raíz y las series derivativas"* se define en primer lugar "Serie Derivativa" como el conjunto de palabras de una misma "Raíz" y seguidamente define "Raíz" como el elemento básico y constante en el significante del que parten las operaciones morfológicas, el elemento común a todas las palabras de la serie derivativa. Afirma que "la Raíz no determina únicamente la estructura de la serie derivativa, sino que sin ella la serie no existiría como tal". Finalmente afirma que no se puede identificar serie derivativa y paradigma, aunque los paradigmas se sitúan en el interior de las series derivativas.

En el SEGUNDO APARTADO *"El significado común de las formas del paradigma"* si la búsqueda del elemento común de las series derivativas se ha de dirigir hacia la raíz, la del significado común de los paradigmas derivativos se ha de orientar hacia la organización del significado léxico. Serie derivativa y paradigma no son lo mismo puesto que en los paradigmas se pueden identificar formaciones encuadradas en distintos tipos de series derivativas como pertenecientes a los mismos paradigmas.

Diferencias entre serie y paradigma derivativo. La naturaleza semántica de la raíz determina la estructura de la serie derivativa, pero no se ha de confundir la serie derivativa con un paradigma. En los paradigmas derivativos al igual que en los paradigmas flexivos los significados han de estar en cierta medida relacionados.

Diferencias

1ª. En la serie derivativa la relación semántica se reduce a lo que tienen en común con la raíz, es decir la carga semántica que esta aporta. En el paradigma derivativo al basarse en la estructura semántica perfilada desde una estructura conceptual, la relación semántica entre las palabras que lo componen es mucho más estrecha ya que los significados se implican entre sí por medio de sus atributos (propiedades).

2ª. En la serie derivativa el orden sintagmático de derivación es importante puesto que determina la secuencia de las derivaciones la cual es vista siempre en sentido unidireccional. En la estructura paradigmática, se rompe el orden unidireccional a favor de uno multidireccional ya que las celdas del paradigma no han de ocuparse en una secuencia preestablecida; lo que prima no son las relaciones secuenciales, sino las que cada celda establece con el resto de celdas (casillas) implicadas.

3ª. Las series derivativas y los paradigmas se diferencian porque no toda la serie derivativa de una raíz es tomada como modelo de derivación. Los paradigmas derivativos no han de cubrir de forma exhaustiva toda la serie derivativa, aunque puedan hacerlo.

4ª. Es normal que dentro de una serie derivativa se encuentren varios paradigmas derivativos.

5ª. La serie derivativa se refiere a un caso concreto que parte de una determinada raíz, mientras que el paradigma derivativo es más abstracto.

En el TERCER APARTADO *Los paradigmas como modelos semánticos y formales*: Los *Paradigmas flexivos* han sido interpretados como modelos que sirven para la construcción de las diferentes palabras gramaticales (valores de significado gramatical) de un lexema. Los paradigmas flexivos no son solo modelos semánticos de flexión, sino, también, modelos para la creación de las distintas formas gramaticales del lexema.

El paradigma derivativo actúa como modelo en dos sentidos:

1. Sirviendo como determinante de los significados relacionados por pertenecer a una misma estructura semántica y que conforman grupos que son utilizados como modelos en la derivación.

2. Como determinantes de la forma que toman las palabras dentro de los grupos de significados que sirven como modelos, de manera que no sólo constituyen los paradigmas un modelo semántico de creación, sino también formal.

Manuel Justo Gil

Introducción

El concepto de paradigma ha sido aplicado principalmente al estudio de la morfología flexiva, pero, en estos últimos años, son numerosos los autores que, desde diferentes corrientes teóricas, lo han aplicado a la formación de palabras y han abordado los problemas que esto suscita con diferentes soluciones y resultados[51].

Si se pretende proponer la existencia de paradigmas derivativos, habrá que estudiar en qué medida poseen las características de los paradigmas flexivos y decidir si es posible aplicar la organización paradigmática a la derivación o si es necesario proponer nuevos conceptos acordes con sus formas de organización y desechar el paradigma[52]; para ello, partiré de la definición de paradigma flexivo propuesta por Carstairs (1987, 48-49):

> A paradigm for a part of speech N in a language L is a partem P of inflectional realisations for all combinations of non-lexical-determined morphosynthactic properties associated with N such) that some member of N exemplifies P (i.e. displays all and only the realisations in P).

Y centraré mi estudio en tres aspectos a través de los cuales intentaré, por medio del reconocimiento gradual de las características de los paradigmas derivativos y de la identificación y determinación de los conceptos necesarios, llegar a perfilar un esbozo de cómo podría *ser* considerado un paradigma derivativo.

Estos tres aspectos[53] de los paradigmas serán tratados en los tres apartados en que he dividido el trabajo:

a) El paradigma es una serie de formas morfológicas relacionadas por un elemento común, por lo que, en el primer apartado, se analiza el papel de la raíz como elemento común de las derivaciones y se clarifica el concepto de serie derivativa.

b) Las formas en un paradigma están relacionadas semánticamente por algo más que la semántica del tema; en el segundo apartado se abordan las relaciones semánticas que se establecen en el paradigma derivativo y se diferencian los conceptos de serie derivativa y paradigma derivativo a la luz de las diferentes relaciones semánticas que se establecen en su seno.

---

51 Sin pretender hacer una lista exhaustiva, se pueden citar como trabajos de interés para el análisis paradigmático los de Matthews (1974), Bybee (1985 y 1988), Jaap van Marle (1985), y otros. En Camus y Miranda (1996) se puede encontrar una interesante bibliografía sobre el tema.

52 Stump (1991, 709-710), entre otros, propone tres diferencias entre los paradigmas flexivos y derivativos: la relación semántica entre los miembros de un paradigma derivativo es frecuentemente irregular, los miembros de una misma categoría no están siempre asociados a paradigmas derivativos paralelos y los miembros de los paradigmas derivativos no suelen pertenecer a la misma categoría.

53 Para proponer estos tres aspectos como objeto de estudio, a partir de la definición de Carstairs (1987, 48-49), me he basado en el estudio de Bauer (1996).

c) Las formas del paradigma son generalizables y predecibles, ya que conforman un modelo. Si en los dos apartados anteriores se han analizado fundamentalmente los aspectos semánticos de la organización paradigmática, en el tercero se atiende a los aspectos formales que, unidos a los anteriores, habilitan a los paradigmas derivativos como modelos semánticos y formales de organización morfológicas.

1. La raíz y las series derivativas

En general, se reconoce que las derivaciones poseen un elemento común al que se suele llamar raíz. El conjunto de palabras derivadas de una misma raíz es a lo que llamaré serie derivativa; así, la serie derivativa de la raíz verbal *digerir* podría ser:

$$\text{digerir} \rightarrow \text{digesto} \rightarrow \text{digestir} \rightarrow \text{digestible} \rightarrow \text{indigestible}$$
$$\downarrow \qquad\qquad \downarrow$$
$$\text{digerible indigesto} \longrightarrow \text{indigestar}$$

La raíz puede ser definida, pues, como "el segmento básico y constante en el significante de cualquier palabra que, como resultado de eliminar en tales significantes todos los afijos derivativos y/o flexivos, es irreductible o no susceptible de ulterior análisis o, desde otra perspectiva, la unidad que constituye el punto de partida de cualquier construcción morfológica" (Pena 1999, 4315); además, la raíz es la portadora de la carga semánticamente de la palabra (vid. Varela Ortega 1990, 34). Entre las características reconocidas de la raíz, se ha de resaltar que es el elemento del que parten las operaciones morfológicas, es decir, el elemento común a todas las formas de la serie derivativa, y la portadora de la carga semántica. El análisis de estas dos características servirá como punto de partida para la clarificación del concepto de paradigma.

La raíz aporta la carga semántica de la palabra y puede ser identificada con los conceptos concretos básicos de Sapir (1921, cap. V). Los conceptos concretos básicos o radicales, que son imprescindibles en las lenguas, son incrementados con algún tipo especial de significación por los conceptos derivativos, que no son universales, pues las lenguas pueden utilizarlos o no, y que son "expresados normalmente mediante la afijación de elementos no radicales a los elementos radicales, o mediante la modificación interna de estos últimos" (ibíd. 119). Desde un punto de vista conceptual y de forma muy esquemática, esto es a lo que se puede llamar derivación: la modificación de conceptos radicales por medio de conceptos derivativos. Se puede decir, entonces, que los conceptos concretos básicos son las piezas del léxico sobre las que este se construye por medio de los conceptos derivativos. Son, entonces, las raíces las que constituyen una primera organización conceptual a partir de la cual los diferentes procesos derivativos serán utilizados para la construcción de las diferentes palabras.

Si la raíz es el elemento del que parten las operaciones morfológicas, el elemento común a todas las palabras de la serie derivativa determinará, de alguna manera y en algún grado, en qué sentido se desarrolla la serie y limitará sus posibilidades derivativas. Esta determinación y limitación se realiza fundamentalmente, aunque no de forma única, por medio del concepto expresado por la raíz y, si la raíz es el concepto básico sobre el que se construye el léxico, la primera determinación y limitación de la construcción del léxico se debe al tipo de concepto expresado por la raíz.

A partir de, por ejemplo, un nombre propio como *Donato,* que fue el ideólogo, creador, etc. de un cisma del siglo IV d. C., se puede intuir que es posible formar una palabra como *donatismo* para indicar la ideología por él creada y, como probablemente esta ideología tiene o tuvo seguidores, también se puede formar un nombre para estos, *donatistas;* sin embargo, *Quijote* no ha creado ideología ninguna, sino que su nombre es usado para codificar ciertas características determinadas por su aspecto físico, su comportamiento, etc., por lo que se puede deducir que *quijotismo* no significará ya ideología, sino ese conjunto de propiedades y, ya que este sustantivo se utiliza para codificar un conjunto de propiedades, entonces se puede crear un verbo que indique la adquisición de esas propiedades por algo o alguien, *quijotizar.*

Si se parte de un sustantivo como *ancla* está claro que es difícil considerar que se pueda crear un verbo a partir de este sustantivo que indique la adquisición de las cualidades del *ancla* por alguien o algo, un verbo como **anclizar* o **anclecer;* sin embargo, si se considera que *ancla* es un objeto, concreto, contable y, fundamentalmente, un instrumento, las posibilidades de crear un verbo que codifique la utilización del *ancla para* algo son muy altas, *anchar* o *anclar.* El atributo "instrumento" del significado de *ancla* hace que esta palabra, en la organización derivativa, se asocie a otros sustantivos como *martillo, rastrillo, etc.* y también *a campana, sonaja, etc.* (*vid.* Rifón 1997a, 58-66 y 123-124).

Si en vez de un sustantivo, se toma una raíz verbal como *pender* que es un verbo con un alto grado de *estatividad*[54] parece difícil que *se* pueda crear a partir de él un nombre de Agente y, al no haber un Agente, tampoco de Instrumento o Paciente; de hecho, a partir de él se crea un nombre, *pendiente,* que indica el actante de una acción estativa ("arete con adorno colgante o sin él; joya que se lleva colgando") o una cierta disposición espacial ("inclinado, en declive; cuesta o declive de un terreno") (vid. Rifón 1996, 101-102).

---

54 Califico el verbo pender como altamente estativo por los resultados que da a las cinco pruebas de dinamicidad / estatividad propuestas en Rifón (1997b): modificación por medio de lentamente, rápidamente; existencia de control; posibilidad de incrementación; posibilidad de aparecer en progresivo y posibilidad de ser extendido.

Estos ejemplos muestran cómo el tipo de concepto expresado por la raíz determina la estructura de la serie derivativa, tal como se ha predicho anteriormente. La naturaleza semántica de la raíz juega, pues, un papel importante en los procesos derivativos ya que, al ser la que aporta la carga semántica de la palabra, situará a esta en un determinado campo semántico, en unos determinados *scripts* y establecerá relaciones léxicas con otras unidades del léxico que determinarán sus posibilidades derivativas. La raíz no determina únicamente la estructura de la serie derivativa, sino que es su alma, sin ella la serie no existiría como tal, ya que el concepto o los dominios del concepto expresados por la raíz y que son heredados por las diferentes palabras derivadas son los que permiten agrupar a todas ellas en una estructura como es la serie derivativa. Sin ese punto de unión, que es la raíz, no se podría establecer una serie derivativa[55].

Ahora bien, no se puede identificar la serie derivativa y el paradigma, aunque los paradigmas se sitúan en el interior de las series derivativas. Si la búsqueda de los paradigmas derivativos ha de realizarse dentro de las series derivativas, está claro que la naturaleza de la raíz tendrá cierta importancia en ellos, ya que la tiene en la serie derivativa, grado de importancia que habrá que determinar.

2. El significado común de las formas del paradigma

Si la búsqueda del elemento común de las series derivativas se ha de dirigir hacia la raíz, la del significado común de los paradigmas derivativos se ha de orientar hacia la organización del significado léxico, ya que, si el significado creado por la derivación es de carácter léxico, la organización de los paradigmas derivativos debe estar determinada por los sistemas y formas de organización del mismo, al igual que la de los paradigmas flexivos está determinada por la de los significados morfosintácticos[6].

Si la estructura semántica se define como una estructura conceptual que funciona en el polo semántico de una expresión lingüística (vid. Langacker 1987, 98), está claro que se ha de atender a las estructuras conceptuales y observar cómo estas se realizan en estructuras semánticas atendiendo a la conexión *intracategorial* entre las palabras derivadas[56]. Las estructuras semánticas perfiladas a partir de la estructura conceptual determinan el número, las conexiones y la naturaleza de las distintas celdas que constituyen el paradigma y conforman así la estructura del mismo.

---

55 Aunque sólo he atendido a la herencia de la carga semántica que aporta la raíz, pues, en estos momentos, es la que interesa; está claro que en la serie derivativa se hereda también la forma de la raíz, pudiendo sufrir o no reajustes, y que, por tanto, la forma común es también un elemento de gran importancia para la constitución de una serie derivativa, como se ha mostrado en las definiciones de raíz dadas anteriormente.

56 Se puede apoyar la idea de Bybee (1988, 125) quien señala que entre las pautas de organización del lexicon "chief among these are semantic parameters by which morphemes are associated" y entre estos parámetros cita el campo semántico, los *scripts*, las relaciones tales como hiponimia. sinonimia, antonimia y otras.

Tomemos tres estructuras semánticas diferentes que constituyen, a su vez, tres paradigmas diferentes[57].

a) Gentilicio / adjetivo relacional – ideología / teoría – partidario / seguidor

b) acción - iniciador - instrumento – locativo - paciente

c) iniciador - acción - acto

Los paradigmas (a) y (c) están constituidos por tres celdas y el (b), por cinco. Ejemplos de ellos son:

a) africano - africanismo - africanista

b) lavar - lavandero - lavadora - lavadero - lavable

c) bufón - bufonear - bufonada[58]

El primer paradigma se basa en la estructura conceptual que se podría llamar eventualmente de las "ideologías" en la que aparece una celda para la fuente, el creador o el aspecto más característico de la ideología *(africano, social, Donato, Marx, creación, etc.)*, otra para la denominación de la ideología *(africanismo, socialismo, donatismo, marxismo, creacionismo, etc.)* y otra para sus partidarios y seguidores *(africanista, socialista, donatista, marxista, creacionista, etc.)*. Los otros dos paradigmas se basan en la cadena de acción; el primero representa lo que sería una acción con un alto grado de agencia *(lavar, romper, batir, cargar, archivar, etc.)* y de la cual en español se codifican los actantes Agente *(lavandero, rompedor, batidor, cargador, archivador, etc.)*, Instrumento *(lavadora, rompedera, batidor, cargador, archivador, etc..)*, Locativo *(lavadero, rompiente, batidero, cargadero, archivo, etc.)* y Paciente *(lavable, rompible, *batible, *cargable, *archivable, etc.)*; el segundo se basa en una cadena de acción en la que se codifica el Agente, el Acto que realiza este y la Acción con la característica añadida de ser acciones humanas negativas o peyorativas realizadas normalmente de forma habitual *(golfo / gafada o golfería / golfear, glotón / glotonería / glotonear, bromista / broma / bromear, chancero / chanza / chancear, etc.)* *(vid.* Pena 1993, 237-243; Rifón 1997, 53-57 o Serrano Dolader 1999, 4690-4693)[59].

---

57 Un ejemplo de estructura conceptual es la *cadena de acción* que, como la ha definido Lingacker (2000, 30) es "a series of energetic interactions, each inducing the next". En esta cadena de acción se reconocen diversos elementos (Agente, Instrumento, Tema, Experimentador, etc.) de los que se perfilan unos u otros dependiendo de la cadena de acción codificada. Así, Lingacker (2000, 30) indica que la noción de agenda implica, por lo menos, Agente =>Tema o (par la utilización de un instrumento, Agente => Instrumento => Tema.

58 La estructura de estos tres paradigmas es sólo una propuesta y no se ha de tomar como definitiva y plenamente establecida, lo que supondría un profundo y exhaustivo estudio que está lejos del objetivo de este trabajo

59 El tercer paradigma ha sido considerado como perteneciente a la codificación de nociones de la cadena de acción en cuanto que en él se perfila el concepto de "persona caracterizada por realizar un tipo de acción" y este es, en parte el concepto de Agente, aunque no se forme la palabra a partir de un verbo; además, perfila la "acción realizada" y el "acto que realiza ese tipo de persona".

El reconocimiento de estos tres paradigmas implica que serie derivativa y paradigma no son lo mismo, puesto que en todos ellos se han identificado formaciones encuadradas en distintos tipos de series derivativas como perteneciente a los mismos paradigmas. En el primero, *Marx/marxismo/marxista* no pertenece a un mismo tipo de serie que *cread creación/ creacionismo/ creacionista;* en el segundo, tampoco *lavar / lavandero / lavadora / lavadero/ lavable* se puede agrupar en un posible tipo de serie derivativa con *archivo / archivad / archivador / archivable;* en el tercero, no se pueden agrupar *broma / bromear / bromista* con *mamón / mamonear / mamonada*. Esto se debe a que la secuencia de derivación es diferente en unos casos y en otros; así, en el primer ejemplo, se crea un sustantivo *(marxismo) y* un nombre *(marxista)* a partir de un nombre propio y, por otro lado, se crean *(creacionismo y creacionista)* a partir de un sustantivo *(creación)* derivado de un verbo *(crear[60])*. De estos hechos surgen dos cuestiones a las que se ha de dar respuesta: ¿a qué responde que se pueda diferenciar entre serie y paradigma? ¿Por qué se pueden agrupar en un mismo paradigma grupos de formaciones creadas de forma diferente y, por tanto, pertenecientes a tipos de series derivativas diferentes?

2.1. Diferencias entre serie y paradigma derivativo

Para dar respuesta a estas dos cuestiones se ha de retomar alguna de las ideas que ya han sido expuestas. Se ha indicado que la naturaleza semántica de la raíz determina la estructura de la serie derivativa. Esto se debe a que la raíz determina qué procesos derivativos pueden aplicarse en primer lugar y, claro está, las palabras derivadas creadas por estas primeras derivaciones determinan las segundas derivaciones y así sucesivamente; en una serie como:

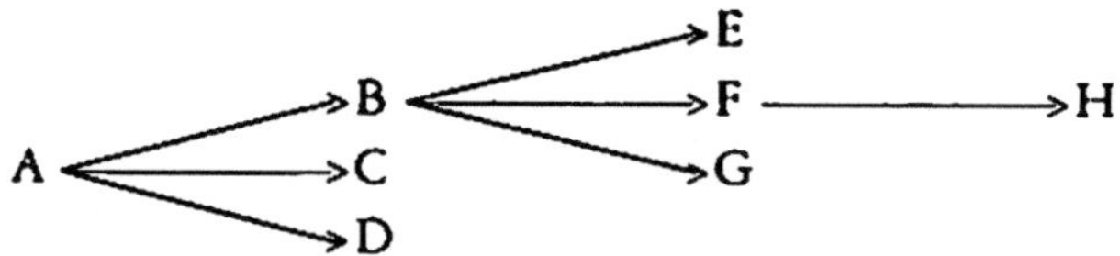

la naturaleza semántica de A determina la creación de las palabras B, C y D; la de la palabra derivada B, la de E, F y G y la naturaleza de F, la de H. Es en este sentido en el

---

60 Si bien se habla de tipos de series derivativas, no creo que estas se puedan extender más allá de algunos tipos generales muy reducidos, ya que, para poder establecer un tipo de serie derivativa es necesario que coincidan totalmente sus derivaciones, cosa poco fácil. Tal vez sea interesante diferenciar entre series derivativas a partir de la categoría de la raíz, en parte como hace Guilbert (1975 cap. II) en sus paradigmas al diferenciar entre paradigmas con base nominal, verbal y adictiva, aunque su concepto de paradigma no es exactamente igual al de serie derivativa. Si bien, la definición de paradigma derivativo de Guilbert (ibid. 157) es semejante al de serie, cuando desarrolla el concepto se aleja de este y se aproxima, en algunos aspectos, al de paradigma propuesto aquí.

que se indica que la raíz determina la estructura de la serie derivativa, pero no se ha de confundir la serie derivativa con un paradigma. En los paradigmas derivativos, al igual que en los paradigmas flexivos, los significados implicados han de estar en cierta medida relacionados; así, en la flexión, el hecho de pertenecer a la categoría verbo conlleva la posibilidad de ser flexionado en tiempo, aspecto, modo, número y persona y si se es un sustantivo animado, contable e individual en género y número. Sí es necesaria la existencia de una relación semántica entre los significados del paradigma, además de la establecida por compartir la carga semántica aportada por la raíz; se puede decir que la estructura A, B C y D, sí podrían ser un paradigma; puesto que, que una palabra A tenga el significado *a* puede implicar la posibilidad de la existencia de B<—>C<—>D; de la misma manera se puede decir que, por ejemplo las estructuras A<—>B<—>E<—>F<—>G, B<—>F<—>H o E<—>F<—>G<—>H, etc. podrían ser también paradigmas o, por lo menos, tienen muchas posibilidades de constituirse en paradigmas[61]. Parece, sin embargo, difícil que A, D, E y H puedan ser o llegar a constituirse en un paradigma ya que su relación de significado es nula, exceptuando que poseen una raíz común. Quiere esto decir que las relaciones entre los significados que constituyen las celdas de los paradigmas son más estrechas que las que mantienen los miembros de las series derivativas, entre los que lo único exigible es que compartan la raíz. A partir de esta diferencia en el grado y tipo de relación se pueden establecer ciertas diferencias entre serie y paradigma; para mostrarlas tendré en cuenta la serie derivativa de *sombra*[62]:

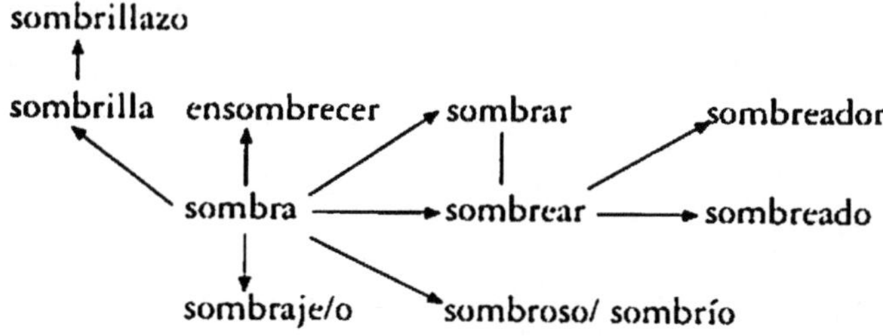

La primera diferencia, como ya se ha indicado, se refiere al grado y cipo de relación entre los significados de uno y otro. En la serie derivativa la relación semántica se reduce a lo que tienen en común con la raíz, es decir, a la carga semántica que esta aporta, pero, fuera de ella, no se puede decir que entre *sombrillazo y sombreador* haya otro

---

61 La doble flecha (<—>) es utilizada para indicar que el sentido derivativo puede ser en cualquiera de los dos sentidos e incluso en los dos a la vez. En realidad, habría que conectar todas las letras con todas, pues en el paradigma las relaciones entre las celdas son múltiples y multidireccionales; no así, en la serie derivativa, en la que las flechas sólo tornan una dirección, pues las relaciones son unidireccionales.

62 Tomaré únicamente aquellas palabras que aparecen en el DRAE (1992) sin que suponga la negación de la existencia de otras palabras posibles como *sombreable*. Esta serie derivativa es utilizada sólo como ejemplo y su descripción no pretende ser exhaustiva, ni exacta.

tipo de relación o entre *ensombrecer y sombrajo*. En el paradigma derivativo, al basarse en la estructura semántica perfilada desde una estructura conceptual, la relación
semántica entre las palabras que lo componen es mucho más estrecha ya que los
significados se implican entre sí por medio de sus atributos; por ejemplo, *sombra* es:

> la oscuridad, falta de luz, más o menos completa / la proyección oscura que un
> cuerpo lanza en el espacio en dirección opuesta a aquella por donde viene la luz /
> la imagen oscura que sobre una superficie cualquiera proyecta un cuerpo opaco,
> interceptando los rayos directos de la luz o el lugar, zona / región a la que, por
> una u otra causa, no llegan las imágenes, sonidos o señales transmitidos por un
> aparato o estación emisora.

La *sombra*, entonces, se produce porque hay un cuerpo que hace que los rayos de luz
no lleguen a una determinada zona o porque un cuerpo impide el paso de la luz y crea
un espacio al que esta no llega o porque se impide el paso de la luz interponiendo un
cuerpo. En cualquiera de estas interpretaciones existe una estrecha relación semántica entre tres elementos de la serie derivativa, el objeto realizado, *sombra*, la acción
de realizar ese objeto interceptando la luz, *sombrear o sombrar*, y el cuerpo que impide el paso de la luz, *sombreador*. A estos tres elementos ya no los une exclusivamente el significado aportado por la raíz a la serie derivativa, sino que se enmarcan en
una estructura semántica más abstracta como es la cadena de acción compuesta
por un *objeto efectuado*, la *acción* y el *Iniciador de la acción*. En esta estructura semántica se pueden encuadrar otras formaciones como *gavilla – gavillar – gavillador,
jalón – jalonar –*jalonador, filete – filetear – fileteador*, etc.

En segundo lugar, en la serie derivativa, el orden sintagmático de derivación es importante puesto que determina la secuencia de las derivaciones la cual es siempre vista
en sentido unidireccional. En la estructura paradigmática, se rompe el orden unidireccional a favor de uno multidireccional, ya que las celdas del paradigma no han de
ocuparse en una secuencia preestablecida, pues lo que prima no son las relaciones
secuenciales, sino las que cada celda establece con el resto de celdas implicadas; se
ha de modificar, por tanto, el concepto lineal de las derivaciones puesto que, si bien
este existe, no todas las conexiones morfológicas y léxicas se producen de forma
unidireccional ni tampoco todas se producen en el mismo grado, como señala Bybee
(1985; 1988, 132-134 y 129-131). La diferencia entre serie derivativa y paradigma es
la modificación de un sistema unidireccional de derivaciones por otro en el que las
conexiones léxicas son multidireccionales[63].

En las derivaciones, *bobo —> bobear / bobada, chisme —> chismear / chismoso, mentir —> mentira / mentiroso* hay tres series derivativas diferentes: en una la base es un

---

63 Se entiende que mantienen relaciones unidireccionales, porque se considera que una palabra sólo
mantiene relaciones directas con su base y con su palabra derivada y no se contempla la posibilidad de que
mantenga múltiples relaciones directas y simultáneas con palabras no consecutivas de su serie derivativa.

adjetivo; en otra, un sustantivo y, en otra, un verbo; sin embargo, sólo hay un paradigma constituido por tres celdas en las que se perfila la acción *(bobear, chismear, mentir)*, el acto realizado *(bobada, chisme, mentira) y* la persona que lo realiza *(bobo, chismoso, mentiroso).*

Las series derivativas y los paradigmas se diferencian, en tercer lugar, porque no toda la serie derivativa de una raíz es tomada como modelo de derivaciones. Los paradigmas derivativos no han de cubrir de forma exhaustiva toda la serie derivativa, aunque puedan hacerlo. En el caso de *sombra*, no parece que *sombraje / sombrajo* pertenezcan a un paradigma derivativos y habría que analizar si la creación por medio de diminutivos, *sombrilla*, puede constituir un paradigma o se debe a procesos semánticos realizados sobre los diminutivos con posterioridad a su derivación; en todo caso, estos dos ejemplos son una muestra de cómo dentro de la serie puede haber palabras que no estén incluidas en ningún paradigma.

En cuarto lugar, es normal que, dentro de una serie derivativa, se encuentren varios paradigmas derivativos. En este ejemplo, se pueden hallar, por lo menos, tres paradigmas: uno que codifica la cadena de acción *(sombra — sombrear — sombreador)*, otro que se constituye en dos celdas, *entidad —cualidad de (sombra — sombroso / sombrío)*, y un tercero con dos celdas *(sombrilla - sombrillazo)* constituidas por *instrumento — golpe dado con.*

Por último, la serie derivativa se refiere a un caso concreto que parte de una determinada raíz, en este caso la serie derivativa de *sombra;* mientras que el paradigma derivativo es más abstracto, no se puede hablar del paradigma de *sombra*, ya que, como modelo de derivación que ha de ser, el paradigma tiene que poder aplicarse a múltiples casos. Como ya se ha visto, en el paradigma derivativo *objeto efectuado — acción que produce el objeto — iniciador de la acción*, se encuadrarían los casos de *sombra — sombrear — sombreador*, pero, también, por ejemplo, *gavilla — gavillar — gavillador, jalón — jalonar —*jalonador, filete — filetear — fileteador*, etc.

Se puede decir que, desde un punto de vista semántico, se toman cadenas de derivaciones comunes a muchas series derivativas para que sirvan como modelos para otras derivaciones y que otras cadenas se desechan. Las cadenas de derivación tornadas como modelo son determinadas por su pertenencia a una estructura semántica en la que los significados, de alguna manera, se implican unos a otros constituyendo cada uno una celda del paradigma.

2.2. Algunas consecuencias para el análisis morfológico

Este concepto de paradigma permite explicar de una forma más adecuada fenómenos morfológicos que, en una visión sintagmática, no tenían una explicación totalmente satisfactoria; entre ellos se pueden citar de forma breve tres casos:

1.- El paradigma derivativo basado en la estructura semántica permite disminuir la importancia que la base cobra en el estudio de las derivaciones y dar una explicación más adecuada a derivaciones en las que no parece existir una base o, por lo menos, esta está alejada semánticamente de las palabras derivadas implicadas. Esto es posible puesto que se elimina la excesiva preocupación por la búsqueda del sentido direccional de la derivación a partir de un elemento concreto y se resalta la importancia de las relaciones multidireccionales entre celdas.

Por ejemplo, el paradigma en el que se perfila la estructura semántica asociada a las disciplinas científicas está constituido por tres celdas: una celda codifica la disciplina *(filología, antropología, filosofía, química, matemática, economía, etc.)*, otra el profesional de esa disciplina *(filólogo, antropólogo, filósofo, químico, matemático, economista, etc.)* y otra un adjetivo relacional *(filológico, antropológico, filosófico, químico, matemático, económico, etc.)*. En una visión paradigmática de estas derivaciones el hecho de si son *filología y matemática* las bases de derivación de *filólogo(a) y matemático(a)* o viceversa queda en un segundo plano, ya que lo que cobra especial interés es que estas celdas se cubren por medio de determinadas formas con determinados significados.

Otro caso es el paradigma del tipo *Marx / marxismo/ marxista, abandono/ abandonismo, abandonista*, cuya estructura se podría definir como "creador o cualidad característica de una ideología o creencia" / "ideología, teoría o creencia" / "partidario, defensor o seguidor". En este paradigma hay casos, como los anteriores, en los que, desde un punto de vista sintagmático, es sencillo proponer una base *(Marx, abandono)*; pero, hay otros casos en los que no parece posible o, por lo menos, no tan sencillo, como, por ejemplo, en *clasicismo / clasicista o clásico* en el que se podría proponer una base, *clase*, pero muy alejada semánticamente de sus derivados. En otros casos, como en *tuciorismo / tuciorista*, se reconoce que estas formas pertenecen al paradigma derivativo a pesar de que no es posible reconocer la existencia de una base[64].

2.- El análisis paradigmático ayuda también a resolver problemas que se suscitan en un análisis sintagmático preocupado excesivamente por la búsqueda de las bases de derivación. Es difícil determinar si es *amar* el que deriva de *amor* o viceversa. Si se toma, por ejemplo, un paradigma formado por el sentimiento, el estado y el adjetivo relacional, se pueden conectar derivaciones como *amor, amar, amoroso; dolor, doler, doloroso; temor, temer, temeroso; ardor, arder, ardoroso;* sin tener que establecer

---

64 En una visión sintagmática de la formación de palabras no suele haber problemas para situar las palabras simples y las palabras complejas construidas en su serie derivativa, pero sí se dan muchos para situar las palabras complejas no construidas, tal como las define Corbin (1987, 188). Estas palabras tienen estructura interna formal y semántica, lo que permite situarlas en su paradigma adecuado con aquellas palabras construidas con su misma estructura formal y semántica; pero, al no poder ser reconocida su raíz o su base, no pueden ser situadas adecuadamente en una serie derivativa típica, ni determinar de forma clara la secuencia de su formación.

derivaciones forzadas en busca de una única base ni tener que optar por negar las relaciones morfológicas que existen entre palabras como *amor / amar, dolor / doler, temor / temer, ardor /arder.*

3.- El concepto de paradigma derivativo basado en la estructura semántica perfilada soluciona problemas de definición cíclica que impedían en muchos casos establecer la dirección de las derivaciones en una visión sintagmática. Si se resta importancia a la base de derivación y se resalta, no la procedencia de una palabra, sino su situación en un determinado paradigma ya no interesará tanto semánticamente determinar si *perdón* es la "acción de perdonar" y deriva de *perdonar* o si *perdonar* es "conceder el perdón" y deriva de *perdón* puesto que el valor de la palabra no se debe ya exclusivamente a su base de derivación sino al paradigma en que se haya inscrita y su situación en el mismo[65]. 109

3. Los paradigmas como sistemas semánticos y formales

Los paradigmas flexivos han sido siempre interpretados como modelos que sirven para la construcción de las diferentes palabras gramaticales de un lexema[66]; pero los paradigmas flexivos no sólo sirven como modelo para la construcción de los diferentes valores de significado gramatical, sino que, a partir de ellos, se pueden construir, con cierta fiabilidad, las formas que representan los distintos valores gramaticales. Los paradigmas flexivos no son sólo modelos semánticos de flexión, sino, también, modelos para la creación de las distintas formas gramaticales del lexema.

Hasta ahora, se ha indicado que a partir de la estructura conceptual se perfilan estructuras semánticas en el polo de la expresión lingüística, en este caso, expresadas por procesos derivativos y que dichas estructuras conforman celdas que son ocupadas por las diferentes palabras simples o derivadas; pero, al igual que en los paradigmas flexivos, la estructura semántica, que en los flexivos es de significado gramatical y en los derivativos de significado léxico, no es, aunque fundamental, suficiente para que se constituya un paradigma. La existencia de un paradigma exige, no sólo la existencia de un modelo semántico, sino, también, de un modelo formal; es decir, es necesario que exista también un modelo para las formas en que se codifican esos significados. Por tanto, el modelo de creación de un paradigma no se puede reducir únicamente a la estructura semántica, sino que *ha* de abarcar también los exponentes que codifican dicha estructura[67].

---

65 Las derivaciones regresivas por sustracción han sido tratadas desde un punto de vista paradigmático entre otros por Becker (1993).

66 Sigo la diferencia entre palabra fonológica, palabra *gramatical* y lexema expuesta en Pena (1991, 365-366) basada en la establecida por Matthews (1974) y Lyons (1977).

67 Considero exponente en el sentido de Matthews (1974, 155) como "los rasgos que identifican a una propiedad morfosintáctica" pero, en este caso, habría que hablar de una propiedad léxica.

El principal problema que surge en el establecimiento de los modelos formales se debe a que un mismo valor semántico puede ser expresado por varios exponentes. Camus Bergareche (1998, 366) pone en relación el paradigma de los sustantivos españoles en -ez con el resto de los nombres derivados de cualidad (en *-idad, -la, -id, -ismo, -oía, -eza* ...) e indica que "bastaría con considerar este paradigma como parte de un superparadigma de nombres de cualidad definido, por un lado, de modo crucial, por vinculaciones semánticas, pero también por conexiones formales" y señala algunas de estas conexiones. Sin duda alguna, debido a la variabilidad en los exponentes de los significados de un paradigma, es necesario introducir, al igual que en la flexión, el concepto de macroparadigma que —adaptando la definición de macroparadigma flexivo que propone Moreno Cabrera (1994, 435)— podría ser el conjunto de paradigmas que presentan diversos exponentes para la misma estructura semántica. Esta definición implica que, lo que hasta ahora he llamado paradigma, sea en realidad un macroparadigma y que el término paradigma quede reservado para aquellos grupos que presentan la misma estructura semántica expresada por los mismos exponentes[68]. Por ejemplo, si se toma el caso estudiado por Camus Bergareche (1998) habría un macroparadigma con dos celdas *adjetivo calificativo —nombre de cualidad* que estaría constituido por varios paradigmas agrupados por sus diferentes exponentes *-ez, -idad*, etc. En otro macroparadigma de dos celdas, *instrumento—golpe dado con,* hay, por lo menos, dos paradigmas: uno que presenta el exponente *-ada* (p.e. *manotada, pedrada, puñada, azadonada, pon-ada, campanada, corbachada, etc.)* y otro, *-azo* (*p.e. navajazo, manotazo, martillazo, abanicazo, baquetazo, alabardazo, etc.).*

El paradigma derivativo actúa, entonces, como modelo en dos sentidos. En primer lugar, sirviendo como determinante de los significados relacionados por pertenecer a una misma estructura semántica y que conforman grupos que son utilizados como modelos en la derivación, como ya se ha visto. En segundo lugar, como determinantes de la forma que toman las palabras dentro de estos grupos de significados que sirven como modelos; de manera que no sólo constituyen los paradigmas un modelo semántico de creación, sino también formal.

En el macroparadigma de tres celdas "Agente - acción - acto realizado" caracterizado por ser las acciones humanas, negativas o peyorativas y, normalmente habituales, se constituye un modelo formal a partir de la situación de la base en las celdas. Hay un modelo en el que la base se sitúa en la celda del Agente (*rufián, terco, pillo, bribón, golfo, fanfarrón, etc.)* y las otras dos celdas toman las formas con los sufijos *-ea(r)* (*refianear, terquear, pillear, bribonear, golfear, fanfarronear. etc.), la* de acción, y *-ada* o *-erío (rufianería. terquería, pillería/ pillada, bribonada/ briboné ría, golfadal golfería, fan-*

---

68 Este concepto de paradigma está relacionado con el concepto de *morphological category* de Jaap van Marie (1985). La categoría morfológica agrupa aquellas palabras con un mismo valor semántico y formal. El paradigma, tal como es definido, se puede decir que es el conjunto de categorías morfológicas relacionadas dentro de dicha estructura.

farronada, etc.), la del acto realizado; si la base *se* sitúa en la celda del acto realizado (*broma, chisme, embuste, fachenda, farol, guasa, trampa, usura, etc.*), la de la acción la ocupa el sufijo *-ea(r)* (*bromear, chismear, embustear, fachendear, farolear, trampear, usurear, etc.*) *y en* la celda del Agente se sitúan palabras formadas por los sufijos *-isla, -os(o)* o *-er(o)* (*bromista, chismoso, embustero, farolero, tramposo, usurero, etc.*) *y,* por último, hay unos pocos casos en los que la base se sitúa en la celda de la acción como en *mentir / mentira / mentiroso.* Tal vez, entre estos tres tipos se podrían establecer nuevos subtipos de modelos dependiendo del sufijo que se añada en la celda del Agente o del acto realizado; sin embargo, se escapa a los objetivos de este trabajo hacer un estudio pormenorizado de un caso concreto de macroparadigma.

Quede aquí un simple esbozo de algunas de las características que presentan los macroparadigmas y paradigmas derivativos como modelos de derivación fundamentalmente desde un punto de vista semántico, pero también desde un punto de vista formal.

4. A modo de resumen

Se ha establecido que los paradigmas flexivos y derivativos presentan similitudes y diferencias, estas últimas derivadas de que los derivativos codifican significado léxico y los flexivos, gramatical.

Se considera, así mismo, que la raíz es el elemento común de las series derivativas, pero, si bien tiene cierta influencia en los paradigmas derivativos, lo que realmente influye en ellos es la estructura semántica perfilada a partir de la estructura conceptual. La estructura semántica determina el número y la naturaleza de las celdas del macroparadigma derivativo en el que los significados están interrelacionados y, en cierta manera, se implican. Los macroparadigmas se dividen en paradigmas en los que a una misma estructura semántica se une la codificación de los diferentes significados de las celdas del paradigma por los mismos exponentes. Los macroparadigmas y los paradigmas derivativos son usados como modelos semánticos y formales en la formación de nuevas palabras.

Son muchas las características de los paradigmas que han quedado en el tintero, muchos los problemas a los que todavía hay que dar solución y muchas las cuestiones que no se han tratado, pero creo que el esbozo de la organización paradigmática expuesto puede servir y espero que ayudar a la reflexión y discusión sobre dicho modo de organización en la formación de palabras.

Capítulo 07
Separación de acepciones y subacepciones en los sustantivos deverbales del español: el caso del sufijo *–ura*

(M. Campos Souto. 2007. Coord. *Reflexiones sobre el diccionario*. Universidade de A Coruña. 95-106, en colaboración con Inmaculada Anaya Revuelta).

PRESENTACIÓN

Embarcarse en una singladura difícil y tormentosa como la separación de acepciones y subacepciones en los sustantivos deverbales terminados en *–ura* refleja bien el espíritu aventurero de mi amigo Rifón con las palabras y su afán por poner orden en el desorden, en este caso, en los significados que dan los diccionarios para los sustantivos deverbales.

Para entender esta investigación, debemos situarnos en el año 2004, *I Congreso Internacional de Lexicografía Hispánica*, celebrado en A Coruña, aunque el trabajo se publicó tres años después, en la *Revista de Lexicografía*, en 2007. Los análisis del corpus y las conclusiones hay que enmarcarlas, por tanto, en este contexto temporal.

La gramática y el diccionario, la morfología y la lexicografía, ya se habían dado cuenta de que se necesitaban mutuamente, y este trabajo es una pequeña muestra de ello. En la línea del método utilizado por Seco en el *Diccionario del Español Actual* que recoge los significados registrados en el uso, planteamos que el diccionario solo debía reflejar los significados documentados en los corpus, en nuestro caso, el CREA. Para ello partimos de lo que Rifón denominó "nuestro universo": el diccionario y los significados; un universo productivo, algo caótico, interesante y, siempre, entretenido. Acotamos el análisis en los significados de cinco sustantivos deverbales terminados en *–ura*, 512 ejemplos del CREA y ocho diccionarios del español.

Enseguida constatamos que las definiciones de este tipo de sustantivos estaban registradas en *metalengua del signo* y que respondían, casi siempre, a la fórmula "acción y efecto de". Los numerosos estudios sobre estos verbos no permitían aclarar cuándo un significado es de *acción* y cuándo es de *efecto*. Asumidas las dificultades, decidimos centramos en dos tareas: separar la fórmula "acción y efecto de", y registrar los significados que aparecían en el corpus, aunque no estuvieran en los diccionarios.

En lexicografía, este es un problema que arrastraban los diccionarios del español desde 1780: utilizar el mismo verbo en el *definiendum* (lema o entrada) que en el *definiens* (la definición), como sucede, por ejemplo, en *captura:* "acción y efecto de capturar". Este modelo de definición no aclara el significado, salvo que las posibilidades de aplicación sean restringidas por algún tipo de operador sintáctico-semántico, que es la propuesta que elaboramos en esta investigación.

Entre los cinco sustantivos objeto de estudio, seleccionamos dos, *captura* y *picadura*, para explicar cómo, sin desechar la fórmula "acción y efecto de", la separamos y especificamos. La restricción se realiza a través de la división en subacepciones, de manera que el verbo solo puede ser sustituido por una serie de constantes. Por ejemplo, para *captura*, definimos una primera acepción "acción de coger", para la que habría tres constantes: "detención de alguien", "pesca" y "absorción de una partícula". En la segunda acepción "acción de captar", dos constantes, y así sucesivamente. Para estas restricciones utilizamos los esquemas sintáctico-semánticos de ADESSE (*Alternancias de diátesis y esquemas sintáctico-semánticos del español*), proyecto en el que trabajamos los dos investigadores. ADESSE nos permitió cruzar los datos de los esquemas sintáctico-semánticos de los verbos-base con los datos de uso de los sustantivos deverbales y concretar algunas de las características fundamentales de estos sustantivos.

Si los significados se basan en el uso, es importante delimitar, también, la secuencia temporal que marca las posibilidades reales de las palabras. Distinguimos lo que denominamos "significado posible" y "significado existente". Un diccionario basado en casos documentados es la única forma de garantizar que los significados recopilados sean "existentes".

Releer este trabajo me ha permitido comprobar que el estudio que realizamos ha sobrevivido a esa "brisa o helada" que, en palabras de Rifón, "cuando se ampliara el campo de estudio [algo o alguien] podría malograr", como seguro sobrevivirán su recuerdo y su brillante aportación al conocimiento de la Lengua española.

Inmaculada Anaya Revuelta
Universidade de Vigo

Los resultados de esta comunicación son el embrión de un trabajo mucho más ambicioso de investigación en el que se tratarán de combinar los resultados del proyecto *Alternancias de diátesis y esquemas sintáctico-semánticos del español (ADESSE)* que ya se está desarrollando en la Universidad de Vigo y los datos recogidos del *CREA* por los dos investigadores que la presentan. La intención última es cruzar los datos de los esquemas sintáctico-semánticos de los verbos base con los datos de uso de sus sustantivos derivados; este intercambio de informaciones puede permitir establecer de una manera más adecuada los criterios de separación de acepciones y subacepciones de dichos sustantivos.

Indudablemente, esta comunicación tiene unos objetivos más humildes. Nuestra intención es analizar los significados dados por los diccionarios *(DRAE, DEA, DUE, Salamanca, Larousse, Lema, GDUEA* y *Clave)* de los sustantivos de verbales en *-ura*, tratar de mostrar los problemas que presentan dichas definiciones y, teniendo en cuenta los usos recogidos en el *CREA*, proponer alguna posibilidad de definición, siempre de forma germinal y provisoria.

Como el análisis de todos los sustantivos deverbales terminados en *-ura* implicaría una excesiva complejidad para el tiempo y la extensión de una comunicación, hemos escogido únicamente cinco que creemos pueden sacar a la luz dichos problemas. Estos sustantivos son *captura, domadura, mojadura, investidura* y *picadura,* de los cuales hemos analizado 240, 2, 26, 162 y 82 *tokens,* respectivamente.

1. Algunos problemas para la lexicografía

Si partimos de la base de que toda definición debe ser una explicación del contenido de la entrada, es evidente que, en algunos casos de los recogidos en los diccionarios consultados, esas explicaciones no se pueden considerar verdaderas definiciones. Entre los problemas que hemos encontrado destaca, quizás por ser el que más aparece, el de las definiciones formuladas en *metalengua del signo* y no, en *metalengua del contenido,* como dice Seco (2003: 33-34); esto ocurre con todas aquellas que empiezan por "acción y efecto de" que, como vamos a ver, suele ser la primera acepción para este tipo de sustantivos en muchos diccionarios. Como es sabido, al ser definiciones formuladas en *metalengua del signo* no admiten el *principio de sustituibilidad,* que es la forma más acertada de comprobar si una definición es correcta. Se da la circunstancia de que estas definiciones, además, incurren en el problema de la *circularidad,* ya que el verbo que aparece en el *definiens* (la definición) es el mismo que aparece en el *definiendum* (el término definido). También hemos encontrado algunos ejemplos de *definiciones sinonímicas,* entendiendo por tales, aquéllas en las que la definición se reduce a un sinónimo (sin profundizar ahora, evidentemente, en el problema complejísimo de si existe o no la sinonimia). Ejemplos de este caso son: *domadura* que se define como "doma" en el *DUE,* en el *Lema* y en el *Clave;* o *captura* que se define como "botín", "presa" en el *GDUEA*. La proporción de definiciones sinonímicas que aparecen en un diccionario suele estar relacionada con el número de definiciones circulares.

116 Como estas cuestiones a las que nos acabamos de referir constituyen problemas clásicos en Lexicografía, vamos a centrarnos en otros dos que atañen a este tipo de sustantivos y que han sido los que realmente hemos analizado: la posible separación de la fórmula *acción y efecto de*, y la aparición de significados no documentados en el corpus. En definitiva, la cuestión estriba en saber si los diccionarios deben proporcionar una lista de posibles significados que la palabra-entrada tiene o ha tenido en otro momento (como parece que sucede en los casos analizados), o si, por el contrario, deben proporcionar la información de los significados, tal y como se recogen en el uso que hacemos de dichas palabras.

I. I. *La fórmula "acción y efecto de..."*

Gran parte de los sustantivos deverbales recogidos por los diccionarios presentan en su primera acepción la fórmula *acción y efecto de...* o alguna de sus variantes. Así, los diccionarios consultados optan por estas fórmulas en alguna de las cinco palabras, aunque no siempre, ni tampoco con la misma frecuencia, en los distintos diccionarios.

> **captura.** Acción y efecto de capturar *(DRAE)*
>
> **captura.** Acción de capturar *(DEA, Lema)*
>
> **captura.** Acción y resultado de capturar *(Salamanca, Larousse)*
>
> **investidura.** Acción de investir *(Lema)*
>
> **mojadura.** Acción o resultado de mojar (se) *(GDUEA)*

Esta fórmula, lejos de especificar de forma clara, definida y unívoca el significado de la palabra, presenta una serie de problemas que parecen aconsejar su modificación o abandono como estructura de definición. En este momento atenderemos, únicamente, a dos cuestiones que creemos fundamentales.

En primer lugar, es difícil, si no imposible, en muchos casos, diferenciar lo que es *acción* y lo que es *efecto*, de la misma manera que es difícil determinar el *efecto* de muchas *acciones*. Así, en el *DEA*, para *picadura*, se dice que es "acción de picar, *Frec. su efecto*", pero no se especifica la diferencia entre ambos.

Pese a los numerosos estudios sobre los sustantivos deverbales nos encontramos lejos de poder establecer unas pautas o criterios que distingan de forma precisa cuándo estamos ante un significado de *acción* y cuándo ante uno de *efecto*. Las diferenciaciones que se han hecho entre sustantivos complejos y simples, o entre sustantivos con argumentos y adjuntos, diferenciados fundamentalmente por la posibilidad o no de la herencia de argumentos verbales, ayudan sólo cuando un sustantivo se encuentra en un determinado contexto. También han sido utilizados otros criterios, como la aparición o no de un determinante indefinido, etc., pero lo cierto es que seguimos teniendo casos claros de *acción:* "para impedir su captura por los brasileños" (Scheina Robert L. *Iberoamérica. Una historia naval 1810-1987*, 1987); otros, que son claramente de *efecto,* "frotar un diente de ajo pelado en el lugar de la picadura" (Barreiro Téllez y Díaz Barreiro, *La farmacia está en su cocina*, 1996); y otros muchos, en los que no está tan claro, como "La mojadura me costaría un resfrío" (Vlady Kociancich, *La octava maravilla*, 1982).

Todas estas dificultades hacen pensar que esta fórmula, por sí misma, no es suficiente para caracterizar este tipo de sustantivos.

En segundo lugar, la fórmula se basa en un esquema con la variable *V* ("acción y efecto de *V*") que corresponde al verbo base del sustantivo; de esta manera, el verbo introducido (p. e., *acción* y *efecto* de *picar)* que ocupa el puesto de la variable parece ser una constante, pero, en realidad, se comporta, en la mayoría de los casos, como una nueva variable debido a la polisemia del verbo introducido. Lo que se está indicando, mientras no se diga lo contrario, es que se puede sustituir el verbo por cualquiera de sus significados. Esta operación de sustitución produce resultados inesperados o erróneos.

Por ejemplo, el verbo *picar* tiene en el *DRAE,* 57 acepciones; en el *DEA,* 35; y en el *Larousse,* 49. En los tres se da una primera definición con la fórmula "acción y efecto de picar", con alguna variante que en este momento no interesa. Esto quiere decir que cualquiera de las acepciones dadas para el verbo *picar* puede ser introducida en la definición, pero esto provoca algunos casos curiosos. Así, en el *DRAE, picadura* podría significar "Acción o efecto de morder un pez el cebo puesto en el anzuelo" (acepción 6) o "acción y efecto de irritar el paladar ciertas cosas excitantes, como la pimienta, la guindilla, etc." (acepción 8).

Como se puede observar, todos estos resultados son desechables si nos atenemos al *principio de sustituibilidad,* ya que, sólo algunas de estas acepciones podrían ser válidas, para lo cual sería necesario que este tipo de definición fuera restringida por algún otro operador que eliminara las posibilidades de interpretación y especificara el significado concreto. Por ejemplo, el *DRAE* define *picadura* como "acción y efecto de picar algo". La aparición de *algo* en la definición hace referencia a su esquema sintáctico-semántico; de esta manera sólo se permite la sustitución *picar* por sus acepciones transitivas; queda, pues, eliminada la posibilidad de sustituirla por "acción y efecto de descender o caer en picado -dicho de un avión-" (acepción 38), ya que ésta es intransitiva. Mucho más restrictiva es la definición del *DUE,* "acción y efecto de picar una vez un insecto o un ave", la cual remite sólo a la posibilidad de sustitución por las acepciones 1 y 19.

Otro caso es el del *Larousse* cuya restricción se hace por medio de la aparición de tres verbos -*picar, pinchar o trocear algo*-; en este caso, la restricción se refiere sólo a los verbos transitivos, pero la aparición de los tres verbos complica mucho más las cosas. Aunque parece evidente que la intención es captar el espacio conceptual común a estos tres, nada impide que éstos sean sustituidos por cualquiera de sus significados; según esto, a *picadura* se le podría dar el significado de "acción y efecto de interferir una línea telefónica para escuchar las conversaciones (pinchar)".

El problema reside en que el derivado no suele codificar todos los significados de la base, de manera que las paráfrasis generales como la de *acción y efecto de V*, que se pueden utilizar para dar el significado general de los derivados con un determinado sufijo, pueden no hacer justicia a todos los derivados. Si bien este problema morfológico se ha de solucionar desde un punto de vista teórico en Morfología, en Lexicografía se trata de un problema acuciante, pues ésta ha de dar resultados prácticos, respuestas concretas a preguntas concretas. No parece que la fórmula *acción y efecto de*, utilizada en el *definiens* con el mismo verbo que aparece en el *definiendum* sea una forma correcta de explicar el significado, a no ser que, como hemos dicho, sus posibilidades de aplicación sean restringidas por algún tipo de operador, ya sea sintáctico, semántico o de ambos tipos.

1.2. *Los significados no documentados*

Otra cuestión que hemos abordado es la aparición de significados que están reflejados en los diccionarios, pero que no están documentados en el uso. Así, por ejemplo, en el *Larousse* y en el *Lema* se da la siguiente acepción de *investidura*: "Votación parlamentaria por la que se elige al jefe de gobierno o ratificación de sus designaciones..." y "Votación parlamentaria para designar al jefe del Estado o del gobierno", respectivamente.

En ningún ejemplo hemos documentado este significado de *investidura*. Siempre que aparece el concepto de 'votación' aparece específicamente esa palabra u otras con la modificación de *investidura*; así, tenemos: *votación de investidura* - "desde la primera votación de investidura"; (*El País*, I 0/03/1979)-, *discurso de investidura* -"Chaves insistió en las líneas de su discurso de investidura" (*El Mundo*, 02/08/1994)-, *debate de investidura* -"la misma actitud que ofrecí en el debate de investidura" (*Tiempo*, 04/06/1990)-. De esta manera, no parece que *investidura* pueda significar ni *votación*, ni *discurso*, ni *debate*. Es cierto que todos estos procesos están o pueden estar implicados en la *investidura*, pero todo hace pensar que todavía no se ha lexicalizado esa metonimia. Esta crítica hay que centrarla en el reducido "universo" de nuestro corpus.

El problema de la no aparición de usos se puede complicar mucho más. *Domadura* es una palabra recogida por cinco de los diccionarios consultados y es definida, con más o menos variaciones como "acción y efecto de domar", "doma", etc. Sin embargo, en el corpus de 1975-2000 no se recoge ninguna de estas definiciones, sólo una de este tipo:

> Esta ceremonia del lavado de cabeza representa una de las etapas rituales en la vida del vuduísta, y su uso está muy generalizado en el ritual del Vudú. Herskovits indica que esta *domadura* de los loa responde a la creencia de [...] (Herskovits 1964: 143)

Por otro lado, la última datación de esta palabra como sinónimo o cuasisinónimo de *doma* es de 1954-1967, en *Diálogo argentino de la lengua* de Avelino Herrero Mayor.

Hemos de desechar, en principio, la no aparición de palabras por las carencias del corpus, pues es una cuestión técnica que en estos momentos no nos ocupa. Lo que sí nos interesa destacar es que, si queremos hacer un diccionario basado en el uso, hemos de delimitar la secuencia temporal del mismo y no podemos recoger palabras aleatoriamente de unas épocas o de otras. La horquilla temporal que escojamos marcará claramente las posibilidades reales de los significados que tienen las palabras en cuanto al uso que se hace de ellas.

Dejando a un lado esta cuestión, lo que sí queremos dejar claro es que, si se hace un diccionario tomando como base el uso, hemos de ser extremadamente rigurosos en este sentido y sólo se han de tomar aquellos elementos que hayan sido documentados, sin añadir ningún otro. Está en juego la diferencia entre "palabra posible" y "palabra existente", o más concretamente, entre "significado posible y "significado existente".

Como ya se ha indicado, el derivado no siempre codifica todos los significados posibles de la base, sino sólo algunos, de manera que únicamente podemos saber los que codifica por medio de la documentación de su uso. Si añadimos significados no documentados, podemos estar haciendo dos cosas: creando un significado o una palabra "inexistente" pero "posible", o bien un significado o palabra "inexistente" e "imposible"; por ejemplo, en *picadura* podemos proponer una acepción como "conjunto de ingredientes culinarios que han sido picados", tal como hace el *GDUEA*; sin embargo, no hemos documentado ningún significado de este tipo y parece que tampoco el *GDUEA* recoge ningún ejemplo. Si queremos elaborar un diccionario de uso, la creación o elaboración de una lista de significados ha de quedar al margen.

De todas estas cuestiones podemos concluir que la fórmula *acción y efecto de* ha de ser restringida de alguna manera, si no queremos provocar la aparición de significados no deseados; además, debemos ceñirnos a la documentación del uso que tengamos, lo cual implica que la fiabilidad y utilidad de un diccionario estarán marcadas por la constatación de los datos que se posean. Su interpretación es otro problema que pasaremos a tratar a continuación.

2. La separación de acepciones

Hasta hace muy poco tiempo para la separación de acepciones se confiaba, fundamentalmente, en la intuición del lexicógrafo y su buen criterio a la hora de distinguir los significados. Bien es cierto que ha habido algunas excepciones, como Mel'cuk, Clas y Polguere (1995), que abordan con cierta seriedad la cuestión de la separación de acepciones. Otro estudio es el elaborado por Gorcy (1989-1990: 905-917). En España algunos autores se han ocupado de esta cuestión (Hernández, 1991:127-142) o (Porto Dapena, 2002: 195-224) quien ha expuesto, desde un punto de vista estrictamente lexicográfico, algunos criterios objetivos para la diferenciación de acepciones y subacepciones en los verbos.

Lo cierto es que, si se revisa la cuestión de la separación de acepciones en los diccionarios del español actual, es fácil comprobar las discrepancias existentes entre los distintos repertorios a la hora de enumerar los significados de una palabra polisémica, e incluso, las coincidencias que puedan darse, a veces, proceden de la práctica común en Lexicografía, consistente en copiar unos de otros, pero no de un análisis riguroso del tema.

Nosotros hemos optado en esta comunicación por considerar un grupo cerrado de *types,* limitado a cinco palabras, como ya hemos indicado al principio, y también, un grupo cerrado de *tokens;* hemos simulado que éste es un corpus cerrado, "nuestro universo" de investigación. Tomando estos *types* y *tokens,* y partiendo de los conceptos de 'acepción' y 'subacepción' que describen Seco, Andrés y Ramos en el *DEA,* para quienes, *acepción* es "la exposición del significado de una palabra" y *subacepción* es "la exposición de uno o varios sentidos que, sin separarse marcadamente del presentado, se especializan en algún matiz, aspecto o dirección particular", hemos tratado de mostrar algunas cuestiones que creemos de interés en la organización y ordenación de los significados de dichos sustantivos y que pueden llegar a ser aplicadas a los sustantivos deverbales.

Nos hemos centrado en la ya discutida y siempre problemática fórmula de "acción y efecto de", para, analizando "nuestro universo de investigación", proponer algunas posibles soluciones que han de ser tomadas siempre como muy provisionales, como conclusiones de un estudio que está germinando y que cualquier brisa o helada, cuando se amplíe el campo de estudio, puede malograr.

Otra vez, por cuestión de espacio y tiempo, los ejemplos señalados se circunscriben a dos *types* de los cinco escogidos, aunque las conclusiones han sido extraídas a partir del conjunto.

Podemos empezar mostrando un ejemplo de la entrada de *captura* y posteriormente pasar a explicarla someramente.

Captura

I. "Acción de coger [(de) algo o a alguien (+físico)] [(por) por algo o alguien]"

"Detención de alguien" (Coger a alguien que ofrece alguna resistencia)

La gente de los Lupercio cuenta con todo tipo de armamento y su respuesta a **la captura de Pedro,** como es natural, será violenta (*Excelsior,* 07.08.1996).

Vestido con un pijama azul, el fotógrafo indicó que había sido tratado bien, "extremadamente bien", desde su **captura por sus vigilantes** (ABC, 28.06.1989: Puntos de interés).

"Pesca" (Coger pescado)

Constantemente elementos de la Armada realizan rondas de vigilancia para acabar con **la captura del molusco** con artes prohibidas y mediante buceo (*Diario de Yucatán,* 28.10.1996).

Tan sólo en el siglo XIX los nuevos barcos hicieron posible la captura de cachalotes y, con ella, la aventura de Moby Dick y el capitán Ahab (Miguel Delibes de Castro, 2001, *Vida. La naturaleza en peligro*).

"Absorción de una partícula" (Coger una molécula, coger CO, coger un neutrón...)

Los elementos químicos más allá del hierro, por la **captura de neutrones por los átomos** del gas previamente (Julieta Fierro, Los mundos cercanos, 1997).

[...] asume entre una mayor producción biológica y una **captura de CO** (dióxido de carbono) atmosférico (*El Mundo,* 30.09.1995).

II.- *"Acción de captar [(de) algo (-fisico)]"*

"Captación de algo, logro que presenta alguna dificultad u originalidad" (captar información, captar inversiones, etc.)

Se puso el énfasis en el incremento de la capacidad de producción del país y se hizo un esfuerzo de **captura de inversiones extranjeras** en petróleo y de **captura de mercados** (Carlos Blanco, 2002, *Revolución y desilusión. La Venezuela de Hugo Chávez*).

a. Toma de una imagen

Los procesos "justo a tiempo" (*Just in time*) requieren de un estricto control desde **la captura de la etiqueta de código de barras** que aparece en las materias primas, hasta el envío del producto terminado al usuario final del mismo (*Excelsior,* 20.07.2000).

En esta entrada se observa que no hemos desechado la fórmula "acción de", sino que la hemos especificado para evitar que el verbo incluido en ella se convierta en una variable que pueda ser sustituida por cada uno de los significados del verbo. La restricción se realiza a través de las subacepciones, de manera que el verbo sólo puede ser sustituido por tres constantes en su primera acepción y dos en la segunda. Además, la hemos restringido por medio de la introducción de sus esquemas sintáctico-semánticos. En la primera acepción se señala que el sustantivo puede presentar dos modificadores argumentales: por un lado, el *paciente* introducido por *de,* y por otro, el *agente* introducido por la preposición *por;* estas preposiciones van entre paréntesis. Por otra parte, el *paciente* ha de poseer el rasgo (+físico), pero no cualquier cosa física, sino aquéllas determinadas por las subacepciones (persona, pez o molécula, en estos casos).

En la segunda acepción se restringe el alcance de la variable verbal por medio de los mismos mecanismos, con algunas diferencias dignas de reseñar. La primera es que el *paciente* está ahora codificado solamente como (-físico); la segunda es que ha desaparecido el *agente.* La desaparición del *agente* no ha de ser entendida como que el lexicógrafo no es capaz de inventar una construcción con agente, sino que ésta no ha sido documentada en el corpus; la aparición en el corpus es condición necesaria y suficiente para incluir un significado. De esta manera, es posible recoger varias de las características fundamentales de los sustantivos deverbales que expresan *acción:* su esquema sintáctico-semántico, los rasgos de subcategorización o léxicos de sus argumentos y las restricciones de significado realizadas sobre la variable verbal de la acepción por medio de las subacepciones.

Veamos ahora el caso de *picadura,* en el que nos centraremos en el significado *efecto de*[69]

Picadura (Ejemplo 1)

1. "Acción de ser pinchado [(de) por algo]"

a. "Mordedura de un ave, reptil o insecto"

El principal factor fue **la picadura de los mosquitos** (*Acta médica peruana,* VOL. XVIII, n°3. 09.12.2001).

Es una araña roja como el wayruru, de clima templado y cálido. **Su picadura** mata incluso al ganado vacuno, caballar, etc. (Jorge A. Lira, *Medicina andina,* 1985 *Farmacopea y rituales).*

b. "Proceso de caries"

Para dolor de muelas debido a **picadura,** aplíquese una pella de excremento de perro, algo caliente, sobre papel punzado, en la parte externa donde se sienten los dolores (Jorge A Lira, 1985, *Medicina andina. Farmacopea y rituales).*

---

69 Como para la exposición ha sido necesario hacer varias entradas diferentes de *picadura,* hemos decidido llamarlas ejemplo 1, 2 y 3; esperamos que esto no dificulte la comprensión.

2. "Señal o herida (efecto de 1)"

Frotar un diente de ajo en el lugar de **la picadura** (Barreiro Trilles, N. y Díaz Barreiro, G. *La farmacia está en su cocina,* 1996).
La lesión que producen es sólo en la zona de **la picadura,** con edema duro localizado, denominado pápula (Rolando Oscar Ciró, *Primeros auxilios,* 1988).

3. "Tabaco picado"

No hablaba. Armaba cigarrillos de **picadura** fina (Abel Posse, *La pasión según Eva,* 1995).
[...] y yo eché mano al paquete de **picadura** y empecé a liar un cigarrillo (Jesús Díaz, *La piel y la máscara,* 1996).

En este caso la *acepción* 1 que corresponde a la *acción* está especificada para que en su esquema pueda contener un *agente* introducido por la preposición *de.* La aparición de la preposición *por* hace comprensible el esquema y, además, señala que ese argumento es el *agente.*

El *efecto* es introducido en la segunda acepción; en ella se indica, de forma clara, que es "la señal o la herida" que, por ser *efecto* de la *acción* designada por la *acepción* 1, sólo puede ser provocada por las acciones contenidas en la *acepción* 1, es decir, por la mordedura de un ave, reptil o insecto o por un proceso de caries.

Más llamativa es la *acepción* 3. A pesar de que, conceptualmente, se puede entender que *la picadura de tabaco* es un efecto de la "acción de picar el tabaco", no puede ser tratada de la misma manera que la *acepción* 2, ya que no hemos documentado ninguna subacepción de 1 que designe la "acción de picar el tabaco". De ahí que este efecto del verbo *picar* no aparece nunca con la marca *efecto de,* porque no está codificada su acción. Si hubiéramos encontrado en el corpus un significado que fuese "acción de picar tabaco", la estructura de la entrada variaría sensiblemente:

Picadura (Ejemplo 2)

1. *"Acción de ser pinchado [(de) por algo]"*

   a. Mordedura de un ave, reptil o insecto
   b. Proceso de caries

2. *"Acción de picar [(de) algo (tabaco)] [(por) por alguien]"*

3. *"Señal o herida (efecto de 1)"*

4. *"Tabaco picado (efecto de 2)"*

Habríamos añadido una acepción que recogiese el nuevo esquema sintáctico-semántico y las restricciones léxicas de los argumentos, y la *acepción* 3 de la entrada anterior -ahora *acepción* 4- estaría marcada para señalar su relación con la nueva acepción (*efecto* de la *acción* contenida en 2).

Hemos prescindido de algunas definiciones reconocidas por algunos diccionarios, ya que estamos intentando ser fieles al corpus que tenemos y no nos interesan los significados "posibles", sino los "existentes" y estos sólo pueden ser reconocidos en un corpus, en este caso, en nuestro reducido "universo".

Por ejemplo, no hemos incluido el significado de "grieta o agujero en una superficie metálica producida por la herrumbre" que se recoge en el *DRAE* y en el *Larousse*. ¿Qué ocurriría si, ampliando nuestro corpus, se documentase? Si lo que se documenta es el significado de "acción de picar la herrumbre un metal", al tener la misma estructura que la *acepción* 2, ésta se desdoblaría en dos subacepciones, y eliminaríamos de la acepción, la restricción léxica (tabaco). En caso de que no sólo se documentara la *acción*, sino también el *efecto*, la *acepción* 4 también se desdoblaría en dos subacepciones, y eliminaríamos de la acepción, la restricción léxica (tabaco), y si, finalmente, no sólo se documentara la *acción*, sino también, su *efecto*, la *acepción* 4 también se desdoblaría en dos subacepciones y la entrada quedaría como sigue:

Picadura (Ejemplo 3)

1. *"Acción de ser pinchado [(de) por algo]"*
   a. Mordedura de un ave, reptil o insecto
   b. Proceso de caries

2. *"Acción de picar [(de) algo] [(por) por alguien o algo]"*
   a. Tabaco
   b. La herrumbre un metal

3. *"Señal o herida (efecto de 1)"*

4. *Efecto de 2*
   a. Tipo de tabaco
   b. Grieta o agujero

Aunque puede parecer chocante, por su gran abstracción, la acepción 4 de este ejemplo, aun no siendo la forma más adecuada de construir una nueva definición, lo que sí parece evidente es que permite descodificar las relaciones entre las *acciones* y los *efectos*, y especificar las restricciones léxicas que actúan en unas y en otras, lo cual sí puede ser un paso adelante en todo este complejo proceso de elaborar nuevas definiciones.

Si se diese el caso, por ejemplo, de que no tuviésemos documentado el significado de *acción de*, su *efecto* no podría entrar en relación con ninguna acepción de *acción*, por lo que debería ser tratado de la misma manera que el caso de *picadura de tabaco* en el *ejemplo* 1.

Como parece que ya estamos abusando de los límites y la confianza de los organizadores de este congreso, y extendernos más sólo sería descortesía para con ellos y los siguientes comunicantes, queremos dar por finalizada aquí esta comunicación, cuya pretensión no ha sido otra que la de hacer partícipes a los oyentes de las primeras reflexiones de dos investigadores que se han embarcado en una singladura difícil y tormentosa, sin saber, posiblemente, en la aventura en que se metían.

Nosotros hemos sacado nuestras conclusiones y sabemos que nuestros oyentes, las suyas; por todo ello, creemos que es mejor no agotar su paciencia y dejar muchas cuestiones que han quedado en el tintero para una nueva ocasión.

Capítulo 08
-*oide*. Un sufijo cosmopolita

(*Cuadernos del Instituto Historia de la Lengua*. 2009. 2. 81-114).

PRESENTACIÓN

Si en una clase de "Morfología del español" preguntamos a los estudiantes en qué se parecen y en qué se diferencian formaciones de la lengua actual como *organoide* y *tropicaloide*, probablemente señalen diversas cuestiones. Desde un punto de vista formal, dirán que *organoide* es un nombre y *tropicaloide* un adjetivo. Quizá también señalen que existe una diferencia en cuanto a la categoría de la base: nominal en el caso de *organoide*, adjetiva en el caso de *tropicaloide*. Desde un punto de vista semántico, pueden apuntar que *tropicaloide* posee un matiz peyorativo del que *organoide* carece. Finalmente, quizá señalen que *organoide* se documenta en textos de carácter científico, mientras que *tropicaloide* pertenece a la lengua general. Tras reflexionar sobre estas diferencias, sería el momento de recomendar a los estudiantes la lectura de este artículo de Antonio Rifón sobre *-oide*, sufijo cosmopolita que aparece en muchas de las lenguas de nuestro entorno, para que entiendan el proceso por el que se ha llegado a la situación actual.

En el estudio de Antonio Rifón se explica desde un punto de vista evolutivo y formal cómo este sufijo, empleado originariamente en términos científicos de origen grecolatino con una función clasificatoria relacionada con la categorización de entidades (*esferoide* 'cuerpo de forma parecida a la esfera'), acaba dando lugar a derivados propiamente españoles en los que presenta un valor peyorativo o negativo del que carecían las formaciones del lenguaje científico.

El autor parte de la constatación de que, a diferencia de lo que sucedía en griego, lengua en la que las formaciones adjetivas en -ειδής 'en forma de, con aspecto de' (de εἶδός 'aspecto, forma') eran muy numerosas, en latín clásico el número de palabras en *-oide* era mucho menor, por lo que se pregunta cómo se introduce este elemento compositivo griego como sufijo en español. Para dar respuesta a esta cuestión,

Antonio Rifón lleva a cabo un estudio histórico en el que compara la fecha de documentación de las formaciones en *-oide* presentes en el CORDE y en el CREA y la de las correspondientes formaciones en francés e inglés. Igualmente tiene en cuenta si la formación existía en latín y en griego.

A partir del empleo de tests de independencia y de gráficos de correlaciones, el autor muestra la relación existente entre franjas temporales y las tres variables de lenguas modernas consideradas (inglés, francés, español), junto con el hecho de si una formación tiene como origen una palabra griega o latina, ambas o ninguna. Antonio Rifón muestra cómo las pocas palabras en *-oide* documentadas en español hasta comienzos del siglo XVI, formadas sobre sustantivos cultos (*conoide*) y temas cultos (*escafoide*), se toman del griego y del latín a través de traducciones de textos científicos, a la vez que se atestigua influencia mutua entre el español y el francés. Como se muestra en el artículo, a partir de finales del siglo XVIII, y especialmente a partir de la segunda mitad del siglo XIX, el griego y el latín son sustituidos por el francés y sobre todo por el inglés como lenguas científicas, de las que empiezan a tomarse las formaciones en *-oide*. Además, surgen los primeros derivados propiamente españoles a partir de sustantivos que no son cultos (*retamoide*) y de adjetivos (*romanticoide*), con ese matiz peyorativo que hemos mencionado y que el autor explica en parte por el modelo de formaciones empleadas a lo largo del siglo XIX para identificar supuestas razas o grupos humanos (*laponoide*, *mongoloide*, *negroide*, etc.), formaciones que, debido al eurocentrismo del momento histórico en el que surgen, poseían un matiz peyorativo.

Tras la lectura de este artículo, nuestros estudiantes no solo entenderán mejor la relación entre *organoide* y *tropicaloide* en la lengua actual, sino que además habrán podido disfrutar de un trabajo llevado a cabo con gran rigor metodológico, en el que se ponen de manifiesto las relaciones entre morfología, historia del léxico e historia de la ciencia y del pensamiento.

Elena Felíu Arquiola

Universidad de Jaén

1. Introducción

Ya De Bruyne (1989:130) consideraba que "*-oide* merece más atención de la que la doctrina lingüístico-gramatical y la praxis lexicográfica le conceden"; trataremos ahora de prestar un poco de esa atención que De Bruyne solicitaba. Enfocaremos, para ello, el trabajo desde dos puntos de vista complementarios, uno formal, dejando los aspectos semánticos para otra ocasión, y otro evolutivo.

Desde el primer punto de vista trataremos los posibles préstamos de lenguas tanto clásicas como modernas, aspecto en este caso ineludible si se tiene en cuenta que este sufijo ha tenido como registro fundamental de creación el lenguaje técnico-científico, lenguaje en el que el intercambio de préstamos entre lenguas es muy fluido; analizaremos, también, las estructuras morfológicas de los derivados en *-oide*; y, por último, estudiaremos el surgimiento y aparición de derivados no existentes en otras lenguas y que son propios del español.

El segundo punto de vista impregna todo el estudio; se tratará el sufijo, no como un mero componente de un sistema estático, sino como un componente que ha evolucionado en el tiempo al igual que el sistema del que forma parte; así, se analizará la evolución temporal que han tenido los préstamos y las estructuras morfológicas para determinar qué cambios se han producido, cómo se han producido, cuándo y, si es posible, en qué medida se han producido, se intentará responder entonces al qué, cómo, cuándo y cuánto.

2. Datos

Antes de comenzar el análisis es necesario explicar brevemente la naturaleza de los datos que hemos empleado. Se han extraído del crea y el corde entre el año 1100 y el 2003 todas las concordancias de las palabras acabadas en *-oide, -oides* con sus posibles variantes gráficas. Una vez obtenidas todas las concordancias han sido eliminadas aquellas en las que el derivado solo aparecía en nombres taxonómicos del tipo género y especie (p. e. *festuca fenicoides, aristella bromoides*), dejando aquellos que, aunque aparezcan en algunos usos con esta construcción, aparecen, además, de forma independiente. Se agruparon después las diferentes variantes gráficas y los distintos números bajo la etiqueta de un tipo; así, cuando hablamos de *hemorroide* nos referiremos a todas sus posibles variantes (*emorroydes, emoroide, emoroides, hemorroide, hemorroides*).

Organizados los datos hemos diferenciado 334 derivados que han sido usados en 9.768 ocasiones por unos 732[70] autores en 21 países diferentes.

---

70 Los autores son más y este número es sólo aproximado. Se debe esto a que en el CREA y CORDE figura como autor PRENSA, en el cual se incluye un gran número de autores diferentes; en este momento no hemos diferenciado este tipo de autores.

3. Procedencia de *-oide*

En griego, a partir del sustantivo εἶδος[71] 'aspecto, forma', se emplea -eidής para formar compuestos adjetivos como elemento final con el significado de 'en forma de, con tal o cual aspecto'[72]. El latín heredó este uso final, aunque no poseía la misma productividad que en el griego, ni fueron pocas las palabras compuestas griegas que pasaron al latín. Así, André (1971:117-121) señala que el sufijo aparece sólo en una docena de formas adjetivas y que todas, salvo dos —*aeroides* y *sphaeroides*—, son préstamos que aparecen en los siglos IV y V a lo que se añade que son documentadas en autores aislados. El mismo autor, en una nota (1971:118, n. 3), señala, además, que descarta 18 sustantivos neutros de nombres de plantas, términos de la fisiología, de gemología y de música (p. e. *amygdaloides*, *cynoides*, *dendroides*, *crystalloides*, *corsoides*, *mesoides*, etc.) pues se remontan, no a la antigüedad, sino al latín científico de los siglos XVI y XVII. También Pharies (2002:420-421) resalta esta diferencia entre griego y latín. Según él -eidής aparece en más de 500 compuestos de los que pasan una veintena al latín. Esta diferencia entre el latín y el griego puede ser comprobada con una rápida consulta en *Perseus Latín* y *Perseus Griego*, bases de datos en las que obtenemos unos 37 casos en latín y unos 500 en griego.

Si el latín clásico no poseía la mayoría de las palabras griegas y el número de palabras en *-oide* era reducido, está claro que la aparición de nuestro sufijo ha debido de producirse por medio de un salto desde el griego al español o, por lo menos, al latín moderno; la cuestión entonces es ¿cómo apareció un término de composición griego como sufijo en el español?

4. La aparición de *-oide* en español

A esta cuestión se pueden dar varias respuestas. Se puede pensar que las palabras del español proceden directamente del griego, de manera que los hablantes españoles han acudido a esta lengua para tomar préstamos de forma directa, que los derivados en *-oide* hayan sido formados en el latín moderno, fundamentalmente en el científico, y, en este, que los derivados hayan sido unos tomados del griego y otros del latín o formados sobre su modelo y, por último, otra posibilidad es que los derivados españoles hayan entrado en este a través de una lengua moderna mediadora entre el griego o el latín moderno y el español. Estas tres soluciones se complican si

---

71 Se ha mantenido la grafía griega de los originales y, cuando esta es transliterada, se hace a partir de la propuesta de *Perseus Griego*, base de datos de la que se han extraído la mayoría de las palabras griegas; para el latín se ha tomado la misma solución pero tomando como base *Perseus Latín*. En todo caso, no se ha prestado una especial atención a la transcripción y transliteración, por lo que ambas son orientativas y han de ser consideradas con ciertas reservas.

72 También se emplea, a partir del mismo sustantivo, εἶδο- y εἰδ- como primer elemento de un número poco numeroso de compuestos (vid. Chantraine, 1968-1980, 316-317).

consideramos la posibilidad de la poligénesis, es decir, que una misma palabra pueda ser tomada en unos casos desde un origen y en otros de otro.

En los estudios lexicográficos y etimológicos del español se han tomado fundamentalmente las dos primeras soluciones; así, Corominas (1973) indica que *asteroide* —que él data en 1884 y nosotros en 1847— procede del griego *asteroeidés*; o Pharies (2002:420) remite *cristaloide*, que hemos documentado en 1870, al latín *crystalloīdēs -ēs (-es)* y este al griego *κρυστάλλοειδής*. Ni pretendo, ni me atrevo a contradecirlos; fundamentalmente porque no tendría razón. Sí es cierto que ambas proceden del griego, la segunda a través del latín; pero la situación no es tan simple. Si consideramos que existe en francés un *asteroïde* documentado en 1751, y un *cristaloïde*, en 1541, y observamos la influencia del francés en el español a lo largo de los siglos XVIII y XIX, se puede sospechar que existe una mediación francesa entre el griego o el latín y el español; de esta manera, se podrían matizar las anteriores etimologías señalando que ambas proceden del griego, pero de forma mediata.

Antes de nada, se han de hacer dos aclaraciones. En primer lugar, nuestra intención no es, a pesar de lo anterior, establecer el étimo real de cada uno de los derivados en *-oide*, sino que trataremos todos los datos en conjunto intentando, como ya se ha expuesto, mostrar la evolución de algunas de las características del sufijo, no de cada derivado, queda clara esta observación para no levantar falsas expectativas o causar posibles decepciones. En segundo lugar, se trabajará, en este apartado, con las fechas de aparición de los derivados, de manera que cuando hablemos del número de derivados de una u otra época nos referiremos al número de derivados que aparecen por primera vez en español en esa época, no al total de derivados usados en la misma.

A la vista de los datos de apariciones de nuevos derivados, podemos establecer dos grandes etapas. La primera transcurre desde finales de 1400 al primer decenio de 1600[73]; la segunda etapa transcurre desde finales del siglo XVIII hasta 2003[74].

4.1. Primera etapa

Esta etapa no es muy fructífera en formaciones, sólo se han documentado 18 nuevos derivados que se presentan en la siguiente tabla en la que se da cuenta del nuevo

---

73 Dejamos, en este momento, a un lado *hemorroide*, documentada en 1254-60, ya que no está formada por el sufijo *-oide* sino que procede de gr. *haimorrhoís -ídos* con *-rhéō* 'yo mano' (vid. Corominas, 1973). Sin embargo, sí será tomado en cuenta al tratar otras cuestiones puesto que, por su forma, es interpretada como sufijada por *-oide* de ahí que se formen derivados típicos de este sufijo como *hemorroidal*.

74 A principios del siglo XVIII se han documentado tres derivados (*coroide, cuboide, eritroide*), empleados por un único autor, Diego de Torres Villaroel, en una única obra, *Anatomía de todo lo visible e invisible*. Que su datación sea aislada nos ha llevado a dejarlos a un lado en la periodización, pero sí serán tenidos en cuenta para otros análisis.

derivado, de su fecha de aparición en español y de su forma, si existiese, en francés, inglés, latín y griego con la fecha de la primera datación para las dos primeras lenguas[75].

132

Español	Año	Francés	Inglés	Latín	Griego
conoide	1494	conoïde1556	conoid 1664	conoides	konoeidês
diploide	1540	diploïde 1586	diploid 1908	diplois	diploïs
daphnoide	1557	daphnoïde 1829 (I)	daphnioid 1847	dāphniŏīdes	daphnoeidês
romboide	1567	rhomboïde 1542	rhomboid 1693	rhombiŏīdes	rhomboeidês
allandoide	1580	allantoïde 1541	allantoid 1633	----	allantoeidês
anciroide	1585	anchyroïde 1748 (I)	ancyroid 1706	ancyroides	----
corsoide	1605	corsoïde 1758	----	corsiŏīdes	korsoeidês
deltoide	1606	deltoïde 1530	deltoid 1741	deltiŏīdes	deltoeidês
escafoide	1606	scaphoïde 1538	scaphoid 1741	skaphiŏīdes	skâphoeidês
ethmoide	1606	ethmoïde 1560	ethmoid 1741	----	êthmoeidês
hioide	1606	hyoïde 1541	hyoid 1706	hyoides	ioeidês
lithoide	1606	lithoïde 1899	lithoid 1841	----	līthoeidês
petaloide	1606	pétaloïde 1763-65	petaloid 1730	petaloeidus	petâloeidês
scorioide	1606	scorioïde 1822 (I)	-----	----	-----
sesamoide	1606	sesamoïde 1534	sesamoid 1696	sēsămiŏīdes	sêsâmoeidês

La primera conclusión que se puede extraer de estos datos es desechar la influencia inglesa si se tiene en cuenta que los términos ingleses están datados con posterioridad a los españoles.

En segundo lugar, hay una igualdad entre la anterioridad de datación entre términos españoles y franceses. No podemos desechar una mutua influencia entre ambas lenguas, si consideramos, por un lado, que son muchos los profesores y estudiantes que enseñan, estudian, o residen en Francia, así como los que realizan viajes más o menos cortos al país vecino hasta la segunda mitad del siglo XVI, también son numerosas las obras que del país vecino se traducen en España; y, por otro lado, hasta el siglo XVII la ciencia española mantiene su importancia en Europa, hecho que se puede ver en el número de traducciones que se hacen de obras españolas de esta época en Europa (vid. López Piñero, 1979, 140-149). Parece que estos hechos corroboran la idea de mutua influencia.

---

75 Los métodos de datación son explicados en la introducción del anexo.

En tercer lugar, tanto los derivados españoles como los franceses, todos ellos, pueden ser remitidos bien a una palabra latina o griega; se ha de tener en cuenta que son muchas las obras clásicas que se traducen en España entre 1400-1600; el 60,81% de las traducciones de textos científicos clásicos, entre 1475-1600, se hacen de textos clásicos griegos o helenísticos, el 6,31% de textos clásicos latinos, el 1,35% de textos bizantinos, el 6,31% de textos islámicos y el 25,23% de textos bajomedievales (vid. López Piñero, 1979:123-124); además, la producción científica española sigue empleando, aunque de forma decreciente, el latín frente al español, disminuyendo según nos acercamos al 1600 (vid. López Piñero, 1979:124). Podemos decir, pues, que estamos ante una etapa plenamente grecolatina, en la que no se crean tanto palabras en *-oide* como se toman de las lenguas clásicas.

Esta primera etapa está, en cierta medida, desconectada de la segunda etapa, lo cual conlleva que, en algunas palabras, se observe una clara poligénesis. Para mostrar esta desconexión y la poligénesis estudiaremos más detenidamente dos casos.

Por ejemplo, *diploide*[76] ha sido documentada en Francisco de Osuna (1540), San Francisco de Borja (1548), Fray Alonso de Cabrera (1598) y San Juan Bautista de la Concepción (1610-c. 1612). En todos los casos aparece en textos latinos, excepto en dos, en los que, en un texto español, se explica su significado:

> Diploide es doblado mal, doblada confusión de gitanos, que pobres vemos andar de tierra en tierra, aún más necessitados de bondad que de hazienda temporal. (Francisco de Osuna, 1540)

> Diploide, dice San Gregorio, es vestidura doblada. (Fray Alonso de Cabrera, 1598)

De ambos textos se puede deducir que todavía es sentida como una palabra latina o por lo menos no común. *Diploide* con el significado de 'vestidura doblada' sólo vuelve a aparecer en 1886 empleada por Josep Puiggari i Llobet (*Monografía histórica e iconografía del traje*), ya que, a partir de 1926 (Romualdo González Fragoso, *Botánica. Las Talofitas*), adopta el significado de 'célula *binucleada*'; *diploide* con este último significado, si bien procede genéticamente del mismo étimo que el de 'vestimenta doblada', no es una extensión metafórica del significado original producida directamente en español, sino que debemos remitirla posiblemente al alemán, lengua en la que aparece en 1905 según el OED.

Otro caso que puede ser de interés es el de *allandoides* que aparece en Francisco Núñez (1580, *Libro intitulado del parto humano*) traído desde el griego, tal como el propio autor indica indirectamente:

---

76 Se ha de tener siempre presente que, si bien *diploide* tampoco es una palabra formada, en principio, por el sufijo *-oide* sino que procede del latín *diplois, -idis* y este del griego διπλοίς, ίδος la hemos incluido en los derivados por *-oide* ya que, además de una terminación idéntica, es tomada como base para formar derivados propios de las palabras en *-oide: diploidal* y *diploideo*.

Estos humores ni son vtiles // para mantener la criatura ni para repararla, // antes estan embebidos y // recogidos en esta tunica, // que los Latinos // llaman secundinae, y los Griegos // Allandoides, lo qual sintio Hipócrates.

134 La misma palabra con el mismo étimo aparece en 1870-1901 (Julián Calleja y Sánchez, *Compendio de anatomía descriptiva y de embriología humanas II*) pero esta vez con diferente grafía, *alantoides*, lo que hace sospechar que no proceda de la palabra española anterior, sino directamente del francés *allantoïde* (1541), que Calleja y Sánchez adapta al español prescindiendo de la anterior adaptación de Francisco Núñez de la palabra griega *allantoeidês*.

Estamos, pues, ante dos casos de poligénesis que, además, nos sirven para mostrar la desconexión existente entre ambas etapas del sufijo. Esta desconexión se debe a que el despegue inicial del sufijo en la primera etapa se ve truncado a partir del segundo decenio del siglo XVII.

La situación científica en España en el siglo XVI se agravó a partir de la crisis de 1557-59. En 1558 se dicta la pragmática de Felipe II que restringe todavía más la licencia para vender libros extranjeros y provoca que se expurguen las bibliotecas de organismos y universidades; a esto, se añade en 1559 la prohibición a los científicos españoles de viajar al extranjero (vid. Lopez Piñero, 1979:140-144). Si la situación para la ciencia a finales del XVI era difícil, se agrava en el siglo XVII y lleva al colapso científico de España que sólo es capaz de remontar poco a poco a lo largo del siglo XVIII en el que comienza a dar fruto la labor de los *novatores*.

Hemos de aclarar que no estamos deduciendo la situación de la ciencia en España a partir del estudio de un único sufijo, sino que estamos poniendo de relieve la relación de las etapas en la documentación del sufijo con la situación de la ciencia en esa época; el hecho de que no hayamos documentado ningún derivado nuevo a partir de 1606 hasta 1738, ni en el CORDE, ni en Davies, y la situación político-científica de la época parecen estar relacionados, aunque seguramente hay otros elementos que en estos momentos se nos escapan[77].

4.2. Segunda etapa

Tras el paréntesis del XVII, el sufijo comienza a reaparecer tímidamente en el XVIII; sin embargo, la guerra y la monarquía absolutista, 1808-1833, son barreras casi infranqueables para el avance científico en España y la aparición de nuevos derivados en *-oide* vuelve a sufrir un parón hasta la segunda mitad de siglo en la que comienzan a entrar y a crearse nuevas palabras ya con ritmo creciente hasta la actualidad.

---

77 Entre algunos de estos elementos puede estar el tratamiento de los textos científicos en la base de datos CORDE, para una visión crítica sobre esto vid. Rodríguez (2006).

En la siguiente tabla, se aportan los datos numéricos de apariciones de derivados cada cuarto de siglo. La tabla se compone de tres columnas principales; en la primera aparecen las épocas consideradas y el número total de derivados aparecidos por época. En la segunda, lenguas modernas, aparece el número total de derivados por época cuya primera datación sea en español, primera subcolumna, francés, segunda subcolumna, o inglés, tercera subcolumna. La tercera, latín y griego, se compone de varias subcolumnas en las que se dan los datos de las palabras aparecidas en cada época según tengan un étimo latino, pero no griego, S-N, no tengan étimo latino, pero sí griego, N-S, tengan étimo en ambas lenguas, S-S, o no tengan étimo en ninguna de ellas, N-N[78]:

Época	N.º	Esp.	Lenguas modernas			Latín y griego		
			Fr.	Ing.	S-N	N-S	S-S	N-N
1750-99	4	0	4	0	0	3	1	0
1800-24	2	0	2	0	0	0	1	1
1825-49	1	0	1	0	0	1	0	0
1850-74	17	0	13	4	2	6	4	5
1875-99	26	3	13	10	3	5	3	15
1900-24	29	6	7	16	3	4	1	21
1925-49	72	18	18	36	0	9	1	62
1950-74	51	11	9	31	1	5	3	42
1975-03	113	41	20	52	1	3	2	107

Atenderemos ahora a varias cuestiones relacionadas con esta tabla: la evolución de los posibles préstamos, la evolución de la posible remisión de las palabras a un origen grecolatino analizando, además, su relación con las posibles lenguas de préstamo, inglés y francés, y el nacimiento de formaciones propias del español.

Para las dos primeras cuestiones, saber si existe alguna relación entre las fechas de aparición y las lenguas de préstamo, tanto las lenguas modernas como las clásicas, nos ayudaremos, aunque los propios datos nos dan ya una idea de cómo podrían relacionarse todas las variables, de los test de independencia y de gráficos de correlaciones, ya que estos nos permiten mostrar de una forma más adecuada, exacta y clara las relaciones[79].

---

78 Si se quiere ver el detalle de cada palabra, puede consultarse el anexo.

79 En cuanto al test de independencia, sólo daremos el p-valor en nota al pie para mostrar la independencia o no de las variables y, en cuanto al segundo, sólo daremos el gráfico que nos ayudará a mostrar las relaciones entre las variables. El gráfico de correspondencias nos permite mostrar las asociaciones existentes entre las variables para establecer patrones en los que los datos más cercanos son los más relacionados. Para los cálculos se ha empleado el programa R.

El primer gráfico que presentamos muestra las correspondencias entre las tres variables de lenguas modernas (francés, inglés y español) y las épocas en las que hemos dividido esta segunda etapa del sufijo. La intención del gráfico[80] siguiente es presentar de forma más exacta y clara cómo ha evolucionado la correspondencia entre la posibilidad de que una palabra tenga un préstamo francés o, mejor dicho, que haya sido documentada en primer lugar en francés, que haya sido documentada antes en inglés o que, al no ser documentada en ninguna de estas dos lenguas, sólo se pueda achacar a creación propia del español.

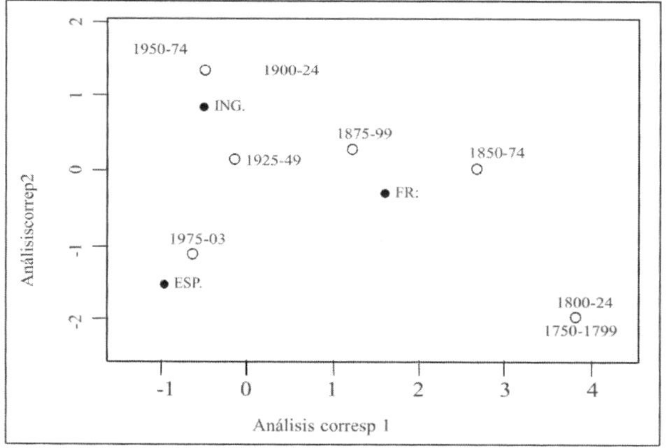

Gráfico 1

A partir del gráfico, se pueden hacer tres grupos con dos elementos intermedios. En primer lugar, están aquellos que tienen una mayor correspondencia con el francés, serían las épocas de 1750-99 y 1800-24 que se superponen en la esquina derecha del gráfico. Un segundo grupo, de marcada influencia inglesa, formado por las épocas 1900-24 y 1950-74 y un tercero en el que se establece una mayor correlación con el español. Entre el primer grupo y el segundo se encuentra la época de 1875-99 en la que, si bien, se sigue notando una mayor influencia francesa, el inglés empieza a notarse desde el momento en el que el valor de esta época se aleja del francés hacia el inglés. De la misma manera, entre el segundo y tercer grupo, el cuarto 1925-49, muestra la influencia inglesa y el surgimiento claro de formaciones en español, sobre las que volveremos más adelante.

Se ha de tener presente que, en muchos casos, el préstamo puede ser tomado de una lengua pero que haya sido creado en otra; se puede tener un préstamo del fran-

---

80 Los datos del test de independencia son: Pearson's Chi-square test; X-squared = 61.6363, df = 16, p-value = 2.768e-07; lo cual hace desechar la hipótesis nula de independencia entre las variables.

cés pero que la palabra haya sido creada inicialmente en inglés o viceversa, considerando siempre que también entran en juego aquí otras lenguas que no han sido estudiadas, fundamentalmente el alemán y el italiano. La realidad es, que sin un estudio pormenorizado de cada derivado, es difícil determinar si este ha sido tomado de una lengua o de otra, lo que se ha establecido aquí es únicamente cuál es la palabra fuente final en las lenguas modernas de los derivados en *-oide;* de esta manera sólo se conoce en qué lengua apareció por primera vez la palabra, pero no se puede saber si esa palabra ha sido tomada directamente de la lengua en la que surgió o ha sido tomada a través de otra, se podría dar incluso el caso de que una misma palabra haya podido ser tomada prestada desde diferentes lenguas por diferentes autores. Esta fluidez entre lenguas, que dificulta la determinación de la fuente del préstamo, es debida a que el sufijo *-oide* pertenece fundamentalmente al ámbito técnico-científico en el que se puede hablar de creaciones paneuropeas normalmente presentes en todas las lenguas y que no varían de una a otra más que en las posibles adaptaciones fonológicas y gráficas.

Atendiendo ahora a la posibilidad de que un derivado pueda tener como origen una palabra latina, una griega, ambas o ninguna de ellas, podemos ver el siguiente gráfico[81].

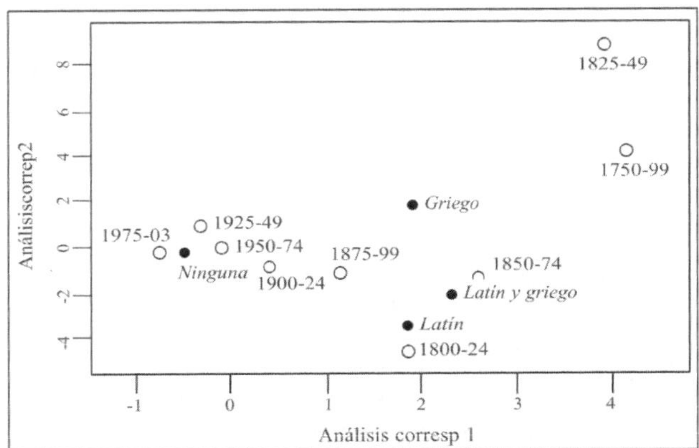

Gráfico 2

Se puede observar, que los primeros años se alejan completamente del valor 'ninguno' que representa la no existencia de posibles étimos latinos o griegos. Las épocas se acercan, poco a poco, hacia ese valor, siempre, excepto 1800-24, más próximos

---

81 Los resultados del test de independencia son: Pearson's Chisquare test; data: X. Xsquared = 102.2367, df = 24, p-value = 1.245e11. El p-valor es muy pequeño lo que nos permite rechazar la hipótesis de independencia de las variables.

a los valores del griego y del latín-griego que del latín, el cual casi no juega ningún papel, para irse acercando a no tener posibles étimos clásicos, hecho que se muestra ya de forma muy clara a partir del segundo cuarto del siglo xx y, sobre todo, de 1975-03, elemento más alejado de las lenguas clásicas. Se muestra así que hay una correlación entre la época de aparición del derivado y la posibilidad de que este tenga un étimo en una lengua clásica.

Las lenguas clásicas que pueden actuar como fuente ceden casi todo el terreno a partir del segundo cuarto del siglo xx, el latín lo hace completamente y el griego en el último cuarto de siglo; además, a partir de 1875-99, cobra cada vez más importancia la formación de palabras sin orígenes griegos o latinos. Entre los factores que hacen que se abandonen las lenguas clásicas como fuente de palabras se pueden destacar dos: el agotamiento del léxico grecolatino y la ruptura científica con las fuentes clásicas.

Ya se había comentado que el latín había heredado pocas palabras del griego, que la mayoría de las palabras en *-oide* latinas se habían formado en latín moderno, por lo que, en cuanto al sufijo *-oide* el latín siempre ha sido una fuente menor. En griego, el número de palabras, aunque limitado, era mayor que en latín; sin embargo, no todas las palabras existentes en griego sirven para las denominaciones necesarias en la ciencia de finales del xix y del siglo xx. Esto implica que, agotado el léxico griego posible, sea necesario acudir a otro tipo de formaciones y se ha acudido fundamentalmente a la derivación sobre una palabra existente en la lengua (sea esta griega o no) o a la formación de palabras sobre un tema o temas griegos a los que se añade el sufijo, cuyo conjunto no existía en griego.

En el siglo xix, sobre todo hacia finales de siglo, se produce la definitiva ruptura con la tradición científica medieval y renacentista. Las obras de los clásicos en latín o griego no se ven ya como una guía que se ha de seguir en la investigación y el trabajo científico; esto lleva emparejado que ambas lenguas caigan definitivamente como lenguas del saber y que el científico no esté obligado a buscar en las fuentes clásicas su terminología, sino que pueda optar por otros modos de formación que, aunque basados, a veces, en el latín y el griego, no son ya ni palabras latinas, ni griegas.

Se ha de recordar que en este gráfico no hablamos del étimo del derivado, sino de si existe una palabra latina o griega que pueda ser su étimo, sin determinar en caso de que existan ambas cuál es el verdadero étimo.

Se ha visto, hasta ahora, la evolución de la posibilidad de que las palabras en *-oide* tengan un étimo clásico y la de que la palabra española sea préstamo del francés o del inglés. La cuestión ahora es saber si la posibilidad de tener un étimo y el ser préstamo del francés o el inglés están relacionados.

En el siguiente gráfico[82] se comparan, en cada época, los posibles préstamos franceses e ingleses que son, a su vez, préstamos del latín, del griego o de cualquiera de las dos; en él, se muestra como los posibles préstamos ingleses se agrupan todos en torno al valor 'ninguno' que representa la no existencia de posibles fuentes clásicas, excepto los de la primera época 1850-74 que se sitúan cerca del valor "latín y griego" y los de 187599 que están a medio camino entre este valor y el de "ninguno", más próximos a este último. Si observamos los casos del francés, vemos que se mueven siempre en las proximidades de las fuentes clásicas, por lo menos hasta el periodo de 1925-49.

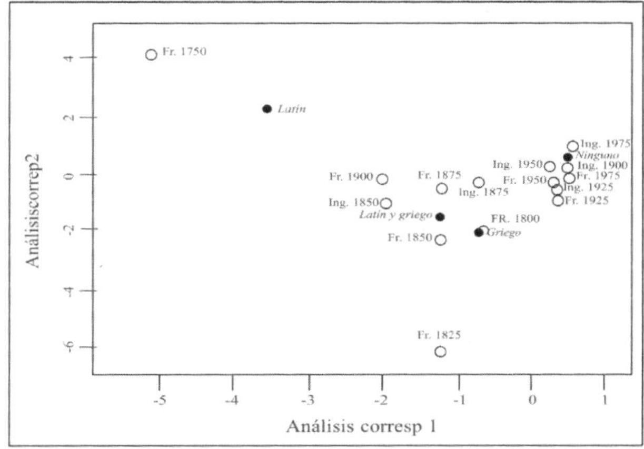

Gráfico 3

Quiere esto decir que la estructura de las palabras en -*oide* existentes en español tiene cierta dependencia de la lengua en la que han sido creadas. Las francesas tienden a ser, en un principio, préstamos de una palabra latina o griega existente hasta mediados del xx en el que las nuevas palabras españolas cuya primera datación es en francés tienden a ser palabras sin étimo latino o griego. Las palabras inglesas que toma el español han tendido a no beber tanto en fuentes clásicas existentes, sino a ser creadas directamente en la lengua moderna. Se ha de destacar, también, la escasa aportación que ha echo el latín en solitario a los derivados en -*oide*, algo ya visto anteriormente.

Los resultados de este gráfico se completan con el estudio de la evolución de las estructuras morfológicas que se analizará en el siguiente apartado.

---

82 Los resultados del test de independencia son: Pearson's Chi-square test. X-squared = 124.2528, df = 42, p-value = 4.596e-10.

5. Las estructuras morfológicas

Analizados los derivados "en" *-oide*, pasemos ahora a estudiar los derivados "por" *-oide*. La diferencia de preposiciones distingue dos puntos de vista desde los que pueden ser observados los derivados; estos, si se atiende a su origen, han de ser considerados como un bloque no analizable, de manera que un préstamo de otra lengua no es visto como un complejo compuesto por partes o, desde otro punto de vista, si se considera como un elemento existente de la lengua, se puede analizar por conmutación.

Esta doble posibilidad de análisis parece generar una contradicción; por un lado, *laponoide* no es analizable ya que ha sido tomada en bloque, probablemente, del francés *lapponoïde*, pero, por otro, es analizable pues existe una palabra *lapón(a)* en español y un sufijo *-oide*. La contradicción se resuelve integrando en la descripción un elemento que no estaba presente, el tiempo, que hace compatibles las dos descripciones; así, *laponoide* no es analizable si se considera que es tomada del francés, pero, después, y en este después radica el tiempo, una vez integrada la palabra en el español, puede ser analizada y descompuesta.

Si antes se han analizado las palabras como bloque, palabras "en" *-oide*, se atenderá ahora a la descomposición de esas palabras para observar qué tipo de unidades quedan al eliminar el elemento común *-oide* y si ha habido evolución en esos tipos; es decir, se analizará la evolución de los tipos de bases, atendiendo en este momento sólo a su categoría.

De Bruyne (1989) dividió los derivados en *-oide* en cultismos evidentes, cultismos transparentes y aportaciones semi- y/o seudocultas al léxico corriente; reformularemos ahora su división para aplicarla a las bases. Cuando hablemos de sustantivo o adjetivo culto nos estamos refiriendo a un sustantivo o adjetivo que tiene un étimo greco-latino y que pertenece a un registro muy restringido del lenguaje (normalmente, en este caso, al registro técnico-científico). Por ejemplo, *deltoide*, tiene como base *delta* que procede del griego y pertenece a un registro culto, será un sustantivo culto, se ha de tener en cuenta para esta caracterización que se refiere a la letra griega, y no al delta de un río; mientras que la base de *radicaloide* no será considerada culta, pues, aunque posee un étimo latino, pertenece a la lengua común.

Aclarado este punto, se puede ya señalar que las dos estructuras morfológicas de partida, allá por los siglos xv y xvi, son: sustantivo (culto) + oide y tema (culto) + oide. Todas las palabras aparecidas en esta época, aunque son pocas, presentan una de estas dos estructuras; unas, una base sustantiva culta (*conoide, daphnoide, deltoide, petaloide, romboide, scorioide, sesamoide*), otras, un tema culto (*allandoide, anciroide, diploide, escafoide, hioide, lithoide, corsoide, ethmoide*); en estas últimas, todos los temas pueden ser remitidos al griego.

No se modifican, ni aparecen nuevas estructuras hasta el segundo y tercer cuarto del siglo xix: en primer lugar, se eliminan ciertas restricciones sobre los tipos de bases, la restricción culta de los sustantivos y el número de temas cultos que pueden entrar en el proceso morfológico; en segundo lugar, se amplía el tipo de bases a los adjetivos.

Como ejemplos del primer caso aparecen *retamoide* de *retama* (árabe), *mongoloide o matoide* en los que la base ya no es un sustantivo culto. Los tipos de sustantivos se amplían, también, a partir de comienzos del xx a nombres propios (*celestinoide, basedowoide, pagetoide, bowenoide, cushingnoide, hitleroide*) y topónimos (*europoide, chavinoide, tiahuanacoide, barrancoide, caucasoide, conoucoide, neandertaloide*). Son pocos los derivados que se han documentado de estos dos últimos tipos; del primero, la mayoría se encuadra en una típica formación del lenguaje técnico-científico en el que un antropónimo se emplea para denominar una enfermedad, aparato, etc., y, en el segundo, destaca el empleo de este sufijo para denominar culturas amerindias. En ambos casos, son ampliaciones de los posibles tipos de sustantivos base.

Aparecen como ejemplos de la ampliación del número de temas *espermatozooide* y *aneróide*. El primero puede ser interpretado o bien como sufijación por *oide* del sustantivo *espermatozoo* o como la unión de dos temas griegos y el sufijo: *esperma + zoo + oide*. Nos decantamos por esta segunda posibilidad, ya que no han sido documentados usos de *espermatozoo* anteriores a los de *espermatozooide* ni en inglés, ni en francés, ni en español. Esta nueva estructura sólo varía con respecto a la originaria en que en el proceso están implicados dos temas y no uno. *Aneroide,* aunque es una palabra procedente del francés *anéroide* (vid. Corominas, 1973), se puede analizar como una estructura compuesta por tres formantes *a* (prefijo privativo), *nêros* (fluido), y el sufijo; en este caso hay un proceso de parasíntesis sobre un tema culto.

Como derivado con base adjetival aparece *romanticoide*; aunque, en principio, podría ser interpretada su base tanto como sustantivo como como adjetivo, sus usos parecen señalar al segundo tipo de base:

> por esas cervecerías del demonio la bohemia romanticoide. Se cultiva lo ingenioso, no ya el ingenio, y (Miguel de Unamuno, *En torno al casticismo:* 1895-1902).

> Había nacido al final de la cursilona y romanticoide década del 20, en noviembre de 1926. (Lorenzo García Vega, *Los años de Orígenes:* 1978).

> En este sentido, se trafica con una idea romanticoide de que si planeas la novela, la estás (*Espéculo. Revista de estudios literarios,* 06/2003: LUIS LANDERO: "Cervantes es el arcángel del idio...").

Las bases adjetivales plantean el problema de que existen dos tipos, aquellas que sólo pueden ser adjetivos (p. e. *sinuoso, infantil, genial, clerical, depresivo, frugal, legal, masculino, sexual, transparente, urbanístico,* etc.), que no presentan problemas morfológicos, el sufijo toma como base un adjetivo para crear un adjetivo, y aquellas que pueden ser tanto adjetivos como sustantivos (p. e. *negro, radical, comunista, enano, literato, niño, fascista, intelectual, vasco, africano, loco,* etc.) en las que el sufijo parece que puede tomar cualquiera de las dos categorías de la base para formar el derivado; así, en *radicaloide* se documenta un uso al que se le puede asignar una base sustantiva:

> Vuelven al poder, después de un largo exilio, radicales y radicaloides de todos los tintes (José Carlos Mariátegui, *Herriot y el bloc de izquierda [Artículos (1923-1930)]*: 1924);

y otro, una adjetiva:

> El socialismo reformista y la plutocracia radicaloide. (José Carlos Mariátegui, *Política francesa [Artículos (1923-1930)]*: 1925).

El uso de los adjetivos con esta doble posibilidad inclina en la mayoría de los casos la interpretación hacia una base adjetiva: *acratoide, adolescentoide, afroide, agnosticoide, americanoide, anarquistoide, blancoide, clasicoide, cubistoide, enanoide, eruditoide, fachoide, fascistoide, liberaloide, locoide, marxistoide, mexicanoide, misticoide, niñoide, occidentaloide, orientaloide, religiosoide, sentimentaloide, turisticoide, vascoide*; son pocos los usos que señalan hacia una base sólo sustantiva: *acidoide, australoide, choloide, comunistoide, espiraloide, mineraloide*; y algunos, los menos, lo hacen por cualquiera de las dos posibles categorías: *africanoide, anarcoide, epileptoide, humanoide, intelectualoide, literatoide, negroide, radicaloide*.

Rainer (2004:263) considera, para el italiano, lengua que presenta problemas semejantes, que muchos de los derivados adjetivos se pueden usar elípticamente como sustantivos, proponiendo que se ha llegado a un sufijo denominal con el significado "N similar al N base", aunque encuentra dificultades a la hora de decidir en el ámbito de la geometría (*trapezoide*) si estamos ante una elipsis o ante una derivación denominal directa. En español (Rainer, 1993:627-628), considera que, mientras en la construcción tradicional la base es un sustantivo, existe una nueva construcción con matices semánticos nuevos, que, entre otras cosas, posee también bases adjetivas, posiblemente por la ambigüedad de términos como *negroide*, señalando que los derivados adjetivos que se refieren a características humanas sufren fácilmente la sustantivación.

Teniendo en cuenta lo dicho por Rainer, para determinar si estamos ante derivados adjetivos o sustantivos podemos tener en cuenta tres hechos.

En primer lugar, en español es un proceso bastante normal que se use un adjetivo con artículo y sin sustantivo o sin referencia anafórica a uno para que se interprete inmediatamente como referido a humanos (*los grandes, los altos, los viejos, los blancos, los negros*, etc.) y, en nuestros derivados, cuando la base puede ser adjetival o sustantiva, el uso del derivado como sustantivo remite siempre a características humanas que adquieren connotaciones negativas, lo que recuerda al proceso de sustantivación anterior.

En segundo lugar, si atendemos a aquellos derivados con base adjetiva y que sólo se ha documentado uso adjetivo, nos será fácil crear un uso sustantivo de la mayoría si los aplicamos a cualidades humanas y, de aquellos que sólo hemos documentado uso sustantivo, también resulta sencillo crear un uso adjetivo; así, por ejemplo, *choloide* aparece en un solo caso al que se le puede asignar una base sustantiva,

> Unas cuantas lechigadas de negroides, choloides y epifanios, que se creen grandes personajes (Manuel González Prada, *Nuestra aristocracia [Horas de lucha]*: 1908); 143

pero lo hace coordinado con *negroide,* derivado al que se le puede asignar tanto un sustantivo como un adjetivo como base, parece, pues, que no es nada descabellado pensar que el propio autor pudiese usar, aunque no lo haya hecho, *choloide* como adjetivo.

Por último, se ha de tener en cuenta que es un modelo muy común en la derivación por -*oide* que los derivados denominales puedan ser usados tanto como sustantivos como adjetivos. Así tenemos el modelo, que señala el propio Rainer, de *trapezoide, elipsoide,* etc.; este tipo de nombres pueden ser usados tanto para designar un objeto definido por sus cualidades:

> Los cuadriláteros pueden ser de tres maneras: trapezoides, trapecios y paralelogramos. *Trapezoide* es un (Antonio Alverá Delgrás, *Nuevo arte de aprender y enseñar a escribir la letra española*: 1847);

como para aplicar dichas cualidades a otro objeto:

> en donde trata de la roca *trapezioide.* (Antonio José Cavanilles, *Observaciones sobre la historia natural, geografía, agricultura, población y frutos del reyno de*: 1797).

Parece pues, que el cambio de categoría de los derivados es un proceso normal en este sufijo que depende del tipo de referencia que tenga el derivado para el cambio de categoría, siempre que lo designado por el derivado sea un objeto definido por cualidades o sean las cualidades; así, *granitoide,* cuya base es un sustantivo, puede ser empleado bien para designar un tipo de rocas:

> A diferencia de la zona cantábrica, la deformación ha estado acompañada por un metamorfismo generalizado que afecta a todas las rocas que afloran en la zona. Los granitoides son escasos en la parte oriental, mientras que en su parte occidental (manto de Mondoñedo) son más abundantes. (Enric Banda y Montserrat Torné, *Geología*: 1997);

como para designar una cualidad aplicada a un objeto:

> Los de neis glandular, escamoso, fibroso, granitoide, acintado, etc. (Lucas Fernández Navarro, *Petrografía [Historia Natural, IV. Vida de los animales, de las plantas y de la tierra. Geología]*: 1927).

Si la base es un adjetivo, el derivado designará primero las cualidades aplicadas a un sustantivo:

> Porque a Onetti no le van las camarillas intelectualoides ni las otras. (*El País*, 03/01/1981: Gente: 1981);

pero podrá ser empleado para referirse a un objeto en sentido amplio definido por esas cualidades y, en este caso, dicho objeto será normalmente interpretado como humano:

> Ya quisiera ver yo a algunos de esos intelectualoides y doctorzuelos rigiendo un negocio tan complicado (Francisco Ayala, *El fondo del vaso:* 1962).

Concluiremos, de todo ello, que optamos por considerar que estas derivaciones son deadjetivales ya que la sustantivación es un proceso normal en español y, además, también concuerda con el modelo normal del sufijo en el que de un sustantivo crea sustantivos y adjetivos, por lo que tampoco sería anormal el camino inverso, de un adjetivo, crear adjetivos y sustantivos.

La ampliación de los tipos de bases a bases sustantivas no cultas y a adjetivos coincide con el surgimiento de los primeros derivados que podríamos considerar propiamente españoles. De manera que la ampliación de los tipos de bases que, retomando lo ya visto en otros apartados, puede ser achacada al agotamiento del léxico greco-latino en *-oide* y a la ruptura científica con la ciencia medieval y renacentista, facilita la aparición de derivados con bases no cultas, en los que, como también se ha visto, juegan un papel más importante las formaciones inglesas introducidas en español, ya sea de forma mediata o inmediata, que las francesas que están más apegadas a la tradición clásica.

De esta manera, abierta la puerta a los sustantivos no cultos y a los adjetivos como bases, es normal que por ahí puedan ser introducidos sustantivos propios del español o sustantivos que, aun existiendo en otras lenguas, estas no opten por derivados por medio de *-oide,* lo que provoca la aparición de formaciones que pueden ser consideradas totalmente españolas; sin embargo, este argumento no explica completamente su aparición, se ha de aportar algún argumento más que la apoye, lo que intentaremos en el siguiente apartado.

6. Los modelos de *oide* y las formaciones españolas

Si queremos dar una explicación completa de la aparición de los derivados plenamente españoles, tendremos que dar algunas pinceladas de carácter semántico, aunque, ya hemos advertido en la introducción que no trataríamos la semántica del sufijo, por eso, en este momento sólo se apuntará una posible explicación cuya valoración queda a juicio del lector y cuya profundización posponemos para otra ocasión.

Monlau (1856:124) señala que la "pseudodesinencia" *-oide* crea sustantivos con el significado de 'de forma de' o 'semejante a'. De Bruyne (1983) además de reseñar los valores que le han concedido algunos diccionarios y que ahora sólo enumeramos, 'parecido a, en forma de' 'semejanza, a veces con matiz despectivo', se fija fundamentalmente en el matiz que se añade al valor "seudo-", un elemento deliberada y claramente burlón. Por último, Rainer (1993:627-628) reconoce el rasgo de 'similaridad' [ähnlich] en los derivados sustantivos y similar a X [X ähnlich] en los adjetivales, añadiendo que existe una connotación negativa en los adjetivos de cualidades humanas principalmente.

En estos momentos nos centraremos en el valor "negativo, peyorativo, burlesco" ya que es el propio de las formaciones españolas y es valor semántico que no poseían los anteriores derivados de *-oide*; así, Monlau no lo reconoció pues, en 1856, no existía dicho valor. El problema es de dónde surge este valor negativo; ya que no parece existir en las formaciones anteriores, me resulta difícil poder ver dicho valor en derivados como *ethmoide, eritroide, linfoide, escafoide*; y, sin embargo, no es un valor semántico que se haya ido adquiriendo poco a poco con el uso, sino que los primeros derivados que hemos considerado propiamente españoles ya lo presentan claramente: *matoide* (1895), *presbiteroide* (1891) y *romanticoide* (1895).

> Criminales políticos, matoides y locos, afectados por una verdadera locura (Eduardo López Vago, *El separatista. Novela médico-social*).

> por esas cervecerías del demonio la bohemia romanticoide. (Miguel de Unamuno, *Entorno al casticismo*).

> vino de España un paquidermo presbiteroide con más apego al dinero que a la camisa (Ricardo Palma, *Tradiciones Peruanas, octava serie*).

Para solucionar esta cuestión necesitamos encontrar un grupo o grupos de derivados que, a pesar de pertenecer a un registro técnico-científico al que se le supone objetividad, posean, de alguna manera, este valor negativo.

De entre todas las palabras en *-oide*, se podría tomar el grupo de figuras geométricas (*conoide, elipsoide, romboide, trapezoide*, etc.) como el modelo que aporte el matiz que se está tratando de explicar; en todas ellas existe el sentido de 'ser como X pero no totalmente', un cierto sentido de 'aproximación minorativa'. Este modelo parece muy adecuado, pero plantea algunas cuestiones.

En primer lugar, cuando se habla de un elipsoide no se habla de una elipse que no ha podido ser, o que pretender ser una elipse pero no lo es, sino de una figura geométrica de pleno derecho, de manera que su significado aún está lejos del significado claramente negativo de los derivados que nos ocupan; es llamativo que Monlau (1856:124) da como ejemplo *esferoide, elipsoide* y *trapezoide* sin hacer notar matiz negativo alguno. Ahora bien, se ha de reconocer que esa 'aproximación minorativa' es un buen principio para el paso a un valor 'negativo', pero creemos que no suficiente como para que de él surgiera de una forma tan drástica y poco gradual este; podría explicarlo si las derivaciones españolas fueran pasando de la 'aproximación minorativa' al valor negativo de forma más gradual, pero no es así.

En segundo lugar, los derivados que designan figuras geométricas pertenecen a un lenguaje técnico que queda lejos de los hablantes por lo que habría que encontrar el puente de unión entre el lenguaje de la geometría y el lenguaje en el que nacen los derivados españoles.

Estos dos inconvenientes no hacen que se rechace totalmente este modelo, sino que necesitamos otro que, cuanto menos, venga en su apoyo. Este modelo de apoyo es el de los nombres de las razas que fueron identificadas a lo largo del XIX. Este grupo lo componen (damos la fecha de aparición en español y en la primera datación) *laponoide* (1880, 1879), *mongoloide* (1896, 1821), *europoide* (1946, 1845), *australoide* (1995, 1864), *caucasoide* (1995, 1840), *negroide* (1908, 1859).

El primer problema es que, si se observan las fechas de aparición en español, es difícil suponer que este grupo pudo influir en la aparición del matiz semántico, ya que sólo tres surgen en la época de aparición de los derivados españoles (*laponoide, mongoloide* y *negroide*), los demás son más tardíos; pero dirijamos nuestra atención a la fecha de aparición en las lenguas fuente, todas anteriores a las de aparición de los derivados españoles.

El segundo es que, en principio, puede parecer, también, que la denominación de una raza procedente de un lenguaje científico no debería conllevar matices negativos; estos podrían ser adquiridos una vez que este término pase a la lengua común y sea ampliamente usado, pero no en el lenguaje técnico. Sin embargo, se ha de tener en cuenta que el estudio de las razas no estaba desprovisto, como casi nunca lo está la diferenciación racial, de un matiz despreciativo o, siendo benévolos, minorativo de las razas no europeas; se intentaba mostrar como las distintas razas suponían un escalón en la línea de la creación o en la línea evolutiva en cuya cúspide se encontraba la raza europea y, dentro de esta, los europeos de más al norte de los Pirineos y los Alpes. El matiz peyorativo estaba pues servido. Vayamos ahora a los datos de nuestros derivados y veamos cómo han sido usadas las dos primeras palabras que aparecen. *Laponoide* aparece en dos casos en 1880-81:

> La lengua por sí sola no basta para determinar un tipo étnico. Ejemplo memorable de ello sea el pueblo euskalduna o vasco que por la singularidad de su lengua verdaderamente antiquísima, ha sido considerado por mucho tiempo como un pueblo de raza pura. Reitzius, fundándose en el carácter de lenguas aglutinantes que presentan el finlandés, el lapón y el vascuence, y en la braquicefalia de dos cráneos que él tenía por vascos y se acercaban al tipo laponoide, sostuvo que estos pueblos representaban la raza primitiva de Europa, anterior a la invasión de los arios dolicocéfalos. Esta opinión, seguida por muchos, tuvo su primer impugnador en Broca (1862 y 1863), (Marcelino Menéndez Pelayo, *Historia de los heterodoxos españoles*).

Los cráneos dolicocéfalos presentan ciertos caracteres anatómicos que los separan del tipo de Cromagnon, y Quatrefages se inclinaba a establecer con ellos una raza nueva, la raza de Mugem, llamada también del perro, por ser el único animal doméstico que parecen haber conocido. Esta raza presenta muchos caracteres de inferioridad. Leite de Vasconcellos, *Religioes da Lusitania*, tomo I, pág. 32. Algunos la suponen nacida de un cruzamiento de los cromagnones y de los braquicéfalos laponoides, conservando de los primeros los caracteres, forma y proporciones del cráneo, y de los últimos el aspecto facial y las proporciones del esqueleto. Otros suponen que el elemento dolicocéfalo fué el de Neanderthal. Las razas neolíticas parecen producto de cruzamientos y mezclas de las razas cuaternarias. Entre nosotros, la raza de Cromagnon se conservó pura hasta la edad de bronce en las provincias meridionales. En el centro de España hay más mezcla. (Marcelino Menéndez Pelayo, *Historia de los heterodoxos españoles*).

Está claro, como era de esperar, que Menéndez Pelayo conocía las teorías sobre las razas, conocía los trabajos de Reitzius, de Broca y de otros que no aparecen en el fragmento y, además, la clasificación de las razas por sus "caracteres de inferioridad" o superioridad.

Otros dos casos esclarecedores son las dos primeras apariciones de *mongoloide*:

Vistos al través de sus anteojos negros, juzgados de acuerdo con su canon estético, es Rosetti un idiota, Swinburne un degenerado superior, Verlaine, un medroso degenerado, de cráneo asimétrico y cara mongoloide, vagabundo, impulsivo y dipsómano; Tolstoy, un degenerado místico e histérico; Baudelaire, un maniático obsceno; Wagner, el más degenerado de los degenerados, grafónomo, blasfemo y erotómano. (José Asunción Silva, *De sobremesa*: 1896).

Le miraban con dolor (lo hay en estos cultos idolátricos, y así se explica el triste fenómeno moral de que las más profundas admiraciones artísticas o literarias hayan engendrado las más viperinas envidias y los más acibarados odios). Le miraba sediento, buscando en los rasgos físicos, en la cara algo mongoloide, en lo recogido y recio del cuerpo, en la misma pequeñez de la estatura, el misterio indescifrable de la facultad genial y del heroísmo de la vocación, segura y definida, que, al través de zarzas, espinas y guijarros, va a su objeto. Sentía esa fascinación que nos causa la forma humana cuando encierra el espíritu que apetecemos, el que hubiésemos ansiado que nos animase (Emilia Pardo Bazán, *La quimera*).

En el primero se une la forma craneal con la característica *mongoloide* y, en el segundo, se busca en los rasgos físicos, en la forma humana, el espíritu que encierra. En ambos textos no se habla de la raza mongoloide, sino que describen a sus personajes a través de los rasgos de los enfermos de síndrome de Down, apelativo que fue puesto hacia 1866, 45 años después de la primera datación de *mongoloide* como nombre de raza, por J. L. H. Down médico en el manicomio de Earlswood. Indudablemente la comparación se hace entre los pocos y lejanos rasgos faciales que presentan algunos enfermos con los de raza asiática y, además de por sus rasgos físicos, por el grado de inteligencia que se consideraba tenían las personas de raza mongoloide. Estos dos autores conocían ya esta denominación y la empleaban de forma peyorativa o negativa.

El siglo XIX y los comienzos del XX son una época de profundos enfrentamientos científicos, la época de la poligénesis frente a la monogénesis, de la craneometría, de la frenología, de la eugenesia, del racismo científico, del naturalismo literario, corriente relacionada con algunas de estas teorías. España no era ajena a todas estas corrientes y usa pronto los principales términos de estas —*laponoide, negroide* y *mongoloide*— cuyas denominaciones en todas las lenguas empleaban el sufijo *-oide*. Si a esto unimos otro grupo como el de *hominoide* y *antropoide*, y nuestro primer grupo de las figuras geométricas en las que existe un valor de aproximación, tenemos todos los ingredientes que, con el hecho de la ampliación de los tipos de bases ya visto, crean suficiente caldo de cultivo para que comiencen a aparecer directamente creaciones españolas con valor negativo.

7. Conclusiones

Es el sufijo *-oide* un sufijo cosmopolita que aparece en todas las lenguas europeas. El español ha bebido de diversas lenguas —latín, griego, francés, inglés— de las que ha importado palabras en diferente grado según las épocas y también, de ellas, ha importado distintas estructuras morfológicas, destacando el inglés como lengua más innovadora. A finales del siglo XIX comienzan a aparecer derivados de creación española con el valor semántico 'negativo'. Estas formaciones son posibles por la ampliación del tipo de bases posibles, desde los sustantivos cultos y temas griegos a los sustantivos no cultos y adjetivos y la aparición del nuevo valor negativo se debe a la interacción de dos modelos, el modelo de *elipsoide* y el de *mongoloide*.

Quedan muchas características del sufijo por desvelar, sobre todo desde el punto de vista semántico que, sin él, poco tenemos, pero este queda para otro momento o para otras personas.

Anexo

En este anexo se aportan las fechas de la primera datación de los derivados en *-oide* del español, inglés y francés, así como, si existiese, la palabra latina y griega.

Las dataciones del español se refieren siempre a su primera aparición en el corde y el crea, cuando se emplee otra fuente, se especificará. En cuanto al francés y al inglés se emplearon como fuentes fundamentales el *tlf* y el *oed*. En caso de que en el *tlf* no se encontrase la palabra o no estuviese datada se empleó el *gl* o el *dh*. Si a pesar de todo no se documentase el derivado en francés o inglés, para ambas lenguas se buscó el derivado en *google-books,* de manera que para considerar la fecha de aparición el derivado tiene que ser identificado en una obra concreta en una fecha concreta y que se pueda tener acceso al contexto en que aparece; de esta manera se consigue que la datación sea lo más fiable posible, aún así, hemos de mantener nuestras reservas sobre estas últimas dataciones, por lo que han sido marcadas con (I), que señala que la fecha ha sido documentada en un texto a través de *google-books*; no se explicita el autor y la obra para no complicar excesivamente las tablas y la exposición, y, como última aclaración, no se ha empleado otra fuente a través de internet que no fuese *google-books* con el fin de mantener una cierta rigurosidad.

Para los étimos latinos y griegos, se emplearon como fuentes principales para el Latín el *old* y la base de datos en línea de *Perseus latín*; además se han empleado las etimologías del *oed*, las de Corominas (1973) y Corominas y Pascual (1980); aquellas palabras latinas en las que aparezca (m) quiere decir que se han documentado en latín moderno. Para el griego hemos empleado el *Perseus griego*.

No se han explicitado las fuentes de la datación, excepto las de internet, para simplificar la tabla y facilitar la consulta.

Derivado	Año	Francés	Inglés	Latín	Griego
acidoide	1960	acidoïde 1877 (I)	acidoid 1894 (I)	----	----
acratoide	1978	----	----	----	----
acromegaloide	1919	acromegaloïde 1948 (I)	acromegaloid 1904 (I)	----	----
acuareloide	1991	----	----	----	----
adenoide	1913	adenoïde 1541	adenoid 1839	----	adenoeidês
adolescentoide	2001	----	----	----	----
africanoide	1963	africanoïde 1885 (I)	africanoid 1899 (I)	----	----
afroide	1975	afroïde 1976 (I)	afroid 1969 (I)	----	----
agnosticoide	1986	----	----	----	----
alantoides	1870	allantoïde 1541	allantoid 1633	----	allantoeidês
albuminoide	1870	albuminoïde 1849 (DH)	albuminoid 1859	----	----
alcaloide	1876	alcaloïde 1823	alkaloid 1831	----	----
aloploide	1987	alloploïde 1955 (I)	alloploid 1949 (I)	----	----

150

Derivado	Año	Francés	Inglés	Latín	Griego
ameboide	1896	amiboïde 1865	amoeboid 1861	----	----
americanoide	1986	----	----	----	----
amigdaloide	1797	amygdaloïde 1752	amygdaloid 1791	----	amugdaloeidês
amiloide	1943	amyloïde 1865	amyloid 1857	----	----
anarcoide	1963	----	----	----	----
anarquistoide	1971	----	----	----	-----
androginoide	1943	androgynoïde 1897 (I)	androgynoid 1847 (I)	----	----
androide	1919	androïde fin XVII	android 1727-51	androides (m)	----
aneloide	1903	----	anneloid 1869	----	----
aneroide	1875	aneroïde 1844	aneroid 1848	----	----
anginoide	1943	anginoïde 1877 (I)	anginoid 1875 (I)	----	----
angiomatoide	2001	angiomatoïde 1893 (I)	angiomatoid 1899 (I)	----	----
animaloide	1988	----	animaloid 1936 (I)	----	----
antropoide	1880	anthropoïde 1816 (DH)	anthropoid 1832	----	anthrôpoeidês
aracnoide	1890	arachnoïde 1538	arachnoid 1751	arachnoides (m)	arachnoeidês
ariloide	1896	arilloïde 1859 (I)	arilloid 1854 (I)	----	----
asteroide	1847	astéroïde 1751	asteroid 1802	----	asteroeidês
atetoide	1991	athetoïde 1958	athetoid 1875	----	----
australoide	1995	australoïde 1892	australoid 1864	----	----
barrancoide	1994	barrancoïde 1972 (I)	barrancoid 1888 (I)	----	----
basedowoide	1943	basedowoïde 1913 (I)	baseowoid 1913 (I)	----	----
basoide	1927	basoïde 1826 (I)	basoid 1865 (I)	----	----
bencenoide	1974	----	benzenoid 1887	----	----
blancoide	1971	blancoïde 1968 (I)	blancoid 1916 (I)	----	----
blastoide	1897	blastoïdes 1861 (I)	blastoid 1876	blastoidea (m)	----
bowenoide	1994	bowenoïde 1928 (I)	bowenoid 1978 (I)	----	----
brechoide	1927	----	----	----	----

Derivado	Año	Francés	Inglés	Latín	Griego
cactoide	1962	cactoïdes 1834	cactoid 1878	----	----
cancroide	1876	cancroïde 1806	cancroid 1826	----	----
canguroide	1957	----	----	----	----
cannabinoide	1997	cannabinoïde 1976 (I)	cannabiboid 1966 (I)	----	----
carcinoide	1964	carcinoïde 1946	carcinoid 1903	carcĭnōdes	karkînoeidês
carotenoide	1943	caroténoïde 1942	carotinoid 1913	----	----
castratoide	1943	----	----	----	----
catatonoide	1976	catatonoïde 1901 (I)	catatonoid 1935 (I)	----	----
caucasoide	1995	caucasoïde 1890 (I)	caucasoid 1840 (I)	----	----
cauloide	1962	cauloïde 1852 (I)	cauloid 1877 (I)	----	kauloeidês
celestinoide	1904	----	----	----	-----
celuloide	1905	celluloïde 1877	celluloid 1871	----	----
cementoide	1989	----	cementoid 1959 (I)	----	----
centroide	1970	centroïde 1845 (I)	centroid 1845 (I)	----	kentroeidês
cerebroide	1909	cerebroïde 1878	cerebroid 1854	----	----
cestoide	1909	cestoïde 1823	cestoid 1836-9	cestoidea (m)	----
chancroide	1991	chancroïde 1868	chancroid 1861	----	----
chavinoide	1974	----	----	----	----
choloide	1908	----	----	----	----
cicloide	1774	cycloïde 1638	cycloid 1661	----	kukloeidês
cilindroide	1881	cylindroïde 1663	cylindroid 1663	----	kûlindroeidês
cirsoide	1943	cirsoïde 1833 (I)	cirsoid 1860	----	kirsoeidês
cisoide	1969	cissoïde 1772 (I)	cissoid 1656	----	kissoeidês
cistoide	1926	cystoïde 1834	cystoid 1882 (I)	----	kistoeidês
clasicoide	1963	----	----	----	----
clericaloide	1980	----	----	----	----
cloritoide	1927	chloritoïde 1882 (I)	chloritoid 1837	----	----

152

Derivado	Año	Francés	Inglés	Latín	Griego
clotoide	2003	clotoïde 1940 (I)	clotoid 1934 (I)	----	----
cocoide	1962	coccoïde 1925	coccoid 1912	----	----
coloide	1870	colloïde 1845 (DH)	choloid 1861	----	----
comercialoide	1988	----	----	----	----
comunistoide	1941	----	----	----	----
conchoide	1983	conchoïde 1636	conchoid 1798	----	konchoeidês
concoide	1965	conchoïde 1636	conchoid 1798	----	konkoeidês
condroide	1989	chondroïde 1922	chondroid 1847-9	----	----
conoucoide	1994	----	----	----	----
coqueluchoide	1943	----	----	----	----
coracoide	1870	coracoïde 1541	coracoid 1706	coracoides (m)	korâkoeidês
coraloide	1896	coralloïde 1881, ----	coralloid 1604	----	----
coroide	1738	choroïde 1538	choroid 1696	chorioides	chorîoidês
corticoide	1964	corticoïde 1956	corticoid 1941	----	----
crinoide	1927	crinoïdes 1838	crinoid 1836	----	krînoeidês
cristaloide	1870	cristalloïde 1541	crystalloid 1861	----	krustalloeidês
critroide	1989	----	----	----	----
cubistoide	1996	----	----	----	----
cuboide	1738	cuboïde 1561	cuboid 1706	cuboides (m)	kûboeidês
cushingnoide	1980	----	cushingnoide 1972 (I)	----	----
deliroide	1980	----	deliroid 1920 (I)	----	----
demantoide	1927	demantoïde 1881 (I)	demantoid 1892	----	----
dendroide	1896	dendroïde 1893	dendroid 1846	dendrŏĩdes	dendroeidês
depresivoide	2002	----	----	----	----
dermoide	1919	dermoïde 1801	dermoid 1818	----	----
descerebroide	1996	----	----	----	----
diabetoide	1919	----	----	----	----

Derivado	Año	Francés	Inglés	Latín	Griego
diaboloide	1964	diaboloïde 1948 (I)	diaboloid 1882 (I)	----	----
difteroide	1943	diphtéroïde 1895	diphtheroid 1861	----	----
digitaloide	1962	----	digitaloid 1854 (I)	----	----
discoide	1893	discoïde 1764	discoid 1794	discŏï_des	diskoeidês
eczematoide	1943	----	eczematoid 1885 (I)	----	----
eicosanoide	1988	----	eicosanoid 1985 (I)	----	----
elastoide	1992	----	elastoid 1967 (I)	----	----
elipsoide	1802	elipsoïde 1705	ellipsoid 1721	----	----
enanoide	1943	----	nanoid 1856	----	----
endometrioide	2002	endometrioïde 1971 (I)	endometrioid 1929 (I)	----	----
endometroide	1999	----	endometroid 1924 (I)	----	----
enteroide	1926	enteroïde 1839 (I)	enteroid 1835	----	----
epidermoide	1964	épidermoïde 1929	epidermoid 1835	----	----
epileptoide	1939	épileptoïde 1882	epileptoid 1866	----	----
epitelioide	1943	épithélioïde 1924	epitelioid 1878	----	----
equinoide	1893	echinoïdes 1847 (I)	echinoid 1851	----	----
eritroide	1738	erythroïde 1829 (I)	erythroid 1847	----	eruthroeidês
eruditoide	1932	----	----	----	----
escaloide	1969	scaloïde 1903 (I)	scaloid 1907 (I)	----	----
escleroide	2000	scleroïde 1908 (I)	scleroid 1856	----	----
escombroide	1992	scómberïdes 1808	scombroid 1841	----	----
escorpioide	1795	scorpioïde 1560	scorpioid 1839	----	skorpioeidês
escualoide	1927	squaloïdes 1882	squaloid 1836	----	----
esfenoide	1870	sphénoïde 1561	sphenoid 1732	sphenoides (m)	sphênoeidês
esferoide	1802	spheroïde 1556	spheroid 1664	sphaerŏïdes	sphairoeidês
espermatozoide	1870	spermatozoïde 1846	spermatozoid 1857	----	----
esperpentoide	1996	----	----	----	----

154

Derivado	Año	Francés	Inglés	Latín	Griego
espiraloide	1927	spiraloïde 1911	spiraloid 1866	----	----
esquizoide	1936	schizoïde 1927	schizoid 1925	----	----
esteroide	1952	steroïde 1956	steroid 1936	----	----
eunucoide	1919	eunochoïde 1870	eunuchoid 1906	----	eunouchoeidês
europoide	1946	europoïde 1845 (I)	europoid 1929 (I)	----	----
eutectoide	1989	eutectoïde 1936	eutectoid 1903	----	----
fachoide	2002	----	----	----	----
factoide	1997	factoïde 1976 (I)	factoid 1973	----	----
faloide	1927	phalloïde 1823	phalloid 1858	----	----
fascistoide	1938	----	----	----	----
fecaloide	1943	fecaloïde 1927)	faecaloid 1882	----	----
feldespatoide	1927	feldspathoïde 1884 (I)	feldspathoid 1844 (I)	----	----
feminoide	1919	féminoïde 1946	feminoid 1871 (I)	----	----
fenomenoide	1996	----	----	----	----
fibrinoide	1964	fribrinoïde 1805	fibrinoid (1910)	----	----
fibroide	1890	fibroïde 1865	fibroid 1852	----	----
ficoide	1873	ficoïde 1747	ficoid 1741	ficoides (m)	----
filoide	2000	phylloïde 1815 (I)	phylloid 1858	phylloides (m)	phullôdês
flavonoide	2003	flavonoïde 1926 (I)	flavonoid 1877 (I)	----	----
folcloroide	2002	----	----	----	----
folkoide	1975	----	----	----	----
frugaloide	1987	----	----	----	----
fungoide	1935	fungoïde 1816 (I))	fungoid 1836	----	----
gansteroide	1987	----	----	----	----
gatoide	2002	----	----	----	----
gelatinoide	1991	gelatinoïde 1929 (I)	gelatinoid 1866	----	----
geloide	1993	----	geloid 1904 (I)	----	----

Derivado	Año	Francés	Inglés	Latín	Griego
genialoide	1950	----	----	----	----
genitoide	1994	----	----	----	----
geoide	1919	géoïde 1888	geoid 1881	gĕōdes	geoeidês
gigantoide	1943	----	----	----	----
ginandroide	1943	gynandroïde 1896 (I)	gynandroid 1905 (I)	----	----
ginecoide	1995	----	gynaecoid 1907	----	----
ginoide	1998	gynoïde 1896 (I)	gynoid 1932-35 (I)	----	----
glenoide	2000	glenoïde 1541	glenoid 1709	----	glênoeidês
gliscroide	1980	----	glyscroid 1957(I)	----	----
globoide	1929	globoïde 1835 (I)	globoid 1887	----	----
goriloide	1962	gorilloïde 1890 (I)	gorilloid 1869 (I)	----	----
graminoide	1989	graminoïde 1882 (I)	graminoid 1875 (I)	----	----
granitoide	1927	granitoïde 1899	granitoid 1839	----	----
granuloide	1962	granuloïde 1873 (I)	granuloid 1872 (I)	----	----
gusanoide	1981	----	----	----	----
haloide	1912	haloïde 1845	haloid 1841	----	----
haploide	1926	haploïde 1911	haploid 1905	----	haploeidês
heboide	1988	heboïde 1969 (I)	heboid 1917 (I)	----	----
helicoide	1892	hélicoïde 1704	helicoid 1704	----	helikoeidês
heparinoide	1996	héparinoïde 1960 (I)	heparinoid 1877 (I)	----	----
hexaploide	1987	hexaploïde 1877 (I)	hexaploid 1920	----	----
hidrogenoide	1992	hydrogenoïde 1932 (I)	hydrogenoid 1862 (I)	----	----
hidroide	1926	hydroïde 1892	hydroid 1864	----	hudroeidês
hiperboloide	1946	hyperboloïde 1765	hyperboloid 1727	----	----
hipnoide	1935	hypnoïde 1954	hypnoid 1852	----	----
hipoide	1940	hypoïde 1951	hypoid 1926	----	----
histaminoide	1964	histaminoïde 1836 (I)	histaminoid 1947 (I)	----	----

Derivado	Año	Francés	Inglés	Latín	Griego
histeroide	1966	----	hysteroid 1855	----	----
histioide	1974	histioïde 1958	histioid 1854	----	----
histoicitoide	1983	----	histiocytoid 1952 (I)	----	----
hitleroide	1994	----	----	----	----
hominoide	1982	hominoïde 1877	hominoid 1927	----	----
humanoide	1972	humanoïde 1961	humanoid 1918	----	----
humoroide	1990	----	----	----	----
imbeciloide	1937	----	----	----	----
infantiloide	1968	----	----	----	----
intelectualoide	1948	----	----	----	----
jaquecoide	1943	----	----	----	----
laponoide	1880	lapponoïde 1879 (I)	lapponoid 1889 (I)	----	----
lauroide	1959	lauroïde 1866-67 (I)	lauroid 1860 (I)	----	----
legaloide	1989	----	----	----	----
lianoide	1998	lianoïde 1922 (I)	lianoid 1925 (I)	----	----
liberaloide	1981	----	liberaloid 1945 (I)	----	----
linfoide	1870	lymphoïde 1869	lymphoid 1867	----	----
lingüistoide	1997	----	----	----	----
lipoide	1912	lipoïde 1865	lipoid 1876	----	----
literatoide	1927	----	----	----	----
locoide	1995	----	----	----	----
logaritmoide	1960	logarithmoïde 1789 (I)	----	----	----
logoide	2001	logoïde 1933 (I)	logoid 1940 (I)	----	----
lumbricoide	1890	lumbricoïde 1786 (I)	lumbricoid 1849-52	lumbricoides (m)	----
lumpenoide	1989	----	----	----	----
lupoide	1943	lupoïde 1925	lupoid 1834	----	----
mamiferoide	1987	----	----	----	----

Derivado	Año	Francés	Inglés	Latín	Griego
marxistoide	1977	marxistoïde 1965 (I)	----	----	----
masculinoide	2002	masculinoïde 1969 (I)	masculinoid 1921	----	----
mastoide	1870	mastoïde 1560	mastoid 1732	mastoides (m)	mastoeidês
matoide	1895	----	----	----	----
meandroide	1926	----	meandroid 1897 (I)	----	----
medusoide	1909	----	medusoid 1848	----	----
melolontoide	1909	----	melolonthoid 1877 (I)	----	----
mesenteroide	1926	mesenteroïde 1935 (I)	mesenteroid 1874 (I)	--	----
metaloide	1856	métaloïde 1824	metalloid 1836	----	----
mexicanoide	1986	mexicanoïde 1844 (I)	mexicanoid 1973 (I)	----	----
mieloide	1912	myéloïde 1868)	myeloid 1857	----	-----
militaroide	1931	----	----	----	----
mineraloide	1997	----	mineraloid 1909 (I)	----	----
mioide	1956	mioïde 1922	myoid 1857	----	----
misticoide	1932	----	----	----	----
mongoloide	1896	mongoloïde 1868	mongoloid 1821 (I)	----	----
mucoide	1943	mucoïde 1863 (I)	mucoid 1849 (I)	----	----
musteloide	1999	----	musteloid 1821	----	----
neandertaloide	1987	neandertaloïde 1882	neanderthaloid 1887	----	----
nefeloide	1970	----	nepheloid 18886	----	nepheloeidês
negroide	1908	negroïde 1874	negroid 1859	----	----
niñoide	1939	----	----	----	----
nucleoide	1981	nucleoïde 1981 (I)	nucleoid 1855	----	----
nucloide	1988	nucloïde 1972 (I)	nucloid 1908	----	----
occidentaloide	1989	occidentaloïde 1938 (I)	occidentaloid 1945 (I)	----	----
octaploide	1996	octaploïde 1983 (I)	octaploid 1925	----	----
octoploide	1962	octoploïde 1970	octoploid 1925	----	----

158

Derivado	Año	Francés	Inglés	Latín	Griego
odontoide	1870	odontoïde 1541	odontoid 1706	----	odontoeidês
oneiroide	1966	----	----	----	----
oniroide	1962	oniroïde 1934 (I)	--	----	----
opioide	1982	opioïde 1976 (I)	opioid 1957	----	----
organoide	1956	organoïde 1929	organoid 1857	organoïdes (m)	----
orientaloide	1986	orientaloïde 1928 (I)	orientaloid 1963 (I)	----	----
osteoide	1964	ostéoïde 1929	osteoid 1840	----	osteôdês
osteroide	1992	----	osteroid 1979 (I)	----	----
ovoide	1870	ovoïde 1758	ovoid 1828	ovoides (m)	----
pagetoide	1943	----	pagetoid 1877 (I)	----	----
pajaroide	1967	----	----	----	----
papiloide	1990	----	papiloid 1906 (I)	----	----
paraboloide	1870	paraboloïde 1660	paraboloid 1656	----	paraboloeidês
paraloide	2000	paraloïde 1862 (I)	paraloid 1900 (I)	----	----
paranoide	1943	paranoïde 1900	paranoid 1904	----	----
parasitoide	1996	parasitoïde 1960 (I)	parasitoid 1922	parasitoidea (m)	----
pegamoide	1980	----	----	----	----
pelagroide	1964	pellagroïde 1885 (I)	pellagroid 1899 (I)	----	----
penfigoide	1943	pemphigoïde 1928	pemphigoid 1822-34	----	pemphigodês
pentaploide	1993	pentaploïde 1924 (I)	pentaploid 1921	----	----
phygoide	1946	phygoïde 1885 (I)	----	----	----
pinacoide	1902	pinacoïde 1862 (I)	pinacoid 1855 (I)	----	pînâkoeidês
pirenoide	1896	pyrenoïde 1809 (I)	pyrenoid 1858	----	----
pitecoide	2001	pithecoïde 1865 (I)	pithecoid 1861	----	pîthekoeidês
placoide	1991	placoïde 1903	placoid 1842 1843 (I)	placoidei (m)	plâkôdês
planetoide	1919	planétoïde 1877	planetoid 1803	----	----

Derivado	Año	Francés	Inglés	Latín	Griego
pleurocercoide	1926	----	pleurocercoid 1912 (I)	----	----
poliperoide	1926	----	polyperoid 1867 (I)	----	----
poliploide	1957	polyploïde 1931	polyploid 1920	----	----
polipoide	1926	polipoïde 1874 (I)	polipoid 1842	----	----
politicoide	2000	----	----	----	----
porfiroide	1856	porphyroïde 1803	porphyroid 1796	----	porphûroeidês
prasoide	1962	prasoïde 1763 (I)	prasoid 1849	prăsŏīdes	prâsoeidês
presbiteroide	1891	----	----	----	----
procercoide	1926	procercoïde 1920 (I)	----	----	----
punkoide	1991	punkoïde 1988 (I)	punkoid 1986 (I)	--	----
queloide	1993	chéloïde 1818	keloid 1854	----	----
radicaloide	1924	----	----	----	----
reflexoide	1975	reflexoïde 1955 (I)	reflexoid 1949 (I)	----	----
religiosoide	1932	----	----	----	----
resinoide	1943	résinoïde 1813 (I)	resinoid 1830	----	----
retamoide	1896	----	retamoid 1866 (I)	----	----
retinoide	1951	rethinoïde 1893 (I)	retinoid 1857 (I)	----	----
reumatoide	1943	rhumatoïde 1832	rheumatoid 1859	----	rhêgmatôdês
rizoide	1896	rhizoïde 1897	rhizoid 1858	----	rhizôdês
romanticoide	1895	----	----	----	----
sabanoide	2002	----	----	----	----
salamandroide	1909	salamndroïde 1829 (I)	salamandroid 1854	salamandroides (m)	----
saponoide	1962	saponoïde 1918 (I)	saponoid 1862 (I)	----	----
sarcoide	1926	sarcoïde 1924	sarcoid 1841	----	sarkoeidês
sarcomatoide	1983	sarcomatoïde 1919 (I)	sarcomatoid 1877 (I)	----	----
selenoide	1881	solénoïde 1823	solenoid 1827	----	sôlênoeidês

Derivado	Año	Francés	Inglés	Latín	Griego
semicicloide	1969	----	semycicloid 1801 (I)	----	----
sentimentaloide	1943	----	----	----	----
sepaloide	1979	sepaloïde 1887	sepaloid 1830	sepaloeideus (m)	----
sexualoide	1977	----	----	----	----
sigmoide	1935	sigmoïde 1566	sigmoid 1670	----	sigmoeidês
siniestroide	1996	----	----	----	----
sinuosoide	1930	----	----	----	-----
sinusoide	1929	sinusoïde 1729	sinusoid 1823	----	----
sirenoide	1989	----	sirenoid	----	----
solenoide	1870	solénoïde 1823	solenoid 1827	----	sôlênoeidês
sotanoide	1984	----	----	----	----
superficialoide	1991	----	----	----	----
tabernoide	1923	----	----	----	----
tabloide	1912	tabloïde 1950 (DH)	tabloid 1884	----	----
tetraploide	1962	tetraploïde 1931	tetraploid 1914	----	----
tiahuanacoide	1974	----	----	----	----
tilacoide	1981	----	thylakoid 1961	----	----
toxoide	1979	toxoïde 1939 (I)	toxoid 1900	----	----
transoide	1974	----	transoid 1959	----	----
transparentoide	1987	----	----	----	----
trapezoide	1797	trapezoïde 1652	trapezoid 1706	trapezoides (m)	trâpezoeidês
trilobitoide	1909	trilobitoïde 1970 (I)	trilobitoid 1856 (I)	----	----
triploide	1962	triploïde 1824	triploid 1706	----	----
tripoide	1991	----	----	---- (OLD;)	----
trocoide	1926	trochoïde 1638	trochoid 1704	trŏchaeïdes	trochoeidês
tuberculoide	2000	tuberculoïde 1859 (I)	tuberculoid 1891	----	----

Derivado	Año	Francés	Inglés	Latín	Griego
turisticoide	1991	----	----	----	----
urbanistoide	1996	----	----	----	----
varioloide	1876	varioloïde 1834	varioloid 1821	varioloides (m)	----
vascoide	1946	----	----	----	----
verboide	1994	verboïde 1966 (l)	verboid 1964 (l)	----	----
viriloide	1919	viriloïde 1950 (l)	viriloid 1932 (l)	----	----
vitiligoide	1943	vitiligoïde 1878 (l)	vitiligoid 1853 (l)	----	----
vulcoide	1946	vulcoïde 1866 (l)	----	----	----
xifoide	1870	xiphoïde 1550	xiphoid 1746	xiphoides (m)	xîphoeidês
xiloide	1927	xiloïde 1827 (l)	----	----	----
zooide	1909	zooïde 1842	zooid 1851	----	zôoeidês

Capítulo 09
Los órdenes semánticos

(*ELUA: Estudios de Lingüística. 2009. 23. 241-263*).

PRESENTACIÓN

Al profesor Antonio Rifón le gustaba explorar diferentes vías para llegar a un conocimiento más profundo de la lengua española. Entre estas vías estaba el lenguaje matemático, sus fórmulas y la estadística. En la realización del trabajo de tesis del que fue mi director nos iniciamos en la estadística y en la lingüística de corpus. Se partió de una muestra amplia de personas y muchas variables de estudio para verificar o rebatir unas hipótesis previas con respecto a la formación de palabras derivadas. En aquel momento era algo novedoso en el área de la lengua española el hecho de intentar extraer información de tipo lingüístico a partir de correlaciones estadísticas. Se consiguió y se llevó a buen término.

Este es el caso del artículo "Los órdenes semánticos". Antonio Rifón establece una serie de criterios de definición y clasificación para analizar una realidad tan compleja y diversa como las relaciones y los órdenes semánticos con el objetivo de caracterizar de forma precisa las relaciones semánticas en el léxico.

Para ello, parte de las clasificaciones de estructuras semánticas elaboradas por otros autores como Coseriu, Lyons y, fundamentalmente, Cruse y plantea dotarlas de una mayor coherencia y exactitud.

Las aportaciones de Antonio Rifón en este artículo son novedosas y palpables. Introduce el concepto órdenes semánticos como instrumento de estructuración del léxico. Es un concepto amplio que aglutina todas las relaciones, esto es, las relaciones semánticas tradicionales como hiponimia, antonimia, sinonimia... y otras relaciones semánticas difíciles de delimitar por su particularidad como es el caso de "Si Juan es el jefe de Pedro y de Antonio, hay una relación directa entre Juan y Pedro y entre Juan y Antonio, pero la que existe entre Pedro y Antonio es indirecta, ya que se realiza a través de Juan" (en este ejemplo, se puede observar que la relación "ser jefe de" no se puede explicar por medio de una relación semántica como la sinonimia). Con esto da un mayor alcance a los órdenes semánticos que a las relaciones semánticas tradicionales que quedarían incluidas dentro de los primeros.

Para la clasificación de los órdenes semánticos el punto de partida se establece a partir de los conceptos de orden y de escala.

El primero, el orden, conlleva la utilización de conceptos como transitividad, reflexividad y simetría, rasgos de los conjuntos que ayudan a organizar y clasificar los diferentes órdenes semánticos. La relación de equivalencia "ser tan sabroso como" en "si la carne es tan rica como el pescado y el pescado tanto como la verdura..." es reflexiva −la carne es tan sabrosa como la carne, transitiva −si la carne es tan sabrosa como el pescado y el pescado tanto como la verdura, entonces, la carne es tan sabrosa como la verdura− y simétrica −si la carne es tan sabrosa como el pescado, entonces el pescado es tan sabroso como la carne−, de la misma manera la relación "ser sinónimo de" es también reflexiva, transitiva y simétrica. De esta manera, combinando los conceptos de transitividad, reflexividad y simetría, Antonio Rifón va estableciendo y diferenciando distintos órdenes semánticos.

A estos tres conceptos se superpone el concepto de escala (ordinal, de intervalos y proporcional) para explicar aquellas relaciones semánticas como "los tipos de mar" clasificados por el tamaño de las olas (calma, rizada, marejadilla, marejada...). Este ejemplo no se puede explicar únicamente por la relación semántica de hiponimia / hiperonimia. La relación entre los distintos cohipónimos (calma, rizada...) es más difícil de determinar y Antonio Rifón lo hace recurriendo a una escala proporcional (la escala nos da el orden, las diferencias y las proporciones de las diferencias).

La finalidad del estudio es dar mayor coherencia a las distintas propuestas de clasificación de relaciones semánticas realizadas por otros autores recurriendo al concepto más genérico y abarcador de orden semántico.

Al terminar de leer este artículo vuelven a mi memoria todas las ocasiones en que Antonio Rifón me animaba a acercarme a nuevos ámbitos para dar una explicación más completa de los fenómenos del lenguaje. Mi agradecimiento es muy sincero por este consejo y legado.

Elena Cabeza Pereiro

En este artículo[83] se estudian los órdenes semánticos generados por distintas relaciones léxicas, tanto por aquellas de carácter general que han sido reconocidas de forma tradicional (hiponimia, sinonimia, antonimia, etc.), como por aquellas otras particulares que se dan únicamente entre elementos léxicos concretos. Se ha de recalcar que el objetivo del trabajo son los órdenes semánticos, no las relaciones.

Para poder determinar la clasificación y los tipos de órdenes se analizarán los conceptos que los caracterizan; en primer lugar, los conceptos de reflexividad/ irreflexividad, simetría / antisimetría, transitividad / intransitividad; en segundo lugar, los conceptos de orden denso y discreto y, por último, los distintos tipos de escalas (ordinales, de intervalos y proporcionales). También se acudirá a la teoría de grafos para reflexionar sobre el tipo de estructuras generadas, pero no se profundizará en ella. Todos estos conceptos serán definidos y aclarados detalladamente a lo largo de la exposición.

1. Algunos apuntes historiográficos

Si bien el concepto de orden semántico nunca ha sido un concepto central de la teoría, no quiere decir esto que no haya sido tratado bajo otra terminología y otras perspectivas teóricas; por ello, y a pesar de que este estudio no pretende ser de carácter historiográfico, no se puede dejar de hacer mención, aunque sea de forma muy breve, a tres autores que desde la semántica léxica han tratado lo que llamaremos órdenes semánticos, ya de forma explícita o implícita, ya como un tema independiente o como un tema dependiente de otros más importantes[84].

Así, Coseriu (1977) dedica el capítulo IV a la tipología de los campos léxicos, retomando, como el mismo autor señala, una división que ya había hecho Weisberger (Coseriu, 1977:213-214). Coseriu diferencia varios tipos de clasificaciones de las que, para el tema que nos ocupa, se ha de destacar aquella que se refiere al número de dimensiones, distinguiendo en ella entre campos simples, campos lineales o unidimensionales y campos complejos o pluridimensionales.

En los primeros distingue tres subtipos: antonímicos, graduales y seriales. En los campos antonímicos se da una oposición privativa o una análoga a una privativa del tipo x/no x (p. e. *bajo – alto, corto – largo, vacío – lleno, estrecho – ancho, grande – pequeño*). Señala, además, que estos campos pueden presentar oposiciones gra-

---

83 Este artículo se ha realizado dentro de los trabajos del proyecto *Anotación léxica, sintáctica y semántica de corpus del español (ALEXSYS)* que cuenta con la financiación del Ministerio de Ciencia e Innovación [Ref. FFI200801953] [2009-2011].

84 En la actualidad existen herramientas que dan cuenta de las relaciones, pero no de forma directa de los órdenes. Estos, en algunas de ellas, pueden ser deducidos de las relaciones semánticas. El establecimiento de las relaciones se hace de forma más o menos gráfica dependiendo de la herramienta elegida; entre estas, se pueden destacar: Visualthesaurus (http://www.visualthesaurus.com/); Visuwords (http://www.visuwords.com/) o Wordnet (http://wordnet.princeton.edu/).

duales colaterales; así, en *pequeño* y *grande*, se engloban las oposiciones graduales *minúsculo – pequeño*, *grande – pequeño*, considerando que se convierten en pluridimensionales si se añade una distinción a su oposición base; pero, si son grados de la misma, siguen siendo unidimensionales en los que los lexemas *pequeño – grande* funcionan como archilexemas. Al tratar este tipo de estructuras, retomaremos en parte y modificada la idea de campo lineal con dos archilexemas entre los que existe una estructura especial. Los otros dos tipos de campos unidimensionales son los graduales (*froid – frais – tiède – chaud*), en los que se dan oposiciones graduales, y los seriales, formados por oposiciones equipolentes. Así, por ejemplo, el campo de los días de la semana constituiría un campo serial ordinal, pues tiene un orden fijo y es una serie cerrada, mientras que el campo de los nombres de pájaros sería serial no-ordinal, pues es abierto y no tiene orden fijo.

Los campos pluridimensionales se dividen en dos tipos: bidimensionales y multidimensionales:

– Los bidimensionales pueden ser correlativos o no correlativos. En los correlativos actúa una relación antonímica y una sinonímica (*fácil – difícil / liviano – pesado*). En los no correlativos, además de la antonímica o sinonímica, actúa una gradual. La oposición en el campo de los colores entre la serie acromática y cromática es una relación antonímica; se da también una oposición gradual en la serie acromática (*blanco – gris – negro*) y una equipolente en la cromática (*rojo – verde – azul – ...*). El campo de los colores es, debido a esta confluencia de oposiciones, un campo pluridimensional no correlativo.

– Los pluridimensionales multidimensionales pueden ser jerarquizantes o selectivos. En los jerarquizantes se van aplicando sucesivamente dimensiones, pudiendo ser representados por árboles invertidos. En los selectivos las distinciones se aplican al mismo tiempo.

Como se verá, la propuesta de Coseriu y la que se va a hacer parecen coincidir en algunos aspectos, pero hay, también, claras diferencias entre ellas. En la propuesta de este artículo no se trabajará con el campo léxico en el sentido estructural y tampoco se utilizarán las oposiciones privativas, graduales y equipolentes, ni las relaciones sinonímicas, antonímicas y graduales para clasificar los órdenes semánticos.

También aparecen los órdenes semánticos, aunque de forma soslayada, en Lyons (1977:271). Lyons diferencia, en los llamados contrastes no binarios, dos tipos de opuestos a partir del orden de los elementos implicados: las series y los ciclos. Las series pueden a su vez organizarse en escalas y en rangos dependiendo de si pueden ser graduadas o no. Como se argumentará, si bien se puede considerar que hay opuestos en series y en ciclos, no todas las series y los ciclos son opuestos, ni esa diferenciación cubre todos los opuestos, parece que, en este caso, se están empleando en una misma clasificación perspectivas diferentes. Una cuestión es que haya opuestos que generen un ciclo o una serie y otra distinta que todos los opuestos generen un ciclo o una serie; se vuelve a la idea, que se reiterará en varias ocasiones, de que una cosa son las relaciones y otra los órdenes.

Es, sin duda, Cruse (2000: cap. 10) el que trata de forma más clara e independiente la 167 estructura de los campos, entendiendo esta como el orden generado por las relaciones entre lexemas. No esbozaremos aquí la postura de Cruse, ya que es empleada a lo largo del artículo como una especie de guía para la argumentación. Hay que señalar que las estructuras reconocidas en Cruse (2000) no aparecen en Croft y Cruse (2004) (no sabemos si han sido desechadas por el autor o si su desaparición se debe a otras razones de carácter coyuntural).

Tras esta breve exposición historiográfica, pasemos ahora a desarrollar la propuesta y, para ello, lo primero será dar un apunte sobre el alcance del concepto de orden semántico que va más allá del de las relaciones semánticas tradicionales.

2. Alcance de los órdenes semánticos

Trataremos, ahora, de centrar un poco más el objeto de estudio a través de dos grupos de ejemplos que pueden mostrar de forma, para empezar, intuitiva, qué son los órdenes semánticos y qué alcance tienen en la estructuración del léxico.

Si el *mono* es un *mamífero* y el *hombre* es un *mamífero*, existe una relación directa entre *mono* y *mamífero* y entre *hombre* y *mamífero* y una indirecta entre *hombre* y *mono* a través de *mamífero*; mientras que en *pequeño, grande, gigante,* o *muerto, cadáver, difunto* se establecen relaciones directas entre los tres elementos de cada uno de estos grupos.

Si se consideran estos ejemplos, se reconocerán, al menos, tres tipos de relaciones semánticas —hiponimia, sinonimia, antonimia— de gran tradición que pueden ser aplicadas a los lexemas de distintos campos léxicos y de diferentes categorías gramaticales.

Si *Juan* es el jefe de *Pedro* y de *Antonio*, hay una relación directa entre *Juan* y *Pedro* y entre *Juan* y *Antonio*, pero la que existe entre *Pedro* y *Antonio* es indirecta, ya que se realiza a través de *Juan*; si *Mercurio* está antes que *Venus* y este que la *Tierra* y esta que *Marte*, y si la *carne* es tan rica como el *pescado* y el *pescado* tanto como la *verdura*, hay una relación directa entre *Mercurio, Venus, Tierra* y *Marte* y otra entre *carne, pescado* y *verdura*.

En estos ejemplos, se puede observar que las relaciones "ser jefe de", "estar antes que" o "ser tan sabroso como" no se pueden explicar por medio de las tradicionales relaciones semánticas. Si bien "ser jefe de" podría parecerse a una hiponimia, no lo es; "estar antes que" a una antonimia, pero no lo es; "ser tan sabroso como" a una sinonimia, pero no lo es.

Por tanto, sólo algunos de los ejemplos vistos son explicables por medio de relaciones semánticas, pero todos tienen en común que poseen orden, existiendo similitudes, en cuanto al orden, entre algunos de ellos. Así el orden generado por "ser jefe de" es similar al generado por la hiponimia de *mono, hombre, mamífero*, ya que genera una prelación entre términos; por un lado, la existente entre *mamífero* y *mono / hombre* o la que se establece entre Juan y sus subordinados, y por otro, términos sin prelación entre ellos *mono / hombre* o los subordinados de Juan. En la relación de "estar antes que" y en la de *pequeño – grande – gigante* todos los elementos están ordenados unos con respecto a otros. Entre la relación "tan sabroso como" y la sinonimia de *muerto, cadáver, difunto* parece que no existe ningún tipo de ordenamiento entre los elementos, todos pueden estar en el mismo nivel y en la misma posición.

Se podría argumentar que, si bien las relaciones semánticas específicas no dan cuenta de todas ellas, sí la dan las relaciones generales —privativas, graduales y equipolentes—. En algunos casos, esto es cierto, en otros no es posible; así, la relación entre *Mercurio, Venus, Tierra* es equipolente, pero la equipolencia por sí sola no es capaz de capturar la relación "estar antes que".

Se concluye pues que los órdenes agrupan todo tipo de relación, entre ellas las relaciones semánticas generales (hiponimia, sinonimia, etc.), pero también a otras que son semánticas pero particulares y otras de carácter sintáctico-semántico, etc.; es decir, los órdenes tienen mayor alcance que las relaciones semánticas, aunque estas, por el mero hecho de ser relaciones, generan orden y sus estructuras se incluyen dentro de los órdenes.

Aclarado el alcance de los órdenes, quedan ahora por determinar los tipos y las características de los distintos órdenes que se generan en el léxico que es el campo al que hemos circunscrito el objeto de este trabajo.

3. Preorden y semipreorden

Una relación de equivalencia es aquella que es reflexiva, transitiva y simétrica[85]:

$\forall x, y, z \in P$

$x \leq x$ (Reflexividad)

$x \leq y \wedge y \leq z \rightarrow x \leq z$ (Transitividad)

$x \leq y \wedge y \leq x$ (Simetría)

Serían, según esto, relaciones de equivalencia las que se han establecido entre *carne, pescado* y *verdura* y entre *cadáver, difunto* y *muerto*. Así, la relación de "ser tan sa-

---

broso como" es reflexiva —la *carne* es tan sabrosa como la *carne*—, transitiva —si la *carne* es tan sabrosa como el *pescado* y el *pescado* tanto como la *verdura*, entonces, la *carne* es tan sabrosa como la *verdura*— y simétrica —si la *carne* es tan sabrosa como el *pescado*, entonces el *pescado* es tan sabroso como la *carne*—, de la misma manera la relación "ser sinónimo de" es también reflexiva, transitiva y simétrica.

Se ha de advertir que, aunque a lo largo del artículo se establezcan relaciones entre órdenes semánticos y relaciones semánticas, no se ha de identificar unas con otras. Si bien la mayoría de las relaciones semánticas de un determinado tipo generan un cierto tipo de orden, esto no significa que un cierto tipo de relación genere siempre el mismo tipo de orden. Por ejemplo, a partir del caso de *cadáver, difunto* y *muerto* se podría estar tentado a identificar las relaciones de sinonimia con las relaciones de equivalencia, pero, como se ha visto, no todas las relaciones de equivalencia son sinonimias (*carne, pescado, verdura*), ni, como vamos a mostrar, todas las sinonimias son relaciones de equivalencia.

Si se consideran los significados del par *cadáver – fiambre*[86], se verá que, teniendo en cuenta los registros en los que se emplea cada una de estas palabras, *cadáver* es sinónimo de *fiambre*, pero *fiambre* no es sinónimo de *cadáver* en todos los contextos. El lexema *cadáver* no está marcado en cuanto al uso, es decir, se puede emplear en cualquier registro, mientras que *fiambre* sí lo está, de manera que, en el registro coloquial, *cadáver* y *fiambre* son sinónimos, mientras que, en el resto de registros no lo son; *cadáver* y *fiambre* son sinónimos proposicionales[87]. Entonces, los sinónimos proposicionales, en los que influye el uso o el registro, son reflexivos y transitivos, pero no simétricos, ya que *fiambre* "es sinónimo de" *cadáver*, no implica *cadáver* "es sinónimo de" *fiambre*, de la misma manera que, *viejos* "es sinónimo de" *padres*, pero sólo lo es en ciertos registros, o *guagua* "es sinónimo de" *autobús*, pero sólo lo es en ciertas zonas geográficas. Si todos ellos fueran sinónimos absolutos como, por ejemplo, podemos suponer que son *transponer* y *trasponer*[88], entonces sí serían simétricos, ya que *transponer* "es sinónimo de" *trasponer* y *trasponer* lo es de *transponer*, y al ser además transitivos y reflexivos, formarían un *preorden*.

Otro caso son los opuestos complementarios, por ejemplo los pares *útil – inútil, vivo – muerto, fácil – difícil, sol – sombra, dormido – despierto* o *macho – hembra*. En

---

86 Sólo se tienen en cuenta para facilitar la explicación, la primera acepción del DRAE (2001) de *cadáver* "1. m. Cuerpo muerto" y la tercera de *fiambre*, "3. m. coloq. Cadáver".

87 A este tipo de sinónimos se les ha llamado sinónimos proposicionales ya que, si bien mantienen las mismas condiciones de verdad, ya que todo *cadáver* es un *fiambre* y todo *fiambre* es un *cadáver*, no son intercambiables en todos los contextos de uso, ya que *fiambre* está marcado en cuanto al registro.

88 La existencia de sinónimos absolutos —aquellos que son intercambiables en todos los contextos y registros— es dudosa. Sólo aquellas palabras que pueden ser consideradas variantes formales cumplen, y no siempre, los requisitos tan exigentes de la sinonimia absoluta. En este caso consideraremos que las variantes formales *transponer* y *trasponer* son sinónimos absolutos, sin entrar a discutir el problema de su sinonimia.

estos se puede comprobar que la relación "ser opuesto complementario de" es simétrica —ya que si *vivo es opuesto a muerto*, entonces, *muerto es opuesto a vivo*—, también se puede suponer que es transitiva, aunque la transitividad en estos opuestos no es comprobable, pues son relaciones de dos términos, pero no es reflexiva, sino irreflexiva —ya que *vivo no es opuesto a vivo*—.

Hasta ahora se ha establecido la existencia de una relación de equivalencia que es reflexiva, transitiva y simétrica (*carne – pescado – verdura; transponer – trasponer*) y que genera un *preorden*; si la relación fuese irreflexiva pero siguiese siendo transitiva y simétrica (*útil – inútil, vivo – muerto, fácil – difícil, sol – sombra, dormido – despierto* o *macho – hembra*), generaría un *semipreordem* (Kauffmann, 1975:100) y, por último, si la relación fuese reflexiva y transitiva y antisimétrica (*cadáver – fiambre, padres – viejos, autobús – guagua*), generaría un orden parcial.

Se han reconocido, de momento, tres órdenes, el preorden (reflexivo, transitivo y simétrico), el semipreorden (irreflexivo, transitivo y simétrico) y el orden parcial, cuyas características se verán a continuación.

4. Órdenes parciales

Retomando el primer ejemplo de la introducción, en el que *Juan* es jefe de *Pedro* y de *Antonio* y, si se añade que *Antonio* es jefe de *Luis*, no se podrá decir en qué orden de la jerarquía se encuentran *Pedro* y *Antonio* entre ellos, sus puestos jerárquicos no son comparables, sí lo es, sin embargo, el de *Juan* con respecto a *Luis*, ya que si *Juan* es jefe de *Antonio* y *Antonio* de *Luis*, dejando a un lado posibles casos extraños, *Juan* también lo será de *Luis*, es decir, *Luis* es el último de la escala jerárquica, pero sólo en una de las líneas, ya que entre *Pedro* y *Luis* no existe ninguna relación de jerarquía en el sentido de "ser jefe de".

Es este un ejemplo de lo que se llama un *orden parcial*. Los elementos del mismo se organizan a partir de relaciones reflexivas, transitivas y antisimétricas.

$$\forall x, y, z \in P$$
$$x \leq x \qquad \text{(Reflexividad)}$$
$$x \leq y \wedge y \leq z \rightarrow x \leq z \quad \text{(Transitividad)}$$
$$x \leq y \wedge y \leq x \rightarrow x = y \quad \text{(Antisimetría)}$$

Las relaciones que generan un orden parcial son numerosas y de diferentes tipos, por ejemplo, nuestra relación de "ser jefe de"; pero, sin duda alguna, de las relaciones que generan un orden parcial a la que se le ha prestado mayor atención y, también, la más abundante en el léxico es la hiponimia.

La primera cuestión que se plantea en el ordenamiento de las hiponimias es si todas las hiponimias son órdenes parciales. Si se atiende a las taxonomías formales de la

Biología, se verá que la gran mayoría están constituidas por taxones politípicos, por lo que generan taxonomías que son órdenes parciales, pero hay unos pocos que son monotípicos y estos no generan un orden parcial, dando lugar a la Paradoja de Gregg (Mosterín, 2000:85-89)[89].

En el lenguaje natural aparecen también taxones monotípicos y también en pocos casos. Lo más común es que el hiperónimo posea varios hipónimos; sin embargo, se dan casos, creemos que sobre todo en la categoría verbal, en los que el hiperónimo sólo posee un hipónimo. Por ejemplo, el verbo *beber*, posee varios hipónimos que se realizan desde diferentes perspectivas como son el tipo de bebida (*cervecear)* o el modo de beber (*sorber*). Desde la perspectiva que podemos llamar de "agente", sólo posee un hipónimo, *abrevar*, que se aplica a animales; no hay un verbo hipónimo de *beber* que se aplique a personas o a plantas. Por tanto, *beber,* desde esta perspectiva, posee un sólo hipónimo, es monotípico, ya que el resto de posibilidades conceptuales no se han lexicalizado. Al ser monotípico no sólo cumple las propiedades de los órdenes parciales, sino alguna más que hace que sea de otro tipo que analizaremos más adelante.

Una característica de los órdenes parciales es que sólo son comparables en cuanto al orden aquellos elementos que se hallan en el mismo camino, pero no lo serían aquellos que se hallan en caminos diferentes[90]. Así, si se consideran como hipónimos de *golpear* a *flagelar, apalear* y *garrotear,* se tendrá un grafo que represente la hiponimia con tres caminos diferentes que llevan a cada hipónimo. Estos cohipónimos no son comparables en cuanto al orden entre sí, sino sólo con respecto a su hiperónimo; es decir, se puede establecer un orden entre *golpear* y cada uno de sus hipónimos, pero no se puede establecer ningún orden entre los cohipónimos.

Ahora bien, en algunos casos de hiponimia se puede establecer algún tipo de orden entre los cohipónimos, contraviniendo así la incomparabilidad en cuanto al orden. Este hecho es fácilmente explicable por la existencia en el grupo de hipónimos / hiperónimos de otras relaciones que generan orden. Por ejemplo, en el grupo de *diente, incisivo, colmillo, premolares* y *molares,* en el que *diente* es el hiperónimo y el resto sus hipónimos, o en el de *mar*, el hiperónimo, y *calma, rizada, marejadilla, marejada, fuerte marejada, gruesa, muy gruesa, arbolada, montañosa, enorme,* los hipónimos, no

---

89 Los taxones politípicos son aquellos que se dividen en, por lo menos, dos nuevos tipos de taxones; por ejemplo, el taxón del género *homo* se divide en varios tipos de especies, varios taxones, entre ellos la especie *sapiens* y la *australophithecus*. Los taxones monotípicos son aquellos que se dividen en un sólo taxón subordinado; por ejemplo, la familia *tarsiidae* se divide sólo en el género *tarsius*. La paradoja de Gregg surge al tener en los taxones monotípicos dos conjuntos diferentes (p. e. la familia y el género) con los mismos elementos, pero, según la teoría de conjuntos, dos conjuntos con los mismos elementos son el mismo conjunto.

90 Un camino es la ruta entre dos vértices de un grafo que no pasa dos veces por el mismo vértice. Así, en la hiponimia un camino sería el que une el primer hiperónimo con el último hipónimo pasando por los hiperónimos de este, de manera que sería una ruta que no pasaría dos veces por el mismo lexema, los cuales constituyen los vértices del grafo.

sólo se dan relaciones de hiponimia / hiperonimia generando un orden parcial, sino otras relaciones que generan otros tipos de órdenes. Si se consideran las relaciones de hiponimia / hiperonimia, el orden sólo ha de ser considerado con respecto al hiperónimo; así, con respecto a *diente*, *molar* no es antes que *premolar*, y en cuanto a *mar*, *marejada* no es antes, ni después que *arbolada*. Sin embargo, si la comparación se realiza entre los cohipónimos, no con referencia al hiperónimo, sino entre ellos, se establece una relación de orden, en el primer ejemplo, por su posición en la dentadura y, en el segundo, por el tamaño de las olas. Existen, pues, dos relaciones y dos órdenes diferentes; por un lado, un orden parcial generado por la relación de hiponimia / hiperonimia y, por otro, un orden, que será analizado más adelante, que se genera por otras relaciones diferentes a la hiponimia / hiperonimia y que se establece entre los cohipónimos.

Para acabar este apartado, se ha de señalar que no todos los órdenes parciales son hiponimias; por ejemplo, aquellos sinónimos denominados sinónimos proposicionales se organizan a través de un orden parcial en el que el hiperónimo sería el elemento neutro, como se ha visto ya al tratar los casos de *cadáver – fiambre, padres – viejos, autobús – guagua*.

4.1. Órdenes parciales estrictos

Si el orden parcial es irreflexivo, se da un *orden parcial estricto*; por tanto, un orden parcial estricto está generado por una relación irreflexiva, transitiva y antisimétrica.

Si se considera que la meronimia o la holonimia es una relación irreflexiva entonces es un orden parcial estricto; por ejemplo, *la hoja, el pivote, el brazo* y *el ojo* son "partes propias" de la *tijera*, pero ninguna de ellas es una parte propia de sí misma, es, por tanto, una relación irreflexiva[91].

En los órdenes parciales estrictos se da, al igual que en los no estrictos, la incomparabilidad entre los elementos del mismo nivel; así, si la relación es de meronimia, los comerónimos[92] son incomparables en cuanto al orden. También puede ocurrir aquí que no sólo se establezca un orden parcial estricto, sino que haya otros órdenes y otras relaciones que estructuren los elementos del mismo nivel. Por ejemplo, en la meronimia compuesta por *miembro superior, cintura escapular, brazo, antebrazo* y *mano*, existe un orden parcial estricto entre *miembro superior* y el resto de lexemas,

---

91 Se considera aquí la meronimia como una relación irreflexiva ya que sólo se tiene en cuenta como meronimia la relación "parte propia de" que es irreflexiva y no la relación de "parte de" que es reflexiva (vid. Simons, 1987:10-11).

92 Los comerónimos son aquellos merónimos dependientes directamente de un holónimo que están situados en el mismo nivel jerárquico. Los comerónimos son a la meronimia lo mismo que los cohipónimos a la hiponimia.

pero entre los comerónimos *cintura escapular, brazo, antebrazo* y *mano* se puede establecer otro tipo de orden diferente al parcial estricto.

Al igual que en los órdenes parciales, se cometería un error si se considerase que en el léxico sólo las meronimias son órdenes parciales estrictos, ya que, por ejemplo, la relación "ser antepasado de" es una relación irreflexiva —ya que nadie es antepasado de sí mismo—, es transitiva —ya que si A es antepasado de B y B de C, entonces A lo es de C— y es antisimétrica —ya que si A es antepasado de B, entonces B no es antepasado de A—; "ser antepasado de" es un orden parcial estricto.

Al hecho de que no todos los órdenes parciales estrictos sean meronimias, se ha de añadir que tampoco todas las meronimias generan órdenes parciales estrictos;

    milímetro – centímetro – metro – kilómetro
    centígramo – gramo – kilogramo – tonelada
    especie – género – familia – orden – clase – filo – reino
    átomo – molécula

En todos estos casos se da una relación de meronimia, ya que, por ejemplo, el kilómetro está formado por metros y estos por centímetros y estos por milímetros. Se da pues una relación irreflexiva, transitiva y antisimétrica, igual que en los órdenes parciales estrictos, pero todos cumplen, además, otra característica que los convierte en otro tipo de órdenes diferentes a los parciales estrictos, son órdenes totales o lineales.

Antes de tratar algunos problemas de los grafos de los órdenes parciales, recapitulemos sobre los cinco órdenes reconocidos: preorden (reflexivo, transitivo y simétrico), semipreorden (irreflexivo, transitivo y simétrico), orden parcial (reflexivo, transitivo y antisimétrico), orden parcial estricto (irreflexivo, transitivo y antisimétrico) y orden total o lineal, que será tratado en el apartado 5.

4.2 Órdenes parciales y grafos

Antes de pasar a tratar los órdenes totales o lineales, se ha de hacer un pequeño alto para abordar un aspecto de la representación gráfica de los órdenes parciales.

Los órdenes parciales, estrictos o no, se presentan con estructuras en las que no todos los vértices o nodos mantienen una relación de orden entre sí. En la mayoría de las representaciones de hiponimias y meronimias, que son órdenes parciales, el grafo resultante aparece como una estructura ramificante que, partiendo de cada hiperónimo, extiende varios vértices hacia cada uno de sus hipónimos. La forma de esta ramificación ha llevado a muchos autores a hablar de estructuras arbóreas (p. e. Coseriu, 1977:232), pero esta denominación ha de ser matizada.

Se ha de recordar que un orden parcial no estricto se establece a partir de una relación transitiva, antisimétrica y reflexiva, diferenciándose el estricto por ser irreflexivo.

Esto implica que, por ser ambos antisimétricos, en su grafo, ha de estar representada la dirección de dicha antisimetría, generando así un grafo dirigido y que, en ese mismo grafo, han de estar representadas también las relaciones reflexivas si las hubiera.

174

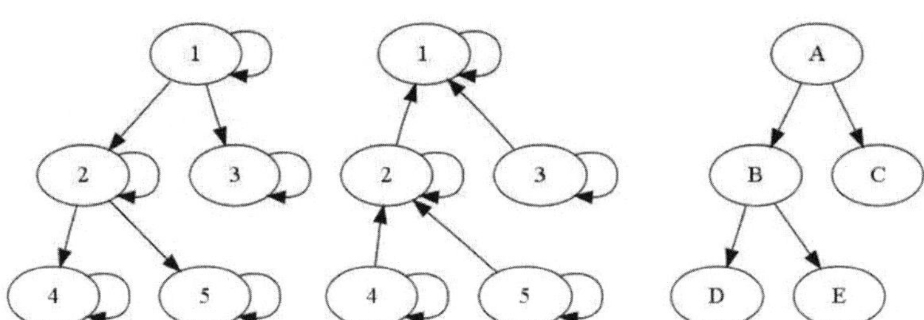

Los dos primeros grafos desde la izquierda representan un orden parcial no estricto, que es transitivo, antisimétrico y reflexivo. La dirección de la antisimetría está representada por la dirección de las flechas que unen cada nodo, siendo diferente en cada grafo. La reflexividad se representa por la arista que une un nodo consigo mismo en lo que se llama un ciclo. El tercer grafo representa un orden parcial estricto, también es transitivo y antisimétrico, pero, al contrario que los otros dos, carece de ciclos, ya que el orden que representa es irreflexivo.

Para su tratamiento podemos considerar que el primer grafo es una abstracción de una hiperonimia, el segundo de una hiponimia y el tercero de una holonimia. Centrémonos ahora en los dos primeros, ya que lo que se diga sirve también para el tercero. Se puede observar que la relación de hiperonimia (primer grafo) y de hiponimia (segundo grafo) constituyen, como ya se ha indicado, un grafo dirigido, siendo en la primera la dirección desde el hiperónimo al hipónimo —1 "es hiperónimo de 2"— y en la hiponimia del hipónimo al hiperónimo —2 "es hipónimo de" 1—. Ambos grafos presentan, además, ciclos: cada nodo está unido a sí mismo por una arista, ya que tanto la hiperonimia como la hiponimia son relaciones reflexivas. Ambos grafos son, además, no conexos, puesto que no existe un camino que, desde cualquiera de los nodos del grafo, conduzca a cualquiera de los otros nodos; así, si en el segundo grafo se sube desde el 4 al 2 y de ahí al 1, no se puede pasar al 3 ya que la dirección de la relación lo impide.

En el tercer grafo, desde la izquierda, el de la holonimia, no hay ciclos, ya que no es reflexivo, pero también es dirigido y tampoco existe un camino que lleve de un nodo a cualquier otro, es decir, es no conexo.

Teniendo todo lo anterior presente, si se define un árbol como "un grafo no dirigido conexo y sin ciclos" (Rosen, 2004:589), ninguno de estos grafos constituiría un árbol, ya que son grafos dirigidos, no conexos y, dos de ellos, con ciclos.

Si se desea representar estas relaciones mediante un árbol, sería necesario eliminar todas las aristas superfluas, es decir, aquellas deducidas de la relación para obtener así su diagrama de Hasse. Eliminadas estas, los dos primeros grafos pueden ser representados como cualquiera de los grafos siguientes:

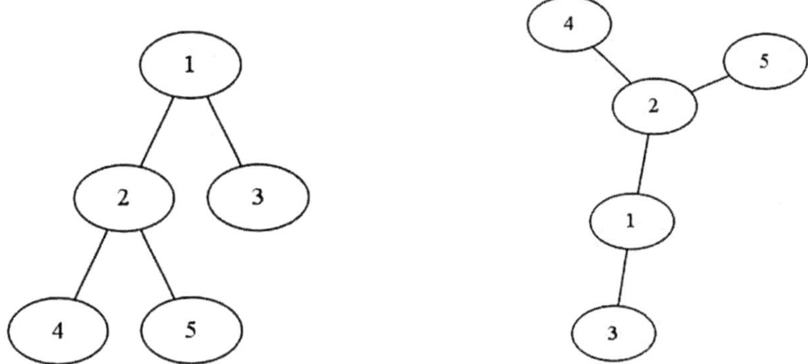

Estos dos grafos son árboles, de manera que el diagrama de Hasse de la relación hiponimia-hiperonimia puede ser representado de cualquiera de las dos maneras y constituye un árbol. Para evitar esta dualidad, diremos que la relación de hiponimia / hiperonimia se puede representar como un árbol con raíz, es decir, que hay un nodo que se considera la raíz y el resto de nodos se orientan alejándose de él, tal como ocurre en el primer grafo. Esto es posible sólo si se considera el par de relaciones, hiperonimia / hiponimia, a la vez; si se considera una a una, lo que se obtendría, como ya se ha visto, sería un grafo dirigido, no conexo y con ciclos, que no es un árbol.

Para el par holonimia / meronimia sucede lo mismo. Si se toman ambas relaciones se pueden representar mediante un árbol a partir de su diagrama de Hasse; pero, si se toman de una en una, el grafo sería dirigido, no conexo y, en este caso, al ser las relaciones irreflexivas, sin ciclos, tampoco sería un árbol.

Dejemos ahora los grafos de las relaciones, aunque no se hayan tratado todas las cuestiones que suscita, y volvamos al punto en que se había dejado la discusión de los órdenes, los órdenes totales o lineales.

5. Órdenes totales o lineales

Para el estudio de estos órdenes, tomaremos como guía a Cruse (2000:cap. 10) quien diferencia entre *hierarchies* o *branching hierarchy*, que se corresponden más o menos con los órdenes parciales vistos anteriormente, y *linear structures*, que se corresponden con los órdenes totales o lineales.

5.1. *Las estructuras lineales de Cruse*

Cruse diferencia en las *linear structures* varios subtipos: *bipoles, bipolar chains* y *monopolar chains*. De estos tres subtipos eliminaremos los dos primeros de nuestra clasificación.

Los *bipoles* se identifican con los opuestos complementarios que están constituidos por un único par de términos (*dead / alive, posible / impossible, male / female*). Los *bipoles* de Cruse ya han sido abordados al tratar algunos ejemplos como *útil – inútil, vivo – muerto, fácil – difícil, sol – sombra, dormido – despierto, macho – hembra* y se ha visto que constituyen un semipreorden, ya que son irreflexivos, transitivos y simétricos.

Las *bipolar chains* son aquellos opuestos que tienen un mayor número de miembros (*fantastic, excellent, good, bad, awful, abysmal*) en los que se tiene el par de opuestos *good / bad* como elementos que ocupan ambas secciones de la oposición y otros términos en los que se denotan diferentes grados de la propiedad. La interpretación de las *bipolar chains* será tratada en otro apartado de forma más extensa, pero se puede adelantar que serán interpretadas como la conjunción de tres órdenes diferentes, un semipreorden, un orden parcial y un orden lineal.

El abandono de estas dos distinciones no es por cuestiones puramente terminológicas, sino que permite, entre otras cosas, no hacer una identificación entre relaciones y estructuras, ya que, en principio, los *bipoles* son opuestos complementarios y las *bipolar chains*, opuestos antónimos, por lo que, en este caso, relación y estructura serían clasificaciones redundantes, a lo que se ha de añadir que, como ya se ha visto, la identificación de relaciones y órdenes es, en muchos casos, errónea.

Volviendo a la clasificación de Cruse, este, dentro de las *monopolar chains*, diferencia *degrees, stages, measures, ranks* y *sequences* que traduciremos como: *grados, fases, medidas, rangos* y *secuencias*.

El primer tipo que se ha de desechar de la clasificación son las *fases* (*stages*); estas son según Cruse (2000:190)

> points in a lifecycle (taken in a broad sense) of something and normally invoke the notion of progresion:

primary	secondary	undergraduate	postgraduate
infancy	childhood	adultho	old age
egg	larva	pupa	butterfly

Tres son los puntos criticables de esta definición. Por un lado, la aclaración de *in a broad sense* deja a la definición un alto grado de inexactitud, ya que esta depende de la amplitud conceptual que se le dé a *lifecycle*, concepto al que se le pueden dar múltiples interpretaciones sin que la definición pueda llegar a discriminar cuáles de ellas son correctas y cuáles no. Por ejemplo, se puede considerar como ciclo de vida la evolución estelar (*supergigante azul, supergigante amarilla, supergigante roja, supernova, estrella de neutrones*) si ciclo de vida se entiende en un sentido metafórico, pero no si se entiende como vida biológica o social, como parecen apuntar los ejemplos de Cruse. Al tener la definición conceptos tan ambiguos en el *definiens*, es difícil su correcta aplicación.

Tampoco queda claro si aquellos conceptos que impliquen progresión pero que no sean de un ciclo de vida han de ser interpretados como un subtipo de fases o si las fases son un subtipo de las estructuras lineales monopolares de progresión, por cierto, tipo este último no reconocido en la clasificación.

En último lugar, si se está hablando de estructuras, se han introducido conceptos (ciclo de vida y progresión) que nada tienen que ver con estas, pudiéndose encontrar conceptos que se organizan de la misma manera que las fases pero que no representan ciclos de vida, ni progresión. Sería más adecuado comprobar los órdenes en que se estructuran los ciclos de vida y los conceptos que implican progresión y comprobar si poseen un orden peculiar o son semejantes a otros en los que los conceptos implicados no indican ni ciclos de vida, ni progresión; de ser así, todos tendrían el mismo orden, si hubiese diferencias entonces sí se podría distinguir un orden para los ciclos de vida o los conceptos que impliquen progresión. De momento es más adecuado abandonar estos dos rasgos como rasgos distintivos de la clasificación.

Los otros cuatro tipos se generan a partir de cuatro rasgos que se pueden resumir en este cuadro que, hemos de recalcar y dejar claro, es una adaptación muy personal de lo dicho por Cruse:

	GRADO	MEDIDA	RANGO	SERIE
Límites difusos	+	−	−	−
Interior graduable o medible	+	+	−	−
Orden inherente	+	+	+	−
Misma Propiedad	+	+	+	+

Trataremos ahora de explicar muy brevemente y a través de ejemplos los distintos rasgos. Por ejemplo, los límites entre *gigante – alto – bajo – enano* son difusos, mientras que, entre *centímetro, metro, kilómetro* no son difusos, en el primer grupo no se puede determinar de forma exacta la frontera entre *alto* y *bajo*, mientras que en el segundo sólo se puede tener un metro cuando se tienen 100 cms. El interior de *centímetro* es graduable, ya que se suman centímetros para llegar al metro, pero, el de *subdirector,* no es graduable ni medible, ya que no se suman *subdirectores* para llegar a *director.* El orden entre *niño, joven, adulto, anciano* es inherente en el sentido de que, si bien se puede ordenar de *niño* a *anciano,* tal como se ha hecho, o de *anciano* a *niño,* en sentido contrario, no se puede realizar una ordenación del tipo *adulto, anciano, niño, joven;* es decir, se puede comenzar por *niño* o por *anciano,* pero la sucesión de términos ha de ser mantenida. El orden en *otoño, invierno, primavera, verano* no es inherente, ya que se puede comenzar a ordenar por cualquiera de los miembros del grupo (*primavera, verano, otoño, invierno* o *invierno, primavera, verano, otoño*), aunque, eso sí, ya que están ordenados, se ha de seguir la sucesión de los mismos, pero ese orden no impone la obligación de comenzar por uno u otro, se volverá más adelante sobre esta cuestión.

La clasificación establecida por Cruse presenta, además, una dificultad menor de carácter terminológico. Si bien la terminología usada es muy transparente, esto conlleva que, en algunas ocasiones, resulte extraño decir que una determinada estructura compuesta por unos determinados lexemas es, por ejemplo, un rango, ya que se superpone inmediatamente nuestro concepto de rangos militares, académicos, etc. La bondad de la transparencia terminológica se vuelve a veces perjudicial, ya que choca con lo que normalmente se llaman rangos; así, *troposfera, estratosfera, mesosfera, termosfera, exosfera* es una estructura de rango, pero resulta confuso o, por lo menos, extraño decir que es un rango igual que *soldado, cabo, etc.*

5.2 Órdenes lineales o totales. Otra visión

Las estructuras monopolares de grado, medida y rango establecidas por Cruse se corresponden con un *orden total o lineal* que es un orden parcial al que se suma el rasgo de totalidad:

$$x < y \Rightarrow_{Def.} x \leq y \land x \neq y$$

$$(\forall x, y \in P) [x < y \lor x = y \lor y < x]$$

Si simplemente se agrupan estas tres estructuras (grado, medida y rango) dentro de los órdenes totales, se pierde finura en la clasificación, ya que la de Cruse hace más distinciones. Al problema de la finura, se añade que, si bien ciertos grupos de lexemas como, por ejemplo, *enano – alto – bajo – gigante* y *soldado – cabo – sargento* muestran similitudes, también presentan diferencias que no serían reconocidas. Para resolver el problema de la finura y dar cuenta de estas diferencias, se ha de acudir a los conceptos de *densidad* del orden y de tipo de *escala.*

Se dice que un *orden lineal* es *denso* cuando, entre dos elementos del orden, puede haber siempre uno nuevo intermedio. De manera que un orden es denso cuando

$$(A, <) \text{ es un orden lineal}$$

$$\forall x \in A \; \forall y \in A \; (x < y) \rightarrow \forall z \in A (x < z \land z < y)$$

En casos como *subestimar, estimar, sobrestimar* o *esquelético, delgado, gordo, obeso* o *caserío, pueblo, ciudad*[93] se puede siempre introducir un nuevo elemento ente los ya existentes, por ejemplo, creando nuevos lexemas para designar un nuevo grado de la propiedad (*superobeso, megaciudad*) o por medio de la modificación adjetival o adverbial (*sobrestimar mucho, poco, muchísimo, muchísimo más, etc.,* o *poco delgado, muy delgado, etc.* o *caserío pequeño, pueblo grande, ciudad pequeña*). En estos casos siempre se puede, entre dos gradaciones, introducir un nuevo elemento intermedio.

También pueden insertarse nuevos elementos entre los lexemas existentes en los casos de *milímetro – centímetro – metro – kilómetro* o *día – semana – mes – año – lustro – década – siglo*[94] y, como en estos, en las medidas de peso, capacidad, etc., bien por medio de nuevos lexemas (*decámetro*), que significaría que los conceptos o significados han sido lexicalizados, bien por medio de modificadores como, por ejemplo, numerales.

En todos estos casos, la introducción de nuevos elementos no supone una nueva clasificación; así, la creación de *decámetro* no supone que la clasificación métrica pase a ser una clasificación diferente; pero esto no ocurre en otros casos. En *troposfera, estratosfera, mesosfera, termosfera, exosfera*[95] no es posible la inclusión de nuevos elementos entre los elementos de la categoría sin convertirla en otra clasificación diferente.

De aquellos órdenes lineales o totales en los que es posible siempre la inclusión de un nuevo elemento entre dos existentes, se dice que son *densos*, mientras que aquellos en los que es imposible la inclusión de un nuevo término entre dos existentes, como es el caso de *troposfera*, se denominan *discretos o no densos*.

Recapitulando lo dicho hasta ahora, las tres cadenas monopolares de Cruse (*degrees, mesures, ranks*) han quedado reducidas a dos, un orden lineal denso y otro no denso o discreto; todavía permanece el problema de la finura, ya que se sigue perdiendo finura en la clasificación al perderse la diferencia entre grados y medidas.

Para poder recuperar esta distinción se ha de atender al concepto de escala. Tanto los grados, como las medidas, como los rangos presentan la característica de que sus lexemas se organizan a partir de la misma propiedad (*grados de estimación, medida de longitud, grado de gordura, situación de las partes de la atmósfera, etc.*) y se orde-

---

93 Los casos de *estimar – sobrestimar* y de *caserío – pueblo – ciudad*, siguiendo el cuadro en el que se adaptaron las ideas de Cruse, serían grados (*degrees*), ya que tienen los límites difusos —el límite entre significados no está definido—, su interior es graduable y tienen orden inherente. El caso de *esquelético – delgado – gordo – obeso* sería una *bipolar chain*.

94 Estos casos deben ser interpretados, según la clasificación de Cruse, como medidas (*mesures*) ya que los límites entre lexemas son discretos o no difusos, el interior de los conceptos son graduables o medibles y el orden es inherente.

95 Siguiendo el paralelismo establecido anteriormente con la clasificación de Cruse, en este caso existen límites discretos, el interior no es graduable, pero sí tienen orden inherente, serían rangos (*ranks*).

nan a partir de una comparación en la posesión de esa propiedad. Son todos ellos conceptos comparativos en los que se establece una relación de equivalencia y otra de precedencia; estas relaciones permiten decidir si un elemento es igual a otro o si lo precede o lo sigue. El hecho de que sean conceptos comparativos hace posible que se pueda realizar sobre ellos tres tipos diferentes de escalas como homomorfismos del sistema comparativo que se establece: *escala ordinal, de intervalos y proporcional*[96].

En una *escala ordinal* sólo se asignan números a los elementos del sistema, dichos números sólo informan sobre la precedencia o no de un elemento del sistema sobre otro, pero no informan ni de las diferencias, ni de las proporciones de esas diferencias. Quiere esto decir que, si a un elemento se le asigna, por ejemplo, el número 2, al que le precede, se le asignará el número 1; al que le sigue, el 3 y, si hay alguno que ni le precede, ni le sigue, entonces se le asignará el 2. Trasladado esto a los órdenes semánticos se puede observar que, por ejemplo, en los rangos militares

soldado – cabo – sargento – capitán – comandante – coronel – general

lo único que se hace con los lexemas es ordenarlos por precedencia, pero no se señala el grado de las diferencias entre ellos. Sólo se puede decir que un rango es anterior al otro, pero esto no significa ninguna diferencia de grado, un *cabo* no es más *soldado* que un *soldado*, simplemente es diferente y sigue a *soldado*. Tenemos pues, en este caso, un *orden lineal no denso* sobre una *escala ordinal*.

En las *escalas de intervalos* es posible hacer comparaciones entre los elementos del sistema comparativo en cuanto a la posesión de la propiedad del sistema, se puede decir si un elemento posee en mayor o menor grado esa propiedad. Por ejemplo, en *caserío – pueblo – ciudad* no sólo se puede decidir que *caserío* precede a *pueblo* sino también que posee menos cantidad de población, propiedad sobre la que se realiza la escala. De esta manera toda escala de intervalos es una escala ordinal en la que se puede establecer si un elemento posee más o menos la propiedad sobre la que se realiza el sistema comparativo. El caso de *caserío – pueblo – ciudad* sería un *orden lineal denso* sobre una *escala de intervalos*.

Cuando Cruse (2000:190) hablaba de los grados indicaba que "incorporate as part of their meaning different degrees of some continuously scaled property such as size and intensity, but there is no relation of inclusion".

Los diferentes grados de la propiedad señalada por Cruse se realizan a través de un sistema comparativo al que se le aplica una escala de intervalos.

En las escalas de intervalos se puede establecer que un elemento posee más grado de una propiedad que otro, pero no se puede decir cuánto más o cuánto menos posee esa propiedad; para poder dar esta información se ha de hacer, sobre el sistema

---

96 Vid. Mosterín (2000:caps. 1 y 2).

comparativo, una *escala proporcional* que indique la proporción de la propiedad que posee dicho elemento. Esto es lo que sucede en *milímetro – centímetro – metro – kilómetro* escala en la que no sólo se puede decir que *centímetro* precede a *metro*, y que posee menos grado de la propiedad de medida, sino que posee 100 veces menos la propiedad de medida que *metro*. Este caso es, pues, un *orden lineal o total denso* realizado sobre una *escala proporcional*.

Al tratar en este apartado los órdenes lineales, se ha tomado como punto de partida la clasificación de Cruse (2000) y se ha ido desarrollando la nueva clasificación que se propone. Además de la simple variación terminológica, se han modificado también los rasgos o características que permiten hacer la clasificación, variación de mucho mayor calado teórico que se realiza con el objetivo de buscar mayor exactitud y coherencia a través del empleo de rasgos más exactos y mejor definidos. Así, a partir del rasgo de totalidad se han diferenciado los órdenes lineales de los otros órdenes y dentro de ellos se han diferenciado dos tipos a partir de su densidad, órdenes lineales densos y discretos. Para finalizar, se han superpuesto dos clasificaciones, la del orden y la de las escalas, de manera que las escalas sirven para hacer diferencias dentro de los órdenes totales, de manera que estos se pueden realizar sobre una escala de intervalos, sobre una escala proporcional o sobre una escala ordinal. Esta superposición de clasificaciones permite no sólo mantener, sino aumentar la finura de la clasificación con respecto a la tomada como punto de partida.

6. Órdenes cíclicos

Cruse incluye las secuencias (*sequences*) en las estructuras lineales, ya que ninguno de los rasgos que él tiene en cuenta se lo impide. Nosotros no podemos incluirlas en los órdenes lineales, ya que, a diferencia de estos, las secuencias no son órdenes antisimétricos como se puede ver en, por ejemplo, *primavera, verano, otoño, invierno*

> Primavera < Verano, Verano < Otoño, Otoño < Invierno
> Primavera < Invierno (por transitividad)

pero también

> Invierno < Primavera (violación de la antisimetría)

Las estructuras de este tipo constituyen un nuevo orden, el orden cíclico, que es reflexivo y transitivo, como los órdenes parciales, que cumple la condición de totalidad, como los órdenes lineales, pero que, a diferencia de ambos, no cumple la condición de antisimetría.

Para diferenciar de forma más clara entre órdenes parciales, totales y cíclicos atenderemos ahora a tres pares de conceptos: elemento maximal / minimal, máximo o último / mínimo o primero y cota superior / cota inferior.

Un elemento maximal es aquel al que no sigue ningún elemento excepto él mismo. Si S es un conjunto parcialmente ordenado, un elemento a es maximal si no hay ningún $b<S$ tal que $a<b$.

182   Un elemento minimal es aquel al que no precede ningún otro elemento. Si S es un conjunto parcialmente ordenado, un elemento a es minimal si no hay ningún $b<S$ tal que $b<a$.

En los órdenes parciales puede haber más de un elemento maximal y más de un elemento minimal. En el caso de los órdenes parciales generados por hiperonimia u holonimia, lo normal es la existencia de un único elemento maximal, que será el último hiperónimo u holónimo, y varios elementos minimal que serán los últimos hipónimos o merónimos de cada camino. Si se invierte la relación de hiponimia o meronimia, habrá varios maximales, los hipónimos y merónimos últimos, y un sólo minimal, los hiperónimos y holónimos últimos. Esta diferencia se debe al cambio de orientación en la precedencia según se tome la relación de hiponimia o hiperonimia, meronimia u holonimia.

Los órdenes lineales o totales tienen un maximal y un minimal que se corresponden con los dos últimos miembros del orden y varía dependiendo del punto de partida en la ordenación; así en *otero, colina, montaña* el maximal sería *montaña* y el minimal sería *otero*. Si se toma la relación inversa, *montaña, colina, otero*, el maximal sería *otero* y el minimal *montaña*.

En los órdenes cíclicos no hay ni maximal, ni minimal, ya que siempre hay un elemento que sigue y otro que precede a cualquier elemento del orden. En *primavera – verano – otoño – invierno* podría parecer que *primavera* es el minimal e *invierno* el maximal, pero a *primavera* le precede *invierno* y a *invierno* le sigue *otoño*.

El elemento máximo o último se define como aquel que sigue a todos los demás. Sea S un conjunto ordenado, $a \in S$ es el elemento máximo o último de S sii $x < a$ para todo $x < S$.

El elemento mínimo o primero será aquel al que siguen el resto de elementos. Sea S un conjunto ordenado, $a \in S$ es el elemento mínimo o primero de S sii $a<x$ para todo $x< S$.

En los órdenes parciales puede o no haber elemento máximo y mínimo; en las hiponimias, por ejemplo, suele haber elemento mínimo que sería el hiperónimo del nivel más alto.

Los órdenes lineales o totales tienen un mínimo y un máximo que se corresponden con los dos últimos miembros del orden y varía dependiendo del punto de partida en la ordenación. Volviendo a nuestro ejemplo, en *otero, colina, montaña* el máximo sería *montaña* y el mínimo sería *otero*.

En los órdenes cíclicos no hay ni máximo, ni mínimo, ya que todos tienen predecesores y sucesores como ya se ha visto para el caso de las estaciones.

Lo más importante en estos momentos es destacar que la existencia de máximos y mínimos limita la libertad de organización, ya que obliga a que esta comience por un elemento determinado y finalice en otro también determinado. Esto es lo que ocurre en los órdenes lineales, la ordenación ha de comenzar por *otero* y finalizar por *montaña*, si se realiza la relación inversa, sólo se invertirán los términos, pero no la obligación de tener un primer y un último elemento. En los órdenes cíclicos no existe un elemento máximo y mínimo, por lo que el orden puede realizarse desde cualquier punto del ciclo, pues no hay ninguna obligación en cuanto al punto inicial y al punto final del orden.

Los conceptos de cota superior y cota inferior se corresponden con los de elemento mínimo o primero y con los de máximo o último respectivamente sólo que aplicados a un subconjunto de los elementos del orden. Si, como se ha visto, la existencia de elementos máximos y mínimos determina el punto inicial y final del ordenamiento, la existencia de cotas superiores e inferiores determina el orden de los elementos incluidos en el conjunto e impide organizar su interior aleatoriamente.

En los órdenes totales cualquier subconjunto del conjunto posee una cota inferior y una cota superior. Tomemos como ejemplo el orden lineal denso sobre una escala proporcional formado por *esquelético, superdelgado, delgado, gordo, supergordo, obeso*. El primer elemento o mínimo de este orden es *esquelético* y el último o máximo es *obeso*. Extraigamos ahora un subconjunto de elementos de este orden formado por *superdelgado, delgado, gordo*; la cota inferior de este subconjunto es *superdelgado* y la cota superior es *gordo*. Como se puede observar la existencia de cotas en todos los subconjuntos del orden lineal obliga a establecer un ordenamiento determinado al definir la posición de cada elemento dentro del conjunto y de los subconjuntos.

En los órdenes cíclicos, los subconjuntos extraídos del conjunto no poseen una cota inferior y superior. En *lunes, martes, miércoles, jueves, viernes, sábado, domingo* no existe primer y último elemento, al igual que se ha visto al tratar las estaciones. Si extraemos un subconjunto, por ejemplo, *martes, miércoles, jueves* tampoco existe cota inferior o superior. Es cierto que el *martes* precede al *jueves*, pero también es cierto que el *jueves* precede al *martes*, tal como se muestra por la posibilidad de decir "prefiero visitarte antes, en vez del martes, el jueves" tomando el *jueves* como predecesor del *martes*. La no existencia de primer y último elemento unida a la no existencia de cota superior o inferior posibilita que la ordenación pueda comenzar en cualquier término del ciclo y acabar también en cualquier término, tanto del conjunto completo como de cualquiera de sus subconjuntos.

En este apartado hemos diferenciado un nuevo orden, el orden cíclico que posee los rasgos de reflexividad, transitividad y totalidad, igual que el orden total o lineal, pero que no es antisimétrico. Se han mostrado, además, las diferencias entre el orden parcial, total y cíclico con respecto al elemento maximal, minimal, máximo, mínimo y las cotas superiores e inferiores.

Con este nuevo orden se puede dar por finalizada la caracterización de los principales tipos de órdenes, pero quedan por resolver algunas cuestiones que no han sido abordadas hasta ahora para no interrumpir el desarrollo de la exposición.

7. Algunas cuestiones de interés

Se atenderá en este apartado sólo a aquellas cuestiones y problemas cuyo tratamiento y solución puedan aclarar lo dicho sobre los órdenes. Se abordará el establecimiento de órdenes en grupos de lexemas entre los que no se establecen relaciones léxicas clásicas, el problema de los opuestos antónimos, la posibilidad de establecer varios órdenes en el mismo grupo de lexemas o el reconocimiento de órdenes cíclicos más allá de grupos que se presentan como secuencias de lexemas.

7.1. Órdenes sin relaciones léxicas clásicas

Atendamos ahora a dos ejemplos: las partes de la *atmósfera* (*troposfera, estratosfera, mesosfera, termosfera, exosfera*) y los tipos de *mar* clasificados por el tamaño de las olas (*calma, rizada, marejadilla, marejada, fuerte marejada, gruesa, muy gruesa, arbolada, montañosa, enorme*). En estos dos grupos de lexemas, existen cuatro tipos de relaciones diferentes y dos tipos de órdenes.

Por un lado, existe una relación de hiponimia / hiperonimia entre *mar* y sus hipónimos que se organiza en un orden parcial y otra de meronimia / holonimia entre *atmósfera* y sus merónimos que lo hace en un orden parcial estricto.

Por otro lado, existe una relación entre los cohipónimos de *mar* (*calma, rizada, marejadilla, marejada, fuerte marejada, gruesa, muy gruesa, arbolada, montañosa, enorme*) mucho más difícil de determinar. También existen dificultades para determinar el tipo de relación que existe entre los merónimos de *atmósfera* (*troposfera, estratosfera, mesosfera, termosfera, exosfera*). Tanto de cohipónimos como de comerónimos, sólo se puede decir, siguiendo las relaciones tradicionales, que son incompatibles, pero esta relación por sí sola no explica totalmente su organización.

Los cohipónimos (*calma, rizada, marejadilla, marejada, fuerte marejada, gruesa, muy gruesa, arbolada, montañosa, enorme*) se organizan en un orden lineal —reflexividad, transitividad, antisimetría y totalidad— discreto —no se pueden incluir nuevos elementos— sobre una escala proporcional —la escala nos da el orden, las diferencias y las proporciones de las diferencias—. Los comerónimos (*troposfera, estratosfera, mesosfera, termosfera, exosfera*) se organizan en un orden lineal discreto sobre una escala de intervalos.

Podemos, todavía, decir algo más sobre su organización. En los tipos de mar, cada tipo (*calma, rizada,* etc.) se puede construir como un orden lineal denso si se considera que se pueden introducir nuevos elementos como subtipos de cada elemento. Por ejemplo, en el elemento *marejada* se pueden introducir nuevos elementos como *mucha marejada, poca marejada, gran marejada,* por lo que se puede concluir que, en este caso, si bien el conjunto de hipónimos de *mar* se constituye como un orden lineal discreto sobre una escala de intervalos, el interior de cada hipónimo tiene la posibilidad de organizarse como un orden lineal denso sobre una escala de intervalos, variando pues, de uno a otro, la densidad del orden.

Con estos dos ejemplos sólo hemos pretendido destacar la bondad de los órdenes para su aplicación a las relaciones particulares difíciles de capturar desde las relaciones semánticas clásicas y la existencia, en muchos casos, de más de un orden dentro del mismo grupo de lexemas.

7.2 Órdenes y antónimos

Otro caso de varios órdenes en un mismo grupo de lexemas es el de los antónimos. Estos, según Cruse (2000:189-190), son estructuras lineales bipolares que se organizan en torno a los dos polos del par antónimo básico ("there is polarity switch between the basic antonym pair"); pero, desechadas las estructuras bipolares, hemos de reanalizar estos casos para darles cabida dentro de los órdenes semánticos.

Los antónimos se organizan de forma general en tres tipos de órdenes generados por cuatro relaciones: un preorden generado por una relación de complementariedad, dos órdenes parciales generados por dos relaciones de hiponimia / hiperonimia y un orden lineal denso sobre una escala de intervalos generado entre todos los miembros de la antonimia.

Aclararemos esta organización por medio del análisis de los antónimos *óptimo, bueno, malo, pésimo.* Se establece un par *bueno / malo* (denominados desde ahora como *bueno1* y *malo1*) como valores que recubren las dos secciones del concepto en que se divide la antonimia y que se comportan como complementarios en un preorden. Sus hipónimos son, por un lado, *óptimo* y *pésimo,* el primero de *bueno1* —todo lo que es *óptimo* es *bueno1,* pero no todo lo *bueno1* es *óptimo*— y el segundo de *malo1; bueno1* y *malo1* son también hiperónimos de *bueno2* y *malo2* que son aquellos grados de bondad y maldad que no recubren la totalidad del concepto, sino un grado de este y, por tanto, se oponen al resto de grados, es decir, a *óptimo* y a *pésimo.* Se obtienen, entonces, dos órdenes parciales uno formado por *bueno1* cuyos hipónimos son *bueno2* y *óptimo* y otro, por *malo1* y sus hipónimos *malo2* y *pésimo.* A estos órdenes se ha de añadir aquel en el que se organizan *óptimo, bueno2, malo2, pésimo* que es un orden lineal denso sobre una escala de intervalos.

Se ha tratado ahora de dar una solución más adecuada y exacta de la organización de los antónimos por medio del reconocimiento de la existencia de varios tipos de órdenes en un mismo grupo de lexemas, aunque se ha de reconocer que esta solución no está exenta de problemas.

Además de la existencia de varios órdenes en un mismo grupo de lexemas, también puede ocurrir que un mismo grupo pueda ser organizado de diferentes modos dependiendo de la perspectiva de organización que se adopte.

7.3 Varios órdenes a partir de varias perspectivas

Se había indicado que los días de la semana se ordenan en un orden cíclico, pero se ha de señalar que esta no es la única posibilidad de orden. La semana puede ser conceptualizada, por lo menos, desde tres perspectivas y los órdenes en los que se organizarán los días dependen de la perspectiva que se escoja.

Si se toma la perspectiva en la que la semana está formada por una sucesión de días, sin tener en cuenta la sucesión de semanas, es decir, se toma la semana como una sucesión aislada de días; entonces, se obtendrá un orden lineal discreto sobre una escala ordinal en la que el primer elemento es el *lunes* y el último, el *domingo*; esto en español, en otras lenguas el primero sería el *domingo* y el último el *sábado*.

Si se toma la semana dentro de la sucesión de semanas, tal como se ha analizado en otros apartados, entonces, los días de la semana se organizan en un orden cíclico, la semana puede empezar en cualquiera de los días, por ejemplo, el *miércoles*, y acabaría al llegar al séptimo día, en este caso, al *martes*.

Una última perspectiva es dividir la semana en días laborables y fin de semana. En este caso se obtendría un preorden formado por los opuestos *días laborables / fin de semana*. Dos órdenes parciales, uno formado por *días laborables* y *lunes, martes, miércoles, jueves* y *viernes* y otro por *fin de semana* y *sábado* y *domingo*. Por último, dos órdenes lineales discretos sobre una escala ordinal, de manera que, en el de los días laborables, el *lunes* sería el primer elemento y el *viernes* el último.

No se pretende hacer aquí un estudio pormenorizado de estas estructuras que han de ser consideradas en principio sólo como posibilidades teóricas y que deben ser refrendadas por los datos de uso; sólo señalar la posibilidad de que el mismo conjunto de lexemas pueda ser organizado por diferentes órdenes desde diferentes perspectivas.

7.4 Otro caso de orden cíclico

Por lo dicho hasta ahora, se podría pensar que los órdenes cíclicos sólo pueden ser generados a partir de grupos de lexemas que conforman una secuencia de elementos incompatibles como los días de la semana o las estaciones, pero no es así. Un ejemplo es el que se genera a partir de los opuestos inversos (*reversives*) verbales del tipo *cargar – descargar*.

En estos casos existe un verbo ingresivo que señala la entrada en un estado y un verbo egresivo que señala la salida de ese estado. En principio no parecería que ambos se organicen en un ciclo, pero, si además de las acciones, se incluyen los estados que generan (*cargar – estar cargado – descargar – estar descargado*), se puede comprobar que, una vez que se llega al estado *estar descargado*, se puede volver a comenzar el ciclo por medio de la acción de *cargar*. Esto se debe a que no tienen un primer y último elemento, ya que el ciclo puede ser comenzado en cualquiera de ellos *descargar – estar descargado – cargar – estar cargado* o *estar descargado – cargar – estar cargado – descargar*, lo que muestra claramente su organización como un orden cíclico. Lo mismo ocurre con otros verbos inversos como *salir – estar fuera – entrar – estar dentro* en el que el ciclo continuaría, llegado a *estar dentro*, de la misma manera que en el anterior, en este caso con *salir*.

Muchos de estos grupos verbales poseen otro verbo reingresivo del tipo *recargar*, la situación varía sólo ligeramente, ya que se tendría el ciclo formado por *cargar – estar cargado – descargar – estar descargado – recargar – estar recargado*, ciclo que podría seguir otra vez con *descargar*.

Existen pues relaciones semánticas de oposición que se organizan como órdenes cíclicos lo que amplía la existencia de órdenes cíclicos en la lengua, sirvan estos ejemplos para mostrarlo, y, también, para volver a insistir y recalcar que no existe una relación biunívoca entre relaciones semánticas y órdenes.

7.5 Órdenes y borrosidad

Siendo el concepto de borrosidad uno de los más empleados en la semántica y lexicología actuales, no querríamos dejar de tratar, sin pretender exhaustividad, esta cuestión.

Hasta ahora se han analizado todos los conjuntos como conjuntos clásicos o no borrosos, es decir, todo elemento tiene un valor de pertenencia de 0 o de 1, indicando su pertenencia o no al conjunto. En lógica borrosa o en la teoría de los conjuntos borrosos, los valores de pertenencia de un elemento al conjunto se encuentran entre el 0 y el 1, ambos incluidos, de manera que un elemento que tenga el valor 0,2 pertenece en menor grado al conjunto que aquel que tenga un 0,5.

La borrosidad es aplicable a los órdenes semánticos aquí establecidos, sólo hace falta poseer una forma de medir o determinar el grado de pertenencia de cada elemento al conjunto, ya que la transformación de órdenes clásicos a borrosos es posible. Por ejemplo, si tomamos el tan manido ejemplo de los muebles, tendremos que, sólo de forma intuitiva, *teléfono* tiene menor grado de pertenencia como hipónimo de *mueble* que *silla*, o *silla plegable* tiene mayor grado de pertenencia a la hiponimia de *silla* que *silla gestatoria*.

188 La borrosidad afecta a los rasgos de reflexividad, transitividad, simetría y totalidad que se han empleado para establecer los órdenes semánticos; un orden ya no sólo puede ser reflexivo o irreflexivo, transitivo o intransitivo, simétrico o antisimétrico, sino que puede ser más o menos reflexivo, más o menos transitivo y más o menos simétrico.

Como el análisis de un caso concreto necesitaría un largo estudio y no pretendemos exhaustividad, escogeremos para ejemplificar la borrosidad una matriz abstracta formada por los elementos A, B, C, D que podrían ser lexemas relacionados por cualquier relación semántica. Los valores de la matriz representan el grado de relación entre cada uno de los lexemas; así, por ejemplo, la relación entre A y B tiene el valor de pertenencia 0,8 (vid. Kaufmann, 1975:110):

	A	B	C	D
A	1	0,8	0	0
B	0,2	1	0	0
C	0,3	0,4	1	0,1
D	0	0	0	1

A partir de esta matriz, se puede concluir que la relación entre estos lexemas es reflexiva, pues en la diagonal el grado de pertenencia es 1, que es antisimétrica, pues la relación entre, por ejemplo, A-B no tiene el mismo grado (0,8) que la de B-A (0,2), y es transitiva. La demostración de la transitividad es más compleja (vid. Kauffmann, 1975:80-83), por lo que sólo indicaremos que, para comprobarlo, se toma el valor mínimo de los pares relacionados de manera que el valor máximo de todos tiene que ser menor o igual al que se está comprobando[97], como muestra sería:

Arc (A,A)

μ (A,A), μ(A,A) = 1, 1=1

μ (A,B), μ(B,A) = 0.8, 0.2=0.2

μ (A,C), μ(C,A) = 0, 0.3=0

μ (A,D), μ(D,A) = 0, 0=0

MAX [1, 0.2, 0,0] = 1

μ (A,A)= 1$\geq$ 1

---

97 μ_α (x,y) $\geq$ MAX$_y$ [MIN (μ_α (x, y), μ_α (y, z))]

Dejamos el resto de la comprobación para el lector desconfiado o curioso, ya que nuestra intención ahora es únicamente señalar la posibilidad de recoger la borrosidad a través de los órdenes vistos aquí. Tal vez el mayor problema sea encontrar un método adecuado para determinar el grado de pertenencia o relación entre elementos.

8. Conclusiones

A partir de conceptos como la reflexividad, transitividad, simetría, totalidad, orden denso y discreto y de los tipos de escalas se ha podido establecer una clasificación de los órdenes semánticos en los que se organizan los grupos de lexemas del léxico. Se ha diferenciado entre varios tipos de órdenes:

Preorden: reflexivo, transitivo y simétrico (p. e. "tan sabroso como": *carne – pescado – verdura*).

Semipreorden: irreflexivo, transitivo y simétrico (p. e. *útil – inútil, vivo – muerto*)

Parcial: reflexivo, transitivo y antisimétrico (p. e. "hiponimia": *mar – calma – marejada, etc.*).

Parcial estricto: irreflexivo, transitivo y antisimétrico (p. e. "meronimia": *atmósfera, partes de la atmósfera*).

Total o lineal denso: reflexivo, transitivo, antisimétrico, totalidad y densidad (p. e.

subestimar – estimar – sobrestimar).

Total o lineal discreto: reflexivo, transitivo, antisimétrico, totalidad y no densidad (p. e. *troposfera – estratosfera – mesosfera – termosfera – exosfera*).

Cíclico: reflexivo, transitivo, simétrico y totalidad (p. e. *primavera – verano – otoño – invierno*).

Se ha reconocido, además, en los órdenes totales aquellos que se realizan sobre una escala ordinal (p. e. *soldado, cabo, etc.*), los que se realizan sobre una de intervalos (p. e. *óptimo – bueno – malo – pésimo*) y, por último, los órdenes totales que se realizan sobre una escala proporcional (p. e. *milímetro – centímetro – metro – etc.*).

Se han empleado también los conceptos de maximal, minimal, máximo, mínimo, cota superior y cota inferior para mostrar las diferentes posibilidades de organización de los órdenes y se ha intentado mostrar como la existencia o no de estos elementos determina la forma de ordenar los diferentes conjuntos de lexemas. Los órdenes totales se caracterizan por tener elementos máximos y mínimos y cotas superiores e inferiores, los cíclicos no tienen ni máximos, ni mínimos, ni cotas.

Todo esto se ha hecho con el fin de retomar las clasificaciones de las estructuras semánticas realizadas por otros autores, fundamentalmente por Cruse, para, en la medida de lo posible, dotarlas de una mayor exactitud y coherencia. Esto ha permitido separar las relaciones semánticas de los órdenes, ampliar el campo de acción de estos a otras relaciones difíciles de capturar por su particularidad, hacer explicaciones más completas de la organización del léxico y solucionar algunos de sus problemas.

Capítulo 10
Las relaciones semánticas: la inclusión y la exclusión en los verbos del español[98]

(Dicenda: Estudios de lengua y literatura españolas. 2010. 28. 221-246)

PRESENTACIÓN

En este artículo Antonio Rifón estudia cómo pueden aplicarse a los verbos del español las principales relaciones semánticas de inclusión (como la hiponimia y la meronimia) y exclusión (como los diferentes tipos de antonimia). Estas relaciones suelen definirse y ejemplificarse con nombres y adjetivos. Así, solemos decir que, por ejemplo, *mesa* es un hipónimo de *mueble* (sustantivos), o que *alto* es lo contrario (antónimo) de *bajo* (adjetivos); pero falta por ver si los criterios que nos permiten definir esas relaciones se aplican por igual a los verbos.

Para conseguir definiciones de validez general, Rifón crítica el uso de frases heurísticas como una *mesa* "es un (tipo de)" *mueble* que se utilizan habitualmente para hallar hipónimos. Tales frases pueden resultar adecuadas informalmente, pero introducen términos no definidos. Además, se aplican bien a sustantivos, pero no tanto a verbos (*¿fusilar* "es un" *matar?*). Si, como algunos han propuesto, ampliáramos la nómina de frases heurísticas (*fusilar* "es una manera de" *matar*) se añade el problema de demostrar que seguimos estando ante la misma relación. La alternativa que propone Rifón es utilizar siempre la lógica para obtener definiciones precisas y definir la **hiponimia** como relación de inclusión A ⊂ B, es decir, A es una subclase de B, entendiendo *subclase* como término técnico referido a la inclusión de subconjunto en otro. Por tanto, *matar* incluye *fusilar* y *linchar* de la misma manera que *mueble* incluye *mesas* y *armarios*. Añádase la precisión de que es posible obtener subclases con puntos de vista diferentes, por lo que dos significados pueden tener un hiperónimo común pero

---

98 Este artículo se ha realizado dentro de los trabajos del proyecto ADESSE que cuenta con la financiación del Ministerio de Educación y Ciencia, con aportación de fondos FEDER de la FFI2008-01953 [2008-2011].

no ser incompatibles entre sí. Por ejemplo, tanto *linchar* como *fusilar* son hipónimos de *matar*, pero son compatibles entre sí (es posible *linchar fusilando*) y no son hipónimos uno del otro, pues ninguno de ellos incluye necesariamente al otro.

192 La **meronimia** es la relación entre las partes y el todo, como la existente entre *brazo* y *cuerpo*. Aplicado a verbos, podemos decir que por ejemplo *pagar* es un merónimo (un parte del proceso) de *comprar*. Sin embargo, con los verbos surgen dificultades porque los verbos en principo carecen de partes espaciales (más bien, constan de fases temporales) y porque normalmente la suma de las partes no corresponde al total pues hay partes no lexicalizadas (no existen elementos léxicos para todas las fases de *comprar* que no son *pagar*). A la inclusión del merónimo como parte del todo, i.e. el holónimo, debe añadirse la condición de que el holónimo implica el merónimo. Por ejemplo, *morir* es merónimo de *matar* y está implicado por este, lo mismo que *pagar* está implicado por *comprar*. Pero, por ejemplo, *conducir* no es merónimo de *comprar*, porque *comprar* no implica *conducir*, aunque a veces conduzcamos para ir a comprar.

Sigue el artículo desgranando las relaciones semánticas de exclusión, en las que los significados deben ser conjuntos disjuntos. Son **incompatibles** entre sí los cohipónimos cuya intersección es cero, como *linchar*, *ejecutar* y *asesinar*. En las relaciones binarias de exclusión tenemos **opuestos complementarios**, si la negación de uno implica la afimación del opuesto (como en *conocer – desconocer*) y opuestos contrarios si no hay tal implicación. Entre estos últimos hay que contar los pares de verbos **inversos,** que se oponen por su direccionalidad (como *construir – destruir, entrar – salir*) y en los que hay contrariedad (si X baja, entonces no sube) y no contradicción (si X no baja, eso no quiere decir que suba). Los inversos a su vez deben distinguirse de los **reversos**, como *dar – recibir* o *vender – comprar*, que contemplan un mismo concepto desde perspectivas diferentes (si X *da* algo a Y entonces Y *recibe* algo de X). Por tanto, los reversos son binarios y direccionales, pero no son contrarios o contradictorios sino equivalentes.

En todo el artículo se aprecia continuamente el esfuerzo de Antonio Rifón por la precisión conceptual y terminológica y por atender a los matices y particularidades que puede presentar cualquier relación semántica. Su revisión es una gran aportación a la descripción y análisis de las relaciones entre los verbos.

José María García-Miguel Gallego

Universidade de Vigo

Las relaciones semánticas han sido uno de los objetos de estudio centrales de la semántica; su centralidad ha conllevado la proliferación de estudios y esta, la aparición de distintas propuestas de clasificación y definición, desde diferentes puntos de vista y enfoques teóricos. En gran parte de estos estudios ha cobrado principal protagonismo el análisis de sustantivos y adjetivos que son las categorías que mejor se prestan a la caracterización de sus relaciones semánticas.

El objetivo de este artículo no será, pues, volver sobre el análisis de los sustantivos y adjetivos, sino el análisis de las relaciones semánticas de los verbos del español. Se partirá de las propuestas de Lyons y Cruse, autores clave en el estudio de las relaciones semánticas, para, a partir de ellas, con alguna pequeña modificación o aclaración, discutir la posibilidad de su aplicación a los verbos españoles.

Se ha dividido para ello el estudio en tres partes: en la primera se hacen algunas aclaraciones a los conceptos de implicación e inclusión; en la segunda, se analizan las relaciones de inclusión, dejando las de exclusión para la tercera parte. Se incorpora, al final del artículo, un anexo con tres gráficos que representan algunas relaciones semánticas que servirán como ejemplos y guías principales en el estudio[99].

Se ha de advertir que estos gráficos se han concebido como una primera tentativa o aproximación al estudio de las relaciones y que los casos escogidos son simples muestras en las que no se pretende exhaustividad descriptiva, sino sólo dar unas pinceladas generales para indicar o esbozar el camino que podría seguir un estudio de las relaciones semánticas verbales que agrupase a toda una clase de verbos y que fuese realizado con gran detalle. Para su confección se ha partido de los verbos *matar, quitar* y *estimar* desde los que se despliegan algunas de sus relaciones; se han escogido aquellas que son útiles para la exposición.

La primera tarea, ya que se parte de una clasificación bipartita de las relaciones semánticas −las relaciones generadas por inclusión y las generadas por exclusión (Cruse 2000)− será la de determinar qué son la exclusión y la inclusión y, para ello, han de ser definidos brevemente los conceptos de implicación e inclusión.

1. La implicación y la inclusión

El concepto de implicación ha sido una pieza fundamental en el estudio de las relaciones semánticas y, también, una de las que más discusiones ha suscitado. Lo pri-

---

99 Aunque la mayoría de los ejemplos serán verbos, ya que es el objeto de estudio del trabajo, también se emplearán sustantivos o adjetivos cuando no se pueda ejemplificar una relación por medio de verbos o cuando los ejemplos de verbos no sean lo suficientemente claros para el objetivo propuesto y haya mejores ejemplos de sustantivos o adjetivos.

mero que se ha de hacer para dilucidar este concepto es distinguir entre implicación material (condicional) e implicación estricta (implicación)[100].

En la implicación estricta se pretende mostrar la deducibilidad del consecuente a partir del antecedente, quiere decir esto que, empleando operadores modales[101]:

> ¬◊ (p → ¬ q) "no es posible que no sea el caso de p y no q"

> ¬ (p → ¬q) "es necesario que no sea el caso de p y no q"

Se ha de indicar que el condicional o implicación material (→) no ha de leerse como "... implica...", sino como "si...entonces...".

De esta forma se dejan de considerar como casos de implicación la relación entre algunos lexemas, como, por ejemplo, *alimentar – comer* (Fellbaum, 1998: 83-84).

Otro de los conceptos empleados en el análisis de las relaciones semánticas es el de inclusión que remite al de subconjunto. Se han de diferenciar dos tipos de subconjuntos, el subconjunto (⊆) y el subconjunto propio (⊂). En el primero, si A ⊂ B, entonces A es un subconjunto de B y A tiene los mismos elementos que B (A = B) y, en el segundo, si A ⊂ B, entonces A es un subconjunto de B pero no es igual a B (A ≠ B).

Hay otros conceptos de lógica o de teoría de conjuntos que han sido empleados en el tratamiento de las relaciones semánticas, pero, considerando que son lo suficientemente claros y para no alargar un tema que se aleja ligeramente de los objetivos del trabajo, es mejor dejar su tratamiento para el momento en que lo exija el análisis.

2. Las relaciones de inclusión

Dentro de las relaciones de inclusión se han considerado normalmente tres: la *hiponimia*, la *meronimia* y la *sinonimia*. En este momento se atenderá principalmente a las dos primeras, dejando los múltiples problemas y complejidades de la sinonimia ya que su tratamiento dilataría este trabajo más allá de la extensión adecuada de un artículo.

2.1. Hiponimia

La relación de hiponimia se establece cuando se satisfacen las siguientes condiciones.

---

100 La diferenciación entre estos dos tipos de implicación se hizo necesaria debido a las paradojas surgidas por la implicación "tradicional" ya que, en la implicación material, la falsedad del antecedente hace siempre verdadero el condicional. Las principales paradojas son: p→(q→p); ¬p→(p→q); (p→q) V (q→p).

101 C. I. Lewis propone la implicación estricta y emplea el símbolo del arpón, aquí, por cuestiones gráficas, emplearemos ¬ y la ya conocida flecha para la implicación material (→). Para ver las razones del desarrollo de la implicación estricta, sus variantes y su desarrollo histórico puede consultarse W. Kneale y M. Kneale (1972: 515-520).

Si

$B (\subseteq) B$ (Reflexividad)

$B \subset A \Rightarrow \neg\, A \subset B$ (Antisimetría)

$B \subset A \wedge \subset\, \Rightarrow Z \subset A$ (Transitividad)

Entonces

B es un hipónimo de A

Definida así la hiponimia quedan por resolver algunas cuestiones que atañen directamente a la aplicación de esta relación a los verbos: el empleo de términos no definidos en la definición, la coextensividad temporal del hipónimo y las perspectivas de la relación hiponímica.

El estudio de la hiponimia se ha centrado mayoritariamente en el análisis de sustantivos[102]. Esto ha llevado muchas veces a identificar la hiponimia con frases del tipo "es un" o "X es un tipo de Y", siendo X el hipónimo e Y el hiperónimo; pero, el empleo en la hiponimia de este tipo de frases presenta algunos inconvenientes.

El primer inconveniente surge de la introducción en la definición de un elemento no definido. Habría que definir primero las frases "es un" y "es un tipo de" para poder introducirlas en la definición, pero definir estas frases implica definir la hiponimia, por lo que se entra en un círculo vicioso.

El segundo inconveniente es que la introducción de este tipo de frases en la definición, aunque pueda resultar adecuado en un lenguaje informal, presenta el problema de que la relación de hiponimia se limita a aquellos casos a los que se le pueda aplicar las frases, constriñendo la hiponimia casi, exclusivamente, a los sustantivos, dada la naturaleza de las frases. Debido a ello ha habido autores que han propuesto otras relaciones semejantes a la hiponimia que se aplican a otro tipo de categorías. Por ejemplo, Miller y Fellbaum (2008: 283-284) señalan que en los verbos no se puede contemplar una relación del tipo "ISA" ("es un") ya que no responden adecuadamente a esa frase, y proponen una relación basada en una frase del tipo "in a certain manner" (de cierta manera, en cierto sentido); así señalan que:

> the troponymy relation between two verbs can be expressed by the formula *To V*$_1$ *is to V*$_2$ *in some manner* (*ibid.* p. 284). But *strut* is also a trponym of *walk*, because *strut* is also *to walk in a certain manner* (*ibid.* p. 287).

Denominan a este tipo de relación *troponimia* que se caracteriza porque, entre los verbos implicados, se da *implicación léxica, implicación temporal* y *coextensión tem-*

---

102 No se ha olvidar que la consideración de la hiponimia debe mucho del estudio de las taxonomías biológicas, como se puede ver, por ejemplo, en el estudio de Paul Kay (1971).

poral[103]. Amplían así el número de relaciones y las hacen depender de la categoría de los lexemas relacionados.

196

Ampliar el número de frases que entran en la definición de la hiponimia, ahora ya se reconocen cuatro ("es un", "es un tipo de", "de cierta manera", "en cierto sentido"), amplía indudablemente su campo de aplicación, pero no asegura la inclusión de todos los casos. Ante un caso al que no se le pueda aplicar de forma totalmente adecuada una de estas frases, sino otra diferente, habría que decidir si se crea una nueva relación o si se añade a la hiponimia una nueva frase; se tendría entonces que ir ampliando el número y el tipo de frases para dar cabida a todos los casos, pero, en primer lugar, nunca se podría saber si se ha completado la lista y, en segundo lugar, cada nuevo caso con una nueva frase sería siempre polémico, ya que se tendría que decidir si se trata o no de una hiponimia; sin embargo, como la hiponimia ha sido definida por medio de frases, no habría forma de decidir si esta nueva frase representa o no una hiponimia, pues para la decisión sólo se puede acudir a su comparación con las frases ya admitidas como hiponimias.

Otro inconveniente que presenta la definición por medio de frases se deriva del tipo de definición que producen. La hiponimia se define así por una operación que se realiza para comprobar si la relación entre determinados lexemas es o no hiponimia: es, pues, una definición operacional; pero uno de los problemas de este tipo de definiciones operacionales es que a una misma relación se le pueden aplicar operaciones diferentes. Por ejemplo, podemos decir que *mesa* "es un tipo de mueble", "es un mueble" o "es una clase de mueble", o que *contonearse* "es andar de cierta manera", "es una forma de andar" o "es un modo de andar"; en estos dos casos la cuestión es saber si cada frase representa la misma relación entre *mesa* y *mueble* y entre *contonearse* y *andar*. Existen para cada par de términos tres operaciones diferentes, que se corresponden con cada una de las frases; para averiguar la relación que mantienen habría que demostrar que son la misma relación y no que son seis relaciones diferentes dependiendo de la frase aplicada. Las frases, como operaciones para descubrir relaciones, son válidas dentro de ciertos límites, pero no lo son para hacer una definición de la relación de hiponimia y, como se verá, de ningún tipo de relación.

Para enunciar una relación que cubra todas las posibilidades, se ha de atender y ceñirse a la definición de hiponimia que determina que esta se basa en una relación del tipo "X es una 'subclase' de Y", siendo el término *subclase* un término técnico entendido en el marco del concepto de inclusión como un subconjunto del hiperónimo.

La hiponimia sólo exige las tres condiciones expuestas al principio del apartado; en ella se diferencian subclases o subconjuntos del término hiperónimo. La diferenciación de las subclases del hiperónimo pueden realizarse desde diferentes perspecti-

---

103 Ejemplos de tropónimos son: *limp – walk, lisp – talk, strut –walk, etc.*

vas[104]. Las perspectivas varían dependiendo de la categoría y del hiperónimo o hipónimo escogido. No es la misma perspectiva la que se emplea para clasificar *hablar, gritar* y *susurrar*, por un lado, que la de *mueble, armario, mesa* por otro; pero tampoco es la misma la que se emplea para clasificar estos sustantivos y *nube, cúmulo, cirro,* pero todos ellos se encuadran dentro de relaciones de hiponimia.

Si se considera el verbo *matar* (anexo: gráfico 1) y varios de sus hipónimos (en el gráfico se corresponden con los grupos de *linchar, suicidarse, aniquilar* y *degollar*) que lo son pues son subclases de *matar*, se ha de tener en cuenta que estas subclases pueden ser realizadas a partir de "puntos de vista muy diferentes". En el caso de *matar*, y de forma provisional, se ha denominado a estos "puntos de vista" como "legal", "paciente", "totalmente" y "método". Los "puntos de vista" conforman las perspectivas, en este caso, cuatro perspectivas diferentes sobre las cuales se han agrupado los distintos hipónimos conformando así, cuatro hiponimias de *matar*. No se puede hablar, por tanto, de una única hiponimia de *matar* sino de varias que dependen de la perspectiva empleada para distinguir las subclases.

El hecho de que puedan ser varias las perspectivas desde las que se realicen las clasificaciones hiponímicas, y por tanto las hiponimias, conlleva que un mismo verbo pueda pertenecer a distintas hiponimias. Un verbo puede estar constituido por varios rasgos —A, B, C, D, E— cada uno de los cuales puede ser empleado para formar una hiponimia del verbo hiperónimo. Si en la diferenciación de las hiponimias de un mismo verbo se emplean como perspectivas más de un rasgo de los que posee el verbo hipónimo, entonces este pertenecerá a dos hiponimias diferentes del verbo. Así, *asesinar* "matar a alguien con premeditación u otros agravantes", puede ser visto desde dos perspectivas: una a la que se ha llamado "legal", de manera que se fija en el rasgo de los agravantes y supone la ilegalidad de la acción y, en esta perspectiva, es cohipónimo de *linchar, ajusticiar, ejecutar,* y otra que se establece a partir del "paciente" de la acción, en la que sería cohipónimo de *suicidarse.*

La diferenciación de las perspectivas es fundamental para desterrar la idea de que todos los hipónimos tienen la misma relación con el hiperónimo e implica, además, que la hiponimia léxica o, de forma concreta, el conjunto de hiponimias de un verbo no es una partición. Una partición es un recubrimiento de clases no solapantes[105]:

$$G \text{ es una partición de } A \Longleftrightarrow G \subseteq pA \wedge \varnothing \in G \wedge UG = A \wedge$$

$$\forall XY(X \in G \wedge X \neq Y \Longleftrightarrow X \cap Y = \varnothing)$$

---

104 Entendemos *perspectiva* en un sentido semejante al de Cruse (1994, 175-176), aunque él no lo define, la relación concreta que establece la división hiponímica. Esta relación puede variar entre hipónimos constituyendo así diferentes hiponimias y distintos grados de bondad de las hiponimias. Se ha de reconocer que la idea de perspectiva pesenta algunos problemas y algunas cuestiones que han de ser resueltas, como el propio Cruse señala (Cruse 2002, 14-15).

105 *Vid.*, por ejemplo, Mosterín (2000: 76).

No es una partición pues sus clases no son todas ellas disjuntas, ya que hay verbos hipónimos que se repiten en distintas hiponimias y, además, porque no es un recubrimiento, ya que la unión de los hipónimos no es igual al hiperónimo.

Para finalizar se ha de matizar la propuesta de Miller y Fellbaum, ya citada, sobre la coextensión temporal de los hipónimos con respecto al hiperónimo, por ejemplo, en el caso siguiente:

Cuando Juan habla, grita

el hipónimo *gritar* es coextensivo temporalmente de *hablar*, entendiendo por coextensivo temporalmente que la acción de *gritar* sucede durante el mismo espacio de tiempo que la de *hablar*. Los hipónimos verbales han de ser coextensivos de su hiperónimo, ya que son un subconjunto propio de él, pero no a la inversa, ya que es una relación antisimétrica (segunda condición de la hiponimia); pero, en ciertas situaciones, si los cohipónimos son incompatibles ya no son coextensivos temporalmente con el hiperónimo. Por ejemplo, en el ejemplo siguiente:

Cuando Juan habla, grita y susurra

Los hipónimos *gritar* y *susurrar* no son coextensivos temporalmente de *hablar*, pero siguen siendo una subclase de *hablar,* ya que son un subconjunto propio de *hablar.*

Ahora bien, dos hipónimos pueden ser coextensivos si no son incompatibles y esto puede deberse a que tienen cierto grado de sinonimia o a que pertenecen a hiponimias diferentes realizadas desde perspectivas diferentes. Esto último ocurre, por ejemplo, en:

Cuando Juan habla, grita y cecea.

En este caso, *grita* y *cecea* son coextensivos de *hablar* y, también, son coextensivos entre ellos y, ambos, son hipónimos de hablar. Esto es posible porque si bien son hipónimos, no son cohipónimos incompatibles pues no pertenecen a la misma hiponimia de *hablar*, ya que las perspectivas sobre las que se ha realizado la hiponimia son diferentes y, por tanto, las hiponimias son diferentes.

Un caso semejante puede observarse en el verbo *matar*. Sería correcto decir que *fusilar* y *ejecutar* son hipónimos, pero, como se ha visto, pertenecen a hiponimias diferentes. Por eso mismo pueden ser coextensivos del hiperónimo y coextensivos entre sí, mientras que *ajusticiar* y *asesinar* no pueden ser coextensivos entre sí.

No quiere decir esto que sea imposible que a dos cohipónimos incompatibles se les pueda forzar a ser coextensivos, pero estos casos serán siempre casos marcados. Por ejemplo, si en ciertas circunstancias fuese posible decir que "lo ajustició y asesinó *al mismo tiempo*" o "grita y susurra *al mismo tiempo*" se ha de marcar ese uso no esperable de dos cohipónimos incompatibles; pero estos aspectos no competen directamente a este estudio.

En el ejemplo del gráfico 1 (anexo), *matar*, se muestra el establecimiento de relaciones indirectas entre hipónimos. Podría parecer que *fusilar* es una forma de *ajusticiar*, pero no es así. Entre estos verbos, no se da una relación de hiponimia, sino que *ajusticiar* es un hipónimo de *matar* conformado a partir de una perspectiva y *fusilar* es hipónimo por medio de otra perspectiva, y ambas no son incompatibles, de manera que una situación puede ser vista desde ambas perspectivas: se puede *matar* desde una perspectiva "legal", ajusticiando, y desde el punto de vista del "método", fusilando. No es que *fusilar* sea directamente una forma de *ejecutar*, sino que *ejecutar* es una forma de *matar* y un método de *matar* es *fusilar*, de ahí que *fusilar* pueda ser una forma de *ejecutar*, pero de forma indirecta, no como uno de sus hipónimos (Anexo, gráfico 1). Ahora bien, no todas las perspectivas de una hiponimia son compatibles entre sí; así, no parecen compatibles la de "paciente" y la "legal", ya que entre ellas no se establecen relaciones indirectas; así no parece posible combinar verbos como *suicidarse* y *linchar*.

Hemos incluido en este apartado la categoría verbal en la relación de hiponimia sin necesidad de recurrir a nuevos tipos que enturbien la clasificación y que se basan, no en una relación diferente, sino en la adecuación o no de la aplicación de un término no definido en la relación, es decir, hemos eliminado de la relación la ambigüedad semántica, contextual y ontológica que palabras del lenguaje natural como *tipo de, clase de, modo de, forma de* conllevan. Se ha visto, también, que la relación de hiponimia se puede establecer desde diferentes perspectivas que crean diferentes hiponimias, de manera que dos hipónimos de un mismo hiperónimo sólo serán cohipónimos si la hiponimia ha sido establecida a partir de la misma perspectiva y, por supuesto, se encuentran en el mismo nivel, desterrando así la idea de la hiponimia léxica como una partición del hiperónimo; y, por último, se han hecho algunas matizaciones a la coextensividad del hipónimo con respecto al hiperónimo. Queda así medianamente preparada la cuestión para poder enfrentarse más adelante al análisis de algún caso concreto de forma detallada.

2.2. Meronimia

La meronimia es la relación existente entre las partes y el todo[106]. Sin extendernos en exceso en la caracterización lógica de la misma y tomando ⊑ como "parte de" y ⊏ como "parte propia de" en un sentido semejante al de subconjunto y subconjunto propio[107], dejando la relación de "parte de" y admitiendo sólo como meronimia la re-

---

106 La meronimia ha sido tratada en lógica desde diversos puntos de vista. Entre los contemporáneos hay que destacar, en la primera mitad del siglo XX, la mereología de S. Leśniewski, la abstracción extensiva de A. N. Whitehead y el cálculo de individuos de H. S. Leonard y N. Goodman.

107 La relación de "parte de" es reflexiva, de manera que, por ejemplo, A es parte de sí mismo; la relación "parte propia de" es irreflexiva, de manera que A no es parte de sí mismo.

lación de "parte propia de", una meronimia es una relación que cumple los siguientes requisitos:

$$\neg\,(x \subset x) \qquad\qquad \text{(Irreflexividad)}$$
$$x \subset y \Rightarrow \neg\,(y \subset x) \qquad \text{(Antisimetría)}$$
$$x \subset y \wedge z \subset y \Rightarrow z \subset y \quad \text{(Transitividad)}$$

Definida la meronimia, se han de solucionar ahora algunos problemas que presenta la aplicación de esta relación a verbos, dejando a un lado otras cuestiones de carácter más general que han sido tratadas por distintos autores como, por ejemplo, la transitividad[108]. La primera cuestión que se abordará es la posibilidad o no de aplicar esta relación a los verbos, para seguir con el tratamiento de la inclusión de términos no definidos en la definición de la relación, los constreñimientos necesarios en la suma o fusión mereológica en la semántica de los lenguajes naturales cuya determinación pasa por el análisis de la implicación y la inclusión temporal.

En el estudio de la meronimia sucede lo mismo que en el de la hiponimia: se ha centrado fundamentalmente en los sustantivos, lo que ha llevado a identificar la meronimia con las partes espaciales de estos y, por tanto, a considerar, cuanto menos, difícil su aplicación a los verbos, ya que estos carecen de partes espaciales; sin embargo, hay que matizar esta última afirmación.

Sin entrar en la larga discusión que este tema merece, se ha de señalar que la diferencia entre verbos y sustantivos es de grado. Las partes de los objetos tienen también una parte temporal y las de los eventos tienen partes *espaciales, estructuras de las partes de los participantes (participant-related part structure), cualidades del evento* y *estructuras de la parte del tipo de evento*, además de las evidentes *partes temporales*, de manera que las diferencias entre unos y otros no son insalvables y, en principio, la meronimia también puede ser aplicada a los eventos y a los verbos indicados por ellos[109].

La segunda dificultad ya ha sido presentada al tratar la hiponimia. Si a la hiponimia se le aplicaban frases del tipo "es un...", "es un tipo de...", a la meronimia se le han aplicado frases como "es una parte de...", "tiene un...", frase esta última que, en inglés, ha sido empleada por algunos para dar el nombre a la relación, *HASA*. Todas estas frases incluidas en la definición son términos no definidos y presentan los mismos problemas que los señalados en la hiponimia, por lo que, en este momento sólo que-

---

108 Sobre la transitividad véanse las soluciones propuestas entre otros por Cruse (1979) y Morton, Chaffin y Herrmann (1987) y Caffin, Herrmann y Morton (1988).

109 Sobre las diferencias y semejanzas en cuanto a las partes espaciales y temporales de objetos y eventos pueden verse Casati y Varzi (1999), y Moltmann (1997). La clasificación que aparece en el texto de los tipos de partes de los eventos puede verse en Moltmann (1997: 178-182).

da remitir a lo tratado en ella y concluir que la meronimia no debe circunscribirse, únicamente, a los tipos de relaciones denotados por estas frases que señalan directamente a una parte espacial, elemento muy destacado en los sustantivos que denotan objetos, sino que ha ampliarse a otros tipos, independientemente de la categoría léxica o de que el referente se espacial o no.

Un individuo está compuesto por la suma o fusión de sus partes; en los verbos, surgen dos dificultades claras con el concepto de suma mereológica. Por un lado, en los verbos es normal que la suma de sus partes no corresponda al individuo total, ya que muchas de sus partes no han sido lexicalizadas; así, *comprar* (anexo: gráfico 2) es la suma de $[x_1 + ... + x_{n+1} + pagar]$; hay toda una serie de partes del acto de *comprar* no lexicalizadas. Por otro, se han de establecer restricciones a las partes que pueden ser sumadas; en mereología, que trata de individuos arbitrarios, el problema es diferente: la suma de cualquier parte se constituye como un individuo, pero si se quiere tratar con individuos naturales, estos, además de satisfacer los constreñimientos de la mereología, han de satisfacer otros que los convierten en naturales. Indudablemente, en los lenguajes naturales hemos de tratar con individuos que no sólo han de cumplir los contreñimientos de la mereología, sino otros. La cuestión ahora es determinar qué constreñimientos han de cumplir.

Se podría considerar que todos los elementos del guión del modelo cognitivo forman parte de la meronimia verbal; de esta manera "conducir − llegar a la tienda − elegir el producto − pagar − llevárselo a casa y muchos más elementos que podríamos añadir" constituyen las partes de *comprar*; sin embargo, esto ampliaría de tal manera la meronimia que no merecería la pena tenerla en cuenta como relación semántica entre verbos y, además, igualaría *pagar* y *conducir* como merónimos de *comprar*, algo que, por lo menos, parece contraintuitivo.

La solución a esta cuestión se encuentra si se introduce la implicación estricta en la relación de meronimia verbal.

$$x \subset_V y \Rightarrow (y \Rightarrow x)$$

De esta manera, se considerarán como merónimos verbales (de ahí el subíndice V) aquellos en los que la relación de meronimia implique que el holónimo implica el merónimo. Empleando la terminología de Cruse (2000, p. 154), sólo se considerarán dentro de las meronimias verbales, los merónimos canónicos del verbo holónimo, pudiendo ser el holónimo canónico o facultativo. Según esto, *pagar* es un merónimo de *comprar*, no lo serían *conducir*, ni *escoger*, aunque sí podrían ser una parte del modelo cognitivo, pero no se están discutiendo aquí las relaciones que se establecen en este.

La consideración de la implicación como un costreñimiento de la meronimia verbal deja fuera también casos como el de *roncar*. Si bien *roncar* implica *dormir*, no cumple la condición, ya que *dormir* no implica *roncar*, de la misma manera quedarían fuera de la meronimia casos como *comer, dormir* o el escatológico *cagar* como merónimos de *vivir*. En estos casos se dan actividades que están incluidas temporalmente en la actividad de *dormir* o *vivir* pero que no son implicadas por estas, se realizan dos actividades diferentes en unas mismas coordenadas espacio-temporales.

Se podría añadir a la implicación la condición de inclusión temporal, pero, a falta de un estudio más detallado, sólo se puede señalar que esta parece una consecuencia de la implicación, ya que esta condición sólo se cumple en aquellos verbos holónimos que incluyen al merónimo como una de sus fases. Así, por ejemplo, incluye la relación existente en algunos causativos léxicos que incluyen otro verbo como fase de la situación; *morir* (anexo: gráfico 1) es un merónimo de *matar*, ya que *matar* implica *morir*, pero no viceversa y *morir* es una fase de la situación designada por *matar* que se compone de la suma mereológica de varias partes entre las que está *morir* y otras no lexicalizadas. No quiere decir esto que se haya de buscar sólo merónimos que sean una fase del holónimo; esta cuestión ha de quedar abierta para ver los tipos de merónimos que han codificado los verbos.

Tal como se ha expuesto, se han incluido los verbos en la relación de meronimia sin necesidad de crear un nuevo tipo de relación derivado del tipo de categoría, se han restringido los merónimos a la implicación del merónimo por el holónimo, señalando que la mayoría procederán de la suma mereológica de las fases temporales del verbo, lo que ha permitido incluir algunos causativos léxicos dentro de la meronimia.

3. Las relaciones de exclusión

Si, como se ha visto, en las relaciones de inclusión un significado es un subconjunto propio de otro o una parte propia de otra, en la exclusión los dos significados han de ser conjuntos disjuntos, es decir, no regulados por la relación de inclusión. Si bien la inclusión / exclusión divide a las relaciones en dos tipos, dentro de las relaciones de exclusión se ha de atender a tres condiciones que distinguen los distintos tipos de relaciones de exclusión: la *binaridad*, la *implicación* y la *direccionalidad*.

La binaridad divide el concepto en dos partes o clases; todo elemento perteneciente a ese concepto ha de pertenecer a una de esas dos clases:

Siendo U el conjunto universo

$A \subset U$

$B \subset U$

$A \cup B = U$

$A \cap B = \emptyset$

La binaridad divide a las relaciones de exclusión en dos grandes grupos, los *incompatibles* y los *opuestos*.

3.1. Los incompatibles

Los incompatibles no presentan binaridad, de manera que las distintas secciones hechas en el conjunto universo se oponen todas a todas; son, en esto, semejantes a las oposiciones equipolentes en las que cada miembro de la oposición se opone a todos los demás.

Hay una cuestión sobre la incompatibilidad que ha de ser aclarada y que deriva de la falsa identificación de cohiponimia e incompatibilidad, a la que se puede dar solución si se tiene en cuenta la exhaustividad de la binaridad. Muy comúnmente se ha identificado la incompatibilidad con las relaciones de cohiponimia, pero, si bien es cierto que la mayoría de los cohipónimos son incompatibles entre sí, no lo son todos.

Si se consideran los hipónimos *aniquilar* y *exterminar* (anexo: gráfico 1) de *matar* y, a falta de estudios más detallados, se supone que desde esa perspectiva sólo existen estos dos hipónimos y que son cohipónimos; se verá que estos son incompatibles y no opuestos. Esto se debe a que, a pesar de que sólo hay dos hipónimos y que se podría considerar desde esa determinada perspectiva que existe binaridad, el conjunto universo de *matar*, desde esa perspectiva, no está dividido en dos secciones que lo recubran exhaustivamente, la unión de *aniquilar* y *exterminar* no recubre de forma completa el conjunto universo de *matar* desde la perspectiva "totalmente", hay otros conjuntos, aunque no lexicalizados. Los cohipónimos *aniquilar* y *exterminar* son subconjuntos propios del conjunto Universo (U, *matar*), su intersección es el conjunto vacío y su unión no es igual a *matar* (incumplen así la tercera condición de la binaridad): hay elementos que no pertenecen a *aniquilar* ni a *exterminar*, pero sí a *matar*, todo ello hace que sean incompatibles.

Considerar el recubrimiento exhaustivo del término hiperónimo supone que no todos los casos en los que se dan sólo dos cohipónimos son casos de oposición, pero tampoco rechaza la idea de que, entre cohipónimos exista una relación de oposición. Por ejemplo, *vivir* y *morir* (anexo: gráfico 1) pueden ser vistos como opuestos siendo cohipónimos de un hiperónimo no lexicalizado, si bien es cierto que, si los incluimos en una serie ternaria como *nacer – vivir – morir – resucitar* pasarían a ser incompatibles. En el primer caso cubren exhaustivamente el conjunto universo del hiperónimo, mientras que, en el segundo, no, de manera que las relaciones de exclusión entre los cohipónimos pueden variar dependiendo de la hiperonimia en la que se encuadren los verbos y, como se ha visto, esta depende de la perspectiva de clasificación.

Vistas las características de la incompatibilidad y su relación con la hiponimia y la oposición aún quedan algunas cuestiones sobre la oposición que deben ser aclaradas.

3.2. Los opuestos

Antes de tratar los opuestos, se ha de aclarar que, si bien estos han sido caracterizados por su binaridad frente a la no binaridad de los incompatibles, se ha de diferenciar entre binaridad conceptual y léxica; que exista binaridad conceptual no implica que exista, también, léxica. Un concepto dividido en dos secciones puede tener en cada una de las secciones más de un lexema: tendría binaridad conceptual, pero no léxica.

Para clasificar los opuestos, han de ser definidos antes los conceptos de contrariedad/ contradicción y de direccionalidad / no direccionalidad.

En la contradicción, la verdad de un término implica la negación del siguiente y la negación del primero, implica la afirmación del otro.

$$x \Rightarrow \neg y$$

$$\neg x \Rightarrow y$$

En la contrariedad, la afirmación del primero implica la negación del segundo, mientras que la negación del primero no implica la afirmación del segundo.

$$x \Rightarrow \neg y$$

$$\neg(\neg x \Rightarrow y)$$

A partir de la contradicción y la contrariedad se pueden establecer dos grupos de opuestos; por un lado, los *complementarios*, y, por otro, los *antónimos* y los *inversos* (*reverse*). Los reversos (*converses*) son un caso especial que será tratado individualmente[110].

Otra característica que cruza toda la oposición es la direccionalidad. La direccionalidad divide los opuestos en no-direccionales y direccionales. Los direccionales han surgido fundamentalmente a partir de conceptos espaciales y temporales (*entrar/*

---

110 La terminología española se encuentra aquí con un pequeño problema de traducción. Lyons (1977) emplea los términos *conversion* para pares del tipo *marido / esposa* y *directionals opposites* para los del tipo *llegar /partir*. No había en ese momento problemas de traducción, ya que se tradujo el primer término por *inverso* y el segundo por *direccional*, tal como aparece en la traducción de Ramón Cerdá (Lyons 1977). Sin embargo, el término *direccional* es reutilizado para agrupar a ambos frente a los no direccionales (complementarios y antónimos) y los direccionales de Lyons pasan a denominarse *converses* (Cruse 2000). Es en este momento cuando surgen los problemas. Algunos traductores, por ejemplo, Santiago Alcoba en la traducción de Lyons (1995) traduce *converses* por *conversas*; sin embargo hay otros autores (Otaola Olano, 2004) que traducen *converses* como *reversos* y *reverses* como *inversos*. Optaremos por esta segunda traducción pues, el término *converso* en español no parece el más adecuado para el concepto al que se quiere aplicar y, debido a que la traducción de ambos términos ingleses en español puede ser la de *inverso*, parece más adecuado mantener la de *inverso* para aquellos que representan dos acciones diferentes en sentidos contrarios, tipo que se corresponden con los *reverses* ingleses, y *reversos* para aquellos que designan una misma acción vista desde punto de vista diferentes, como las caras de una moneda, de manera que se diría que un miembro del par es el anverso y el otro, el reverso, no el inverso. Hemos de advertir esto ya que se está imponiendo la traducción contraria, de manera que se ha de estar atento a cuando se emplea de ahora en adelante *inverso* por *reverse* (inglés) y *reverso* por *converse* (inglés).

salir, antes de/después de, norte/sur); sin embargo, si se quiere seguir manteniendo la generalidad de las relaciones semánticas, la direccionalidad ha de ser liberada de sus ataduras a conceptos exclusivamente espacio-temporales. El objetivo es definir la direccionalidad sin restringirla a un determinado tipo de conceptos establecidos por perspectivas ajenas a ella. Otra cosa será que este rasgo se presente normalmente en conceptos que expresen espacio o tiempo y no en otros conceptos.

La direccionalidad sólo implica orden con respecto a algunas coordenadas sean cuales sean estas y de forma independiente al tipo de concepto al que pertenezcan. De esta manera, se puede diferenciar entre opuestos no direccionales y direccionales y, dentro de estos últimos, en unidireccionales y bidireccionales. En los unidireccionales existe un orden de prevalencia de un elemento sobre otro, de forma que, para que se dé B, tiene que haberse dado antes A o, si no, por lo menos tener las propiedades de A. En los bidireccionales, no existe tal orden, sino que cuando se da A, se da B y cuando se da B se da A.

Vistos los rasgos que clasifican los opuestos, sólo resta recordar las etiquetas de las clases que surgen de superponer las clasificaciones realizadas por la contradicción / contrariedad y la direccionalidad / no direccionalidad: *complementarios, antónimos, inversos* y *reversos*.

3.2.1. Complementarios

En primer lugar, se ha de señalar que el adjetivo es la categoría más estudiada en lo que respecta a las relaciones de complementariedad y antonimia, y que el número de verbos complementarios es menor ya que, en la mayoría de los casos, el complementario verbal se realiza a través de la negación del verbo *escribir / no escribir, leer / no leer, etc.;* aun así se pueden encontrar verbos complementarios.

Los complementarios son opuestos, como todos, con binaridad, que presentan contradicción y son no direccionales. Tratada ya la binaridad, se abordará ahora la direccionalidad, característica que ha sido menos estudiada que la contradicción y que puede presentar problemas en la clasificación de algunos verbos.

Se ha señalado que los complementarios son no direccionales; pero, por ejemplo, en *conocer / desconocer*, se podría objetar que, si bien son complementarios, presentan direccionalidad. De un estado de "no conocer" se pasa a uno de "conocer"; sin embargo, una cosa es que se puedan establecer en algunos casos presuposiciones sobre estados anteriores a una situación y otra que una situación implique estrictamente una situación anterior. Por ejemplo, si señalamos "X conoce Y", no implica estrictamente que haya habido algún momento en que sea cierto que "X desconoce Y", ni viceversa, es, en este sentido, en el que la oposición complementaria es no direccional, pues no hay un orden preestablecido, aunque en ciertas situaciones se pueda establecer, "X desconocía Y" y ahora "X conoce Y" y después "X desconoce Y". Situación diferente se da en el par *conocer / olvidar*; ya que, para *olvidar*, antes hay que *conocer*, existe direccionalidad, pero entre ellos hay otra relación, no son complementarios.

206   Si bien existe complementariedad en otros pares léxicos (*tener / carecer, comer / ayunar, etc.*) se ha reconocer que son muchos menos los verbos complementarios que los adjetivos, como ya se dijo. Esto se debe a que el complementario "negativo" suele no estar lexicalizado, por ejemplo, no hay complementario de *matar*, ni de *quitar*, y el que existe de *estimar, desestimar,* (anexo: gráfico 3) sólo funciona en el lenguaje jurídico cuando se refiere a la estimación /desestimación de un recurso, denuncia, etc. La no lexicalización de la sección "negativa" no sólo influye en los complementarios, sino, también, como se verá, en los antónimos.

3.2.2. Los inversos (reverses)[111]

Son opuestos, por tanto, binarios, que generan contrariedad, direccionales y, dentro de estos, bidireccionales.

No parece difícil considerar que lo opuesto a *construir* y *comer* es respectivamente *destruir* y *descomer,* pero opuesto no significa complementario, ya que el complementario de *construir* es *no construir*; y el de *comer* es *ayunar*. Al decir que son inversos, sólo se indica que el concepto está dividido en dos partes, que entre ellas se da la contrariedad y que existe un cierto orden en el que un lexema exige, de alguna manera, la existencia del otro.

Es este último punto en el que se pueden presentar más dudas, ya que, si bien *destruir* implica *construir* o *descomer, comer,* es difícil ver la implicación contraria. En el caso de los inversos la implicación no se da tanto con respecto al otro verbo del par como con respecto al estado producido por la acción o el proceso del otro miembro. Así, si "Juan sale de casa" entonces "Juan está fuera de casa" o si "Juan entra en casa", "Juan está dentro de casa"; pero "Juan está dentro/fuera de casa" no implica "Juan entró/salió de casa", de manera que *salir* no implica *entrar*, sino "estar dentro de" que es el estado resultante de *entrar*, pero para cuyo estado no es necesario que se produzca *entrar*.

X está fuera de Y --> X entra en Y --> X está dentro de Y --> X sale de Y --> X está fuera de Y

X está arriba --> X baja --> X está abajo --> X sube --> X está arriba

X no está en Y -> X llega a Y -> X está en Y -> X parte de Y -> X no está en Y

---

111 *Vid.* nota 12.

En estos ejemplos, en los que los estados están marcados en cursiva, se puede observar que para "X entra en Y" no es necesario "X sale de Y", sino sólo "X está fuera de Y", pero que este es el estado resultante de "X sale de Y" y lo mismo para los pares *bajar / subir* y *llegar / partir*.

Visto esto se puede comprender mejor que en los inversos haya contrariedad y no contradicción. En realidad, no es una oposición de dos términos, sino de cuatro, ya que se han de incluir los estados resultantes. De manera que:

$$X \text{ baja} \Rightarrow \neg\, X \text{ sube}$$

$$\neg(\neg X \text{ baja}) \Rightarrow X \text{ sube}$$

La verdad de la primera proposición implica la falsedad de la segunda, mientras que, si la primera es falsa, la segunda puede ser verdadera o falsa, una clara contrariedad.

Los inversos (*reversives*) han sido entendidos muy comúnmente como verbos de movimiento, ya Cruse (2000: 171) señalaba que

> Reversives have the peculiarity of denoting movement (or more generally, change) in oposite directions, between two terminal states. They are all verbs.

recogiendo así la idea del papel que desempeñan los estados resultados de los mismos; aunque añadía lo iguiente:

> They are all verbs. The most elementary examples denote literal movement, or relative movement, in opposite directions: *rise: fall* [...] The reversitivy of more abstract examples resides in a change (transitive or intransitive) in oposite directions between two states: *tie: untie, dress:undress, roll:unroll, mount:dismount*.

Si bien se ha de reconocer la importancia de los verbos de movimiento en el reconocimiento de los inversos, no parece que sea menor la de los que indican en algún sentido un cambio de estado; pero, además, no se ha de circunscribir la relación de inversión a verbos de movimiento, ya que, como se verá, esta forma de entender la inversión abre el campo a la inclusión de otro tipo de verbos como, por ejemplo, a los de la serie de *ingresivos – egresivos – reingresivos* y a incluir, de alguna manera en la relación, a verbos estativos.

Por ejemplo, serían inversos los de series como: *cargar-descargar-recargar, saber – olvidar - recordar, tener – perder – recuperar*. Así:

X carga Y -> *Y está cargado* -> X descarga Y -> *Y está descargado* -> X recarga Y -> *Y está (re)cargado*.

X sabe Y -> X olvida Y -> *X no sabe Y* -> X recuerda Y -> *X sabe Y*

X tiene Y -> X pierde Y -> *X no tiene Y* -> X recupera Y -> *X tiene Y*

De estos ejemplos se pueden extraer varias consecuencias. La primera es que la relación de oposición inversa no es plenamente binaria y que, en los casos en los que los estados están codificados por un lexema verbal, el verbo estativo entra en una cierta relación con los inversos.

La primera consecuencia se ha de matizar. En el primer caso hay tres lexemas; se podría entender que no es una oposición, pero estos se oponen de dos en dos, resultando entonces dos oposiciones binarias *cargar / descargar* y *descargar / recargar* unidas por los dos estados resultantes "estar cargado" y "no estar cargado"; ya que los estados resultantes son los mismos, esta serie conforma una estructura única en la que se encuadran dos oposiciones inversas diferentes. Estas estructuras pueden convertirse en totalmente binarias, si se prescinde del tercer término; por ejemplo, si sólo se considera el par *cargar – descargar*, el hablante puede emplear solamente este par, prescindiendo de *recargar,* ya que el estado final es semejante tanto en *recargar* como en *cargar,* "está cargado". Se ha dado cabida también a la posibilidad de establecer una relación semántica entre verbos estativos y dinámicos.

En cuanto a los verbos de estado, segunda cuestión enunciada, se ha de señalar que la estructura se realiza sobre dos estados iguales y complementarios ("saber / no saber", "tener /no tener") de manera que no es que los estados o los verbos de estado se conviertan en inversos de los otros verbos, sino que con ellos conforman una estructura compleja de la intersección o unión de estados complementarios y verbos inversos, y es, en este sentido, en el que se han de interpretar los ejemplos anteriores. El análisis de esta estructura no compete ya a este tema, sino al análisis de las estructuras u órdenes semánticos.

Todo lo dicho no quiere decir que las cosas sean siempre tan sencillas; por ejemplo, el grupo que forman *vivir – morir – resucitar* puede ser interpretado como un grupo de inversos. No parece que haya mayor problema en el sentido de que en ellos están presentes todas las características de los inversos; así, sus estados son "estar vivo" y "estar muerto". Se podría interpretar que *vivir* y *morir* son complementarios, pero no es así. Sus complementarios son *no vivir* y *no morir,* los que sí son complementarios son sus estados *vivo* y *muerto,* mientras que ellos son inversos, de la misma manera que *resucitar* como verbo reingresivo que retoma el estado de *vivir.* Ahora bien, esta interpretación estaría viciada por el par *vivo / muerto,* ya que, si se introduce el verbo *nacer* en la serie, que quedaría *nacer – vivir – morir – resucitar,* se puede observar que hay una discordancia, ya que *vivir* en este caso es un verbo estativo que no puede ser el inverso de *morir,* sino que representa el estado resultado de *nacer* y de *resucitar* de forma verbal. Considerando esto, la serie de inversos sería *nacer – morir – resucitar* unidos por el verbo *vivir* que representa el estado resultado de *nacer* y *resucitar* y otro verbo, en este caso no lexicalizado, que representaría el estado de "estar muerto", tal como se representa en el gráfico 1 del anexo. Lo que ha sucedido en este caso es que se ha lexicalizado de forma verbal uno de los estados que normalmente no lo hace, de ahí la dificultad del análisis.

Se han caracterizado los inversos como opuestos binarios, contradictorios y direccionales; se ha explicado la binaridad de aquellos que presentan tres términos a los cuales se les pudo dar cabida ampliando el concepto de inversión, desde el movimiento más literal a otros tipos como el cambio en el que los estados resultantes desempeñan un importante papel en las relaciones de inversión y en las estructuras generadas, de manera que el tipo léxico de verbo no tiene una importancia vital en la definición de inversión, sino que serán inversos todos aquellos lexemas entre los que se dé contrariedad y direccionalidad en el sentido propuesto, independientemente de la categoría a la que pertenezcan o del tipo léxico dentro de la categoría; otra cosa será la relación entre estas dos clasificaciones y la relación de oposición inversa.

3.2.3. Antónimos

Los antónimos son opuestos binarios entre los que se da contrariedad y que, además, son no direccionales.

Sin duda alguna, son, con los complementarios, los opuestos sobre los que más se ha escrito por lo que sólo se darán unas breves notas sobre su binaridad y su contrariedad; pero, además, son pocos los verbos que están relacionados por antonimia y este hecho sí ha de ser tratado con cierta profundidad.

En cuanto a la binaridad, se ha de señalar que binaridad no implica binaridad léxica; que el concepto esté dividido en dos clases disjuntas no implica que cada una de estas clases haya de estar designada por un único lexema. Si cada clase está expresada por un único lexema, se dará, entonces, la complementariedad, pero, si cada clase está expresada por más de uno, habrá antonimia. Para que una clase puede ser designada por más de un lexema, los lexemas que la designan han de situarse todos en el mismo nivel, es decir, no puede haber un lexema subordinante y varios subordinados, pero, para que esto ocurra, los lexemas implicados han de expresar diferentes grados del mismo concepto que ha servido para establecer la clase, ya sea propiedad, cualidad, acción, etc.

La existencia de varios lexemas pertenecientes al concepto 'antónimo' es lo que provoca la contrariedad, ya que, ante la negación de un término, son varias las posibilidades de elección, no sólo una, como ocurre con los opuestos contradictorios.

Si se considera lo dicho anteriormente, se podrá suponer que se pueda tener un par de opuestos complementarios, por ejemplo, *alto / bajo* que recubren totalmente las dos secciones del concepto y que de cada sección se hagan diferentes gradaciones: *gigante – alto / bajo – enano*, de manera que las gradaciones de cada sección son hipónimos del término complementario de la sección.

La propuesta anterior permite explicar el hecho de que *alto / bajo* puedan ser usados tanto como complementarios como como antónimos y no viola las condiciones de la hiponimia:

210

gigante $\subseteq$ gigante

gigante $\subset$ alto (complementario)

$\neg$alto (complementario) $\subset$ gigante

En cuanto a los verbos, permite también explicar algunas de sus características especiales. Como ya se ha repetido, es muy normal que el término de la sección "negativa" de la oposición no esté lexicalizado, esto hace aparecer en los verbos estructuras en las que se podría llegar a establecer una antonimia pero que no se ha realizado por falta de términos negativos; así, en la serie *subestimar − estimar − sobrestimar* no está lexicalizado -excepto el *desestimar* del lenguaje jurídico- un término negativo, *no estimar*, por lo que estos posibles antónimos quedan sin elementos a los que oponerse y mantener con ellos una relación de antonimia.

En otros casos sí se ha lexicalizado el término negativo, pero este no ha sido graduado, sino que queda como un complementario de uno de los términos de la sección "positiva", de manera que sí se ha establecido la relación de complementariedad, pero no la de antonimia. Así ocurre en *amar / odiar* (anexo: gráfico 3) entre los que se ha establecido una relación de coplementariedad, pero, como siempre, a falta de estudios más detallados, no se ha graduado la sección negativa, por lo que la posible graduación de la parte positiva *estimar − querer − amar − adorar − idolatrar* ha quedado sin parejas antónimas en el lado negativo. Como se puede ver, *amar* forma parte tanto del par complementario como de la graduación de la sección positiva de ese par, es el hiperónimo de la sección "positiva" e hipónimo de la misma[112].

Otro caso de no graduación de la sección "negativa" es el de *hablar / callar*. Se puede *susurrar, hablar, gritar*, pero no se han lexicalizado los grados de *callar*; en este caso, hay una pareja de complementarios *hablar / callar* de los que el primero, el que señala la acción, tiene varios hipónimos que podrían convertirse en antónimos *susurrar − hablar − gritar* en los que se gradúa el tono de la voz; sin embargo, carecen de antónimos puesto que el término de la no acción *callar* no ha sido graduado.

Se tiene, por tanto, que, en los verbos, ya sea por la no lexicalización del término de la sección "negativa" o por su no graduación, muchos posibles antónimos verbales han quedado frustrados, dando origen a estructuras graduales, pero no antónimas.

---

112 Si bien se ha considerado *amar* como el hiperónimo, es cierto que nos han asaltado las dudas sobre si el hiperónimo no será *querer*; nos hemos decantado por *amar* ya que la oposición *amar / odiar* parece mucho más clara que la oposición *querer / odiar*. En todo caso, sea uno u otro el hiperónimo *odiar* se opondría a todos los hipónimos bien de *amar* como de *querer*, lo cual hace que, si se considera como hiperónimo *querer* la argumentación sigue teniendo validez.

Se ha de tener también en cuenta que en estos casos el verbo que conforma o conformaría el par complementario –*hablar, amar, estimar*– entra en dos relaciones diferentes dependiendo del nivel, hiperónimo o hipónimo, que se considere. Es complementario como hiperónimo y forma parte de la serie graduada, entrando en una relación de antonimia o no, dependiendo de si la otra sección de la oposición está graduada, siendo, en esta, el término de grado positivo.

Para finalizar, se ha de señalar que, en los adjetivos, los términos empleados para la oposición de complementariedad se sitúan en la escala graduada en los extremos interiores de la escala *gigante* – <u>*alto*</u> / <u>*bajo*</u> – *enano;* en los verbos, el término del par complementario se sitúa en el interior de la escala aumentando o disminuyendo la gradación hacia la derecha y la izquierda *susurrar* – <u>*hablar*</u> – *gritar, subestimar* – <u>*estimar*</u> – *sobrestimar, estimar* – *querer* – <u>*amar*</u> – *adorar* – *idolatrar.* Tal vez esto se debe a que, en los adjetivos, el siguiente elemento de la escala hacia uno u otro lado será el término del par complementario de la otra sección, por tanto, no hace falta un término más allá de *alto,* porque ya está *bajo.* Se ha de decir que los términos intermedios tales como *mediano* o *templado* son, en primer lugar, escasos, y, en segundo lugar, no son de ninguna de las secciones, sino una mezcla de ambas. En los verbos, no hay un término por debajo de *amar* o *hablar* que lleve al grado positivo de la otra sección, este sólo se encuentra lexicalizado en el nivel superior de la hiponimia que es donde se establece la relación de complementariedad; de ahí que se puedan seguir estableciendo grados donde en los adjetivos no se podía.

Se ha de dejar claro que decir que en los verbos no se lexicaliza la gradación de la escala de la no acción no quiere decir que haya razones lógicas para no hacerlo o que no pueda hacerse, de manera que no pretendemos que de las afirmaciones anteriores se deduzca que los verbos siempre se comportan así, sino que dejamos en suspenso esta afirmación a la espera de estudios concretos que indiquen si siempre es así, si sólo es lo más frecuente o si estos son casos especiales.

3.2.4. Los reversos (converses)[113]

Los reversos han sido definidos normalmente como aquellos opuestos que denotan la misma posición, acción o movimiento, pero contemplándola desde perspectivas opuestas: *preceder-seguir, dar-recibir, comprar-vender, pagar-cobrar.*

Como lo primero que se ha querido evitar a lo largo de todo el trabajo es incluir en la definición una lista inconclusa de términos (posición, acción o movimiento) que pueda ir aumentando según se vayan incluyendo tipos de verbos a este tipo de opuestos,

---

113 *Vid.* nota 13.

hemos de rechazar esta definición y sustituirla por esta otra: los reversos son opuestos, por tanto, binarios y direccionales bidireccionales.

En la definición no se hace referencia a la contradicción ni a la contrariedad y es que este tipo de opuestos no se ajustan ni a una ni a otra. Por ejemplo, para que fuera una contradicción tendría que darse

$$X \text{ precede a } Y \Rightarrow \neg\, Y \text{ sigue a } X$$

$$\neg\, X \text{ precede a } Y \Rightarrow Y \text{ sigue a } X$$

pero no se da y, para que fuera una contrariedad, debería darse

$$X \text{ precede a } Y \Rightarrow \neg\, Y \text{ sigue a } X$$

$$\neg\, (\neg X \text{ precede a } Y) \Rightarrow Y \text{ sigue a } X$$

pero no se da, sino que

$$X \text{ precede a } Y \Rightarrow Y \text{ sigue a } X$$

$$\neg\, X \text{ precede a } Y \Rightarrow \neg\, Y \text{ sigue a } X$$

Se ha de añadir un tercer elemento al par contradicción /contrariedad, el de equivalencia, de manera que los opuestos reversos serían binarios, direccionales bidireccionales y equivalentes[114].

Su bidireccionalidad se deriva de que expresan el mismo concepto, pero visto desde perspectivas diferentes. Esta pequeña, casi imperceptible, modificación permite incluir en esta relación verbos que, de otro modo no entrarían a no ser que se entendiese posición, acción o movimiento de una manera un tanto extraña o metafórica. Por ejemplo, en *enseñar / aprender* existe binaridad y bidireccionalidad. Binaridad puesto que cubren de forma exhaustiva el concepto hiperónimo "enseñar/aprender", o se enseña o se aprende, sino no se pertenece a esta clase. Bidireccionalidad puesto que *enseñar* implica *aprender* y *aprender* implica *enseñar*, por lo menos en ciertas estructuras (*Aprendí de mi madre a atarme los zapatos, Mi madre me enseñó a atarme los zapatos*) ya que, en otras (*Aprendí a atarme los zapatos, me enseñó sus fotos*) no parece que sea así; sin embargo, se ha de tener en cuenta que estas dos estructuras remiten a significados diferentes o, por lo menos, diferentes subacepciones de *aprender* y de *enseñar*.

En el gráfico 2 del anexo se pueden encontrar cuatro pares de reversos (*recibir / dar, cobrar / pagar, vender /comprar, exportar / importar*) que muestran cómo a través de la hiponimia o de la meronimia se pueden "heredar" relaciones semánticas como la

---

114 La relación de equivalencia entre proposiciones fue propuesta, entre otros, por J. J. Doyle que reconoce además las de superimplicación, contrariedad, contradicción, subcontrariedad, subimplicación e independencia (Ferrater Mora, 1994, tomo K-P, 2642).

inversión. Los hipónimos de dos reversos como *recibir / dar* o *vender / comprar* son, a su vez, reversos *cobrar / pagar* y *exportar /importar*. Los merónimos de *vender / comprar* son reversos *pagar / cobrar*.

213

3.2.5. Los antipodales y ortogonales

No se pueden dejar de tratar otros dos tipos de opuestos reconocidos por distintos semantistas: los opuestos antipodales y ortogonales (Lyons, 1977: 265-269). Ninguno de ellos ha sido nombrado hasta ahora pues no afectan directamente a los verbos y, fundamentalmente, se pueden incluir como opuestos reversos.

Los antipodales pueden ser incluidos dentro de los reversos ("X está al norte de Y" <--> "Y está al sur de X") ya que, eliminada la condición de movimiento de estos últimos, cumplen todas sus condiciones, ya que son binarios, contrarios y bidireccionales. Ahora bien, si se quiere marcar la diferencia entre posición y movimiento se puede seguir empleando el término antipodal para los reversos que expresan una posición, pero ha de quedar claro que en este caso se está haciendo una superposición de clasificaciones.

Los ortogonales (*norte, sur, este* y *oeste*) se generan por la interacción entre oposiciones reversas y ordenamientos cíclicos, que ya no son relaciones semánticas, sino órdenes surgidos de relaciones, pero, en cualquier caso, no hace falta considerarlos como un tipo especial de opuestos.

Anexo

Se incluyen en este anexo los tres gráficos a los que se hace referencia en el texto. Como ya se ha advertido de que los análisis que contienen son sólo provisionales, no se insistirá en ello, únicamente, conviene señalar que en el tercer gráfico se han tenido en cuenta la diferencia de acepciones reconocidas en ADESSE del verbo de partida *estimar:*

1. Tener aprecio o consideración hacia algo o alguien, valorar positivamente

2. Juzgar, opinar

3. Tasar, valorar, calcular

Para una mejor comprensión de los gráficos se han empleado diferentes aristas para unir los nodos:

Hiperonimia: un punto negro en el extremo de la arista del hipónimo.

Incompatibles: dos puntos negros en ambos extremos de la arista.

Meronimia: un punto blanco en el extremo del merónimo.

Complementarios: Una arista con una flecha en ambos extremos.

Antónimos: se marca la graduabilidad por medio de una arista con una flecha.

Inversos: dos aristas con flechas en los extremos contrarios.

Reversos: dos aristas discontinuas con una flecha en el extremo marcando la dirección

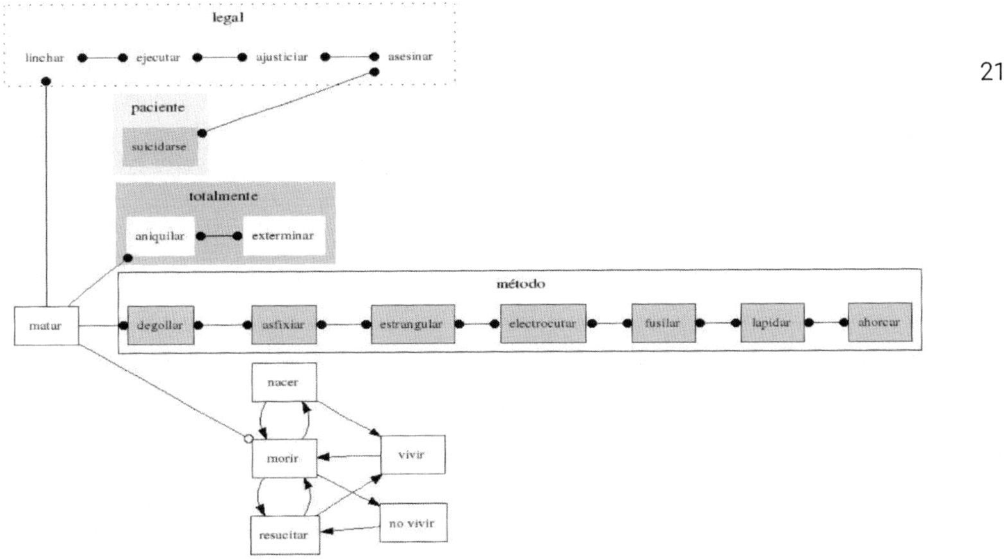

Gráfico 1

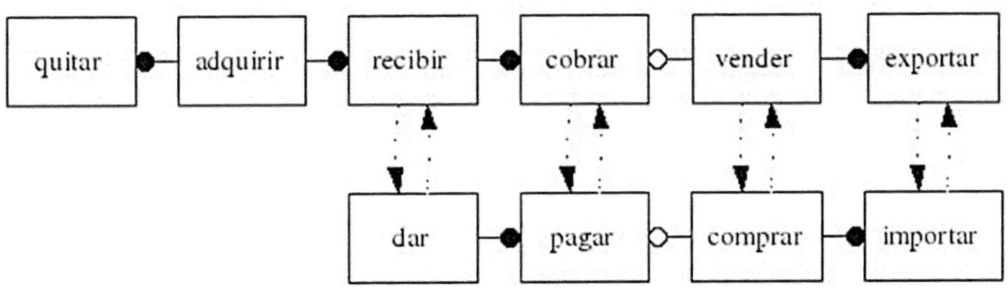

Gráfico 2

216

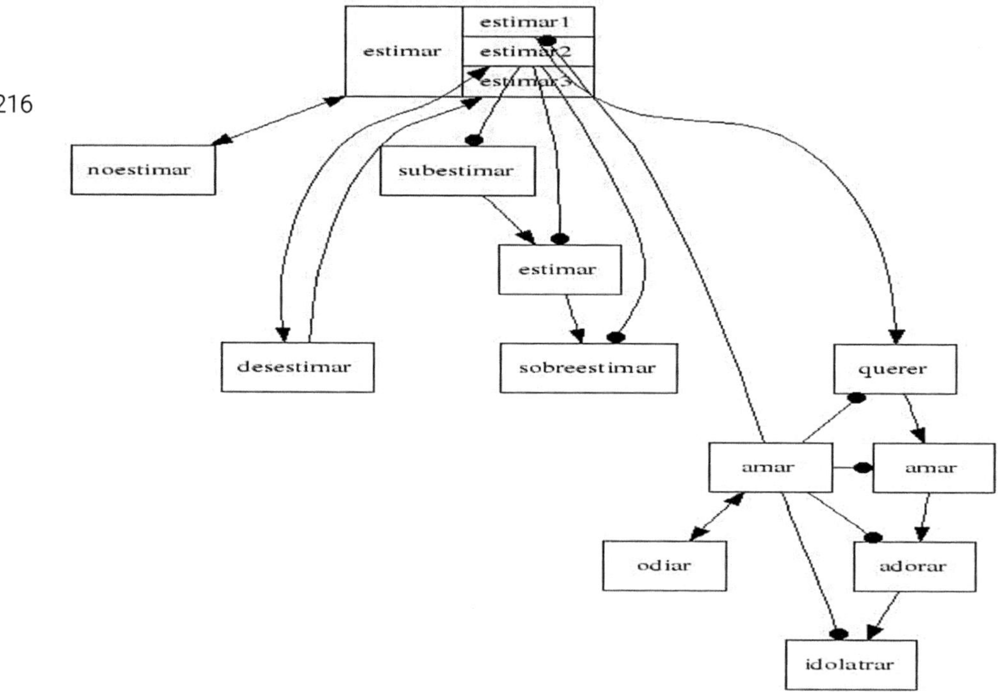

Gráfico 3

Capítulo 11
Las nominalizaciones de los verbos de transferencia. Bloqueo, restricciones y competencia de afijos[115]

Título original: Nominalizations of transfer verbs: Blocking, constraints and competition between affixes

(*Spanish Word Formation and Lexical Creation. 2011*. Coord. por José Luis Cifuentes Honrubia y Susana Rodríguez Rosique. John Benjamins. 233-254)

PRESENTACIÓN

El presente trabajo fue el resultado de un encuentro que se celebró en la Universidad de Alicante sobre 'Formación de Palabras y Creación Léxica' en marzo de 2010. El propósito de dicho congreso era la integración de las perspectivas semánticas y formales referidas a la formación de palabras, motivo por el cual los organizadores entendieron que había que invitar a una de las mayores autoridades académicas en el tema, Antonio Rifón, quien participó activamente en los tres días que duraron las sesiones. De las principales aportaciones habidas en las jornadas, fueron seleccionadas las más relevantes para su publicación en el primer número de la colección *IVITRA Research in Linguistics and Literature* de la editorial John Benjamins, justo un año después de la reunión de Alicante.

El trabajo representa bien la forma de proceder de su autor, pues bajo una aparente sencillez muestra el necesario conocimiento e integración de las teorías lingüísticas actuales con los estudios diacrónicos, aderezado con un profundo conocimiento del latín, y basándose siempre en el rigor metodológico que proporcionan los corpus (ADESSE, CORDE y CREA). Ello explica que este estudio siga tan vigente hoy como en el momento de su elaboración.

El texto analiza la formación de sustantivos a partir de 62 verbos de transferencia, según manifiesten una derivación mediante conversión, mediante el sufijo *–miento*, o mediante el sufijo *–ción*, considerando la competencia entre los distintos sustantivos derivados de un mismo verbo, de forma que se puedan plantear las pautas que rigen

115 Este artículo se ha realizado dentro de los trabajos del proyecto ALEXSYS que cuenta con la financiación del MICINN con referencia FFI2008-01953 [2008-2011] y del proyecto de investigación *"Red de Morfología Genética en el NDHE"* financiado por el MICINN con referencia FFI2008-03532 [2008-2011].

dicha competencia y la organización de las nominalizaciones. Para ello, en un primer momento agrupa los verbos según el número de sustantivos derivados que posean: uno, dos o tres, y las fechas y datos de su aparición en el corpus. En cada grupo se analizan las propiedades que pueden explicar la aparición y desaparición de los distintos sustantivos, centrándose fundamentalmente en los cambios de significado, frecuencia, restricciones morfológicas, bloqueo o variación diatópica.

La conclusión es que la creación de un único sustantivo es debida a diversas restricciones: la existencia de un sustantivo sinónimo, el carácter culto del verbo, o restricciones en la combinación de la base con ciertos sufijos o prefijos. Por otro lado, no todas las combinaciones muestran el mismo grado de confluencia en la formación de sustantivos derivados, y es el sufijo −*miento* el que en mayor grado entra en competencia con los otros. Sin embargo, suele ser el proceso de conversión el que predomine y se conserve cuando se establece una pugna entre sustantivos.

La evolución en la confluencia de sufijos viene explicada por tres tipos de causas: cronológicas, especialización semántico-pragmática, y selección semántica de la base verbal. Estas tres causas son, también, las que actúan en la competencia entre los sustantivos deverbales. La competencia de sustantivos conlleva un intento de diferenciación de los sustantivos bien por vía semántica, bien por vía diatópica o bien por la desaparición de uno de ellos, pero no hay momento de estabilidad, de forma que el sustantivo superviviente permanezca inalterable, pues la competencia es continua en el tiempo. La aparición de un nuevo sustantivo supone una competencia que puede provocar que el antiguo se mueva a otras zonas de significado, o que sea el nuevo el que lo haga; o puede ocurrir que se elimine alguno de ellos. Todo ello implica dos elementos: tiempo y frecuencia. Tiempo para el desplazamiento o desaparición, y frecuencia para la fuerza con que compiten, no solo como tipos de derivados, sino como modelos de derivación, por lo que, en el fondo, afecta a toda la organización morfológica.

José Luis Cifuentes Honrubia
Universidad de Alicante

1. Introdución

Las nominalizaciones han sido y son un campo de estudio realmente prolífico y, sin duda, el artículo de Chomsky de 1970 ha contribuido a ello. Si me permiten generalizar y resumir, en los estudios sobre las nominalizaciones predomina el análisis de la herencia y la estructura argumental (p. e. Grimshaw, 1990; Querol Bataller, 2006; etc.) o la herencia aspectual (p. e. Brinton, 1995; Huyghe y Marín, 2007; etc.), pero nuestro estudio no trata sobre ninguno de estos dos aspectos, sino sobre la competencia morfológica en la formación de sustantivos deverbales de verbos de transferencia.

Consideramos verbos de transferencia, tal como se define en ADESSE,[116] aquellos en los que

> Una entidad (A2) cambia de propietario o usuario de tal forma que pasa a mantener una relación de Posesión-poseído o Parte-todo con otra entidad (A1) distinta de la original (A0).

A partir de los verbos de transferencia reconocidos en ADESSE, hemos extraído los tokens de todos sus sustantivos derivados por medio de conversión[117] o sufijación de *-miento* y *-ción* del CORDE y del CREA. Extraídos los tokens de los sustantivos deverbales hemos analizado la competencia entre los distintos sustantivos derivados de un mismo verbo. Nuestro objetivo es estudiar la competencia y organización, por lo menos en un primer acercamiento, de las nominalizaciones de verbos de transferencia más allá de su mera documentación lexicográfica.

Para ello, hemos agrupado los verbos a partir del número de sustantivos deverbales que posean: uno (series unarias), dos (series binarias) o tres (series ternarias). Las series binarias han sido divididas en subgrupos dependiendo de los procesos morfológicos implicados (conversión y sufijación en *-miento*, conversión y sufijación en *-ción*, sufijación en *-miento* y en *-ción*) y estos subgrupos, a su vez, se han dividido en otros dos subgrupos a partir de la fecha de documentación de sus sustantivos deverbales.

En cada grupo se han analizado aquellas propiedades que puedan explicar la aparición y desaparición de los distintos sustantivos centrándonos fundamentalmente en los cambios de significado, frecuencia, restricciones morfológicas, bloqueo o diversidad diatópica.

---

116 La base de datos ADESSE puede ser consultada en http://webs.uvigo.es/adesse/

117 Hemos optado, por motivos estrictamente metodológicos, por emplear el término conversión para todos aquellos sustantivos en *-o/-a/-e/-Ø* sin que esto suponga que consideremos que estén formados por conversión o por sufijación, hecho que, en principio, no influye decisivamente en los resultados de la investigación.

2. Series unarias

En el grupo de verbos escogidos, los de transferencia, varios de ellos han presentado a lo largo de la historia y presentan en la actualidad un único sustantivo deverbal. Frente a lo normal que esto pudiera parecer, la formación de un único sustantivo deverbal se puede explicar, en todos ellos, por medio de algún tipo de restricción que determina en un alto grado el proceso que se puede emplear para formar dicho sustantivo de entre las numerosas posibilidades existentes.

Un primer grupo de sustantivos deverbales son aquellos que proceden de un sustantivo latino y que pueden ser considerados, en español, simples, en los que la existencia del sustantivo heredado del latín con el significado de 'acción o efecto' impide la formación de otros sustantivos:

commercĭum > comercio (1267) – comerciar[118]

contāgĭum > contagio (1490) – contagiar

obsĕquĭum > obsequio (1384) – obsequiar

armāmentum > armamiento/armamento – armar

En otros casos la situación se complica un poco, por lo que iremos de lo particular, estudiando dos casos concretos, a lo general. Uno de los casos es el que agrupa a sustantivos como *retribución, contribución y distribución*; el otro es el que se centra en el sustantivo *devolución*.

En el primer caso, existe un sustantivo deverbal latino en *-tiō -ōnis* que determina la forma que adopta el sustantivo español y bloquea nuevas formaciones.

rētrĭbūtĭo > retribución – retribuir < rētrĭbŭo

contrĭbūtĭo > contribución – contribuir < contrĭbŭo

distrĭbūtĭo > distribución – distribuir < distrĭbŭo

Además de estos verbos y sustantivos, existían en latín otros casos de verbos prefijados como attrĭbŭo, intrĭbŭo, trĭbŭo cada uno de ellos con sus respectivos sustantivos (attrĭbūtĭo, intrĭbūtĭo, trĭbūtĭo). En español sólo se han heredado algunos (atribuir / atribución, contribuir / contribución, distribuir / distribución, retribuir /retribución,

---

118 Para indicar la documentación de un derivado desde un año a la actualidad indicamos sólo el año de la primera documentación (Año), si las dataciones son regulares durante un periodo de tiempo empleamos (Año-Año), si hay lagunas entre varios periodos (Año-Año, Año-Año), si un derivado es documentado en diferentes años pero de forma irregular usamos (Año, Año, Año) y si sólo es documentado en un sólo año sería (Año,) (atención a las comas). Si no se ha documentado un posible derivado en el corpus, se ha consultado en *Google-books* por lo que su datación aparecerá como GB; la datación en *Google-books* se ha empleado, como se verá, con suma cautela y exclusivamente para certificar que dicha palabra fue usada.

tribuir / tribución). Por tanto, se puede proponer una herencia latina tal cual; sin embargo, la existencia de *tribuir* y *tribución*[119]

> niquos que aquello que se pertanye a otri quieren <u>tribuir</u> assi mismos. & aquello no atorgan ami por la (Fernández de Heredia, Juan, *Gran crónica de España*, I. Ms. 10133 BNM, 1385, España) 221

> Con todo eso, a él fue e deve seer tribuida la *tribuçión* d'ellas, pues fue causa potísima en su fina (Villena, Enrique de, *Arte cisoria*, 1423, España)

podría llevar a pensar que dichos verbos son prefijados sobre *tribuir* (*re-, con-, dis-, a-* + *tribuir*).[120] Ahora bien, las escasas documentaciones de *tribuir* y *tribución* y los datos de otras formaciones que veremos a continuación parecen apoyar dos ideas: una, que el uso de *tribuir* y *tribución* sea, por un lado, más achacable a un uso culto o una recuperación del verbo y sustantivo latino que a un uso real de estas formas en español, y, otra, que no se puede desechar el uso de modelos latinos en la formación de palabras en español.

En el segundo caso, *devolución*, el panorama es algo diferente. No existe en latín un *devolutio, pero sí existen *ēvŏlūtĭo, invŏlūtĭo, obvŏlūtĭo, rĕvŏlūtĭo* con sus respectivos verbos *ēvolvo, involvo, obvolvo, rĕvolvo*. En latín quedaron numerosos verbos prefijados a partir de *volvo* sin sustantivo deverbal; así los prefijados por *ad-, circum-, con-, de-, di-, per-, pro-, sub-, super-* y *trans-*. Como es habitual, no todos los verbos existentes en latín han pasado al español, pero sí se han heredado sus sustantivos deverbales como por ejemplo *evolución, revolución* e *involución*. Esta herencia ha hecho posible que en español se crearan nuevos sustantivos deverbales a pesar de que el verbo no existía o había evolucionado a una forma romance; así tenemos *devolución* (1278), *circunvolución* (1611) o *convolución* (1963). En estos casos, sólo puede ser un modelo sobre las formas latinas el que haga posible estas formaciones, ya que los verbos en -*volvo* han evolucionado a formas romances y estas han creado sus propios sustantivos deverbales, como ocurre en *envolver/envolvimiento, revolver/revolvimiento, devolver/devolvimiento, avolver/avolvimiento, arrevolver/arrevolvimiento, volver/volvimiento*.

De manera que nos encontramos ante dos modelos de formación, uno creado sobre las formas latinas y otro sobre las romances. Así, existen pares de verbos sobre ambas, *remitir / remeter*, que pueden presentar dos sustantivos deverbales diferentes, *remisión / remetimiento*,

---

119 Hemos hallado en el CORDE 3 tokens de *tribuir* (1385, 1424, 1528), 3 de *tribuida* (1423(2) y 1427), 4 de *tribuido* (1427(2), 1869, 1880) y 1 caso de *tribuçion* (1423).

120 Otra posibilidad sería considerar que son palabras complejas no construidas (Corbin, 1987:185-188) en las que tenemos una estructura prefijo + tribuir y que la restricción para construir un sustantivo deverbal en -*ción* se debe a una restricción sobre la base.

o dejó memoria por su famoso bando disponiendo el <u>remetimiento</u> de todas las rejas salientes de las fach (Mesonero Romanos, Ramón de, 1880 – 1881, *Memorias de un setentón*, España)

222   o casos en los que el verbo latino y romance coinciden (*legar*) pero que pueden presentar dos sustantivos deverbales diferentes, uno latino y otro romance (*legación / legamiento*) y otros que presentan un verbo romance con uno o con dos sustantivos, como ocurre en *devolver* que tiene como sustantivos *devolución* y *devolvimiento*.[121]

Podemos añadir, a modo de nota, que parece que el carácter latino de la base verbal determina el grado en el que puede ser creado un sustantivo deverbal romance; así, por ejemplo, en *-tribuir* todos los sustantivos son semejantes a los latinos, en *-mitir* aparecen muy pocos types en *-miento* (*permitimiento*) pero, sin embargo, en los casos en *-legar* en el que confluyen ambos temas el número de dobletes se acrecienta: *legación/legamiento* (1254), *delegación/delegamiento* (1498) y en otros verbos que no son de tranferencia como *alegar* o *relegar*, existen *alegación/alegamiento* (1454-1456), *relegación/relegamiento* (1948, 1951). Indudablemente esta tendencia tiene que ser estudiada más a fondo para saber si realmente existe y en qué grado.

Sin ánimo de extenderme, dejo aquí las diferentes familias que, con algunos matices particulares para cada una, pueden ser agrupadas en este conjunto y en las que el sustantivo deverbal está en cierto grado determinado.

rĕmissĭo > remisión – remitir < rĕmitto
transmissĭo > trasmisión – trasmitir < transmitto
rēstĭtūtĭo > restitución – restituir < restituo
lēgātĭo > legación – legar < lēgo; legamiento
dēlēgātĭo > delegación – delegar < dēlēgo; delegamiento
adjūdĭcātĭo > adjudicación – adjudicar < adjūdĭco; adjudicamiento
cessĭo > cesión – ceder < cēdo; cedimiento
concessĭo > concesión – conceder < concēdo; concedimiento
expĕdĭtĭo > expedición – expedir < expĕdĭo
dōnātĭo > donación – donar < dōno; donamiento
admĭnistrātĭo > administración – administrar < admĭnistro
exportātĭo > exportación – exportar[122] < exporto
subventĭo > subvención – subvencionar; subvencionamiento[123]

---

121 Para una exposición clara y extensa de la relación entre familias léxicas latinas y españolas puede consultarse Pena (2008) y Pena y Campos (2009).

122 Tanto *exportar* como *importar* son tomados del latín hacia el siglo XIX. También son tomados sus sustantivos deverbales, *importación* en 1527 y *exportación* en 1574. *Importe* aparece en 1817 pero, al encontrar el significado de 'acción o efecto' de importar ocupado por *importación*, toma otro significado.

123 En este caso, no se ha heredado el verbo latino, sino que se ha creado uno a partir del sustantivo deverbal.

En todos estos casos existe un sustantivo deverbal latino y, en la mayoría, también un sustantivo deverbal de creación puramente romance y, en todos, además, prevalece el sustantivo deverbal creado por el modelo latino.

En otros, si bien no existe o no se hereda un sustantivo latino, se produce la analogía con otras formas del español que sí siguen el modelo latino.

    devolución – devolver (revolución, involución, evolución)

    expendición – expender (expedicion)

    deparación – deparar (separación, comparación, reparación, preparación)

Existen, además de las ya vistas, otras restricciones morfológicas sobre la base. En estos casos el sufijo que posee la base determina, en cierto grado, las posibilidades de combinación con los sufijos nominalizadores. Así, los verbos con el sufijo *-ecer* tienden a construir su verbo con *-miento* igual que los parasintéticos *en-* y *a-:*

    -ecer: favorecer, abastecer.

    en-: endilgar, enjaretar, encasquetar.

También ocurre en el caso de los verbos derivados por medio de *-izar, -ificar* que construirán su sustantivo por medio de *-ción*:[124]

    -izar: comercilizar, indemnizar.

    -ificar: dosificar.

Como ya hemos indicado, si bien, lo que pudiera parecer normal es la existencia de un único sustantivo deverbal, no lo es. Hemos hallado series binarias y ternarias, es decir, con dos y tres sustantivos que han convivido o conviven en el tiempo.

3. Series binarias

Agrupamos en este apartado aquellos verbos en los que han aparecido dos sustantivos formados por medio de conversión o de afijación de *-miento* o *-ción*. Nuestra intención es analizar qué sucede cuando dos sustantivos deverbales aparecen y conviven durante un cierto periodo y, para ello, analizaremos cada una de estas formaciones empezando por aquellas en las que el verbo ha dado lugar a un sustantivo por medio de conversión y otro en *-miento*, pasaremos luego a estudiar las combinaciones de conversión y *-ción* y, por último, las de *-ción/-miento*.

223

124 Estas restricciones ya han sido indicadas entre otros por Pena (1980), Rainer (1993) y Pharies (2002).

3.1. Conversión y -miento

Ordenaremos esta serie en dos grupos, el primero, en el que los sustantivos formados por conversión son anteriores a los de *-miento* y, el segundo, en el que *-miento* precede a la conversión.

3.1.1. $S_{conversión} - V - S_{-miento}$ [125]

En este nos encontramos con[126]:

abono (1289) – abonar – abonamiento (1339-1530, 1991-2002)

alquiler (1234) – alquilar – alquilamiento (1514-1552)

cambio (1187) (camio 1055) – cambiar – cambiamiento (1377, 1858, 1947)

desembolso (1619) – desembolsar (1550) – desembolsamiento (GB)

empeño (1253) – empeñar (1196) – empeñamiento (1275-1553)

entrega (1250) – entegar – entregamiento (1267-1986)

giro (1338) – girar – giramiento (1428, 1931)

intercambio (1272) – intercambiar – intercambiamiento (GB)

oferta (1379) – ofertar – ofertamiento (GB)

pago (1077) / paga (1196) – pagar – pagamiento (1218-1782, 2002)

regalo (1356) – regalar – regalamiento (1457)

saldo (1424) – saldar – saldamiento (GB)

Procederemos ahora a analizar tres grupos diferentes a partir de las características del sustantivo en *-miento*: sustantivos en *-miento* que han desaparecido, sustantivos que se han conservado y, por último, algunos que han sido creados en la actualidad.

El primero lo forman *alquilamiento, cambiamiento, empeñamiento, giramiento* y *regalamiento*. La vida de estas cinco formaciones ha sido breve y no muy prolífica, ya que, exceptuando *empeñamiento* con 20 tokens documentados, de *cambiamiento* se documentan sólo 3; de *alquilamiento*, 2; de *giramiento*, 2; y de *regalamiento*, 1.

> ende viniessen de otros. Et en .iii. o. en .iiii. <u>cambiamientos</u> assi fechos los enemigos perdrien su au (1377 – 1396, Juan Fernández de Heredia, *Flor de las ystorias de Orient*. Bibl. Escorial Z.I.2, España)

---

125 De ahora en adelante emplearemos '–' para señalar que hay una relación entre ambas palabras sin preocuparnos si realmente se trata de base y derivado, ni de la dirección de la derivación, si la hay.

126 De entre estas formaciones tenemos casos de préstamos de otras lenguas y derivaciones más patrimoniales para las que remitimos a Pena (1980:191-211) en las que muchas veces etimológicamente caben varias interpretaciones y en las que, morfológicamente, es difícil establecer el orden de la derivación entre verbo y sustantivo en *-o/-a*.

medio legal de las elecciones produjese al fin un <u>cambiamiento</u> en el personal de la administración; mas (Anónimo, 1858, *Documentos sobre la caída de los Monagas [Documentos relativos a Venezuela]*, Venezuela)

ales a la justicia. Algo en parte se logra con el <u>cambiamiento</u> de sistema, pero como en los tiempos de (Mario Briceño-Iragorry, 1947 – 1948, *El Regente Heredia o La Piedad Heroica*, Venezuela)

a pregunta dixo que se referia a los contratos de <u>alquilamiento</u> que la dicha villa e conçejo della les (Anónimo, 1514 – 1515, *Pleito [Colección documental del Archivo Histórico de Bilbao]*, España)

todo lo de arriba dicho, y porque convertió aquel <u>alquilamiento</u>, que Su Alteza mandaba, en forzosa e in (Fray Bartolomé de las Casas, 1552, *Entre los remedios para reformación de las Indias... el octavo [Tratados de 1552]*, España)

convién saber, las veinte cuatro horas, que es un <u>giramiento</u> del çielo zodíaco. Et, por ende, convenía (Enrique de Villena, 1428, *Tratado de Astrología*, España)

olino en fragmento Molino en detrimento Molino en <u>giramiento</u> Molino en gruñimiento Molino en sacramento (Vicente Huidobro, 1931, *Altazor,* Chile)

pesebre y vey en su tierno nasçimiento quán poco <u>regalamiento</u> ha de menester el rey! ¡O niño rezién n (Fray Íñigo de Mendoza, 1467 – 1482, *Coplas de Vita Christi*, España)

Su carácter esporádico no sólo se muestra en su escaso uso, sino, también, en la distancia temporal que media entre sus apariciones, lo que hace que tengan poca influencia en otras formaciones. Así, *cambiamiento* aparece en el XIV, vuelve a aparecer en 1858 y reaparece en 1947; *giramiento* en el XV y el XX. Se ha de añadir que, con respecto al significado, tampoco han codificado, excepto *alquilamiento* y *regalamiento*, el sentido de 'transferencia' del verbo, sino el de 'sustitución', *cambiamiento*, y, el de 'manera de movimiento', *giramiento*.

Son tres los sustantivos en *-miento* que han conservado su uso hasta la actualidad y que, además, son más frecuentes que los anteriores: *abonamiento* (17 tokens), *entregamiento* (41) y *pagamiento* (160).

Por un lado, *entregamiento* y *pagamiento* desparecen en el siglo XVIII,

en señal de posecion verdadera tradicion y <u>entregamiento</u> le Otorgamos esta escriptura de venta en el rregistro (Anónimo, 1756, *Escritura de venta voluntaria de una casa que la otorga el prior de San Agustín [Documentos lingüíst*, Bolivia)

han de haber justficado o comprobado el consumo de los caudales, en <u>pagamientos</u> de sueldos y prest (José Antonio de Areche, 1782, *Respuesta del señor Visitador al oficio de Su Excelencia II [Documentos de gobierno del virrey del P*, Perú) para reaparecer en el XX, pero desplazando su significado para tomar como base el sentido inacusativo del verbo ('entregarse' y 'pagarse'):

> No hacen la renuncia o <u>entregamiento</u> total de sí mismas a Dios, se reservan algo, (Silverio Santa Teresa, 1917, *Introducción a las Moradas, conceptos del amor de Dios y Exclamaciones, de Santa Teresa*, España)

> esos contados casos tenían más que ver o con la pobreza de espíritu o con el <u>pagamiento</u> de uno mismo que, en la propia disposición espiritual, (Luis Mateo Díez Rodríguez, 2002, *El oscurecer (Un encuentro)*, España).

Es cierto que en el siglo XX se documentan 2 tokens de *entregamiento* en los que sigue teniendo el sentido de 'transferencia', pero se puede considerar que, en ambos casos, se ha retomado el antiguo significado, ya que son citas o paráfrasis de textos anteriores:

> ue de presente no paresce, renuncio las leyes del <u>entregamiento</u>, prueba y paga... y por esta razon me (Marcelino Menéndez Pelayo, 1905, *Orígenes de la novela*, España)

> o de la entrega de Granada. ...Y quanto decís del <u>entregamiento</u> de las llaues de Granada cierto fué cos (Miguel Garrido Atienza, 1910, *Las capitulaciones para la entrega de Granada*, España)

En todo caso, el corte es claro, el último uso de *pagamiento* con el significado de 'transferencia' es de 1782 y, cuando reaparece en 2002, lo hace variando su significado. La reaparición de *entregamiento* en 1917 desde 1756 se produce con cambio de significado.

Abonamiento desaparece en el XVI para reaparecer en el XX, pero ya no con el significado verbal de 'transferencia', sino con el de 'modificación':

> Todo fiador que quisiere pagar aquello porque es fiador, bien puede pagar y el que a reçebido la cosa porque entro fiador, debe dar fiador de <u>abonamiento</u>, y este fiador fiador postrero debe tornar a este que le puso fiador. (Anónimo, a 1530, *Fuero reducido de Navarra*, España)

> Por ejemplo, Tacama, siendo una empresa grande, tiene 150 hectáreas con riego por gravedad en las que se logra una excelente producción practicando por supuesto un <u>abonamiento</u> correcto juntamente con los sistemas de cultivo tradicionales, mediante una mezcla entre espaldera y pérgola, (VV.AA., 1991, *Desarrollo de la vitivinicultura en el Perú*, Perú).

A pesar del cambio de significado, no deja de competir con *abono*, ya que este posee tanto el significado de 'transferencia' como el de 'modificación' del verbo base,

> do el actual sistema de financiación basado sobre el <u>abono</u> de las cotizaciones. (Bernardo Cremades, 1975, *La encrucijada de la Seguridad Social española*, España)

orecilla que sale de la tierra pero que requerirá <u>abono</u> y riego para crecer". "Estamos al principio", (El País, 02/12/1988: *El Gobierno nombrará en enero a los oficiales que encabezarán las misiones de ...*, España)

pero la situación es diferente: abono ha tomado ya varias extensiones de significado pudiendo designar tanto el proceso de abonar, como el resultado o 'la sustancia que sirve para abonar', mientras que abonamiento sólo parece designar el proceso[127].

tezontle o grava, agregando tierra mezclada con <u>abono</u> a su alrededor hasta cubrir la mitad del tubo. (Clara Loya Bolaños; Raúl Moreno Avellaneda, 1999, *Cultiva y cosecha en tu casa*, México)

tierra fértil, con turba, buen drenaje y con <u>abono orgánico</u>. Enterrarlos de manera que queden bien (Lila Bonfiglioli de Wehberg, 1990, *El arte de sazonar con hierbas y especias*, Argentina)

completa de las labores culturales tales como el <u>abonamiento</u>, tratamiento con productos fitosanitarios (AA.VV. , 1991, *Desarrollo de la vitivinicultura en Perú*, Perú)

no contaban con las condiciones óptimas, el <u>abonamiento orgánico</u>, la preparación ecológica de los (ABC.Color, Suplemento educación, 2002, Paraguay).

Por último, las formaciones documentadas fuera de los corpus (*ofertamiento, desembolsamiento, intercambiemiento* y *saldamiento*[128]) han de ser tratadas con suma cautela debido a la naturaleza de la fuente. Sí sirven para tener indicios de que el sufijo *-miento* sigue teniendo vigencia en la formación de palabras en mayor grado de lo que se podría suponer a partir de fuentes lexicográficas.

Para concluir, la competencia entre las formas con conversión y las formas en *-miento* se ha saldado a favor de las primeras, las cuales han forzado la desaparición de sus competidoras o su desplazamiento semántico. No quiere decir esto que haya una regla que impida la formación de sustantivos en *-miento*, prueba de ello es que siguen apareciendo y documentándose, apoyando así la idea de Rainer (1993, 608) de que las formaciones en *-miento* siguen siendo, en cierto grado, productivas.

---

127 En *abonamiento*, como ya se ha visto, el significado de transferencia desaparece en el XVI, pero, además, todos los ejemplos recogidos en el CORDE se refieren al proceso, no teniendo extensiones de significado hacia los efectos.

128 Se ha documentado un token de *saldamiento* en 1622, pero no es de *saldar* "s tomó el niño sobre sus braços y su Magestad del saldamiento del niño y assi llegaron a la pila tenien" (Anónimo, *Relación del cristianismo del hijo de don Baltasar de Zúñiga* [Actos públicos en Madrid], 1622).

3.1.2. S_{miento} – V – $S_{conversión}$

Sólo aparecen antes los sustantivos en -*miento* en dos casos.

enviamiento (1280-1584) – enviar – envío (1583)

cruzamiento (1670) – cruzar – cruce (1870)[129]

Envío ha sido datado por Corominas y Pascual (1983) en el siglo XIX, sin embargo, hemos documentado tokens aislados en el XVI y en el XVII:

Comendador lo que debía hacerse, proponiendo el <u>envío</u> á Fayal, donde no había más que una compañía fr (Anónimo, 1583, *Viaje á la Tercera, hecho por el comendador de Chaste, gentilhombre ordinario de la Cámara del Rey y ...*, España)

s. Cédula que propuso el Consejo del Rey [para su <u>envío</u> a todas las Indias] Por haber entendido que es (Anónimo, 1596, *Consulta del Consejo de Indias con Felipe II sobre las causas que inducen a ordenar que los indios h ...*, España)

a cauda draconis. CXLV. Escapa de los ingleses un <u>envío</u> de 500.000 ducados para Flandes.- D. Juan de Au (Jerónimo de Barrionuevo, 1654 - 1658 , *Avisos. Tomos I, II, III y IV.*, España)

ontroversias y el Duque de Alba que sentía con el <u>envío</u> al Marqués de Trebiso, gobernador del Abruzo, a (Luis Cabrera de Córdoba, c 1619, *Historia de Felipe II, rey de España*, España)

ro, su camarero, para tratar de la suspensión del <u>envío</u> de la armada. Inconvenientes que había en junta (Luis Cabrera de Córdoba, c 1619, *Historia de Felipe II, rey de España*, España)

Esto no indica que la datación de Corominas y Pascual esté totalmente errada, ya que es en el XIX cuando realmente se generaliza su uso y aparece en el *Diccionario de la Academia* de 1837, tal como indican los autores; aun así, hay que señalar que su implantación se realizó de forma gradual, siendo, por ejemplo, documentados 20 tokens en el siglo XVII. La aparición de *envío* determina la de *enviamiento* del que sólo hemos documentado 23 tokens que cesan en el XVI cuando aparece *envío*.

El caso de *cruzamiento/cruce* presenta algunas diferencias con el anterior. No es del todo cierto que *cruzamiento* se documente antes que *cruce* ya que, de este, hay una documentación en 1549,

de Damasco aquel día de la fiesta. Toparon en un <u>cruce</u> de carreras quien en el aire y ropa bella, hone (Jerónimo de Urrea, 1549, *Traducción de "Orlando furioso" de Ludovico Ariosto*, España)

---

129 No se han contemplado, por supuesto, los casos de las formas personales del verbo *cruzar*, ni los casos del sustantivo *cruz* que son muy anteriores.

pero no vuelve a aparecer hasta la segunda mitad del XIX, tal como indican Corominas y Pascual (1983). Aun así, los hemos incluido en este grupo debido a que la generalización del uso de *cruce* es posterior a la de *cruzamiento*.

Cruzamiento aparece en 1625 para volver a aparecer en 1793 e ir extendiéndose a partir de 1833:

> desenrrostrituertador será. XIASMOS El xiasmós es <u>cruzamiento</u>, quando se cruzan las palavras, como prez (Gonzalo Correas, 1625, *Arte de la lengua española castellana*, España)

> ndiente. Agregabase á lo penoso de este camino el <u>cruzamiento</u>, de las ramas, que embarazaban el transit (Hipólito Ruiz, c 1793 - p 1801, *Relación histórica del viaje a los reinos del Perú y Chile*, España)

> herméticos para la conservacion de los granos; el <u>cruzamiento</u>, cria y educacion del ganado en general (Juan de Olavarría, p 1833 – 1834, *Memoria dirigida a S. M. sobre el medio de mejorar la condición física y moral del pueblo español*, España)

En esta pareja, el sustantivo con conversión no ha provocado, como en la anterior, la desaparición del sustantivo en -*miento*, sino su desplazamiento semántico. *Cruzamiento* se especializa, a partir del XIX, en el significado verbal de 'unión' y dentro de este en el de 'cruce de razas, pueblos, individuos, animales, etc.', de 533 tokens recogidos, 427 tienen este significado. La especialización de *cruzamiento* en el sentido verbal de 'unión' deja libre el resto de sentidos del verbo cruzar ('desplazamiento', transferencia' y 'postura-posición') para *cruce*:

> nos pordioseros. La carroza se detiene en el <u>cruce</u> de calles, antes de llegar a la iglesia de las (González, Eladia, 1999, *Quién como Dios*, México)

> posición del Gobierno en torno a estos temas y el <u>cruce</u> de palabras entre el Presidente con miembros de (Los Tiempos, 08/04/1997, Bolivia)

> te una planta central. Y por tanto no puede haber <u>cruce</u> de brazos. ¿De acuerdo? ¿Sí o no? Sí. Sí, b (*Centro de enseñanza, clase de Bachillerato, Madrid, 19/12/91 D*, España)

No quiere decir esto que *cruzamiento* no pueda aparecer derivando estos sentidos verbales, sino que lo hace de forma esporádica y en mucha menor medida que con el de 'unión':

> yer a las 10 de la mañana, cuando circulaba en el <u>cruzamiento</u> de las calles 17 con 18 una de las dos pa (*Diario de Yucatán*, 20/12/1997: Kinchil, México)

> bajo, de actividad, de saludo, oculta un interior <u>cruzamiento</u> de brazos, un ocio, un estar de baja, cua (Umbral, Francisco, 1975, *Mortal y rosa*, España)

> así dar ejemplos concretos y para ello señalar el <u>cruzamiento</u> de rubros de la estructura económico-soci (Gioja, Rolando I., 1980, *Planeamiento educativo. Fundamentos geográficos, Ecología Social, y Economía en los niveles medio y...*, Argentina)

Sin embargo, *cruce* parece poder extender su significado hacia los resultados o efectos con mayor facilidad que *cruzamiento*, incluso en el significado de 'unión' en el que *cruzamiento* predomina:

230

> erda a Gena Rowlands, este filme positivo y feliz es un <u>cruce</u> de Thelma y Louise, Con faldas y a lo loc (El Mundo, 18/05/1994: *Festival de Cannes: En su última película, "Vivir", Yimou ajusta las cuentas …,* España)

Volvemos, otra vez, a encontrarnos con el predominio de las formas con conversión sobre las formas en *-miento,* a pesar de que las últimas hayan aparecido antes en el tiempo. Estas, menos polivalentes semánticamente, van cediendo terreno hasta desaparecer o hasta especializar su significado. Podemos añadir que, en ambos casos, los siglos XVIII y XIX son piezas claves en la elección de un derivado u otro.

3.2. Conversión – -ción

Veamos ahora si cambiando de sufijo, de *-miento* a *-ción,* las razones de aparición y desaparición de dobletes son las mismas que en los casos anteriores.

3.2.1. $S_{conversión} - V - S_{-ción}$

Tres son los elementos que componen esta serie:

> *préstamo (1202) – prestar (1200) – prestación (1400)*
> *destino (1407) – destinar (1425) – destinación (1598),*
> *patrocinio (1377) – patrocinar (1602) – patrocinación (1604, GB)*[130]

Los tres sustantivos en *-ción* perduran en la época actual. Aún así, podemos prescindir de *patrocinación,* pues sólo se ha documentado un caso en 1604:

> e procurador de ellos, como si esta procuración o <u>patrocinación</u> no la tuviese Dios mandada a todos los (Fray Jerónimo Mendieta, c 1604, *Historia eclesiástica indiana,* México)

y otros a través de Google-Books de los que, como ya hemos indicado, sólo dan un indicio de que se siguen creando este tipo de sustantivos. Quedan, por tanto, *prestación* y *destinación.*

---

130 Se ha de aclarar que *préstamo* no es un derivado de *prestar,* sino que procede de *praestimare* o de un *preastitare* latino con cruce del sufijo prerromano *-imo/amo,* tal como indican Corominas y Pascual (1983). Lo que nos interesa ahora es que ocupa la misma posición que un sustantivo deverbal formado por conversión. Por otro lado, se ha de señalar que *prestación* y *destinación* están presentes ya en latín, *praestĭnātĭo* y *destĭnātĭo,* por lo que podrían ser incluidos en el primer apartado, los hemos mantenido aquí por estar relacionados con sustantivos formados por conversión.

Prestación se especializa en la derivación de dos sentidos del verbo. Uno el de 'verbo de apoyo' que se combina, unas veces, con *juramento* y, otras, la mayoría a partir del siglo XIX, con *servicios sociales, estatales, feudales,* etc. Presenta también, algunos tokens, los menos, con el sentido verbal de 'transferencia' sin que constituya una competencia reseñable para *préstamo*.

> que fezistes con nos. & remetir uos hemos muchas <u>prestaciones</u> & dar uos hemos donaciones & de aqui uso (Anónimo, c 1400, *Biblia romanceada. Real Academia de la Historia, 87*, España)

> se aprobó en el concepto de que el pagador de la <u>prestación</u> señorial era el primer enfiteutecario y no (Romero Alpuente, Juan, 1820 – 1821, *Intervenciones en las Cortes Ordinarias (continuación) [Escritos]*, España)

> ión en el acto de prestar el juramento. 195. A la <u>prestación</u> de juramento y toma de posesión de los Pre (Anónimo, 1870, *Ley Provisional sobre Organización del Poder Judicial*, España)

En el caso de *destino/destinación* no se han hallado diferencias claras entre los usos y significados; sin embargo, sí diferencias de carácter diatópico, tal como se muestra en la siguiente tabla en la que aparecen las frecuencias absolutas de *prestación* y *destinación*.

	XV	XVI	XVII	XVIII	XIX	XX	XXI	Total
prestación								
España	13	1	6	2	161	2303	629	3115
América	0	1	1	1	13	1243	145	1404
Total	13	2	7	3	174	279	0	4519
destinación								
España	0	1	3	29	2	16	4	55
América	0	0	3	1	1	139	9	153
Total	0	1	6	30	3	155	13	208

Dos observaciones sobre estos datos, en primer lugar, *prestación* presenta un gran desarrollo desde el siglo XIX, mientras que *destinación* adquiere su fuerza en el XX, son derivados modernos en relación a *préstamo* y *destino* que aparecen en el siglo XIII y XV respectivamente. En segundo lugar, *destinación* presenta mayor uso en América que en España, lo cual significaría que está marcado diatópicamente.

3.2.2. $S_{\text{-ción}} - V - S_{\text{conversión}}$

Otros tres son los casos en los que el derivado *-ción* precede temporalmente a los sustantivos creados por conversión:

reintegración (1499) – reintegrar (1377) – reintegro (1703)

suministración (1748-09, 1976-2000) – suministrar (1600) – suministro (1819),

subastación (1489, 1733-1904) – subastar (1785) – subasta (1759)

Subastación, palabra procedente del latín *sŭbhastātĭo* en el que ya aparecía con el significado de 'venta pública', ha sido documentada en 22 tokens, de los cuales 14 son del siglo XV, 5 del XVIII, 2 del XIX y 1 del XX; sin embargo, se puede decir que es una palabra desaparecida en el XVIII o principios del XIX, ya que los casos de finales del XIX y del XX retoman textos o construcciones anteriores:

ramos arrendables se saquen anualmente á pública <u>subastación</u> y se rematen en el mejor postor"; (4) Nov (Joaquín Costa, 1898, *Colectivismo agrario en España*, España)

us pobres familias; y cuando se sacaban á pública <u>subastación</u>, las ponían en precios altos para quedars (Joaquín Costa, 1898, *Colectivismo agrario en España*, España)

necesarios oficios se saquen á pública Almoneda y <u>subastación</u>, rematándose á favor de mi Real Hacienda (Dómulo E. Durón, 1904, *La provincia de Tegucigalpa bajo el gobierno de Mallol: Estudio histórico: 1817-1821*, Honduras)

Así que la aparición de *subasta* a finales del XVIII provoca la desaparición del sustantivo en *-ción*.

ero siempre que estos abastos se saquen á pública <u>subasta</u> y se hicieren posturas, se les haga saber á l (Anónimo, 1759, *Carta de Fernando VI [Documentos para la historia de la Universidad de Salamanca]*, España)

A la aparición de *subasta* se ha de añadir, como elemento que pudo influir en el declive de *subastación*, que su uso estaba relativamente fijado; aparece 7 veces combinada como *ejecución y subastación*, 5 como *pública subastación* y 2 como *subastación y adjudicación*.

De *suministración,* palabra también heredada del latín, *summĭnistrātĭo*, sólo han sido documentados 11 tokens y de forma esporádica a lo largo del tiempo. Se documentan 3 en el siglo XVIII (1748, 1776, 1780), 1 en el XIX (1832), 4 a principios del XX en una única obra (la *Biblia Reina-Valera*) de 1909, 1 a finales del XX en 1976 sobre la *suministración de hormonas* y 3 en el XXI con el significado de *suministración de equipos de obra*. *Suministración,* palabra con antecedente latino, no soporta la presión ejercida por su competencia aparecida un poco más tarde:

amática, Filosofía y Teología, y el residuo en el <u>suministro</u> de Cartillas y papel á los niños pobres qu (Anónimo, 1819, Documentos relativos a la casa de enseñanza [Documentos para la historia de Costa Rica], Costa Rica)

y desaparece.

Diferente es el caso de *reintegración* tanto numéricamente, se han documentado 213 tokens, como significativamente, ya que, frente a los otros, *reintegro/reintegración* compiten en la codificación de los significados del verbo para acabar repartiéndoselos de forma más o menos armónica. *Reintegración* presenta 18 tokens de 'transferencia' ('devolver') y 195 de 'unión' ('volver a integrarse'), convive en un comienzo con *reintegro* para indicar la 'transferencia', significado que va desapareciendo para, en el XIX y XX, predominar ya el sentido de 'unión'.

3.3. *-miento y -ción*

Los sufijos *-ción* y *-miento* no sólo compiten con las palabras formadas por conversión, sino, también, entre ellos.

3.3.1. $S_{-miento} - V - N_{-ción}$

Sólo aparece un caso en el que *-miento* sea anterior a *-ción*.

arrendamiento (1237) – arrendar – arrendación (1472-1544),

En esta pareja de derivados se ha mantenido el sustantivo en *-miento* que, como veremos, es el único caso en el que se conserva el sustantivo en *-miento* cuando compite con *-ción*. La razón de su conservación es diatópica, ya que, de los 34 tokens documentados de *arrendación*, 29 pertenecen a textos aragoneses.

3 en *Sentencia de condena [Documentos de la Colección Diplomática de Irache, II (1223-1397)]*, Anónimo (1391)

4 en *Ordinación dada a la ciudad de Zaragoza por el rey don Juan I*, Anónimo (1391)

8 en *Ordinación dada a la ciudad de Zaragoza por el rey don Fernando I (el de Antequera)*, Anónimo, (1414)

2 en *Modificaciones y corroboraciones de las Ordenanzas de Zaragoza por el rey don Alonso V, con las conf...*, Anónimo (1429 - c 1458)

2 en *Adiciones a las Ordinaciones de Barbastro [Ordinaciones y paramientos de la ciudad de Barbastro]*, Anónimo, (c 1450 - 1525)

2 en *Documentación medieval de la Corte del Justicia de Ganaderos de Zaragoza*, Anónimo, (1472 - 1492)

2 en *Fernando al baile general de Aragón, ordenándole averigüe si los de Olorón están obligados a pagar p...*, Anónimo (1481)

1 en *Fernando al baile general de Aragón, ordenándole averigüe si los de Olorón están obligados a pagar p...*, Anónimo (1481)

3 en *Fernando ordena al virrey de Sicilia que no permita que Juan de Aragón, obispo de Huesca, siga cobra...*, Anónimo, (1486)

2 en *El pintor Pedro de Ponte (Aponte) y el Concejo de Grañén (Huesca) arriendan la primicia de esta vil ...*, Anónimo (1512)

De esta manera, *arrendación*, palabra marcada diatópicamente, desaparece en el siglo XVI dejando el lugar a *arrendamiento*.

3.3.2. $S_{-ción}$ – V – $N_{-miento}$

Ya han sido vistos algunos casos de competencia entre *-ción* y *-miento* al tratar las series unarias y la formación de derivados sobre temas latinos y romances; allí predominaba el sufijo *-ción* sobre los temas cultos que era el que aparecía en las formaciones latinas y el *-miento* en las derivaciones de temas romances. Hay, además de los vistos, casos en los que ambos sufijos compiten, en los que aparece el derivado en *-miento* más tarde que el de *-ción* y en los que, además, es el derivado en *-miento* el que ejerce presión sobre el otro, como en:

dejación (1493-1586) – dejar – dejamiento (1550-1997)

extensión (1427) – extender – extendimiento (1440-1633, 1981, 1994)

facilitación (1701) – facilitar – facilitamiento (1997-2000)

financiación (1896) – financiar – financiamiento (1923)

impartición (1964) – impartir – impartimiento (1997)

En el caso de *financiación/financiamiento* se han de destacar dos puntos. En primer lugar, ambos derivados hacen su aparición entre el XIX y el XX; en segundo lugar, se diferencian diatópicamente, ya que *financiación* aparece documentada 4356 veces en España y, sólo, 477 en América y *financiamiento* lo hace 56 veces en España y 3346 en América.

En *facilitación* prima el significado composicional del derivado en el sentido verbal de 'modificación' ('hacer más fácil') con 143 tokens, pero, en el XX, aparecen 24 tokens con el significado de 'transferencia'. De su compañero *facilitamiento* sólo se han documentado 3 tokens y estos con el sentido verbal de 'modificación':

por las organizaciones políticas; actualización y <u>facilitamiento</u> en el proceso de empadronamiento; crea (*La Hora*, 28/02/1997: Voto, Democracia y Reforma electoral, Guatemala) acciones desarrolladas por la Institución para el <u>facilitamiento</u> del comercio y la inversión en la regi (*El Salvador Hoy*, 24/10/200: Asamblea de gobernadores en Costa Rica, El Salvador)

través de la mencionada iniciativa, la apertura y <u>facilitamiento</u> de un nuevo merca- do mayorista importad (*Reunión 64, sesión ordinaria 32, 25 de noviembre de 1998*, Argentina)

Los 3 tokens documentados no son suficientes para poder establecer una diferencia diatópica, aunque una búsqueda superficial en Google-Books parece corroborar esta tendencia en el uso de *facilitamiento*.

No en todos los tokens se produce una diferenciación diatópica, sino que la competencia entre ambos derivados ha provocado la especialización semántica de alguno de ellos o de ambos, permitiendo así una convivencia relativamente pacífica.

Dejación toma los significados verbales de 'transferencia', 'permiso' y 'desplazamiento' mientras que *dejamiento* deriva los significados de 'transferencia' y 'permiso' hasta el siglo XVI a partir del que ya sólo indica 'permiso'.

A Villar —hay que agregar—, si continúa haciendo <u>dejación</u> de sus funciones y entregando lo que es intr (*ABC*, 25/07/1989: Desde mi batel, España)

esenfado, la pérdida de valores y la consiguiente <u>dejación</u> espiritual (y aquí resaltará para ti una de (Santiago Gamboa, 1998, *Páginas de vuelta*, Colombia)

rnos de coalición con José Antonio Ardanza, de la <u>dejación</u> que se hizo en la cuestión educativa y del t (Iñaki Ezkerra, 2002, *ETA pro nobis. El pecado original de la Iglesia vasca*, España)

En otros casos, no se produce la especialización, sino que un derivado ocupa totalmente la zona de significado haciendo desaparecer al otro o restringiendo su uso. Así, de *impartición* se documentan 85 tokens con la nominalización del 'verbo de apoyo' (la impartición de clases, cursos, etc.) y 48 de 'transferencia', pero siempre de 'impartición de justicia', igual que los únicos 2 tokens de *impartimiento*, cuyo uso ha sido restringido por *impartición*.

rá otro de los mecanismos que vendrán a ayudar al <u>impartimiento</u> de la justicia. "Este nuevo sistema es (*La Tribuna*, 24/09/1997: Sistema procesal está colapsado y a punto de reventar, Honduras)

ará paso a los juicios orales, y nos permitirá el <u>impartimiento</u> de una justicia más expedita y transpar (*Sesión Solemne de la Honorable Cámara de Senadores celebrada el jueves 8 de octubre de 1998*, México)

Por último —ya se han visto algunos casos— el derivado no llega a asentar su uso, sino que aparece y desaparece esporádicamente y de forma muy restringida como le ocurre a *extendimiento*. Este, a pesar de ser documentado en 31 tokens, no se puede decir que haya tenido un uso excesivamente continuado, se ha empleado en el XV en 21 ocasiones, pero fundamentalmente en dos obras *Traducción del Tratado de cirugía de Guido de Cauliaco*. Madrid, BNE 1196 y *Universal vocabulario en latín y en romance* de Alfonso de Palencia en las que aparece usado 11 y 8 veces respectivamente, es empleado 1 vez en el XVI y vuelve a ser empleado en el XVII, pero sólo 7 veces y en una única obra (*Breve compendio de la carpintería de lo blanco y tratado de alarifes* de Diego López de Arenas) para volver a aparecer en el XX en 2 tokens, pero, al menos, uno de ellos puede tratarse de una recuperación de un uso antiguo (*extendimiento castellano*).

> Justamente por la vigencia de ese tratado fue por lo que Cristóbal Colón recibió instrucciones de no navegar a menos de 400 millas de la costa africana, de acuerdo con el <u>extendimiento castellano</u> de que la prohibición estipulada en Alcazovas que se refería al sur y al este, pero no al oeste, hacia el océano. (*El Mundo*, 07/06/1994: España y Portugal se dividieron el planeta imaginariamente en Tordesillas, España)

> Desconocida antes de llegar a Campeche, o por el <u>extendimiento</u> de las lagunas que hace el mar entrando (Ruz Lhuillier, Alberto, 1984, *Los antiguos mayas*, México)

4. Series ternarias

Existen también series en las que se han formado sustantivos por medio de los tres procedimientos estudiados:

dispensar – dispensación (1256), dispensa (1256), dispensamiento (1250, GB)

dotar – dote (1058), dotación (852), dotamiento (1348-1491)

repartir – reparto (1225), repartición (1381), repartimiento (1335)

sufragar – sufragio (1374), sufragación (1714, 1889, 1980, GB), sufragamiento (GB)

tributar – tributo (1200), tributación (1484), tributamiento (1327-1395)

traspasar – traspaso (1200), traspasación (1550-1645), traspasamiento (1376-1589, 1903)

vender – venta, vendición (1247-1450), vendimiento (1247-1450, 1956, 1969)

En unos predomina el sustantivo con *-ción* sobre el resto, como ocurre en *dispensar, dotar, sufragar, tributar*. En estos se produce la especialización del sustantivo con conversión para designar el resultado u otros significados derivados de este, lo cual ha posibilitado que otro sustantivo, en este caso en *-ción*, sea usado para designar el proceso. Un caso un poco diferente es el de *dispensación*; *dispensa* se mantiene para señalar el proceso, de manera que *dispensación* sufre un proceso de especialización, comienza tomando el significado de la clase 'obligación' del verbo, para, hacia finales del XVIII y principios del XIX moverse hacia 'transferencia' y acabar especializándose en *dispensación de medicamentos y drogas* a finales del XX.

En otro grupo nos encontramos con un sustantivo de 'acción o efecto' en *-a* que se sitúa como el principal o más productivo (*vender, traspasar*), teniendo los otros dos diferente suerte.

Por un lado, *vendición* ha desaparecido en su confluencia con *bendición*; por otro, *vendimiento* documentado 32 veces, 30 hasta el siglo XV, parte de formaciones como *carta de vendimiento y roboramiento*.

> r dona Marina, todos de mancomun fazemus karta de <u>vendimiento</u> y de roboramiento a vos Dominico Martin (Anónimo, 1247, *Carta de compra [Documentos de los archivos catedralicio y diocesano de Salamanca]*, España)

> la Biblia en esse XXI capítulo dell Éxodo. II Del <u>vendimiento</u> de las ebreas e del su remeimiento. Si al (Alfonso X, c 1257, *General Estoria. Primera parte*, España)

va tomando el significado de 'venta con traición' como en

> su disçípulo traidor. Por treinta dineros fue el <u>vendimiento</u>, que·l caen señeros del noble ungento; fu (Juan Ruiz (Arcipreste de Hita), 1330-1343, *Libro de buen amor*, España)

> partida de los griegos, mostrándose ignorante del <u>vendimiento</u> de la çibdat. E porque a todos fue este c (Enrique de Villena, 1427 – 1428, *Traducción y glosas de la Eneida. Libros I-III*, España)

y vuelve a aparecer 2 veces en el XX, en ambos con este significado, aunque uno de ellos es una cita de un texto antiguo:

> po de Christo", 1049; "Por treynta dineros fue el <u>vendimiento</u>", 1050; "Tú con él estando a ora de prima (Tomás Navarro Tomás, 1956, *Métrica española*, España)

> ue tienen el pincho o pecho, que da lo mismo, sin <u>vendimiento</u> al diablo ni a la puta, cuando todo eso. (José María Arguedas, a 1969, *El zorro de arriba y el zorro de abajo*, Perú)

En el segundo caso, *traspasamiento* toma tanto el significado de la clase 'transferencia' como 'desplazamiento', este último en un sentido metafórico como transgresión de *leyes, mandamientos,* etc. pero en ese campo encuentra a *transgresión* y, entonces, desaparece.

5. A modo de recapitulación y conclusiones

Hemos analizado las nominalizaciones de 62 verbos de transferencia a partir del uso hecho en los corpus (CORDE y CREA) lo que posibilita tener una visión de la evolución de la competencia entre los tres procesos morfológicos estudiados: conversión, sufijación de *-ción* y sufijación de *-miento*. De los 62 verbos analizados, el 66.13% han tenido más de un sustantivo deverbal.

La creación de un único sustantivo se debe a restricciones de diverso tipo, por un lado, al *token-blocking* (Rainer, 1988 y 2005) debido a la existencia de un sustantivo sinónimo, el carácter culto del verbo o restricciones sobre la base motivadas por la presencia en esta de un determinado sufijo o prefijo. Fuera de estas restricciones parece que la formación ha sido prolífica en el uso de procesos.

En la formación de sustantivos derivados no todas las combinaciones se han mostrado con el mismo grado de confluencia. Sin duda alguna es el sufijo *-miento* el que en mayor grado entra en competencia con los otros; así lo hace en 14 verbos con conversión y en 13 con *-ción*, descontados los 7 en que los tres procesos de formación compiten. El sufijo *-ción* sólo compite con la conversión en 6 *types* y en 13 con *-miento*.

En la pugna que se establece entre los sustantivos competidores, es el proceso de conversión el que suele predominar y conservarse. Cuando compite con *-ción* provoca la desaparición de 2 sustantivos, el cambio de significado en otros 2 y la diferenciación diatópica en otro. Cuando compite con *-miento* provoca la desaparición de 6 sustantivos y el cambio de significado en 4. El sufijo *-miento* tampoco sale muy bien parado en su confluencia con *-ción*, ya que *-ción* triunfa en 7 *types*, hay un cambio de significado en 1, y una diferenciación diatópica en otro. Sin embargo, el sufijo *-miento* es perseverante y es el que crea en la actualidad más sustantivos, aunque, por los escasos tokens o por el tipo de documentación, es difícil saber su evolución futura; así, hemos encontrado 8 sustantivos que han sido creados por medio de *-miento* en la actualidad haciendo competencia a los otros dos tipos de formaciones, lo cual es una muestra de la vitalidad de este sufijo.

Podemos retomar los criterios empleados por Bernal y DeCesaris (2006) para explicar la evolución en la confluencia de sufijos. Las autoras señalan causas cronológicas, por los que unas formas han desaparecido o caído en desuso, causas de especialización semántica o pragmática y causas de selección semántica de la base verbal, por la que uno de los sustantivos toma un determinado sentido del verbo.

Estas tres causas son, también, las que actúan en la competencia entre nuestros sustantivos deverbales. La competencia de sustantivos conlleva un intento de diferenciación de los sustantivos bien por la vía semántica, bien por la vía diatópica o bien por la desaparición de uno de ellos, pero no se puede decir que la situación llegue a un punto de estabilidad. No hay un momento en el que, desterrados los competidores, el sustantivo superviviente permanezca ya inalterable. La competencia es continua y sólo desde una perspectiva evolutiva se puede dar cuenta de ella y de los múltiples movimientos que se producen en la organización morfológica. Si el objetivo es la creación de un sustantivo deverbal de 'acción o efecto', cuando se crea uno, ocupa ese significado. La aparición de otro supone una competencia que puede provocar que, ante el empuje del nuevo, el que estaba allí situado se mueva a otras zonas de significado o que sea el nuevo el que lo haga ante la resistencia del antiguo, de manera que se repartan los significados; puede ocurrir también que el empuje del nuevo o la resistencia del antiguo eliminen totalmente a uno de ellos y desaparezca. Todo este juego de fuerzas y movimientos supone, por lo menos, dos elementos: tiempo y frecuencia. El primero es necesario para el desplazamiento de los derivados o la posible desaparición de uno de ellos; la frecuencia afecta a la fuerza con la que un derivado empuja a otro y la resistencia que presenta el empujado, y entronca este proceso con la productividad no sólo de los derivados implicados como *types*, sino de los modelos de derivación y, de este modo, afecta a toda la organización morfológica.

Capítulo 12
Bloqueo y competición entre sufijos en la formación de sustantivos *deadjetivales* del español[131]

(*Cuestiones de morfología léxica*, coord. por Cristina Buenafuentes de la Mata, Gloria Clavería Nadal, Isabel Pujol Payet. Iberoamericana Vervuert. 35-62)

PRESENTACIÓN

Este artículo se centra en determinar los factores que intervienen en la concurrencia sufijal experimentada por los sustantivos derivados de base adjetiva que denotan cualidad en español, un patrón derivativo que muestra una amplia variación de formaciones corradicales tanto en sincronía como en diacronía. Por ejemplo, este sería el caso de la convivencia en el español actual de *idiot-ez* 'cualidad de idiota', junto a *idiot-itud* o *idiot-ismo*, del mismo significado, derivados todos ellos del adjetivo *idiota*.

Con el fin de dilucidar las causas que pueden motivar la génesis de formaciones corradicales, el autor se plantea una serie de interrogantes que ponen el foco en la naturaleza morfológica de las bases de derivación y cómo esta puede incidir en las distintas posibilidades de combinación sufijal. Para ello, distingue cinco tipos de bases según su grado de transparencia o analizabilidad, que van desde bases simples, sin ningún tipo de estructura (como *ancho*), hasta bases complejas, con estructura (como *alt-ivo*). En particular, el autor se pregunta: a) si el grado de analizabilidad de la base repercute en la creación de derivados corradicales; b) si los sufijos objeto de estudio muestran alguna preferencia combinatoria por una tipología de base en particular; y c) si, en el caso de formaciones con bases sufijadas como *am-able*, el tipo de base incide en la combinatoria sufijal del derivado.

Para dar respuesta a estas preguntas, el autor analiza un extenso corpus de 3989 sustantivos deadjetivales de cualidad sufijados en *-ada*, *-dad*, *-edad*, *-idad*, *-ería*, *-ez*, *-eza*, *-ía*, *-ismo*, *-itud*, *-or* o *-ura*, procedentes de fuentes de muy variada índole. Como punto de partida en la construcción del corpus, se seleccionaron del diccionario aca-

---

131 Esta investigación ha sido realizada dentro del proyecto *Estudio morfogenético del léxico español.* Referencia: FFI2012-38550. Ministerio de Economía y Competitividad. Periodo: 01/02/2013 a 31/01/2016.

démico los lemas que cumplían dichas características morfosemánticas, los cuales ascienden a un total de 1476. Las bases de los derivados de esta lista inicial determinaron la manera de implementar el corpus. Así, este se vio incrementado con formaciones que comparten una misma base de derivación variando en la combinación sufijal. La primera fuente consultada para ampliar dicha lista fue el corpus CORDE, el cual proporcionó un total de 308 formaciones más. En segundo lugar, se operó con el corpus CREA, a partir del cual se añadieron otros 87 derivados. Finalmente, se consultaron los buscadores GoogleBooks©, que proporcionó 327 derivados más, y Google©, que arrojó la elevada suma de 1791 derivados. De este modo, el autor ha pretendido disponer de un caudal de datos que no solo es un testimonio de las formaciones bien afianzadas en el idioma, sino que también contempla aquellas que no pertenecen a la lengua estándar y aquellas que pueden haber existido en un período efímero. Nótese, además, que el corpus abarca una amplia cronología que va desde los orígenes del español hasta la actualidad.

Examinados los datos, la investigación concluye que: a) el grado de analizabilidad de la base tiene repercusión en la génesis de derivados en la medida en que cuanto más transparente es la base, más sufijos intervienen en su formación; b) los sufijos muestran preferencias por un tipo de base en concreto, dado que mientras algunos prefieren bases con estructura morfológica, otros seleccionan bases simples; y c) el tipo de base es también determinante en la combinatoria sufijal, incluso en los casos de bases complejas.

Isabel Pujol Payet
Universidad de Girona

1. Introducción

El mantenimiento de la relación uno-a-uno ha sido una constante en la teoría morfológica, ejemplos, más o menos explícitos, de ello son la hipótesis de la base única, la hipótesis del afijo único, la hipótesis del núcleo a la derecha, la hipótesis de ramificación binaria, etc. o el morfo cero, acumulativo, vacío, etc.; cualquier desviación de este tipo de relación ha sido vista como una irregularidad, por no decir, en algunas ocasiones, casi como una aberración teórica.

Sin embargo, cuando un afijo se une a varios tipos de bases (*superhombre*, *supervalorar*, *superhumano/a*), o cuando un mismo afijo puede aportar varios significados (*llevadero/a*, *comedero*, *prendedero*, *mandadero/a*) o en aquellos casos en los que un significado es aportado por varios afijos (*trapecista*, *soldador*, *dibujante*) es difícil mantener que la relación establecida sea una relación uno-a-uno.

En este artículo nos centraremos en la última de estas desviaciones de la relación uno-a-uno. Se analizarán los procesos morfológicos en los que, a una base adjetiva, se le unen distintos sufijos (-ada, -(e/i)dad[132], -ería, -ez, -eza, -ía, -ismo, -itud, -or, -ura) para formar sustantivos derivados con el significado morfológico de "Cualidad de X". En este tipo de formaciones hay, entonces, varios sufijos compitiendo por la creación de un único significado sobre la misma base adjetiva.

Esto implica que, puesto que no se crean todos los derivados posibles con todos los sufijos, sino que algunos aparecen y otros no, debamos, en primer lugar, prestar atención a las condiciones en las que los derivados competidores son creados, es decir, nuestro trabajo consiste en averiguar si hay alguna pauta que regule cuando se forman y cuando no estos derivados.

En segundo lugar, la aparición de varios derivados con el mismo significado morfológico y diferente sufijo implica la convivencia, más o menos pacífica, entre ellos, nuestro segundo trabajo será establecer cómo es esa convivencia.

2. Metodología y objetivos

Partiremos del concepto de bloqueo expuesto en Rainer (1988), de algunos principios de la *Complex Based Ordering* de Hay (2002) y de las ideas sobre competencia entre afijos expuestas en Rifón (2011) y Buenafuentes de la Mata y Muñoz Armijo (2013).

Desde que Aronoff (1976, p. 43) formulase la idea de bloqueo como "Blocking is the nonoccurrence of one form due to simple existence of another", el bloqueo ha sido un proceso muy estudiado pero algo escurridizo, eso sí, lo primero que se ha demos-

---

132 A lo largo del estudio hemos tratado al sufijo -dad y sus variantes como si fueran sufijos diferentes, de manera que exsitirán tres sufijos: *-dad*, *-edad* e *-idad*

trado de él es que la formulación de Aronoff no podía explicar toda la complejidad del proceso.

244 Esta propuesta achaca el bloqueo de la formación de un derivado por la existencia de otra palabra (derivada o simple) sinónima; como indica Bauer (2001, p. 136) el ejemplo citado usualmente en inglés es el de que *stealer* no existe porque es bloqueada por *thief*, se puede usar el mismo ejemplo para el español, no existe *robador* porque es bloqueada por *ladrón*, pero esto no es del todo cierto, ni para el inglés, como el propio Bauer señala, "The example is interesting, not least because it is not strictly true.", ni para el español, pues *robador* se documenta desde 1208, aunque ha variado su uso y ha especializado su significado. Parece, pues, que la simple coincidencia sinonímica no provoca el bloqueo, este es un proceso algo más complejo.

Rainer (1988) diferencia dos tipos de bloqueo: *token blocking* y *type blocking*. Para el primero, el que es de interés ahora, establece tres condiciones: la condición de sinonimia, ya vista, la condición de productividad y la de frecuencia. Sobre estas dos últimas indica que

> we may view the blocking force as the result of the antagonism between the <u>pressure</u> exerted by a potential regular word and the <u>resistance</u> offered by the corresponding blocking word, whereby <u>pressure</u> is a <u>function</u> of productivity and <u>resistance</u> a <u>function</u> of frequency. (Rainer, 1988, 164)[133]

Así pues, Rainer considera que, en el *token blocking*, hay una forma que ejerce presión, se supone que esta puede ser en un cierto grado, pero distinta en distintas palabras, y otra que ofrece resistencia, se supone también que de distinto grado según las palabras que la ejerzan, y, si la presión es una función de la productividad, la cual puede ser considerada un concepto gradual, y la resistencia es una función de la frecuencia, la cual es claramente gradual, y añadimos que la relación de sinonimia, que constituye la primera condición, también es gradual, es inevitable concluir que el bloqueo de los tokens ha de ser gradual.

Si el bloqueo impide en mayor o menor grado la aparición de un derivado por la presencia de otro, está claro que la relación uno-a-uno está en entredicho, ya que si bien hay cierta tendencia a que no haya más de un derivado para expresar un significado morfológico, el sistema no prohíbe su existencia. Pueden existir, por tanto, varios derivados de la misma base por medio de diferentes sufijos con el mismo significado, predicción que, como veremos, corroboran, los datos.

En la combinación de afijos en inglés se han propuesto dos teorías para explicar la imposibilidad de combinar ciertos afijos, los "stratum-oriented models" y "affix-particular selectional restrictions", siguiendo la denominación de Plag y Baayen (2009);

---

133 El subrayado es nuestro.

frente a ellas, Hay (2002) propone una alternativa la *Complex Based Ordering (CBO)* que "claims that affixes likely to be parsed out during perception are restricted from occurring inside affixes less likely to be parsed" y plantea cinco hipótesis que resumimos aquí (Hay, 2002, pp. 530-532):

1. The same suffix will be <u>differently separable</u> in individual words depending on the phonotactics. [...]

2. The same suffix will be <u>differently separable</u> in individual words depending on the frequency. [...]

3. Suffixes beginning with consonants will tend to be <u>more separable</u> than suffixes beginning with vowels (-ness tends to be more separable than -ess). [...]

4. Suffixes represented by a relatively high proportion of words that are less frequent than their bases will tend to be <u>more separable</u> than suffixes represented by a relatively low proportion of words that are less frequent than their bases (-ish tends to be more separable than -ic)[...]

5. <u>More separable</u> affixes will occur outside less separable affixes. [...]

De la CBO tomaremos el concepto de separabilidad o analizabilidad de la base, que es la posibilidad de que el hablante reconozca en ella una estructura morfológica compleja, para nuestros casos, una base y un afijo, y la hipótesis de que la posibilidad de combinación de unos sufijos u otros a la base depende, entre otras cosas, del grado de analizabilidad de esta.

A partir del bloqueo y del concepto de analizabilidad, nos marcamos tres objetivos a modo de preguntas a las que este trabajo intenta dar respuesta:

1. ¿Influye la *analizabilidad* o separabilidad de la base en el número de sufijos que son empleados para crear sustantivos *deadjetivales*?

2. ¿Hay relación entre la analizabilidad de la base y los sufijos empleados para derivarla?

3. ¿Hay relación entre los sufijos de la base y los sufijos empleados para derivarla?

Está claro que, si pretendemos usar el grado de analizabilidad de la base, primero tendremos que establecer dichos grados o establecer cómo se miden. Para ello, hemos optado por el primer método, aunque reconocemos que es una simplificación del problema pero que sirve para dar respuesta a nuestros objetivos. Hemos establecido, de menor a mayor grado de analizabilidad, cinco tipos de bases —sería más adecuado decir temas que sirven de base de derivación— dependiendo del tipo de estructura morfológica que presenten:

T1. Simples: grupo formado por temas que no tienen ningún tipo de estructura morfológica o que, aunque la hayan tenido, es imposible de reconocer por los hablantes (*ancho, burro, craso, cuerdo, feliz, húmedo, viudo*).

T2. Complejas no construidas: aquellos temas a los que, retomando la idea de Corbin (1987), se les puede asignar una estructura interna formal, pero que no son construidas. En ellas se reconoce un afijo, pero no una base (*anterior, endeble, perentorio, precario*).

T3. No existentes: si bien el derivado presenta una estructura con un afijo reconocible, no hay un tema español que pueda ser reconocido como su base; sería el caso de los sustantivos de cualidad heredados con un sufijo reconocible, pero sin una base reconocible en español (*calamidad, iniquidad*).

T4. Alomorfías: la relación que se puede establecer entre el sustantivo derivado de cualidad y el tema que sirve de base es principalmente semántica, ya que entre la base y el derivado hay muchas diferencias formales causadas por alomorfías, reglas de reajuste u otros procesos (acceder/accesible --- accesibilidad).

T5. Complejas construidas: la base es un tema con una clara y reconocible estructura morfológica (*altivo, condensable, revocable, pomposo*).

Partimos, para responder a los primeros cuatro objetivos que nos hemos planteado, de dos hipótesis:

1. El grado de analizabilidad o separabilidad de las bases depende, entre otros elementos, del tipo al que pertenezca.

2. Cuanto menor grado de analizabilidad o separabilidad de la base, mayor facilidad para derivarla por distintos sufijos.

La creación de sustantivos de cualidad por medio de diferentes sufijos sobre la misma base supone que, de alguna manera, conviven en el sistema derivados sinónimos, y que, en muchos casos, esa convivencia no es pacífica, sino que compiten entre ellos, así que, a nuestros objetivos, hemos de añadir una nueva pregunta:

4. ¿Qué ocurre cuando aparecen derivados sinónimos?

3. Materiales y datos

La recogida de datos presenta diversos problemas, de los que el primero de todos es las fuentes, ya que las tradicionales o habituales (diccionarios y corpus) no son suficientes. Muchos de los derivados que buscamos han tenido o tienen una vida efímera o un uso restringido, por lo que no pertenecen a la lengua culta o estándar y, por tanto, no están recogidos en los corpus y, mucho menos, en los diccionarios. Para solventar este problema, se ha recurrido, además de a fuentes de datos más tradicionales como el DRAE, el CORDE y el CREA, a GoogleBooks© y a Google©.

El proceso de recogida de datos comenzó con la recuperación del DRAE de todos los derivados formados por medio de los sufijos de estudio cuya base fuese un adjetivo; estos han constituido nuestra primera lista de derivados en la que la existencia de derivados competidores es mínima, puesto que el DRAE tiende a refrendar unas formas de uso sobre otras, de manera que la mayoría de los derivados competidores quedan fuera del diccionario.

De esta lista, se han extraído, de forma manual con apoyo de la BDME, las bases de derivación (1132 bases). Estas bases fueron las empleadas para ampliar la lista de derivados y poder recoger en toda su amplitud la competencia entre afijos. Para ello se procedió a hacer búsquedas semiautomáticas, por medio de un programa en html y php, en dos corpus del español, el CORDE y el CREA, y en dos buscadores, Google-Books© y Google©.

Para encontrar nuevos derivados no contenidos en el DRAE, se buscaba en el CORDE los derivados de cada base con los diferentes afijos que no estuviesen documentados en el DRAE, después, de la misma base, se buscaba en el CREA aquellos derivados que no hubiesen sido documentados ni el DRAE, ni en el CORDE y, después se procedía de igual manera, primero con GoogleBooks© y luego con Google©.

Finalizado todo este proceso, se obtuvo una base de datos en la que figuraban las bases, los derivados, el sufijo que lo formó y su fuente de documentación a la que, posteriormente, se añadió el significado morfológico del derivado atendiendo principalmente a aquellos casos en los que este se desviaba claramente del de "Cualidad de X".

Queremos reseñar, para que sea tenido en cuenta, que la forma de recogida de datos, fundamentalmente de las fuentes utilizadas, impone ciertas restricciones al trabajo.

En primer lugar, no tenemos una lista exhaustiva de bases de derivación de sustantivos deadjetivales, sino una lista sesgada, porque las bases que se han empleado para el estudio han sido recogidas del análisis de los derivados del DRAE y estos son un número limitado de derivados, es decir, el diccionario no recoge de forma exhaustiva todos los derivados creados en todas las épocas

Este sesgo no beneficia a la demostración de nuestras hipótesis, sino que va en su detrimento, ya que el hecho de que el diccionario recoja derivados refrendados por el uso reduce la posibilidad de variación dado que estos derivados ejercen mucha resistencia a la creación de nuevos derivados con el mismo significado y diferente sufijo. Si se incluyesen todos los derivados creados, no solo los recogidos en el diccionario, se supone, si nuestras teorías son correctas, que la variación y la competición entre sufijos sería mayor, ya que los derivados son menos frecuentes y, por tanto, ejercen una resistencia menor pues como se ha visto la resistencia es "a <u>function</u> of frequency" (Rainer, 1988, p. 164).

En segundo lugar, si bien GoogleBooks© es una fuente con bastante fiabilidad, ya que se conoce el autor y la fecha del derivado y se puede acceder a su contexto, aunque limitado, los datos extraídos se han de manejar con sumo cuidado por dos razones:

En primer lugar, puesto que se producen errores de reconocimiento de palabras, sobretodo en textos antiguos, debidos al OCR. Se ha de ser muy cuidadoso para no documentar, por ejemplo, *amarguía* cuando lo que aparece en el texto es *amargura*, caso en el que el OCR ha interpretado la -r- como -í-.

En segundo lugar, porque en las búsquedas de textos en español pueden aparecer textos en latín, portugués, francés o inglés, de manera que se podría documentar como española una palabra de otra lengua.

Para finalizar con las fuentes, se ha de añadir que, en la documentación por medio de Google©, aunque es ya una fuente muy empleada, se producen muchos falsos positivos y hay una gran cantidad de ruido, como ya han indicado Tanguy y Hathout (2002) y Lindsay y Aronoff (2013), a lo que se suma que no se puede conocer exactamente el número de veces que se ha empleado el derivado, ya que Google nos da el número de páginas, no el de ocurrencias y bloquea las búsquedas muy extensas.

Salvadas estas dificultades se puede considerar que estas cuatro herramientas actuando conjuntamente dan una visión del uso de los derivados lo suficientemente pormenorizado como para poder dar respuesta a las preguntas que nos hemos planteado como objetivos de este trabajo.

4. Resultados y discusión

Hagamos primero una panorámica de los datos para hacernos una idea aproximada de cómo es la situación general de estas formaciones. Para ello, en la siguiente tabla (Tabla 1) se da la frecuencia absoluta de los derivados documentados para cada sufijo en cada fuente de datos (DRAE, CORDE, CREA, GoogleBooks), un subtotal que es la suma de los derivados en esas cuatro fuentes, la frecuencia absoluta de los derivados documentados en Google y el total de todos los derivados documentados en las cinco fuentes; cada fila de la tabla contiene los datos de cada sufijo y la última fila es el total de derivados de cada fuente de datos para todos los sufijos.

	DRAE	CORDE	CREA	GBooks	Subtotal	Google	Total
-idad	743	41	10	45	839	139	978
-ismo	180	84	39	43	346	349	695
-edad	93	31	7	64	195	372	567
-itud	22	11	3	29	65	316	381
-ez	172	31	4	41	248	81	329
-eza	122	31	4	41	198	105	303
-ería	19	30	7	19	75	171	246

	DRAE	CORDE	CREA	GBooks	Subtotal	Google	Total
-ura	55	22	3	22	102	79	181
-ada	15	9	3	7	34	120	154
-ía	19	18	7	12	56	54	110
-or	29	0	0	4	33	5	38
-dad	7	0	0	0	7	0	7
Total	1476	308	87	327	2198	1791	3989

Tabla 1: Frecuencia absoluta de derivados totales y por sufijo en cada fuente de datos

Hemos analizado 3989 derivados, de los cuales "solo" un 55.10% son documentados en las cuatro primaras fuentes, el otro 44.9% se documenta en una sola, Google. En el DRAE se documenta el 37% de los derivados totales y el 67.15% del subtotal. De manera que, Google y el DRAE son las principales fuentes de datos, tanto del total de deriavdos con un 81.9% como de cada uno de los sufijos, exceptuando el *-ería* en el que el CORDE supera ligeramente al DRAE.

El DRAE recoge los derivados refrendados, fundamentalmente, por el uso culto y la tradición, lo que conlleva que sus fuentes sean, en gran parte, las mismas que contienen el CORDE, el CREA y GoogleBooks que recogen, principalmente, textos cultos, por lo que estas tres fuentes van a aportar, en general, pocos derivados nuevos.

En Google se recogen textos con todo tipo de registros (culto, técnico, coloquial, etc.) escritos por gente muy diversa culturalmente, de forma más o menos libre y más o menos espontánea, de ahí que aporte una gran cantidad de derivados nuevos, muchos de los cuales son creaciones individuales con gran volatilidad y efimeridad[134] que, por supuesto no son recogidas en el DRAE, y que, a veces, son tratadas como una pura anécdota lingüística.

Si bien es cierto que, en muchos casos, los derivados documentados son individuales y anecdóticos, palabras creadas para un momento concreto puntual y que, por tanto, no se volverán a repetir, nos se puede decir lo mismo del conjunto. Si se prescinde del conjunto de datos, se estará prescindiendo, en el caso de los sustantivos de cualidad deadjetivales, del 44.9% del léxico del español, del léxico empleado por los hablantes reales, lo que, en principio, solo puede conllevar consecuencias nefastas para el estudio del español.

Si se confrontan los datos de la columna subtotal −la suma de los datos de DRAE, CORDE, CREA y GoogleBooks− con los derivados documentados solo en Google,

---

134 Palabra no documentada ni en el DRAE, ni en el CREA, ni en el CORDE, sí en GoogleBooks y Google

se observa que hay dos grupos; uno en el que se documentan más derivados en el primer grupo de fuentes que en Google (-idad, -ez, -eza, -ura, -ía, -or), en este grupo se puede hacer un subgrupo con aquellos en los que se documentan menos derivados en el DRAE que en Google (-ura e -ía), y otro en el se documentan más derivados en Google (-ismo, -edad, -itud, -ería, -ada). En el primero hay un mayor número de sustantivos refrendados por el uso y, en el segundo, imperan las construcciones más efímeras.

Podemos ahora empezar a responder a las cuatro preguntas que nos hemos formulado y que hemos establecido como objetivos de este trabajo:

1. ¿Influye la analizabilidad o separabilidad de la base en el número de sufijos que son empleados para crear sustantivos deadjetivales?

2. ¿Hay relación entre la analizabilidad de la base y los sufijos empleados para derivarla?

3. ¿Hay relación entre los sufijos de la base y los sufijos empleados para derivarla?

4. ¿Qué ocurre cuando aparecen derivados sinónimos?

Para responder a las tres primeras hemos calculado las correspondencias entre diferentes variables del estudio (tipo de base, sufijo del derivado, sufijo de la base, etc.) en busca de posibles asociaciones para comprobar si existen patrones en los datos. Hemos optado por dar únicamente el gráfico de correspondencias, por brevedad y claridad, en él se han representado los valores de las variables en un eje de coordenadas de manera que los valores más cercanos sean los más relacionados.

4.1. ¿Influye la analizabilidad o separabilidad de la base en el número de sufijos que son empleados para crear sustantivos deadjetivales?

Nuestra principal hipótesis es que el grado de analizabilidad o separabilidad de la base determina la posibilidad de unir unos afijos u otros; si esto es cierto, tiene que haber una correspondencia entre el número de derivados y el tipo de base que indique que, a unos tipos de base, es más fácil que se le añadan afijos que a otros. En el (Gráfico 1) se muestran las correspondencias entre el número de derivados que tiene una base, la que menos 1 (D1 en el gráfico) y la que más 10 (D10 en el gráfico), y el tipo de base, de los cinco tipos que hemos diferenciado: T1 simples, T2 no construidas, T3 no existente, T4 alomorfias y T5 construidas.

Si se tiene en cuenta que el grado de analizabilidad de las bases es de menor a mayor desde el T1 al T5, el Gráfico 1 muestra de forma clara que el número de derivados y, por tanto, de afijos diferentes, se corresponde con el grado de analizabilidad siguiendo de más a menos derivados el mismo orden que el de la analizabilidad: T1 – T2 – T3 – T4 – T5.

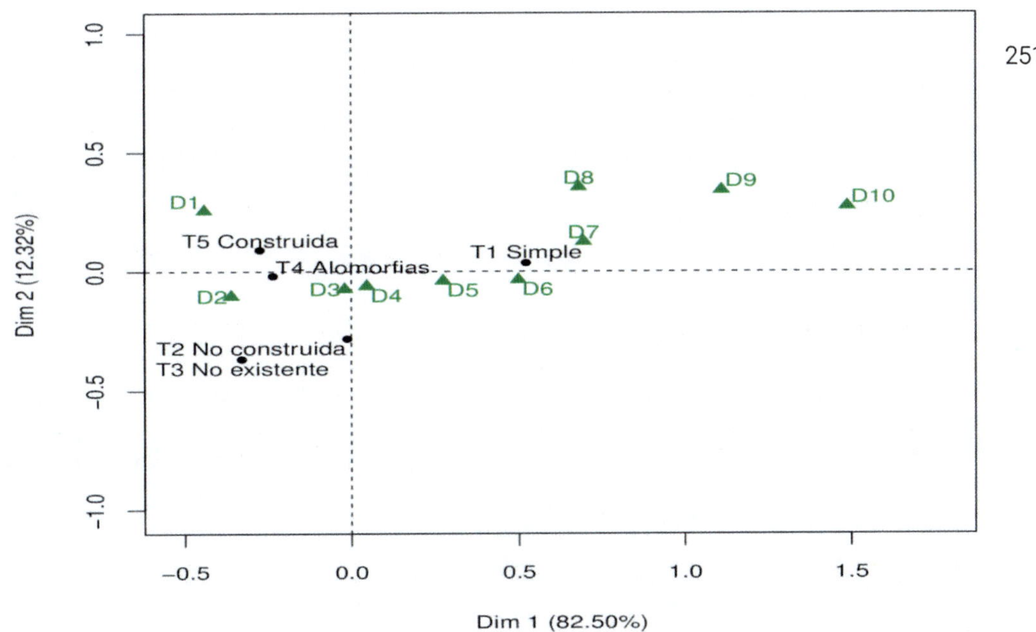

Gráfico 1: Correspondencias entre tipos de bases (T*) y número de derivados (D*).

Así, las bases simples (T1) se sitúan próximas a los seis (D6) y siete derivados (D7) y están casi a la misma distancia de los diez derivados (D10) que de tener un único derivado (D1). Sin embargo, las construidas (T5) se sitúan entre uno (D1), dos (D2) y tres derivados (D3). La situación de T2, T3 y T4 no es tan clara, pero, si se observa detenidamente, se verá que los dos valores más próximos a la T2 son el D3 y D4, los dos más cercanos a la T3 son el D2 y D3 y los dos más cercanos a la T4 son también el D2 y D3, pero el T3 se aleja mucho del valor D1, mientras que el T4 está cercano; así que la no existencia de una base, normalmente por préstamo del derivado, y la analizabilidad semántica pero no morfológica de la base se muestran muy próximas, hecho que se muestra claramente si atendemos a la clusterización de los tipos de bases.

Hierarchical clustering on the factor map

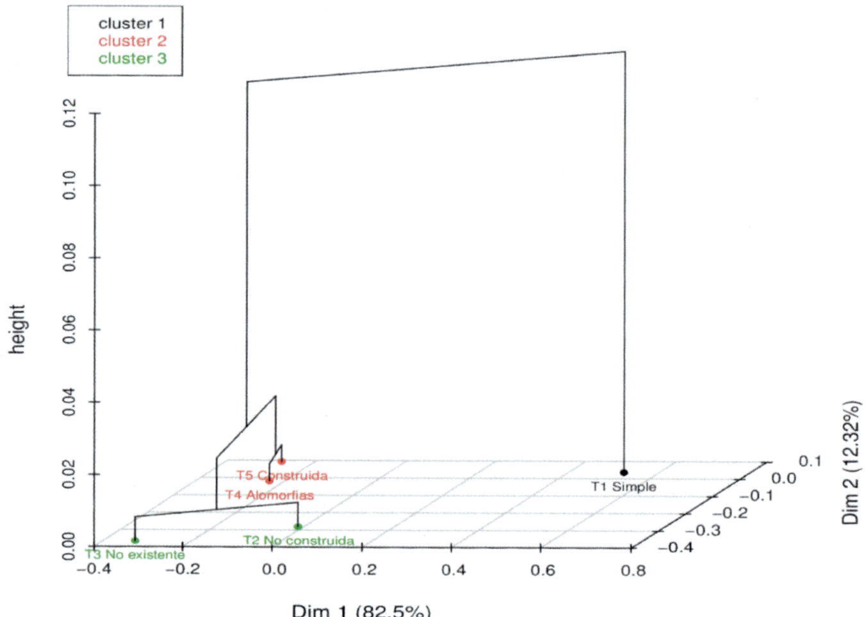

Gráfico 2: Clusterización de los tipos de bases a partir del número de derivados

En este gráfico se puede ver la existencia de tres clústeres formados de forma automática sobre el número de derivados documentados con cada tipo de bases.

El primer clúster está formado por las bases simples, muy alejado de los otros dos y, por tanto, de los otros tipos de bases. Son bases no analizables, por lo que no establecen grandes restricciones a los sufijos y, entonces, sobre ellas es posible crear un mayor número de derivados sinónimos.

El segundo clúster lo conforman las bases T5 y T4, las primeras son bases construidas en las que se puede separar sin problemas una base, plenamente reconocible, y un afijo, mientras que las T4 son bases construidas pero cuya relación morfológica con la base no es tan clara formalmente. Estos tipos de bases son las que menos derivados conforman, la posesión de un afijo y una base reconocibles, es decir, su alto grado de analizabilidad restringe sus posibilidades de derivación.

El último clúster, el tercero, lo conforman las bases no construidas (T2) y no existentes (T3). Ambas presentan un menor grado de analizabilidad que las dos anteriores,

en ambas es reconocible un afijo, pero no una base, por lo que la mayoría son tratadas como simples. Estas están a medio camino de las del clúster 1 y 2 en número
de derivados.

En resumen, hay una clara correspondencia entre el grado de analizabilidad de la
base y el número de afijos que se le han unido; cuanto menos analizable sea la base,
cuanto más simple crea el hablante que es, más sufijos compiten en la formación de
sustantivos de cualidad.

4.2. ¿Hay relación entre la analizabilidad de la base y los sufijos empleados para derivarla?

Si, como se ha mostrado, hay correspondencia entre el grado de analizabilidad de la
base y el número de derivados o de sufijos empleados en la formación hasta el punto de que se pueden hacer tres grupos o clústeres, habrá que saber ahora si existe
correspondencia entre los sufijos empleados para formar los derivados y el grado de
analizabilidad de la base (Gráfico 3)

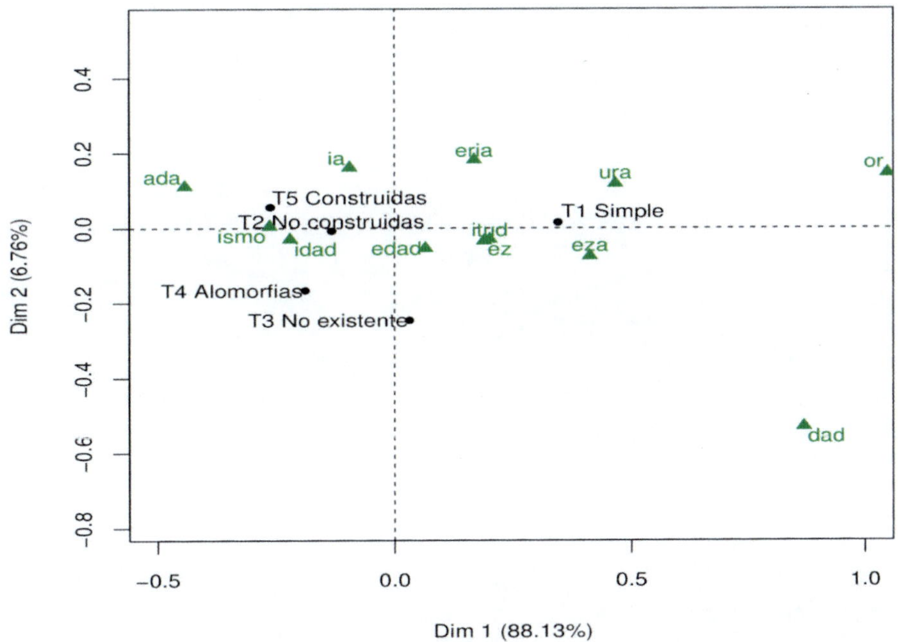

Gráfico 3: Correspondencias entre tipos de bases (T*) y sufijos formadores de sustantivos

En este gráfico se pueden observar las distancias que marcan los grados de las correspondencias entre los sufijos derivativos y el tipo de bases.

Se puede ver claramente como las bases simples (T1) se alejan de los otros tipos de bases y se relacionan estrechamente con los sufijos *-or* y *-dad* que se alejan del resto de bases.

En el otro lado del gráfico, el sufijo *-ada* se aleja de las bases simples hacia el otro extremo, lo cual indica que se une fundamentalmente a bases construidas o con un alto nivel de analizabilidad.

El resto de datos no está tan claro porque se agrupan fundamentalmente en el lado negativo de la primera dimensión hacia el centro del cruce de ambas dimensiones; por eso, para intentar clarificar un poco la gráfica de correspondencias, hemos reducido los sufijos eliminando los de los extremos (*-ada, -or, -dad*) de manera que se marquen mucho más las correlaciones entre las bases y el resto de sufijos (Gráfico 4).

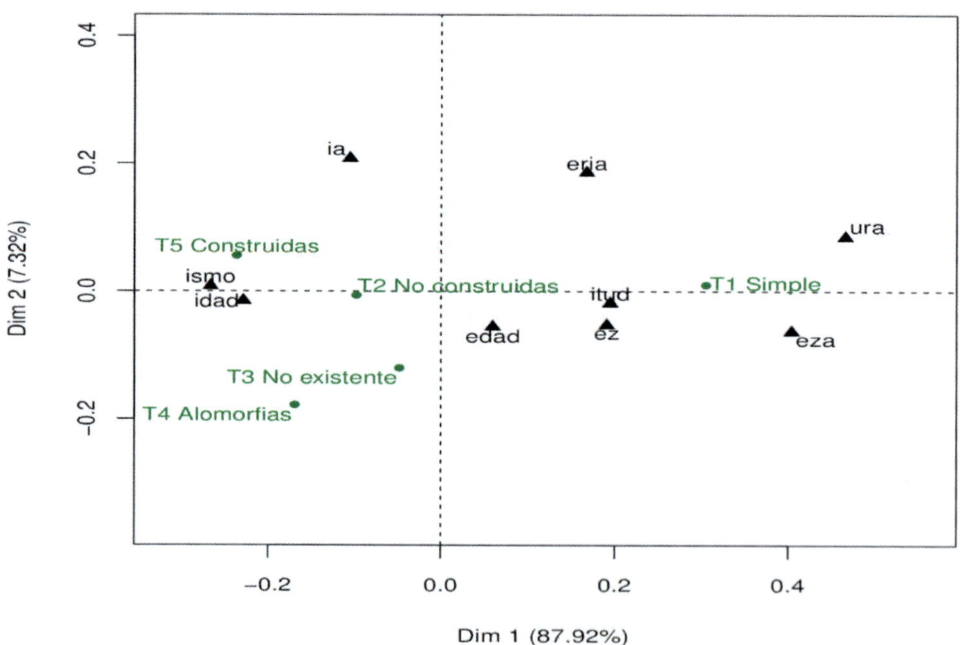

Gráfico 4: Correspondencias entre sufijos y tipos de bases (están eliminados -ada, -or,- -dad).

En este gráfico, llamémosle reducido, se muestra más claramente la gradación entre tipos de bases y sufijos con las bases construidas (T5) y las simples (T1) en los extremos situándose las no construidas (T2) a medio camino de ellas y, muy próximas entre ellas, las no existentes (T3) y las que presentan grandes alomorfias (T4).

Las bases T3 se sitúan en la parte baja de la segunda componente alejándose de los sufijos *-ía* y *-ería* y las T4 se alejan más del resto de sufijos acercándose a aquellos que derivan las construidas.

Así que, por un lado están las bases T1, cuyos sufijos más próximos son *-ura, -eza, -itud, -ez* y los más alejados *-ismo* e *-idad*. Por otro las T5 con una clara cercanía a *-ismo* e *-idad* y muy lejanas de *-ura* o *-eza*. Las T4 se alejan de los sufijos *-ía* y *-ería* cuyos tipos de bases más cercanos son el T2, acercándose el *-ía* al T5 y el *-ería* al T1, el T2 que está a medio camino del T1 y el T5, ligeramente escorado hacia este.

La relación entre sufijos empleados para la derivación y bases es semejante a la que hay entre estas y el número de derivados. Los tipos de bases influyen en los afijos que tienden a ser empleados en la derivación dependiendo del grado de analizabilidad de la base; hay sufijos que prefieren bases con estructura morfológica clara y sufijos que las prefieren sin ella.

4.3. ¿Hay relación entre los sufijos de la base y los sufijos empleados para derivarla?

En el gráfico anterior (Gráfico 3) se mostraba que la analizabilidad de la base influía en sus posibilidades combinatorias con unos u otros sufijos, queda ahora responder a la cuestión de si el tipo de afijo existente en las bases no simples influye en la posibilidad de derivarlas por uno u otro sufijo.

En realidad, se trata de las restricciones seleccionales o de combinación afijales que aparecen en casi todos los tratados y estudios sobre la formación de palabras en general y sobre la formación de sustantivos de cualidad en particular, desde Alemany Bolufer (1920) pasando por la RAE (Real Academia Española & Asociación de Academias de la Lengua Española, 2009, v.1). Estas restricciones establecen preferencias de los sufijos sobre bases con ciertos afijos; así, por ejemplo, la Real Academia Española et al. (2009, pp. 414-416) señalan las preferencias del sufijo *-dad* sobre bases con algunos sufijos concretos:

> Es nutrido el grupo de esos derivados que provienen de adjetivos terminados en el diptongo *-io/-ia* [...]

> Es asimismo nutrido el grupo de adjetivos acabados en *-il* que forman sustantivos en *-idad*. [...]

Hay que decir que este tipo de restricciones seleccionales no son normalmente rígidas, sino tendencias a las que hay excepciones y competidores tratando de variarlas, como se puede ver en estas dos palabras que nos sirven de ejemplo:

256

1. AMABLE:

a) "La verdad muy buena la atencion del vendedor les agradesco mucho la ***amabiledad***".

b) El término ***amabilidad*** que ahora vamos a analizar en profundidad tenemos que establecer que tiene su origen etimológico en el latín.

c) tendrias la ***amableza*** por favor de mandarme el link de la cancion que cantaste de Jackson 5?

amabilitud

d) Sin duda alguna este complejo es lo que muchos viajeros buscamos,***amabilitud*** por parte de su personal.

e) ya tuve ciertos cruces con personas caraduras con ínfulas de tocar los huevos y aprovecharse del ***amablismo*** del personal amable.

2. ENDEBLE:

a) basado en la ***endebledad*** de la justica humana de todos los países, dónde es sabido se ha matado personas inocentes en nombre de ella.

b) con tan poco margen de validación hace reflexionar sobre la ***endeblidad*** en cuanto al apoyo popular, creo que el radicalismo ha crecido considerablemente.

c) El Real Madrid mide en Vallecas su ***endeblez*** a domicilio.

d) Por el contrario, todas las descripciones de la campaña de Victorica no consiguen esconder la ***endebleza*** de un enemigo asustado e indefenso,

e) la muerte quedo inconforme al ver la fragilidad y ***endeblitud*** de aquellos seres tan ocasos y ante el regalo mimante de su amada no tubo otro remedio

f) Lo malo, la ***endeblura*** final de la defensa, demasiada relajada y perdiendo demasiados balones.

No nos interesa en este momento estudiar este tipo de restricciones, sino saber si hay algún tipo de correspondencia entre el tipo de base, el sufijo de la base y el sufijo de derivación. Por ejemplo, estamos de acuerdo en que la existencia de un adjetivo en *-ble* marca una alta probabilidad de que el sustantivo de cualidad creado sea por medio de *-idad* pero no todos los adjetivos en *-ble* son tan restrictivos con el sufijo que pueden tomar para crear un sustantivo de cualidad.

Si se tiene en cuenta lo expuesto por Hay y Plag (2004, pp. 571-572),

> Central to this account is the claim that any individual affix occupies a range of separability – it is more separable in some words than others. As such, there are systematic word-based exceptions to ordering general- izations – cases in which words with low levels of decomposability can take an affix that comparably highly decomposable words might not (e.g., government is less decomposable than bafflement, leading governmental to be more acceptable than bafflemental – see the experimental data on - mental affixation in Hay (2002)). The fact that the prediction extends to the parsability of affixes as they occur in specific words accounts for the so-called dual-level behavior of some affixes. An affix may resist attaching to a complex word which is highly decomposable, but be acceptable when it attaches to a comparable complex word which is less decomposable.

se ha de tener en cuenta que no todas las palabras con el mismo afijo tienen el mismo grado de analizabilidad, de manera que unos adjetivos en -*ble* tendrán distinto grado de analizabilidad que otros y, por tanto, siguiendo la hipótesis, unos tenderán a unirse a más afijos que otros dependiendo de su grado de analizabilidad; lo que pretendemos comprobar ahora es si hay diferencias en la combinación de bases en -*ble* y los sufijos derivativos a partir del tipo de base.

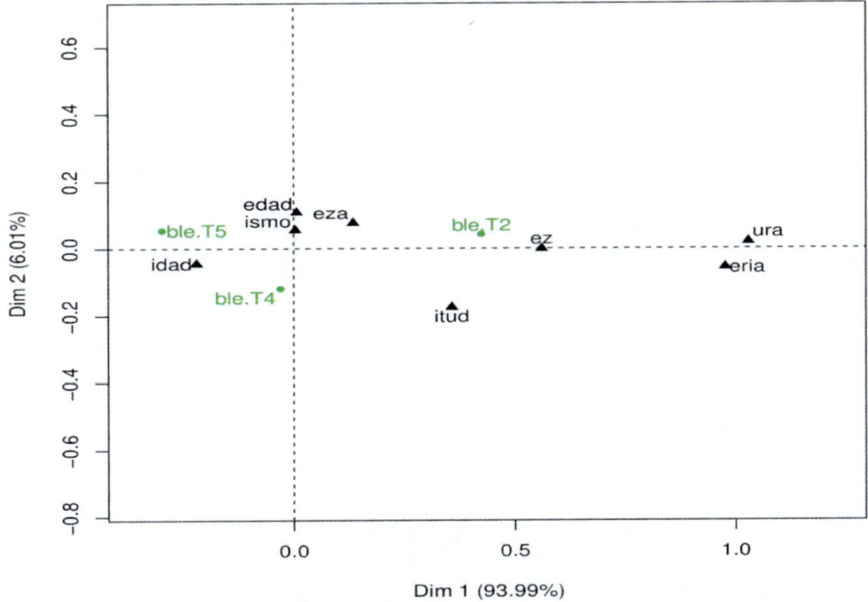

Gráfico 5: Correspondencia entre el nivel de analizabilidad de las bases con el sufijo -ble y los sufijos derivativos

En el Gráfico 5 se muestran las correspondencias entre el tipo de base en *-ble* y el sufijo formador de sustantivos. Es indudable que los tipos de bases no pueden ser ni T1 (simple), ni T3 (no exsitente) pues estamos analizando bases con un sufijo, es decir, existentes y complejas.

El gráfico muestra que el tipo de base influye, independientemente de que todas las bases tengan el sufijo *-ble*, en las posibilidades de uso del sufijo derivativo. Las bases con menor grado de analizabilidad, aquellas no construidas (T2) pero en las que se reconoce un sufijo *-ble*, prefieren los sufijos *-ez* y *-ura*, mientras que las bases cuya estructura morfológica es más analizable, prefieren los *-idad, -edad* e *-ismo*, mientras que los sufijos *-ura* y *-ería*, si aparecen, tienden a hacerlo en las menos analizables.

Para apoyar nuestra hipótesis podemos añadir el mismo tipo de gráfico que el anterior, pero, esta vez de las bases que tienen un sufijo *-ico* reconocible.

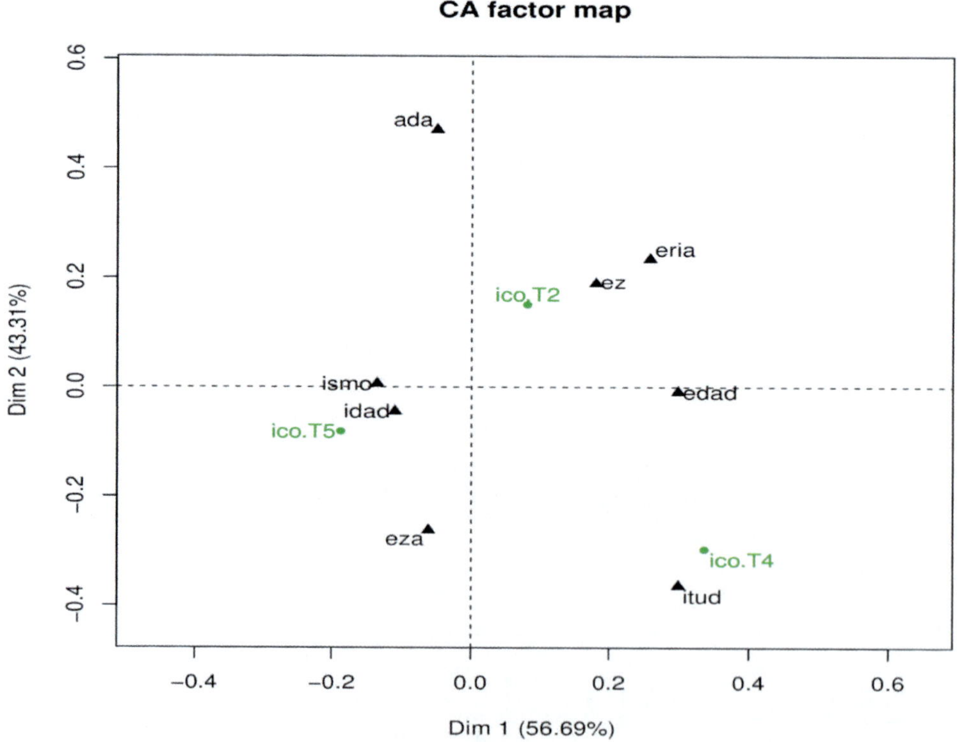

Gráfico 6: Correspondencia entre el nivel de analizabilidad de las bases con el sufijo -ico/a y los sufijos derivativos

Este gráfico muestra que el tipo de base que posea el sufijo *-ico/a* influye en sus posibilidades combinatorias para formar sustantivos de cualidad. En este caso, con la particularidad de que el sufijo *-itud* se muestra particularmente activo con las bases del T4.

Estos dos gráficos aportan, creo yo, suficiente evidencia sobre la existencia de una interrelación entre tipo de base, sufijo de la base y las posibilidades de uso del sufijo de derivación.

4.4. ¿Qué ocurre cuando aparecen derivados sinónimos?

Hasta ahora se han establecido las correspondencias existentes entre algunas características de la base (analizabilidad y sufijos) y sus sustantivos derivados con significados morfológicos sinónimos, y es, en la mayoría de las ocasiones, este último concepto –significados morfológicos sinónimos– el centro de la polémica.

La sinonimia no es un concepto cómodo para muchas teorías, por lo que, en muchas ocasiones, como por ejemplo en Lindsay y Aronof (2013), se ha considerado que, ya no la formación de palabras, sino todo el sistema, padece de una grave intolerancia a la sinonimia.

> Productive elements in a language compete with each other for productivity because of three central aspects of the language system: the introduction of random elements, the propagation of a suffix via productive derivation, and the intolerance of synonymy that can lead to the productive death of a less robust affix.

Una de las razones de este rechazo es que contraviene totalmente la relación uno-a-uno, ya que, por ejemplo, en nuestros casos, hay un significado para varios derivados de una única base, sería una relación de varios-a-uno, varios (derivados)-a-un (significado)

Si se quiere mantener la relación uno-a-uno, una de las estrategias será atacar o, por lo menos, debilitar la relación de sinonimia entre los derivados. La forma más sencilla de debilitar su sinonimia es diluirla a través de diferencias o matices de significado más o menos claros.

Alexiadou y Martin (2012, p. 16) en un trabajo sobre los sustantivos deadjetivales disposicionales en francés señalan (resumimos) que:

> Dispositional nouns and the adjectival stems from they derive do not exactly the same aspectual readings
>
> -ité : unmarked, any kind dispositional reading.
>
> -isme: tends to force dispositional reading.
>
> -erie: impose a preference for the eventive reading.
>
> -itude: force the noun to denote habits or attitudes.

Ninguna de estas propuestas (Lindsay & Aronoff, 2013; Alexiadou & Martin, 2012) contradice lo dicho hasta aquí. En los primeros el verbo "lead" junto con la "introduction of random elements" y la "propagation of a suffix via productive derivation" implican un proceso gradual, no uno instantáneo, por lo que la intolerancia del sistema a la sinonimia no es absoluta sino gradual. Los segundos llenan su afirmación sobre las diferencias aspectuales de los sustantivos con palabras y expresiones *−not exactly, any kind, tends to force, force−* que, más que indicar diferenciación clara, indican la posibilidad de diferenciación o la gradación en la diferenciación.

Partamos de la idea de que la sinonimia entre derivados es una cuestión de grado y, en primer lugar, busquemos casos en los que a partir de una base se cree uno, preferiblemente, más de un derivado sinónimo y, después, veamos otros casos en los que esa sinonimia se haya roto total o parcialmente para saber cómo ha sido esta ruptura.

Nuestro objetivo no es hacer ahora un estudio cuantitativo, lo único que queremos demostrar es que existen casos en los que se conserva la sinonimia y otros en los que no.

El primer caso que analizaremos son los derivados del adjetivo *pegajoso/a* que, siguiendo al DRAE, tiene cinco acepciones:

1. adj. Que se pega con facilidad.

2. adj. contagioso (ǁ que se comunica con facilidad).

3. adj. coloq. empalagoso (ǁ que causa fastidio por sus excesivas zalamerías).

4. adj. coloq. Se dice de los oficios y empleos en que se manejan intereses, de los que fácilmente puede abusarse.

5. adj. Taurom. Dicho del toro: Que recarga las suertes y busca reiteradamente el engaño.

y un único sustantivo de cualidad *pegajosidad*; sin embargo, hemos documentado unos cuantos más, siete (*pegajositud, pegajosez, pegajosor, pegajosedad, pegajosura, pegajosería, pegajosismo*) que iremos tratando de agrupar según sus semejanzas y diferencias semánticas.

El primer grupo lo forman *pegajosidad, pegajositud, pegajosez, pegajosor* que presentan usos que pueden ser interpretados como sinónimos[135]:

a) Pues asi hice, se la puse, y lo voy a bañar, y no hay manera de quitarle esa **pegajosidad** de la cabecita…. mi marido me mata cuando entre por la puerta, como he puesto al niño.

---

135 Todos los ejemplos, a no ser que se diga lo contrario, están documentados en Google©.

b) Tengo tantas ganas de bañarme y sacarme la ***pegajositud*** de este re putísimo calor...

c) No me gusta ese calor húmedo, la mezcla de arena con crema, esa ***pegajosez***, odio las aglomeraciones y más si son por pelearse por un metro cuadrado de tierra y lo de tostarse al sol no va conmigo.

d) O sea: tenés el calor, la multitud, la arena, el ***pegajosor***, el vientito, el amontonamiento, los pirulines, el tejo, el freesbee, el vendedor de pareos, los pies calientes, el aburrimiento y toda la estúpida escenografía de playa...

grupo al que se puede añadir *pegajosedad*

e) La ***pegajosedad*** pega las cerdas juntas como si las hubieras dejado pintura al óleo y que se hubieran pegado en bolas.

aunque se desvíe un poco del tema de los anteriores, que tratan del calor, el baño, la crema, etc. mientras que este está en un texto sobre pintura; pero, en los cinco casos, los derivados son sustantivos con el significado morfológico de "cualidad de pegajoso".

El siguiente derivado, *pegajosura*, también entraría en este grupo, lo hemos aislado porque representa muy bien la presión normativa sobre la creación libre de un hablante.

f) – Sticky es pegajoso. Stickiness es, por decirlo con una palabra inventada, "***pegajosura***", o sea en este caso la capacidad de la página Web de hacer que la gente que entre allí se quede leyéndola y no haga "zapping" y brinque a otra página.

– Como uno no va a andar diciendo "***pegajosura***", que no existe, me parece que tu traducción como "atractivo" está bien.

– Pues aunque ***pegajosura*** no existe, sí existe ***pegajosidad***; pero en este contexto coincido en que atractivo es una palabra mucho más adecuada.

La conversación está extraída de un foro de *Wordreference.com* ("Stickiness - WordReference Forums", s. f.) y se muestra como el hablante crea sin problemas la palabra *pegajosura*, otro participante le llama la atención sobre la no existencia de esa palabra y él, extrañado, se corrige y cambia a la palabra reconocida por el diccionario.

Quedan por tratar *pegajosería* y *pegajosismo*. En ambos derivados hay usos con el significado de "cualidad de pegajoso", serían, por tanto, sinónimos de los anteriores:

a) También me cuesta privarme del vino, de la copa de licor y del tabaco habano. Me desespera el acoso de los mosquitos las noches de recalmón, la ***pegajosería*** de las moscas y la falta de agua corriente. (GoogleBooks).

b) Podía llover de una vez y refrescar un poco, por lo menos así la ***pegajosería*** se iría de una vez. Se vistió con su vestido más fino, se puso las sandalias altas y bajó a tomarse sus cervezas, pensando que eso le iba a hacer sudar otra vez. (GoogleBooks).

c) A ver, ya no sé cuántas veces habré dicho en este blog que a mí no me gustan los gloss, porque creo que no dan apenas color a los labios (igual que en las uñas yo soy María Cantosa para los labios) y además me da mucha grima esa sensación de pesadez y **pegajosismo** que dejan algunos glosses.

d) El clima en Italia es mediterraneo total, ¿qué quiere decir? exacto, humedad a punta pala y una sensación de **pegajosismo** constante que aunque te duches al rato estás igual pero se compensa con sus cientos de fuentes de agua fresquita, fresquita hasta el punto de que llenas la botella y le sale vaho de lo fria que está. Según dicen, el agua sale así de las fuentes porque manan directamente de manantial.

f) Si veis que mientras le dais al amasado francés la masa pierde **pegajosismo** y elasticidad, cambiáis el tipo de amasado y amasáis de manera normal (en mi caso, con el amasado duro que me enseñó Rocío en el primer curso de pan casero que hice).

y usos en los que la rivalidad sin pérdida (Buenafuentes de la Mata & Muñoz Armijo, 2013) ha llevado a *pegajosería* a especializarse, dentro del significado de cualidad, en el ámbito de las relaciones de pareja:

a) Hay otro individuo al que me le he tenido que escurrir los últimos 5 meses cada vez que me pide el teléfono. Pero ¡buenas noticias! ya puedo dárselo. Vamos a llamarle Gustavo. Gustavo está loco por verme --y yo lo intentaré, supongo-- pero no me gusta que siempre lo encuentro cerca de la casa de sus padres. ¿Qué significará esto? ¿Será que vive ahí, o que vive metido ahí? ¿Cuál de las dos es peor? Yo supongo que un hombre que se divorcia tiene que saber que ya es hora de vivir solo. (Y además, no me gusta que tiene una hija. Pero en mi experiencia, los dominicanos son pésimos padres, la ***pegajosería*** no le durará mucho.)

b) Tu tienes también que hacer un esfuerzo y darle buenos momentos de amante. Ojo, no le persigas dándole demasiados mimos afectivos (lo sentira como una ***pegajosería***) ni se lo des todo en la cama de golpe, se aburrirá pronto y no encontrará aliciente. TE lo digo, habla con el sosegadamente.

c) Es cierto que todavía quedan muchas mujeres, a las cuales no ha llegado el nuevo estilo, propensas al sentimentalismo, confundiendo la emotividad con los remilgos, la ternura con la mimosidad y la atención con la ***pegajosería***.

d) y actualmente aquí no hay quien viva y los serranos me está entrando más aunque es una ***pegajosería*** el marcos y la hermana que si se enamoran y tal... no pega mucho eso...

Con este significado especializado en las relaciones de pareja aparece también *pegajosismo* pero para indicar la "acción o el efecto":

e) Hoy en día el amor esta infravalorado y se creo, por la mayoría de las personas que es algo que da la auténtica felicidad, yo en la mayor parte estoy desacuerdo pero no puedo pensar que el "**pegajosismo**" el "acaramela miento" sean reales, son una fase o un síntoma de que aquello es solo un capricho, una ilusión que nos da la mente por a si decirlo de darnos una alegría con alguien que realmente nos parece agradable.

pero *pegajosismo* también indica "cualidad de pegajoso", pero especializado en la segunda acepción del adjetivo (contagioso) lo cual lo diferencia de los anteriores sustantivos de cualidad.

a) **pegajosismo**: Cuando se me mete en la olla una canción, no soy capaz de sacarla ni idea de donde me ha venido esta se titula short shorts y es de Royal teens

Por último, *pegajosería* aparece también con el significado "colectivo"

a) Allí no marchó el color, sino el corazón. Entre la **pegajosería** sudada, se respiraba el triunfo de una batalla.

Otro caso es el de *ancho*, el DRAE documenta tres, *anchura, ancheza* y *anchor*, los dos últimos poco usados o desusados; a estos tres hemos añadido otros cuatro: *anchidad, anchez, anchitud, anchedad*. Entre ellos hay derivados con usos sinónimos:

a) Me sorprende que coches de 1,80 m. de **ancheza**, digo **anchidad**, digooo **anchura**, tengan un maletero de tan solo 1 metro de ancho.

b) Su no excesivo **anchor** nos animó a cruzar a la otra orilla,

c) Uchiha Sasuke era mas alto que yo, era un hombre muy grande y formidable, además de ser un toron por sus fuertes brazos y por la **anchedad** de su espalda.

y otros en los que se pueden hacer diferencias de significado.

a) Si por alto hay altura y altitud y por largo hay largura y longitud, ¿habrá por ancho: **anchura** y **anchitud**?

b) Caballero señorita soy rapero y no me gusta la **anchedad**, // Yo me visto como quiero y sigo siendo bien real

Amargo/a es una base adjetiva simple (T1) por lo que es esperable que pueda tener varios derivados: *amargura, amargor, amargueza, amarguedad, amarguía, amarguidad, amarguitud y amarguismo*.

De este grupo hay dos palabras, de alguna manera, triunfantes: *amargura* y *amargor*. Son los dos únicos derivados documentados en el DRAE y, aunque aparecieron con la posibilidad de tener el mismo significado,

a) lo no tan solament por maliçia / antes encara amargor & dolor de coraçon. (Juan Fernández de Heredia, Gran crónica de España, I. Ms. 10133 BNM, 1385) (CORDE)

b) lo que fue al nueuo Rey. & ala Reyna amargura. & dolor; (Alfonso X, Estoria de España, II, 1270 – 1284) (CORDE)

son un buen ejemplo de lo que Buenafuentes de la Mata y Muñoz Armijo (2013) han llamado rivalidad sin desaparición por especialización ya que *amargura* se ha ido especializándose en el ámbito de los "sentimientos" y *amargor* parece haberlo hecho en el del "sabor", por lo menos en el CREA no hemos documentado ningún uso que no pueda ser encuadrado en ese campo de forma recta o figurada. Sin hacer un estudio mucho más pormenorizado, no podemos saber si los cambios se han producido exactamente por especialización espontánea o por la presión de uno sobre otro que ha llevado a ambos ha especializarse.

Un ejemplo de rivalidad con desaparición es la de *amargueza*, palabra de vida muy efímera que no fue capaz de presionar ni siquiera un poco a *amargor* y *amargura*.

2 Señor, non manjedes manjar d'adefina,

el qual gostaredes con grand amargueza,

por el qual sabor avrés grant pereza

de non replicar el dicho de Dina; (Juan Alfonso de Baena, Poesías [Cancionero de Baena], 1406 – a 1435) (CORDE)

La convivencia relativamente pacífica de estos dos derivados que se han repartido el campo de uso es perturbada en la actualidad por un bombardeo de nuevos derivados creados por medio de otros sufijos con el significado sinónimo de *amargura*:

a) seria el mundo ideal para todos sin tanto choro sin tanta **amarguedad** piolaas-saaa

b) Se siente la perspicáz y acidua personalidad de Susan, sin caer en la **amarguedad**. Se ve interesante la historia, continua asi xD!

c) buaaa-dijo seth vestido de un short negro y camisa gris, los colores de la **amarguidad**. -si eres lindo-dijo javier vestido de un short verde y …

d) Hoy no era buena idea ni siquiera intentar charlar conmigo, como ya dije mi mal humor y **amarguidad** está a tope, no me interesa hablar con …

e) Todavía saboreaba la **amarguitud** del desencuentro que el domingo en la noche le hizo despeñarse por el barranco del despecho frente a la mesa sin mantel …

f) Esta chica, me va a hacer morir de la envidia, se me va a reventar la hiel y me voy a morir de **amarguitud**.- Na yo la voto aguante la Liz.-

g) ... mientras no la presida un astro varonil, benéfico al genio laborioso, reinará una especie de **amarguía** literaria y sólo será digno del título de sabio prodigado (GBooks)

Los casos documentados de **amarguismo** no tiene el significado de "cualidad de", sirvan como ejemplos:

a) Santiago Vilas considera que en muchos casos el humor es reemplazado por lo que él denomina *amarguismo*: "Abusando de la mordacidad y del retintín pleno ...

b) "En Venezuela, el *amarguismo* es una norma política: no importa q yo esté mal, lo que molesta es que otro esté bien".

Como último caso damos algunos usos de los derivados de *idiota*, adjetivo a partir del que, además de *idiotez*, se documentan *idiotidad, idiotitud, idiotura, idiotería e idiotía*, algunos con el significado de "cualidad de" y otros con otros significados.

a) Como no quisiera pasar por amargado, se me ha ocurrido contraponer al tema de este post -la imbecilidad, la **idiotez**, la **idiotidad**; impar cualidad...-, contraponer al tema la actitud (mía).

b) Pero no es vida vivir reprimiendo el florecimiento de la propia **idiotitud**. No todo el mundo sobrelleva bien su idiotez, por eso hay muchas clases de idiotas.

c) Pero **IDIOTURA**, chichón de piso, tapón de albañal. . . TODO ESO SE ESTÁ IN-VESTIGANDO desde hace rato pndjo, aquí NO HAY NI HABRÁ INTOCABLES. Pero de paso te digo: NO ERES tú precisamnte el más indicado para estar hablando aquí de la supuesta corrupción q hacen otros.

d) Este vocablo no existe. Lo he parido para significar un espacio donde se produce, distribuye o expende toda gama de idioteces. Nuestro país está bajo el comando del dueño de la "**idiotería**". Las idioteces, de todo color, sabor y estilo, son obra y gracia de los idiotas que comandan la revolución bonita.

e) Y hay formas de poder querer que articulan los niveles mencionados construyendo alternativas a la **idiotía** (en cualquiera de sus versiones). Formas que ...

En estos cuatro casos, los derivados de *pegajoso/a, ancho/a, amargo/a e idiota*, se puede ver la existencia de sinonimia entre derivados, ya que hay sustantivos de cualidad creados sobre la misma base que son usados sin ninguna diferencia de significado. También se muestra, a través de estos ejemplos, la existencia de polisemia generada por el propio sufijo. Por ejemplo, la polisemia de *pegajosismo* y *pegajosería* no se puede achacar a una extensión de significado de la propia palabra, sino a la polisemia de sus sufijos: *-ismo* y *-ería*.

Se podría objetar que estos derivados son creaciones esporádicas o puntuales o, también, que son creaciones en las que prima cierta intencionalidad del hablante. Es cierto que hay casos de creaciones esporádicas, puntuales u ocasionales, bastantes, pero también es cierto que hay muchas que no lo son. Hay que decir, además, que tampoco tenemos una forma clara de medir cuando una palabra es pura anécdota o entra en el ámbito de las creaciones que se han de tener en cuenta, por ejemplo, los siguientes nueve casos de *anchedad*, unidos a los dos ya vistos ¿hacen que *anchedad* sea una palabra puramente esporádica, una creación anecdótica, una pura curiosidad lingüística? No lo creo.

a) Nathaniel sonrió con **anchedad** pero Alma no lo vio. Estaba concentrada en el camino, intentando no tropezar con sus propios pies

b) Me cuesta asumirlo, pero soy ancha. No puedo hacer nada. Y digo esto el mismo día que he pedido cita con el endocrino para adelgazar 10 kilos para el día de mi boda, que es dentro de un año. Así de hipócrita soy, las caderas anchas forjan el carácter. // Desde esta "**anchedad**" las cosas se ven de otra manera. Las que sois como yo (y los, que también los hay) lo sabéis. La vida es mucho más divertida y me he propuesto demostrároslo.

c) te amo eres beatiful te amo mas q la **anchedad** del oceano.vivo en cuernavaca

d) Si muero de **anchedad**

e) oeeeeee.....el mas reeko eri tu...definitivamente...jejeje...oieee...gran persona tuuu.....a ver...kmo te explico...tu **anchedad**...o sea...tu ansiedad de hacer amigos es infinita.

f) Pero entonces, reconocí su suave y ronca voz mas halla de mis espaldas. Voltee por inercia dejando caer mi sombrero playero, y pude ver detrás de mis lentes oscuros la **anchedad** de su espalda.

g) Es decir, han vendido 900 bonos baratos en un mes. Estupendo, esto vuelve a sonar a **anchedad**.

h) Kriska: que bien que teneis unos embriones congelados!!! Ojala todo te ira bien cuando lo volveis a ententar. // Yo tambien pienso ¿y si viene mas de uno?! Aunque ya no estoy con la misma **anchedad** que tuvo con los primeros ententos, que la verdad se pasa un poco mal. Pero bueno ya veremos lo que pasa, otra cosa no podemos hacer.

i) Pido cosas mundiales. Hiperbólicas. Magnifiíficas. Y el previo verano me tuvo y me sostuvo a base de bien. Que me gustan unas cuatro columnas. La **anchedad** de ostras.

También es cierto que hay muchos derivados en los que prima un elemento intencional del hablante, de manera que el derivado es creado buscando algún efecto, pero creemos que se han dado bastantes ejemplos en los que no existe ningún tipo de intencionalidad especial y que, por tanto, no permiten dar una explicación general de estas formaciones por su intencionalidad.

Prescindir de este tipo de formaciones con la excusa de su puntualidad o de su excepcionalidad sería prescindir de una gran parte del léxico creado por los hablantes, como ya se apuntó, en el caso de los sustantivos de cualidad supondría prescindir del 44.9% de ellos. Lo que se ha mostrado aquí no son formaciones marginales del sistema, sino es el sistema de formación de palabras, en este caso, de sustantivos deadjetivales, en pleno funcionamiento, creando más derivados de los que un principio uno-a-uno podría permitir, para que, en la competición entre ellos unos triunfen, otros cambien y otros, posiblemente, los más desaparezcan.

5. Conclusiones

Hemos mostrado que en la formación de sustantivos deadjetivales con el significado morfológico "Cualidad de" existe una relación uno-a-varios entre el significado y los derivados, ya a una misma base adjetival se le pueden añadir distintos sufijos para formar un mismo significado.

Las posibilidades de que a una base se le pueda unir más de un sufijo son una función de su grado de analizabilidad. Se han diferenciado cinco grados de analizabilidad de la base, o mejor dicho, de los temas que sirven de base de derivación, que de menor grado de analizabilidad a mayor son: T1 simples, T2 no construidas, T3 no existentes, T4 alomorfias y T5 construidas.

Estos cinco tipos influyen en el número de derivados que se crean de una base –cuanto menos analizable sea la base, más derivados tienden a crearse– y, por tanto, en el número de sufijos que se pueden añadir a ella, en los tipos de sufijos derivativos que suelen adjuntársele –hay sufijos que prefiere bases más analizables y otros menos analizables– y, cuando se trata de bases con un sufijo determinado, hemos estudiado las bases adjetivales en -ble e -ico/a, el tipo de base vuleve a determinar qué sufijos tienden a usarse para formar sustantivos de cualidad.

Desde el punto de vista semántico, hemos dado ejemplos en los que se demuestra la existencia, no menor, de la sinonimia entre derivados, varios derivados creados por diferentes sufijos sobre una misma base se usan para expresar "cualidad de" sin ninguna diferencia de significado. También se han mostrado casos de polisemia, en la que un derivado es usado con varios significados.

Para finalizar, si bien quedan muchos aspectos por estudiar y mejorar, como perfeccionar la forma de graduar la *analizabilidad* de las bases o estudiar más detenidamente los procesos de competencia incluyendo su evolución temporal, hemos sido capaces de responder a las cuatro preguntas que nos habíamos planteados como objetivos de este trabajo.

Capítulo 13
Estudio exploratorio de la red de prefijos en español

(*Hesperia. Anuario de filología hispánica*. **2018. XXI-1. 95-112**).

PRESENTACIÓN

Además de por su fino sentido del humor, Antonio Rifón se caracterizaba por no ser conformista y por esa curiosidad ilimitada que lo llevaba a explorar nuevos campos de investigación, por muy alejados que estuviesen de su primera elección, la lingüística y, dentro de ella, la morfología y la semántica. Le atraían por igual la filosofía y las matemáticas. Antonio comenzó a interesarse por los grafos en el cambio de siglo, como herramienta para representar regularidades y relaciones. Los grafos albergan muchos puntos de datos y permiten estudiar cómo se agrupan y evolucionan esos puntos. Fue Antonio quien convenció a su director de tesis, Jesús Pena, en el año 2008, para que implementase un modelo gráfico en su *Base de datos morfológica del español* (BDME), de modo que se hiciesen visibles las relaciones morfológicas entre una palabra derivada y su base, y entre una palabra y su étimo. Antonio nos proporcionó los primeros ejemplos de diccionarios gráficos de palabras que mostraban asociaciones de significados y conceptos.

En palabras de Newman (2010), una red es "una representación simplificada que reduce un sistema complejo a una estructura abstracta que captura únicamente los patrones básicos de conexión". Para analizar y comprender estas redes, se han creado herramientas de tipo matemático, estadístico y computacional. En el artículo que presentamos, publicado en el año 2018 en la revista *Hesperia*, Antonio se propuso aplicar la teoría de redes (*networks*) a las relaciones semánticas entre los prefijos del español: si existen prefijos que crean palabras derivadas con el mismo significado morfológico ('uno' en *monocameral~unicameral*; 'tamaño pequeño' en *microbús* o *minifalda*), es posible construir una red compuesta por nodos o vértices (los prefijos) y por ejes o aristas (los significados compartidos). La ventaja de un grafo es que puede revelar algún patrón subyacente que no se percibe a simple vista. El análisis de grafos requiere aplicar técnicas que miden la estructura de las redes, por lo que, en este artículo, Antonio Rifón emplea términos poco usados en lingüística, o usados con otro valor en otros ámbitos, como *densidad, modularidad, comunidad, intermediación, longitud media del camino, coeficiente medio de clustering, fuerza de repulsión /atracción*, entre otros, que el lector entenderá al ver su aplicación a la red de los prefijos del español.

A lo largo del texto Antonio Rifón nos recuerda que su trabajo es exploratorio y que existen varios aspectos polémicos o controvertidos: a) la hipótesis que sustenta el artículo: "los prefijos son polisémicos o polifuncionales y existen relaciones de sinonimia entre prefijos"; b) el mismo concepto de *sinonimia*; para evitarlo, empleará el de "similaridad"; c) la variación terminológica de las fuentes seleccionadas para establecer las tipologías semánticas de prefijos, que las hace "difícilmente conmensurables"; d) su propia clasificación semántica, tentativa y "limitada" a dos niveles.

Tras aplicar las técnicas de los modelos de grafos, Antonio Rifón concluye que existen 12 comunidades (grupos o racimos de nodos que están más interconectados) y que en 6 de ellas existe mayor asociación entre sus integrantes (véase el detalle en el apartado 3). Los prefijos más marcados léxicamente, menos productivos o polifuncionales, son los más desconectados. Con el método de análisis aplicado, la red ofrece una imagen poco densa o dispersa y son los prefijos *so-*, *extra-*, *re-* y *pre-* los que actúan como puentes o enlaces entre las distintas comunidades.

En las conclusiones del artículo, Antonio Rifón reconoce la posibilidad de perfilar la técnica aplicada, pero sobre todo señala la necesidad de tomar en consideración algo más que los significados compartidos: dado que se ha asumido que los prefijos son polisémicos, es preciso anotar la frecuencia con que cada prefijo se emplea con cada uno de los significados relacionados, ya que este factor determinará en el grafo el peso de las aristas o vínculos y, por tanto, revelará cuáles son los prefijos que están más conectados semánticamente en el uso lingüístico, un aspecto crucial que constituye, según afirma el propio autor, el auténtico "caballo de batalla" de esta investigación.

El carácter innovador de este artículo se manifiesta también en otro trabajo de Rifón (publicado en 2020 y centrado en la red gráfica del sufijo *-oso, a*), en el que recuerda que la metodología basada en grafos no ha sido "muy empleada en morfología", aunque algunas publicaciones (y, en particular, las suyas de 2018 y 2020) han mostrado que pueden contribuir a avanzar en el conocimiento de diferentes "facetas de la formación de palabras". Tras la huella de quien abrió camino con una mirada limpia, novedosa y alejada de lo convencional, esperamos que germinen otros trabajos que desarrollen las ideas apuntadas en este artículo por nuestro añorado y querido Antón.

Con nuestro recuerdo emocionado,

María José Rodríguez Espiñeira y Mar Campos Souto.

Universidade de Santiago de Compostela

1. Introducción

En el CILX-2018 (Rifón, 2018), he presentado una comunicación en la que se hacía un análisis exploratorio de la red semántica de los prefijos; en esta red, los nodos eran los significados de los prefijos y las aristas, los prefijos compartidos. De esta manera, dos significados estaban relacionados si podían ser creados por algún afijo común y el grado de la relación dependía del número de prefijos compartidos.

En esta ocasión completaré ese estudio exploratorio con el análisis de la red de los prefijos, en la que los nodos son los prefijos y las aristas los significados que comparten. De esta manera, dos prefijos estarán relacionados si pueden ser empleados para crear el mismo significado (*entrelinear, interlinear*).

El objetivo general del artículo es analizar las posibilidades que tiene la aplicación de la teoría de grafos o redes al estudio de la red de prefijos constituida por las relaciones de semejanza léxica o sinonimia.

Partiremos de dos ideas básicas: los prefijos son polisémicos o polifuncionales y existen relaciones de sinonimia entre prefijos. La primera idea no deja de ser controvertida en la teoría morfológica (vid. Rainer, Dressler, Gardani, y Luschützky, 2014), pero, en este momento, no la discutiremos; un prefijo puede crear derivados con diferentes significados y petenecer a distintas familias funcionales desde el punto de vista semántico. Por ejemplo, *super-* puede emplearse para formar derivados con significados espaciales (*superíndice, superlingual*) e intensivos (*superarrastrero, superbarato*).

La segunda idea es también problemática por dos razones. La primera, heredada de la semántica, se debe al concepto de sinonimia, que es, en sí mismo problemático, por eso emplearé, en algunos casos, similiraridad. La segunda, derivada de la descripción morfológica, pues esta intenta mantener la relación uno-a-uno y tiende a reconocer matices de significado diferente si el afijo es diferente. Para nuestro caso, obviaremos ambas dificultades y reconoceremos que, en muchos casos, las posibilidades funcionales de los prefijos se solapan y distintos prefijos sirven para crear derivados con el mismo significado morfológico; por ejemplo, *super-* y *sobre-* pueden emplearse para crear derivados deadjetivales que indiquen la posesión de un grado alto de una cualidad (*supercaro/sobrecaro*).

Además de las redes semánticas reconocidas aquí, hay muchos otros tipos de estructuras u organizaciones morfológicas; entre ellas, no se pueden olvidar las ya clásicas familias léxicas (p. e. Pena Seijas y Campos Souto, 2009), los, muy de moda, paradigmas derivativos con sus diferentes enfoques (Guilbert, 1975; Marle, 1985; Bauer, 1996; Blevins, 2001; Beecher, 2004; Stekauer, 2014; Subbotina, Fatkhutdinova, y Ratsiburskaya, 2017; Bonami y Strnadová, 2018) o la aplicación de los frames a la formación de palabras (Plag, Andreou y Kawaletz, 2017).

La teoría de redes se ha aplicado a diversas áreas relacionadas con el lenguaje, sobre todo, en lo que se refiere al PLN para la confección de resúmenes y la extracción de frases o palabras clave (vid. Mihalcea y Radev, 2011; Lahiri, 2013), pero también a aspectos descriptivos del lenguaje tanto léxicos como gramaticales (p. e. Ferrer I Cancho y Solé, 2001; Biemann, Choudhury y Mukherjee, 2009), aunque son pocos los estudios que aplican directamente esta teoría al análisis de la morfología derivativa (Baayen, 2010; Rifón, 2016).

Dicho esto, se puede, entonces, establecer una relación entre los prefijos que pertenecen a la misma familia funcional, es decir, que crean derivados con el mismo significado morfológico y, por tanto, se puede construir una red en la que los prefijos sean los nodos y los significados compartidos los ejes. Nuestra intención es construir esa red y analizarla a partir de las herramientas y cálculos de la teoría de redes.

2. Métodos y materiales

El método seguido para obtener los datos objeto del análisis se ha desarrollado en cuatro fases:

1. Recopilación de los significados morfológicos.

2. Comparación de las clasificaciones.

3. Confección de una clasificación y asignación de significados.

4. Construcción del grafo.

2. Recopilación de significados

Establecer los significados morfológicos de los prefijos no es una tarea fácil. El primer problema deriva de las múltiples clasificaciones hechas y de las también variadas terminologías empleadas. El segundo, de la dificultad para establecer el límite entre el significado propiamente morfológico, el aportado por el prefijo o la pauta de derivación, y el puramente léxico, propio del derivado individual.

Nos propusimos, en vez de abordar directamente la creación de una nueva clasificación que se añadiese a las muchas hechas, recopilar aquellas que se pueden considerar fundamentales, para, una vez comparadas, proponer una que las abarque y que trate de ser, en la medida de lo posible, fiel a la terminología empleada en ellas. Escogimos tres clasificaciones: Rainer (1993), Varela Ortega y Martín García (1999) y RAE/ASALE (2009).

Consideramos que estas tres obras recopilan, en parte, los trabajos de otros autores sobre la prefijación y, además, tratan la prefijación de forma global, es decir, estudian todos los prefijos y todos los significados. Estas dos características hacen de ellas fuentes suficientes para el trabajo exploratorio que nos hemos propuesto.

Las clasificaciones y significados se recogieron en una base de datos que relacionaba cada prefijo con su clasificación, autor y ejemplos; esta base permitía una visión global y relacional de las tres clasificaciones.

2.1. Comparación de las clasificaciones

En esta fase se atendió a las diferencias y semejanzas entre las clasificaciones con el fin de recuperar las primeras y resolver las segundas. Para ello, se confeccionaron tablas de comparación como la de la Tabla 1 en la que se comparan los significados que podríamos llamar *gradativos* establecidos por Varela Ortega y Martín García (1999) y RAE/ASALE (2009):

Real Academia et alii.	Varela Ortega y Martín García
Gradativo: Intensidad: Exceso	Exceso
Gradativo: Intensidad: Grado máximo	Gradativo: Cualidad: Positivo: Máximo
	Superlativo
Gradativo: Intensidad: Grado alto	Gradativo: Cualidad: Positivo: Medio
Gradativo: Intensidad: Grado medio	Gradativo: Cualidad: Negativo: medio
Gradativo: Intensidad: Grado escaso o insuficiente	Gradativo: Cualidad: Negativo: Grado cero
	Gradativo: Tamaño o cantidad: Exceso
Tamaño: Grande	Gradativo: Tamaño o cantidad: Positiva
Tamaño: Pequeño	Gradativo: Tamaño o cantidad: Negativa
Gradativo: aproximativo	

Tabla 1: Correlaciones entre significados gradativos

Esta tabla es solo una muestra de algunas dificultades que surgen cuando se comparan las clasificaciones con el fin de unificarlas, pero hay muchas más. El problema de fondo es que, si bien las tres clasificaciones son muy cercanas, no son, ni mucho menos, semejantes, lo que hace que aparezcan innumerables problemas de unificación e incluso ciertas contradicciones.

El caso del prefijo *con-* sirve para mostrar las principales dificultades. Rainer (1993: 317) señala que con verbos indica "gemeinsam mit" ("junto con"), mientras que Varela Ortega y Martín García (1999: 5016) lo clasifican dentro de los *locacionales o comitativos*, indicando que es solo productivo con valor *comitativo*; a esto se añade que RAE y ASALE (2009: 704) lo clasifican dentro de los prefijos de *incidencia argumental* dando lugar a "predicados colectivos o simétricos". Al final la pregunta permanece ¿pero qué valor tiene este prefijo? En este caso se presentan dos problemas: la variabilidad terminológica y las diferencias de clasificación.

La terminología empleada por los distintos autores no es la misma, pero esta variabilidad no se da solo *interautores*, sino también dentro de un mismo autor. Por ejemplo, RAE y ASALE (2009: 670, 684) cuando hace una tabla con los significados prefijales habla de *Espaciales*, pero, cuando los trata, el apartado se titula *Prefijos de sentido locativo*. La variación terminológica interautores e intraautor provoca un alto grado de inexactitud, pues, en muchos casos, cuando se emplean dos etiquetas diferentes no es posible saber si estas se aplican al mismo concepto o hay diferencias entre ellas.

Las diferencias entre las clasificaciones no solo se deben a cuestiones terminológicas, sino que también están provocadas por variaciones en las propiedades empleadas para hacer las clasificaciones. Por ejemplo, la RAE y ASALE (2009: 725) clasifica los prefijos *anti-* y *pro-* entre, respectivamente, los *opositivos o de actitud favorable*; mientras que Varela Ortega y Martín García (1999) incluyen al primero en los *opositivos* junto con los negativos, categorías que los anteriores autores mantenían separadas, y a *pro-* entre los de *posición*.

En otros casos, la RAE y ASALE (2009) reconoce un significado que podemos etiquetar como *Adjetival: Tamaño: Grande* para *supernova*, mientras que Varela Ortega y Martín García (1999) emplean algo así como *Gradativo: Tamaño o cantidad: Positiva*, por lo que parece que el rasgo *adjetival* no juega el mismo papel en ambas clasificaciones.

La variación terminológica es un problema serio en cualquier disciplina científica y, aquí, no parece que estemos exentos de ella; si a esto añadimos el hecho de que las propiedades clasificatorias son variables, las clasificaciones se hacen, a pesar de ser similares, difícilmente conmensurables. Aun así, hemos tratado de unificarlas y hacer una clasificación de la fusión de las tres con el único objetivo de que sea útil para nuestro estudio.

2.2. Confección de una clasificación y asignación de significados

La nueva clasificación trata de recoger los significados reconocidos por los autores y, a la vez, resolver sus discrepancias, pero, al tratarse de un estudio exploratorio, no pretende ser definitiva, limitando su alcance a dos niveles de clasificación.

En primer lugar, no es definitiva porque el método empleado no nos asegura que todos los significados existentes estén recogidos en la clasificación; para ello, no solo deberíamos extender nuestras fuentes, sino, también analizar, a partir de un corpus, los derivados creados por cada prefijo para, de esta manera, estar seguros de forma más fiable que todos los significados existentes están recogidos.

En segundo lugar, su alcance es limitado pues el método no nos permite llegar a niveles más bajos de diferenciación; así, por ejemplo, se ha distinguido un significado *gradativo: mucho / alto*, pero no se ha diferenciado dentro de él si graduaba cualidad o tamaño, diferencia que aparece cuando se trata, por ejemplo, el prefijo *macro-* cuyos derivados usados como ejemplos suelen indicar gradación de tamaño o cantidad, pero también podemos documentar casos de cualidad, *macrobueno.*

Además, es difícil determinar, de una vez por todas, los posibles significados de tercer nivel; unas veces por cuestiones de documentación, como en el caso anterior de *macrobueno*; otras por cuestiones semánticas y morfológicas. En el significado *espacial: alrededor de* tenemos casos que indican movimiento, *circunnavegar*, casos que solo indican posición, *circunyacente*, y casos que puede indicar ambos, *circunsolar*; movimiento y posición, que podrían ser considerados significados del tercer nivel del significado espacial, parecen derivar de contextos morfológicos, el tipo de base, y semántico-contextuales.

A pesar de todos estos problemas, se han hecho algunos reajustes con respecto a las clasificaciones estudiadas, unos de carácter puramente terminológico; por ejemplo, como se ve en la Tabla 1, un autor habla de *grado máximo y alto* y las otras autoras, de *grado máximo y medio*. Esta unificación terminológica es relativamente sencilla, solo hay que escoger el término más adecuado que mantenga la coherencia de la clasificación final.

Sin embargo, en algunos casos, la reclasificación ha ido más allá; por ejemplo, el prefijo *meta-* ha sido clasificado principalmente como un *locativo: más allá o posición sobrepasada*; sin embargo, si bien este significado puede ser aplicado históricamente a un término como *metafísica*, no parece que pueda ser aplicado en la actualidad a derivados como *metamatemática* o *metalenguaje* en los que, el significado de *meta-* parece más cercano al de *auto-*, reflexivo, que al espacial de *ultra-* o *pos-*.

2.3. Confección del grafo

Queda ahora confeccionar el grafo en el que los nodos o vértices son los prefijos entre los que se establecen aristas o ejes si crean palabras con el mismo significado morfológico.

Si el prefijo A comparte algún significado con el B, se establece una arista que relaciona A y B; esta arista une A y B en ambas direcciones, tanto de A a B como de B a A; pero, para simplificar las relaciones y al ser la arista de doble dirección, hemos considerado que la relación es simétrica, es decir, podemos unificar ambas aristas en una no dirigida para obtener un grafo no dirigido.

Tanto los nodos como las aristas no dirigidas han sido pesadas o ponderadas. El peso de los nodos es igual al número de significados que el prefijo puede crear. Si el prefijo A crea 5 significados diferentes, el nodo tendrá un peso de 5.

Para establecer el peso de la arista entre dos nodos se ha hecho un promedio entre los significados que relacionan ambos prefijos y los que podrían relacionarlos. Por ejemplo, para ponderar la arista que une los prefijos A y B, se ha de tener en cuenta el número de significados comunes y se halla, para cada prefijo, la probabilidad de que aparezcan esos significados teniendo en cuenta el número total de significados; así, si A y B tienen 3 significados comunes, y A tiene 6 significados en total y B, 4, el prefijo A aportará a la relación un peso de 3/6 = 0,5 y el B, 3/4 = 0,75. Para hallar el peso total de la arista se calcula el valor medio del peso aportado por cada prefijo (0,5 + 0,75)/2 = 0,625.

De esta manera el prefijo *mega-* que puede crear 2 significados (*Intensivo: Gradativo: Mucho /Alto, Cuantificativo: Multiplicativo*) y el *archi-* que puede crear 4 (*Intensivo: Gradativo: Mucho /Alto, Jerarquía: Superior: Rango, Jerarquía: Superior, Intensivo: Gradativo: Demasiado / Excesivo*) tendrán esos valores como peso del nodo y el de la arista será, ya que tienen 1 significado común (*Intensivo: Gradativo: Mucho /Alto*), la suma del peso que aporta *mega-*, 1/2 = 0,5, y del que aporta *archi-*, 1/4 = 0,25, dividida entre 2, por lo que el peso total será (0,5 + 0,22)/2 = 0,38.

3. Resultados y discusión

El grafo obtenido (Figura 1) tiene las siguientes características globales (Tabla 2):

Medidas globales del grafo	
N (nodos-prefijos)	66
L (aristas-relaciones)	246
d (diámetro)	5
D (Densidad)	0,115
Modularidad	0,602
Componentes conexos	7
l_G (Longitud media del camino)	2,401
$\bar{C}$ (Coeficiente medio de clustering)	0,802

Tabla 2: Medidas globales del grafo

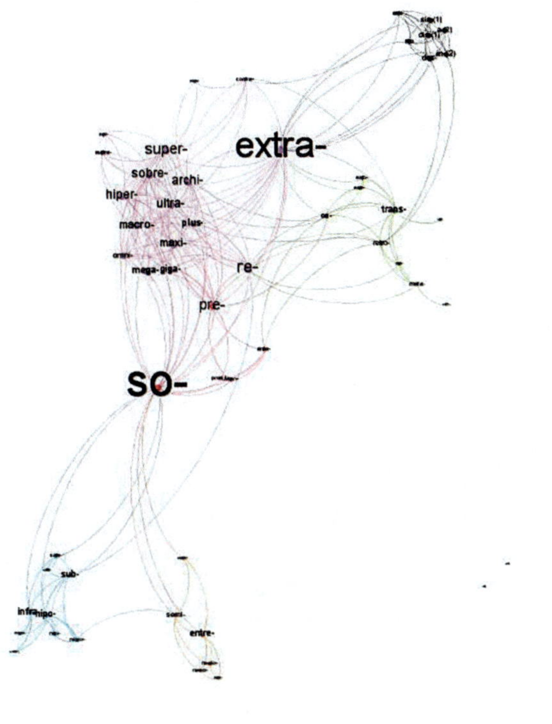

Figura 1. Red de la relación entre prefijos a partir de los significados compartidos (El tamaño de los nodos y aristas indica su peso, el color la comunidad y el tamaño de la etiqueta, el grado de intermediación. El grafo tiene una distribución ForceAtlas con una fuerza de repulsión de 20000 y una de atracción de 10).

De las medidas globales podemos extraer algunas características de la red. En primer lugar, es un grafo poco denso (0,115), es decir, se establecen pocas conexiones de las posibles; de hecho, tenemos 6 componentes conexos o siete componentes desconectados entre sí.

A esto se añade que presenta un alto coeficiente medio de *clustering* (0,802), lo cual quiere decir que los prefijos relacionados con un prefijo dado están también muy relacionados entre sí; así que, con poca densidad, siete componentes conexos y un alto coeficiente de *clustering*, podemos sospechar que hay grupos de prefijos muy relacionados entre ellos y con pocas o ninguna relación con el resto de grupos y componentes.

Esta organización hace que tenga una modularidad bastante alta (0,602) que permite hacer grupos o clústeres (12), de los cuales 6 se encuentran en un gran componente de los 7 que existen y en el que están conectados directa o indirectamente el 80,3 % de los prefijos, y los otros 6 se corresponden con los otros 6 componentes desconectados entre sí y en los que se conectan prefijos que están muy marcados léxicamente y son o poco productivos con carácter general o solo productivos para un significado concreto.

- El 7,58 % (*dentro-*, *intro-*, *intra-*, *endo-*, *ento-*).

- El 3,03 % (*tele-*, *apo-*).

- El 3,03 % (*circun-*, *peri-*).

- El 3,03 % (*cis-*, *citra-*).

- El 1,52 % (*con-*).

- El 1,52 % (*para-*).

Dejaremos ahora de lado estos 6 componentes aislados para centrarnos en el gran componente conexo que podemos ver con más detalle en la Figura 2. En él, además de dar las medidas globales (Tabla 3), prestaremos especial atención a varias de sus medidas (comunidades, cercanía e intermediación).

Medidas globales del subgrafo	
N (nodos-prefijos)	53
L (aristas-relaciones)	233
d (diámetro)	5
D (Densidad)	0.169
Modularidad	0.585
Componentes conexos	1
l_G (Longitud media del camino)	2.414
$\bar{C}$ (Coeficiente medio de clustering)	0.782

Tabla 3: Medidas globales del subgrafo correspondiente al gran componente conexo

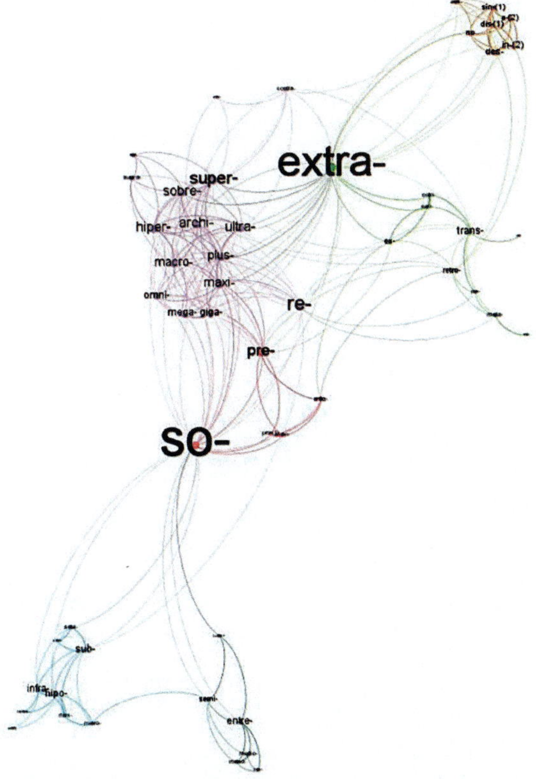

Figura 2. Subgrafo correspondiente al gran componente conexo del grafo de relaciones entre prefijos. (El tamaño de los nodos y aristas indica su peso, el color la comunidad y el tamaño de la etiqueta, el grado de intermediación. El grafo tiene una distribución ForceAtlas con una fuerza de repulsión de 20000 y una de atracción de 10).

Como se puede ver (Tabla 3), algunas medidas no han variado excesivamente: tenemos un subgrafo poco denso (0,169) con un alto grado de clusterización (0,782), lo cual nos remite, igual que antes, a la existencia de grupos de prefijos muy conectados entre sí, pero poco conectados con otros prefijos del subgrafo. Esto hace que todavía se puedan establecer grupos con cierta facilidad; tiene una modularidad de 0,585 frente a la del grafo total que era de 0,.602. Veamos ahora como son esos grupos o clústeres para después tratar las medidas locales de cercanía e intermediación que nos ayudarán a comprender la posición de los prefijos en el grafo.

3.1. Comunidades

La división de grafos en comunidades detecta aquellos clústeres de nodos que están más densamente conectados en el grafo, es decir, mantienen más relaciones entre ellos que la media del grafo. En el grafo completo hemos detectado 12 comunidades, de las cuales 6 pertenecen a cada uno de los componentes conexos más pequeños y otras 6 se encuentran en el gran componente conexo que hemos separado como subgrafo. Estas últimas 6 comunidades son:

1. Oposición: *a-*, *anti-*, *des-*, *dis-*, *in-*, *no-*, *sin-* (13.21 % de nodos-prefijos).

2. Delante: *ante-*, *avan-*, *pre-*, *pro-*, *so-* (9.43 % de nodos-prefijos).

3. Medio: *cuasi-*, *entre-*, *inter-*, *medio-*, *meso-*, *semi-* (11.32 % de nodos- prefijos).

4. Detrás-fuera: *auto-*, *ecto-*, *ex-*, *exo-*, *meta-*, *per-*, *pos-*, *retro-*, *trans-* (16.98 % de nodos-prefijos).

5. Arriba-Más: *archi-*, *contra-*, *epi-*, *extra-*, *giga-*, *hiper-*, *macro-*, *maxi-*, *mega-*, *omni-*, *plus-*, *proto-*, *re-*, *sobre-*, *super-*, *supra-*, *ultra-* (32.08 % de nodos- prefijos).

6. Debajo-Menos: *hipo-*, *infra-*, *micro-*, *mini-*, *minus-*, *pro-*, *sota-*, *sub-*, *vice-*

(16.98 % de nodos-prefijos).

Lo primero que hay que indicar es que el nombre dado a cada comunidad es solo un término para facilitar la referencia a él, no es su significado.

Si bien, como se puede ver, se ha escogido un término que coincidiese en gran parte con el significado principal que indica el conjunto de los prefijos, no quiere decir que no haya más significados en el grupo ni que este sea su único significado. Tal vez sería más adecuado, pues llevaría a menos confusión, etiquetarlos con un número, pero he considerado que esto también dificultaría la comprensión de la explicación.

El hecho de que en una comunidad convivan varios significados conlleva que no todos los prefijos de la comunidad pertenezcan en igual grado a ella ni que se puedan reducir a la etiqueta dada. Por ejemplo, en la comunidad *4. Detrás-fuera*, se encuentra el prefijo *auto-*, cuya clasificación en este grupo parece extraña, pero este prefijo está conectado con el prefijo *meta-* por el significado reflexivo —*autorreflexión*, *metamatemática*— y *meta-*, con *trans-* y *retro-* —*metatórax*, *traspatio*, *retrocarga*— y estos dos prefijos conectan indirectamente a *auto-* con el resto.

Podemos ahora aislar una de esas comunidades para calcular las medidas de ese subgrafo como si se tratase de un grafo; por ejemplo, tomada la comunidad más grande como un grafo.

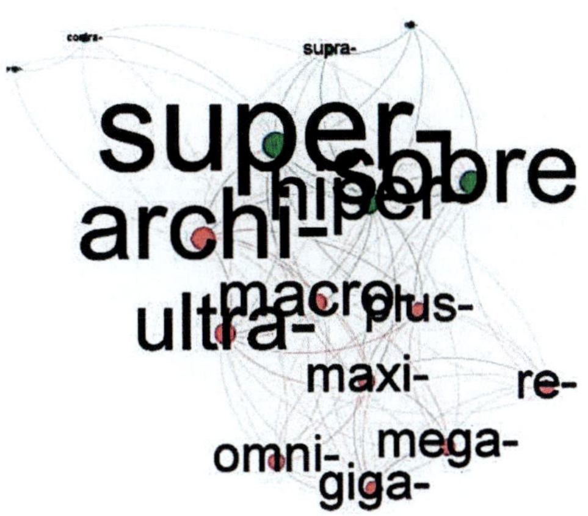

Figura 3. Análisis del subgrafo de la comunidad 5. Arriba-Más como grafo independiente. (El tamaño de los nodos y aristas indica su grado de centralidad (C_{CLOS}. El grafo tiene una distribución ForceAtlas con una fuerza de repulsión de 20000 y una de atracción de 10).

En la Figura 3, se puede ver como la comunidad 5. *Arriba-Más* está dividida en dos comunidades, una en la parte superior (*super-*, *sobre-*, *hiper-*, *supra-*, *contra-*, *proto-*, *epi-*) y otra, en la inferior, formada por (*archi-*, *macro-*, *ultra-*, *plus-*, *maxi-*, *omni-*, *mega-*, *re-*, *giga-*). Como ya se ha indicado, una comunidad, en estos casos, no representa un significado común, sino una mayor densidad de relaciones de significado que la media del grafo. Esto implica que no sean cortes de significado estrictos; así, que *super-* pertenezca a una de las comunidades, no implica que no esté relacionado con el resto.

Cada prefijo dentro del grafo y de los subgrafos que establecemos al crear comunidades, tienen distintos grados de relación con el resto de prefijos; para mostrar estos diferentes grados de pertenecia al grafo y a la comunidad, podemos echar mano de una medida de centralidad, la cercanía.

3.2. Cercanía

La cercanía (*closeness centrality*) es una medida local que se corresponde con la longitud media de los caminos más cortos entre un nodo y el resto de nodos del grafo. En la tabla 4 podemos ver las medidas de centralidad de las comunidades *4. Detrás-Fuera* y *5. Arriba-Más* y del subgrafo completo.

En el apartado anterior habíamos visto como se relacionaba el prefijo *auto-* con su comunidad; en la Tabla 4, aparecen las medidas de centralidad de la comunidad *4.*

Detrás-fuera, en las que se puede ver que ese prefijo es el menos central de todos. En esas medidas vemos que el prefijo con mayor centralidad es *trans-* y que tienen una mayor centralidad los prefijos que tienen como significado principal *detrás* que los que indican fundamentalmente *fuera.* Llama la atención en esta columna la presencia de *extra-,* un prefijo que, si repitiésemos la clusterización, podría clasificarse en otras comunidades, es decir, es un prefijo a caballo entre varias de ellas, pero este hecho lo explicaremos al tratar la intermediación.

Medidas de centralidad (C_{CLOS})					
Comunidad 4. Detrás-fuera		Comunidad 5. Arriba-Más		Subgrafo total (Figura 2)	
trans-	0.89	super-	1	so-	0.634
retro-	0.66	archi-	0.937	extra-	0.597
meta-	0.66	sobre-	0.937	re-	0.577
ex-	0.62	hiper-	0.882	pre-	0.547
pos-	0.62	ultra-	0.882	super-	0.547
exo-	0.6	macro-	0.789	sobre-	0.541
extra-	0.6	giga-	0.789	ultra-	0.541
ecto-	0.57	maxi-	0.789	archi-	0.536
per-	0.5	mega-	0.789	hiper-	0.53
auto-	0.42	omni-	0.789	macro-	0.525
		plus-	0.789	giga-	0.52
		re-	0.789	maxi-	0.52
		supra-	0.652	mega-	0.52
		contra-	0.6	omni-	0.52
		epi-	0.57	plus-	0.52
		proto-	0.55	sub-	0.451

Tabla 4. Medidas de centralidad C_{CLO} del subgrafo total (Figura 1) y de las comunidades 4. *Detrás-fuera* y 5. *Arriba-Más* (Figura 3) tomadas como subgrafos.

En la segunda columna de la Tabla 4, podemos ver los resultados para la cercanía del subgrafo constituido por la comunidad *5. Arriba-Más.* En ella el prefijo central es *super-* y observamos que, cuanto menos polifuncional sea el prefijo, tiene menor grado de centralidad.

Por último, en la tercera columna, se dan los resultados de cercanía del grafo completo. De estos datos podemos extraer dos conclusiones: una, que el centro del grafo lo ocupan los prefijos pertenecientes a la comunidad 5. *Arriba-Más* y, la segunda, que, sin embargo, los cuatro primeros prefijos —*so-*, *extra-*, *re-*, *pre-*— son, en principio, extraños como elementos más centrales. Para explicar el grado de centralidad de estos prefijos hemos de atender a otra medida de centralidad importante en la teoría de redes: la intermediación.

3.3. Intermediación

La intermediación (*betweenness centrality*) C_B mide la frecuencia de paso por un nodo de los caminos más cortos entre nodos; también se podría decir que cuantifica las veces en que un nodo sirve como puente para unir nodos a través del camino más corto.

Si para las comunidades habíamos dicho que agrupan nodos más densamente conectados que la media, los nodos que sirven para conectar estas comunidades entre sí, son los nodos con alta intermediación. En nuestro caso, serían aquellos prefijos que mantienen relaciones con otras comunidades y que hacen posible la relación entre ellas debido a que son significados que pueden ser creados por prefijos de ambas comunidades.

En la figura 2, podemos ver como los prefijos *so-*, *extra-*, *re-*, *pre-* se sitúan como puentes, por decirlo de alguna manera, entre las distintas comunidades; si se eliminasen estos prefijos, las comunidades quedarían aisladas o sus enlaces muy debilitados.

Esto nos devuelve a la idea de que los prefijos constituyen una red muy dispersa, poco densa de relaciones, con unos pocos sufijos que sirven de conexión entre las comunidades que conforman la red cuyos nodos-prefijos están muy densamente relacionados.

4. Conclusiones

El grafo que representa la relación entre prefijos a través de sus significados compartidos es un grafo poco denso con un alto grado de clusterización, en el que existen varios componentes aislados y un gran componente, que agrupa a los prefijos y significados más productivos; este se puede dividir en varios clústeres poco relacionados entre sí, pero con unas relaciones internas muy densas, que están unidos por unos pocos prefijos con un alto grado de intermediación.

Creo, además, que queda mostrado que el análisis por medio de grafos de las relaciones entre los prefijos a través de sus significados morfológicos puede ser una vía fructífera, que se puede añadir a otros enfoques, para conocer muchos aspectos de la organización morfológica.

Es cierto que todavía queda mucho por perfilar, analizar y mejorar; por ejemplo, en vez de emplear un grafo no dirigido, emplear un grafo dirigido en el que las aristas muestren el diferente grado que hay en la relación dependiendo de la dirección. Pero, tal vez, el gran caballo de batalla sea introducir en los grafos la frecuencia de creación o la productividad, pues está claro que el peso de una arista no depende solo de los significados compartidos, sino de la frecuencia con que los prefijos compartidos creen uno de los significados relacionados.

Dejo estas ideas para futuros trabajos que espero puedan arrojar un poco más de luz sobre la propuesta hecha aquí y enmendar los errores cometidos en este trabajo exploratorio.

Capítulo 14
Progresión temática y cohesión textual a través de grafos de coocurrencias

(*Círculo de Lingüística Aplicada a la Comunicación. 2020. 82. 193-208*).

PRESENTACIÓN

En octubre de 2006 me incorporaba al Departamento de Lengua española como un joven profesor ayudante, procedente del Centro Tecnológico de la Información y la Comunicación (CTIC) y que se había formado en la Universidad de Oviedo. Fueron varias las personas que, al saber cuáles eran mis inquietudes, me dirigieron hacia Rifón; "aquí el que sabe de semántica es Rifón" me decían. A él y a mí en aquel momento nos unían dos aspectos que nos conectaron de inmediato: el LaTeX, yo estaba escribiendo mi tesis y él quería empezar a editar *Hesperia* en este lenguaje, y las relaciones semánticas. Este trabajo que voy a glosar está vinculado a esta última. Muchas veces conversamos (y discutimos) sobre la creación de ontologías, la línea de investigación principal cuando estaba en el tecnológico, y de cómo se podría modelar el significado de las palabras en los textos a partir del establecimiento de relaciones de significado. Aquí se unían siempre la Lingüística y la Filosofía (sus dos amores) y tratábamos de contraponer y ver la complementariedad entre dos visiones aparentemente contrapuestas: la suya, más semántica, y la mía, más pragmática.

Y es que Rifón era un lingüista de las relaciones (también en su dimensión humana); le interesaban esencialmente los elementos lingüísticos en red, formando nodos y estableciendo vínculos, aspectos que mostraba brillantemente mediante grafos en sus trabajos de investigación y en sus propias clases de morfología y semántica.

Como él mismo indica en este artículo, la herramienta, esto es, la teoría de grafos, no es nueva; era conocida y utilizada en el ámbito de la ingeniería y en el de la lógica. Él mismo la había empleado con éxito en trabajos previos, como en los titulados "Las relaciones semánticas en la sufijación del español" (2020, *Revista de Filología de la Universidad de La Laguna*, 40), "Estudio exploratorio de la red de prefijos en español" (2018, *Hesperia*, XXI) y "Estructuras de las redes de familias morfológicas antónimas

(2016, *Lingüística Española Actual*, 38), a partir de las investigaciones de Baayen, Haspelmath o Bybee, por citar solo algunos de los antecedentes.

Lo que sí es novedoso es su aplicación, pues realiza una propuesta eminentemente metodológica que resulta ser una herramienta poderosa para analizar y comprender la coherencia, la cohesión y la progresión temática de los textos mediante el análisis de grafos. Muestra cómo, a partir de la extracción de las repeticiones y las colocaciones de seis textos divulgativos, es posible diferenciar aquellos que presentan cohesión, coherencia y progresión temática de los que no lo hacen, a partir de los índices de las variables que se obtienen mediante el análisis de grafos: el número de nodos (palabras o representantes de la colocación) y de aristas (relaciones), la densidad, la asimetría y la curtosis de la densidad, que manifiestan el grado de cohesión y coherencia; la modularidad, que permite observar si existen comunidades de nodos y qué grupos de palabras presentan relaciones más densas (y, por tanto, la progresión temática por comunidades y párrafos); el número de componentes conexos y la intermediación, como marcadores de la progresión temática global, entre otros.

Nueva es también la representación de la coherencia, la cohesión y la progresión temática del texto a partir del análisis visual del grafo, que permite no solo observar de un vistazo la constitución temática de los textos y sus relaciones sino, también, las notables diferencias entre textos cohesionados y coherentes y aquellos que no lo son.

Releer este texto ahora me ha trasladado a la época en la que Antón y yo nos conocimos, a recordar a quien convertía lo difícil de desentrañar en fácil de ver quedándose con lo sustancial, a revisitar en su despacho a aquel que dejaba la puerta abierta a nuevas experiencias de lo lingüístico. Tras esta nueva lectura de su trabajo y después de rumiar los aspectos e interrogantes que deja abiertos en el último párrafo, quizá acepte el reto de retomar nuestras viejas conversaciones y me una a la aventura que deja abierta para analizar y responder a alguno de ellos.

Miguel Cuevas Alonso
Universidade de Vigo

1. Introducción

Un grafo o red es un conjunto de puntos, a los que llamaremos nodos, unidos por líneas, a las que llamaremos aristas (Newman, 2010:1), que representan las relaciones que existen entre los nodos. Todo texto puede ser representado como un grafo, con las palabras como nodos y las relaciones entre ellas como aristas (Mihalcea & Radev, 2011). En este trabajo analizamos cómo pueden ser empleados los grafos, cuyos nodos son las palabras y las aristas las relaciones de coocurrencia, para el estudio de la progresión temática textual; además, hacemos un primer acercamiento al potencial de dichos grafos para el estudio de la cohesión léxica.

Un texto no es solo una lista de palabras colocadas secuencialmente, sino que tiene pretensión de unidad de sentido; para construir esa unidad, se establecen distintas relaciones entre los elementos del texto, nuestra atención se centra ahora en la repetición y las colocaciones que contribuyen de una manera importante a la cohesión léxica (Halliday & Hasan, 1976).

El concepto de colocación necesita alguna aclaración pues es un término un tanto vago y que, por lo tanto, ha sido interpretado de diferentes maneras incluso dentro de la propia Lingüística Sistémico Funcional (Tanskanen, 2006; Ding, 2018). En este estudio el término colocación se refiere a la coocurrencia de dos lexemas dentro de una ventana previamente establecida, es una interpretación semejante a la dada por Stubbs (2001:305) para quien la colocación es "a purely lexical and nondirectional relation: it is a node–collocate pair which occurs at least once in a corpus".

Si convertimos el texto en un grafo de coocurrencias al que se le aplican los métodos y herramientas de la teoría de grafos, podremos analizar, de forma cuantitativa, no solo la repetición de palabras, sino también sus relaciones, lo que nos proporcionará un estudio, también, de sus colocaciones. Todo ello, nos permitirá conocer los temas fundamentales del texto, cómo han evolucionado esos temas, tomando el texto como un todo, qué temas priman en cada parte del texto y cómo varían en el proceso de escritura.

Nuestra tarea está muy relacionada con la extracción de temas (*topics*) y palabras clave (*keywords*), entendidas estas como términos que representan el contenido fundamental del texto (Ercan & Cicekli, 2007; Grineva et al., 2009), en el procesamiento del lenguaje natural y, en este ámbito, hay ya numerosos trabajos que emplean de alguna forma el análisis de grafos para dicha extracción (Mihalcea & Radev, 2011:154-162; Lahiri, 2013; Zhou et al., 2013; Bougouin et al., 2013; Boudin, 2018; Garg & Kumar, 2018), pero también con otras áreas como la calidad textual y el análisis estilístico por medio de grafos (Antiqueira et al., 2005, 2007; Amancio, 2015). De los primeros tomamos la idea de que los grafos son una herramienta adecuada para analizar la temática de los textos; pero, a diferencia de la mayoría de ellos, nuestro objetivo no es la indexación de textos, sino el estudio de la organización de textos particulares.

El análisis de cómo el autor organizó temáticamente el texto, de cómo lo cohesionó, está muy en consonancia con la propuesta de los segundos.

288   Nuestro método e ideas también están muy relacionadas con el estudio que hace Paranyushkin (2011) de lo que él llama "pathways of meaning circulation" y que hemos traducido por circulación de significados. Su intención es rastrear las huellas, "pathways", que generan significado en la construcción del texto a través del establecimiento de grupos de conceptos por su grado de relación y la identificación de aquellos que más peso tienen en la construcción del significado textual.

No podemos olvidar, dentro de los antecedentes del trabajo, otras propuestas de patrones de cohesión como las cadenas léxicas (Morris & Hirst ,1991; Hirst et al., 1998; Barzilay & Elhadad, 1999), las cadenas nominativas o nominales (Bernárdez, 1982; Calsamiglia Blancafort & Tusón Valls, 2004; Barranco Flores, 2015) ni otras perspectivas y enfoques del análisis de la cohesión como el análisis semántico latente (Landauer & Dumais, 1997; Venegas, 2003; Landauer, 2007) y otros modelos probabilísticos (Steyvers & Griffiths, 2007).

Nuestro objetivo es, retomando las ideas de estos investigadores, aportar un método por el que se pueda estudiar, de la forma más automática y cuantitativa posible, la temática del texto, la progresión de esta, tanto del texto tomado como un producto acabado como del texto como producto en construcción temporal, y las posibilidades de estas medidas para la detección del grado de cohesión léxica por repetición y colocación léxica.

En primer lugar, describiremos los procedimientos empleados para construir el grafo de un texto (2.1.) y los textos que emplearemos como muestra (2.2.). En segundo lugar, estudiaremos los resultados (3); primero, las características generales de los grafos obtenidos (3.1.), es decir, sus medidas globales, después, la progresión temática del texto como un todo (3.2.), seguiremos con el análisis de la progresión temática del texto en el proceso de escritura (3.3.) y, finalizamos, dando una visión global con el análisis visual de los grafos (3.3.).

2. Métodos y materiales

2.1. La construcción de los grafos

Para este estudio nos propusimos crear un procedimiento que fuese lo más simple posible, que dependiese lo menos posible de la lengua del texto, que no emplease información procedente de bases semánticas u ontológicas externas y que permitiese trabajar con categorías gramaticales.

El primer paso para la construcción de los grafos es lematizar el texto; necesitamos eliminar los morfemas gramaticales de las palabras para conseguir un texto compuesto por los temas o lemas. Para ello empleamos Freeling (Carreras et al., 2004; Padró & Stanilovsky, 2012), una librería de software libre que nos permite lematizar con gran fiabilidad, además de poder ser aplicada a muchas otras lenguas desde el inglés hasta el ruso y que podría ser ampliada a nuevas lenguas en caso de necesidad. De todas sus posibilidades nos interesa el "PoS tagging" que genera un fichero con los datos que necesitamos: la palabra, el lema y la categoría.

A continuación, se exportan los datos de la lematización a una base mysql y, automáticamente, se asigna a cada palabra el número de oración y párrafo en el que aparecen. Asignar la oración y el párrafo nos permitirá establecer en el grafo la línea temporal de construcción del texto. Se obtiene, así, una base de datos con la palabra gramatical, su lema, su categoría gramatical y la oración y el párrafo. Tenemos, pues, dos bases cada una con un texto diferente: la primera, contiene un texto compuesto por las palabras gramaticales, que sería el mismo que el original y, la segunda, un texto formado por los lemas de esas palabras, que será en el que centre nuestro análisis.

Del texto lematizado se pueden escoger las categorías de palabra que queremos que formen el grafo; para nuestro caso, escogeremos solo los sustantivos y los verbos ya que son los elementos del texto que llevan la mayor carga conceptual y que es, en estos momentos, el aspecto que nos interesa. Así que eliminamos de la base el resto de categorías y las *stopwords* para obtener lo que llamamos el texto limpio que es sobre el que generaremos el grafo.

Como ya se ha indicado, en un grafo de un texto, las palabras, en nuestro caso, los lemas, se constituyen como nodos, también llamados en algunas disciplinas vértices, y las relaciones entre ellas o ellos, como aristas, llamadas en algún ámbito ejes. Así que, en primer lugar, tenemos que crear los nodos; para ello, construimos una base con los diferentes lemas existentes en el texto limpio y la oración y el párrafo en el que tienen su primera y última aparición. Tenemos ya los nodos de nuestro grafo.

La generación de las aristas es más compleja y para ella se han de tomar y justificar algunas decisiones. En primer lugar, hay que determinar el tipo de relación entre palabras; en segundo lugar, habrá que delimitar si se establecen fronteras o no en las relaciones, es decir, si las relaciones se circunscriben a la oración, al párrafo o a otra característica del texto; en tercer lugar, el tipo de grafo que se quiere establecer; y, por último, la extensión y el grado de relación entre palabras.

Sobre la relación entre palabras –primera decisión– tendremos en cuenta la coocurrencia que, como ya se ha indicado, permite estudiar la repetición y las colocaciones. Halliday y Hasan (1976:318) al tratar la cohesión diferenciaron dos tipos, la gramatical y la léxica; dentro de esta última, entre otros aspectos, distinguen la repetición ("reiteration") y la colocación. La repetición es "the repetition of a lexical item, or the occurrence of a synonym of some kind" (1976:318), mientras que la colocación se da cuando una palabra "tends to occur in the same lexical enviroment" (1976:319).

Ahora bien, hay que reconocer que ambos conceptos no están exentos de problemas y los distintos autores que los han tratado les han dado diferente importancia y han hecho de ellos distintas subclasificaciones (Morris et al., 2003; Tanskanen, 2006:48).

290 Para el caso que nos ocupa, como ya hemos indicado en la introducción, una concepción simple y abierta nos puede servir, así que el grafo que construiremos tendrá en cuenta la repetición del lema y sus colocaciones. En cuanto a la repetición, atenderemos a la de la misma palabra y, en cuanto a la colocación, a la simple coocurrencia textual. Si Halliday y Hassan (1976:284-288) ponían como ejemplos de colocación palabras que mantenían algún tipo de relación léxica (*boy-girl*, *north-south*, *bee-honey*) y Ding (2018:87) considera las colocaciones textuales como "multi-word expressions" y distingue dos tipos, las "strong collocations (e.g. for example)" y las "habitual collocations (e.g. as recently as 1987)", nosotros no restringiremos las colocaciones ni semántica ni frecuentativamente; por ejemplo, en uno de los textos analizados, *aceite* y *palma* coocurren en el texto once veces frente a *cobertura* y *bollería* que lo hacen solo una, pero ambas son consideradas colocaciones textuales, eso sí, parece claro que habrá que buscar una fórmula que permita dar mayor importancia a coocurrencias repetitivas que a aquellas esporádicas.

Sobre la cuestión de las fronteras −segunda decisión− hay que tener presente que un texto está compuesto por unidades más allá de la palabra, como oraciones y párrafos. El párrafo es un elemento fundamental del texto ya que, como indica Cassany (1995:42-43), se compone de "un conjunto de frases relacionadas que desarrollan un único tema", idea que, expresada de una u otra manera, aparece en numerosos autores (Brown & Yule, 1983; Dijk & Kintsch, 1983; García Berrio & Albaladejo Mayordomo, 1983; Martínez Caro, 2014), y que, siguiendo a (Siepmann & Siepmann-Gallagher-Hannay-Mackenzie, 2008:65), "make a contribution to the ongoing argument" posibilitando y guardando la coherencia entre el párrafo anterior y el siguiente. Por eso restringiremos nuestra relación de coocurrencia al párrafo; así, las palabras solo se relacionarán con las palabras de su propio párrafo, de manera que la última palabra de un párrafo no se considerará relacionada con la primera del siguiente párrafo.

Esta restricción puede ser variada dependiendo del texto, podría restringirse a la oración, a la sección, al capítulo, etc.; en nuestro caso, dado que los textos son de poca extensión, el párrafo cobra todavía más importancia pues es la mayor unidad discursiva que aporta estructura (Cassany, 1995:43) y es, por tanto, la unidad que se ha de tener en cuenta.

Sobre el tipo de grafo −tercera decisión− podemos señalar que, si consideramos que la relación de coocurrencia es de doble dirección, es una relación simétrica en la que la relación entre dos palabras contiguas van tanto de la palabra que la precede a la que la sigue como de la que la sigue a la que la precede; entonces, el grafo obtenido será un grafo no dirigido.

Por último –cuarta decisión– parece claro que, en líneas generales, la relación de la palabra es mayor con sus palabras más cercanas que con sus palabras más alejadas y que, en muchos párrafos, decir que hay una relación de coocurrencia entre la primera y la última palabra sería muy arriesgado; por ello, restringiremos la relación a las dos palabras que la preceden y a las dos que la siguen, sería una ventana de 5-gram. También hemos dado mayor peso a las relaciones de contigüidad que a la simple coocurrencia, de manera que se le ha dado un peso de 2 a la relación de contigüidad y de 1 a la de coocurrencia no contigua.

291

Para marcar esta diferencia de peso, se establece primero una arista que relaciona una palabra con sus contiguas; así, si tenemos un texto con las palabras p_{-2} p_{-1} $p0$ p_1 p_2, siendo p_0 la palabra de la que vamos a establecer las relaciones, se crean primero dos aristas, $p_{-1} \rightarrow p_0$ y $p_0 \rightarrow p_1$ con peso 2 ambas y, después, otras aristas, $p_{-2} \rightarrow p_0$, $p_{-1} \rightarrow p_0$, todas con peso 1; quedarían dos aristas con peso 1 y dos con peso 2, las que relacionan a $p0$ con sus palabras contiguas p_{-1} y p_1. Queda claro que, cada vez, que se da una colocación se sumarían los pesos, de manera que las aristas pueden tener una gran diferencia de peso, cuantas más veces coocurran dos palabras mayor peso tendrá la arista que las relaciona.

Realizadas todas estas operaciones se obtiene un grafo de coocurrencias de lemas con ventana 5-gram no dirigido pesado con las relaciones restringidas al párrafo. Una vez obtenido el grafo, solo hay que cargarlo en el programa para análisis de grafos *Gephi* (Bastian et al., 2009) y proceder a su análisis.

2.2. Los textos analizados

Los objetivos de este estudio no se centran ni en el procesamiento de una gran cantidad de textos, ni en el estudio de unos textos particulares, sino que, lo que se pretende hacer es mostrar las posibilidades del análisis de la progresión temática textual por medio de grafos; por ello, la elección de los textos no se ha centrado en su temática o su importancia, sino en algunas características estructurales ya que son textos que sirven simplemente de muestra.

Teniendo en cuenta esto, hemos escogido tres textos de divulgación científica sobre el ahora controvertido aceite de palma extraídos de la red y que, para abreviar, denominaremos *ABC* (*¿Es realmente malo el aceite de palma?*, s. f.), *Comidista* (*¿Por qué es malo el aceite de palma? | El Comidista EL PAÍS*, s. f.), *País* (*¿Por qué Alcampo quiere retirar el aceite de palma de sus productos, si no es tóxico ni venenoso? | BuenaVida | EL PAÍS*, s. f.). A estos textos sobre el aceite de palma, se unen tres textos de control que nos permitirán hacer comparaciones, uno con una temática diferente, el aceite de oliva, al que llamaremos *Oliva* (Pérez, 2015), otro, *PaísOlor*, en el que hemos unido dos textos, uno de los anteriores sobre el aceite de palma, *País*, y otro de otra temática diferente, los olores (*¿Malos olores?*, 2017); para acabar, hemos creado un último texto, *Retales*, a partir de párrafos escogidos aleatoriamente de internet sobre diferentes temas, en este texto, cada párrafo es sobre un tema diferente y los temas son muy distantes entre sí; hay párrafos sobre volcanes, números reales, caballos, sartenes, bolígrafos, etc.

Hemos escogido textos de divulgación científica pues son textos expostivos-argumentativos en los que se ha hecho una reformulación y recontextualización (Calsamiglia & Van Dijk, 2004) de textos técnico-científicos mediante diversas estrategias discursivas (Alcíbar Cuello, 2004; Mapelli, 2006) que suponen que la estructura y las estrategias rígidas de estos se relajen (Mapelli, 2006) manteniendo aun así los conceptos nominales y verbales como elementos esenciales para llegar comunicar los complejos conceptos técnico-científicos.

Son textos breves lo que hace que se elimine complejidad y podamos centrarnos en el método y evitar las largas explicaciones sobre aspectos concretos de los textos que sí son necesarias para el análisis de textos largos. Se han seleccionado, además, tres con la misma temática, el aceite de palma, uno con una temática relacionada, el aceite de oliva, otro con una totalmente diferente, el olor, y otro hecho de retales para poder hacer comparaciones entre diferentes grados de similitud temática. Para finalizar, teniendo en cuenta nuestros objetivos, hay que advertir que no se hará un estudio profundo de cada uno de los textos, sino que iremos escogiéndolos según el caso para mostrar los diferentes aspectos del análisis.

3. Resultados y discusión

Esta sección está dividida en cuatro subsecciones; en la primera, se analizan las características generales de los textos y las principales medidas globales de sus grafos; en la segunda, se estudian los temas y su progresión tomando el texto como un todo; en la tercera, se atiende a la progresión de los temas a lo largo de los párrafos; y, para finalizar, se hace una breve explicación del grafo en su totalidad.

3.1. Características generales de los textos y grafos

En la Tabla 1 se muestran las características principales de los textos: número absoluto de palabras (*types*), número de palabras diferentes (*tokens*), número de lemas, número de oraciones y número de párrafos.

	Palabras (Types)	Palabras (Tokens)	Lemas	Oraciones	Párrafos
ABC	833	344	301	30	11
Comidista	1812	635	536	55	25
País	1673	596	516	53	15
Oliva	1147	378	315	39	22
PaisOlor	3169	1069	883	139	32
Retales	1805	676	595	51	12

Tabla 1: Características numéricas principales de los textos analizados

En la Tabla 2 se muestran las medidas globales de los grafos de cada texto, hay que recordar que los grafos se componen de las relaciones de coocurrencia solo de sustantivos y verbos, relaciones que han sido ponderadas o pesadas.

	ABC	Comidista	País	Oliva	PaisOlor	Retales
Nodos	175	325	324	157	557	374
Aristas	449	892	907	463	1677	970
Grado medio	5,131	5,489	5,599	5,898	6,022	5,187
Grado medio con pesos	8,446	9,12	9,099	11,172	9,601	8,561
Diámetro	10	11	11	7	9	11
Densidad	0,029	0,017	0,017	0,038	0,011	0,014
Modularidad	0,612	0,623	0,614	0,538	0,611	0,743
Componentes conexos	1	2	1	1	2	1
Coeficiente de clustering	0,512	0,5	0,469	0,535	0,458	0,504
Longitud media de camino	3,88	3,97	3,782	3,139	3,919	4,813

Tabla 2: Medidas globales de los grafos de cada texto

La primera medida que llama la atención es la de componentes conexos. Tener un único componente conexo quiere decir que hay un camino para ir de cualquier nodo a cualquier otro de la red; si hay dos o más, quiere decir que, en la red, hay grupos o subgrupos de nodos desconectados. Teniendo en cuenta la forma en la que se han establecido las conexiones de las redes, lo normal es que solo haya un componente;

si hay más de uno, entonces existen párrafos en los que ninguna de sus palabras (sustantivo o verbo en este caso) aparece en otros párrafos.

Todos los grafos tienen un único componente, como era de esperar, excepto *Comidista* y *PaisOlor* que tienen, inesperadamente, dos. En *Comidista* hay un breve párrafo final apelando al lector "ahora el que decide eres tú" cuyo verbo, *decidir*, no aparece más veces y, en *PaisOlor*, ninguna palabra del título del apartado "ventosidades caninas y felinas" se repite en el texto y, por tanto, ambos crean un componente no conexo del grafo.

Se puede ver también en la Tabla 2 que la densidad de los grafos es muy pequeña, es decir, se mantienen pocas conexiones entre palabras; si todas las palabras estuviesen conectadas con todas las demás, la densidad sería 1. Vemos, además, que la longitud del camino medio (Newman, 2010:136-140; Solé et al., 2010), es decir, la media de los caminos más cortos entre los nodos es pequeña con respecto al diámetro del grafo y que tienen un coeficiente de clustering bastante alto (Newman, 2010:262-265; Mihalcea & Radev, 2011:62-63). Estos datos apuntan a la existencia de una estructura de mundo pequeño (*small world*) (Watts & Strogatz, 1998; Ferrer I Cancho & Solé, 2001) en el que los nodos no están conectados con muchos otros nodos, pero que los vecinos de un nodo suelen ser vecinos entre sí; esta característica nos hace pensar que la distribución de las conexiones tiene que presentar cierto grado de asimetría.

Podemos sospechar que existe un gran número de palabras que se conectan a otras pocas palabras y que hay unas pocas palabras que se conectan a muchas otras palabras; las primeras tendrán poco grado de conexión y las segundas, un alto grado de conexión. Para ello analizaremos la asimetría y la curtosis del grado de los nodos de cada texto (Tabla 3):

	ABC	Comidista	País	Oliva	PaísOlor	Retales
Asimetría	5.502	6.124	7.333	5.646	6.368	3.305
Curtosis	33.524	44.871	65.083	36.503	52.297	12.081

Tabla 3: Valores de asimetría y curtosis de la distribución de los grados de los nodos

Vemos que los cinco primeros textos presentan asimetría a la derecha, la cola de la media hacia la derecha es más larga, es decir, presentan una gran cantidad de palabras con un grado pequeño de conexión, y también un alto grado de curtosis que muestra un alto grado de apuntamiento de la distribución frente a la normal. El único texto que se sale de estos parámetros es el de *Retales*; esto se debe a que la repetición léxica es pequeña, recordemos que estaba formado por párrafos de distintos temas, y, por tanto, las palabras no ganan muchas conexiones más allá del párrafo en el que aparecen por primera vez.

El mantenimiento en *Retales* de las medidas de la longitud del camino medio y del coeficiente de clustering semejante al resto de textos se explica porque cada párrafo se comporta como un pequeño texto, de manera que tenemos pequeños textos que se comportan de forma semejante al resto de textos y que, unidos, mantienen esas características; fijémonos que lo mismo ocurre en *PaísOlor*, en el que unimos dos textos que de forma independiente van a tener una longitud del camino medio pequeña y un coeficiente de clustering alto; cuando los unimos, ninguna de estas características se ve afectada.

El hecho de que tengamos unos pocos nodos muy conectados con otros, pero que la densidad media sea baja, y, que los vecinos de un nodo sean vecinos entre sí, facilita dos características importantes, en este momento: la primera, que sea más fácil establecer grupos de nodos caracterizados por tener conexiones entre sí más densas que la media, es decir, que podamos crear comunidades de nodos, la facilidad para hacer esto la marca la modularidad (Lambiotte et al., 2008) que, como vemos en nuestros casos, es bastante alta; la segunda, que habrá nodos que de una manera más clara conectarán estas comunidades entre sí, este grado de conexión lo marca la intermediación.

Nos centraremos ahora, principalmente, en estas dos medidas, modularidad e intermediación, para ver si es posible conocer la temática del texto de forma global, su progresión globalmente y la progresión temática del texto como objeto en crecimiento párrafo a párrafo.

3.2. Progresión temática global

En este apartado atenderemos a la medida de intermediación para analizar el texto como un todo. En primer lugar, veremos cuáles son las palabras con mayor grado de intermediación (*betweenness*) (Brandes, 2001; Newman, 2010:185-193) y, en segundo lugar, cómo ha ido evolucionando su grado a lo largo de los párrafos del texto.

La intermediación nos indica el porcentaje de caminos más cortos entre nodos que pasan por ese nodo; cuantos más caminos cortos entre palabras pasen por una palabra está tendrá más grado de intermediación. Esta medida nos ayuda a detectar aquellas palabras que unen otras palabras no adyacentes, es decir, aquellas que sirven de unión para que los significados de las otras estén relacionados cuando no son vecinas; si eliminásemos estas palabras, las otras y sus significados quedarían aislados o mucho menos conectados. Si se considera que en un texto además del tema central hay subtemas relacionados con el central, estas palabras son las que facilitan esa unión, no unen palabras en grupos, sino que unen grupos de palabras; para ello son fundamentales los dos aspectos de la cohesión léxica: la repetición y la colocación.

Para que una palabra tenga una alta intermediación es necesario que se repita, pero no solo es un problema de cantidad, sino también de colocación; es necesario que se repita en aquellos puntos estratégicos del texto que sirvan para cohesionarlo y, además, es necesario que se coloque con las palabras estratégicas dentro de cada grupo. Así pues, la intermediación nos indica aquellas palabras que sirven para dar cohesión al texto, que facilitan la circulación de significados textuales que, en principio, podrían estar desconectados y son un indicio del tema o temas centrales del texto.

La intermediación se ha empleado también como una medida para seleccionar las palabras clave del texto; Boudin (2013) prueba, para la selección de palabras clave, diferentes medidas de centralidad en tres corpus y, aunque la intermediación no es ni la menos, ni la más adecuada en ninguno de los tres corpus de forma aislada, es la medida que sale mejor parada tomados los corpus en conjunto. En este momento no proponemos nuestra selección de palabras por su intermediación como las palabras clave del texto, sino como aquellas que permiten la circulación de significados (Paranyushkin, 2011), aunque, como se verá, también se podrían tomar como una buena aproximación a las palabras clave.

Para el análisis hemos escogido solo las seis primeras palabras para simplificar la explicación y eliminar la complejidad que supondría escoger muchas palabras, porque, a partir de la sexta, el grado de intermediación baja mucho, y, también, porque los modificadores de clase *palma* y *oliva* de *aceite de palma* y *aceite de oliva* han sido analizados separados de su núcleo, de manera que salvamos un poco esas construcciones cercanas a los compuestos para quedarnos con seis palabras si los consideramos separados o con cinco si los consideramos unidos (Tabla 4).

Intermediación					
Textos — **Palabras**					
ABC	Aceite	Palma	Grasa	Producto	Experto	Industria
	0,3547	0,2275	0,2093	0,1833	0,1504	0,0818
Comidista	Aceite	Alimento	Palma	Grasa	Ácido	Ingrediente
	0,2286	0,1837	0,1652	0,1396	0,1240	0,9000
País	Aceite	Palma	Ácido	Persona	Alimentación	Colesterol
	0,3080	0,2779	0,1370	0,1017	0,0839	0,0659
Oliva	Aceite	Oliva	Alimento	Ayudar	Hígado	Colesterol
	0,3194	0,2108	0,1729	0,1009	0,0834	0,0748
PaísOlor	Aceite	Olor	Palma	Ácido	Persona	Encontrar
	0,1822	0,1696	0,1688	0,0862	0,0706	0,0507
Retales	Permitir	Número	Agua	Filtro	Radio	Adecuar
	0,1851	0,1842	0,1292	0,1266	0,1244	0,1074

Tabla 4: Grado de intermediación de las seis palabras de cada texto con el grado más alto

Con estas seis palabras se puede ver, creo que diáfanamente, cuál es el principal tema de los cuatro primeros textos y también intuir que los dos primeros –*ABC* y *Comidista*– se centran en el uso del aceite de palma como producto e ingrediente en la industria atendiendo a sus grasas y ácidos, mientras que –*País* y *Oliva*– parecen centrarse más en los efectos de los aceites en la salud, como parece indicar la aparición de *hígado* y *colesterol*, siendo en el texto *Oliva* para *ayudar* a la salud. Es indudable que, si escogiésemos un número mayor de palabras, podríamos definir mejor los temas, pero volveremos sobre ello en el siguiente apartado.

En los dos últimos textos, los textos de control, tenemos, por un lado, que, en el texto *PaísOlor*, irrumpen nuevas palabras con respecto al texto *País* y, por otro, que los temas en *Retales* son mucho más difíciles de determinar. Para analizar estos casos atenderemos a la evolución del grado de intermediación.

Para analizar la evolución, hemos calculado el grado de intermediación de las palabras según avanza la escritura, es decir, hemos tomado las palabras del primer párrafo y calculado su intermediación, a ese primer párrafo le hemos sumado las del segundo y calculado la intermediación del conjunto y así sucesivamente hasta llegar a sumar el último párrafo, es decir, hasta tener el texto completo, cuyas seis palabras con el grado más alto han de coincidir con las de la Tabla 4. Así pues, no estamos calculando el grado para cada párrafo concreto, sino el grado que se da en el proceso de escritura en el que influye no solo el último párrafo escrito, sino, también, todo lo escrito anteriormente.

Comparemos ahora la evolución de la intermediación de las seis palabras de la Tabla 4 en los textos de control –*PaisOlor* (Figura 1) y *Retales* (Figura 2)– para, después, comparar el gráfico de estos textos con el de alguno de los otros.

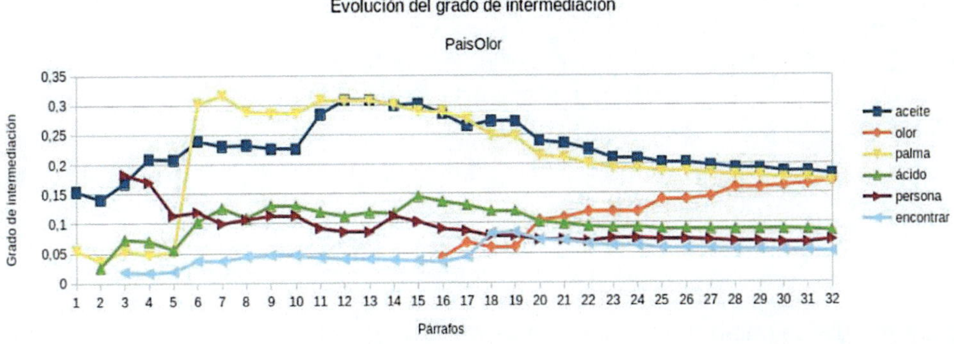

Figura 1: Evolución del grado de intermediación de las seis palabras con el grado final más alto en el texto PaísOlor

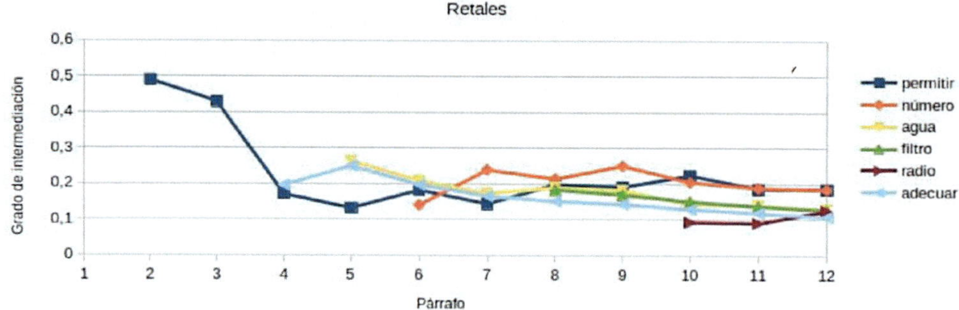

Figura 2: Evolución del grado de intermediación de las seis palabras con el grado final más alto en el texto *Retales*

En la Figura 1 las dos palabras con mayor intermediación –aceite y palma– van aumentando en los primeros párrafos su grado hasta que en el párrafo 16 comienzan una caída que se acentúa cada vez más; esta caída coincide con la aparición de la palabra olor que, al contrario que las otras, comienza un ascenso hasta llegar a tener casi el mismo grado que las dos anteriores.

En la Figura 2 empieza con fuerza el verbo *permitir,* pero pronto empieza a caer y no hay ninguna palabra que tenga una evolución ascendente, todas presentan, un pequeño ascenso, al principio, y después, según avanza el texto, caen. Además, ninguna palabra presente en el primer párrafo acaba como una de las seis palabras con mayor grado de intermediación; las dos palabras con intermediación más alta del primer párrafo son *plegamiento* (0,5024) y *continente* (0,3670) que acaban el texto con 0,0164 y 0,0042 respectivamente, muy por debajo de las otras y que muestran, también, un primer ascenso y, según avanza el texto, una continuada caída.

Si comparamos estos dos gráficos de evolución con los de otros dos textos –*ABC* (Figura 3) y *País* (Figura 4)– podemos diferenciar que, en los grafos de estos dos textos, frente a lo que ocurre en *PaísOlor* (Figura 1), las palabras que acaban con la intermediación más alta mantienen siempre una evolución ascendente o mantenida a lo largo del texto y la entrada de nuevas palabras no provoca una caída espectacular de su grado de intermediación; y, frente a lo que ocurre en *Retales* (Figura 2), la tendencia de las palabras es ascendente y muestran el claro predominio de algunas palabras sobre otras.

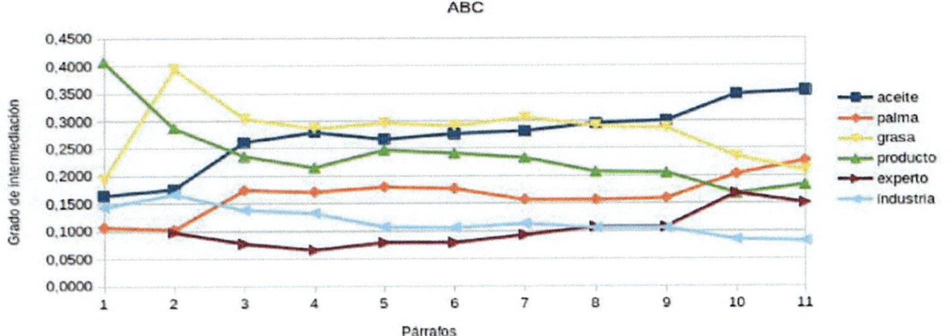

Figura 3: Evolución del grado de intermediación de las seis palabras con el grado final más alto en el texto *ABC*

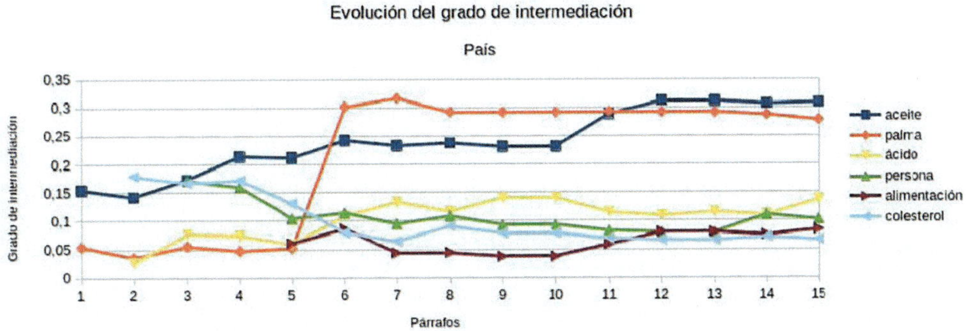

Figura 4: Evolución del grado de intermediación de las seis palabras con el grado final más alto en el texto *País*

Creo que con este análisis queda mostrado como el grado de intermediación puede ayudar a comprender la estructura temática del texto, ya que no solo permite conocer las palabras con mayor grado de intermediación, que podrían ser tomadas también como palabras clave, sino ver su evolución y detectar, a través de ellas, partes de texto poco o menos conectadas, tal como ocurre en *PaisOlor*, o textos con partes muy aisladas y poco cohesionadas. Es indudable que se podría hacer un análisis más detallado y que, en el futuro, será necesario realizar análisis de muchos más textos para poder ver las regularidades en la evolución de textos de diferente tipo y grado de cohesión; pero ahora pasemos a analizar la progresión temática de una manera más profunda a través de la evolución de las comunidades del grafo.

3.3. Progresión temática por comunidades y párrafos

Nos centraremos ahora en la modularidad de los grafos; el coeficiente de modularidad indica el grado en el que los vértices, las palabras, tienden a agruparse en clústeres o comunidades, es decir, el grado en el que se pueden diferenciar grupos de palabras con relaciones más densas que la media del grafo; estas comunidades son "groups of vertices which probably share common properties and/or play similar roles within the graph." (Fortunato, 2010:3)

En nuestros seis textos el coeficiente de modularidad, siendo el máximo 1 y el mínimo 0, era relativamente alto (vid. Tabla 2) lo que indica que hay grupos de palabras que mantienen un número de relaciones más alto que la media del grafo y que comparten propiedades o tienen una función similar. La hipótesis de partida es que esa función similar que tienen las palabras de una comunidad está relacionada con aspectos semántico-temáticos, de manera que, a través de las distintas comunidades podemos averiguar las diferencias temáticas del texto.

Veamos ahora que grado de representación tiene cada comunidad en los distintos párrafos del texto. Para ello hemos hecho un cálculo muy simple, hemos contado el número de palabras del párrafo pertenecientes a cada comunidad y hemos dividido está cantidad por el número total de palabras del párrafo; esta medida nos indica la aportación de cada comunidad a cada párrafo. Hemos trasladado a un gráfico este porcentaje de aportación de palabras de cada comunidad y hemos obtenido un gráfico en el que se puede observar la progresión temática de cada texto.

Analizaremos, en primer lugar, la progresión de un texto −*ABC* (Figura 5)− y la compararemos con la de un texto de control −*Retales* (Figura 6)− para observar sus diferencias.

Antes de analizar el gráfico 5, hemos de aclarar que las palabras que aparecen en la leyenda son solo las cinco palabras pertenecientes a cada comunidad con el grado (*degree*) más alto (Newman, 2010:168- 169; Opsahl et al., 2010) y que han sido escogidas como sus representantes para ayudar a la comprensión del gráfico, pero hay muchas más palabras en la comunidad. En la leyenda del gráfico, se ha respetado el número de comunidad asignado por el algoritmo (N°_com), por lo que el número no representa ningún tipo de secuencialidad textual.

Aclarado estos dos puntos, vemos que, en el texto *ABC*, aparece un tema más o menos constante (4_com) que, con variaciones, se mantiene desde el párrafo 1 al 8 y que reaparece como cierre en los dos últimos. Hay dos párrafos que contienen un solo tema −el 6, tema 4_com y el 9, tema 1_com− con valor de 1; son títulos de subapartados, párrafos breves con pocas palabras normalmente pertenecientes a una única comunidad. A lo largo del texto, se puede ver cómo, en mayor o menor medida, son tratados diferentes temas; por ejemplo, la opinión de los expertos, fundamentalmente asignada a 0_com, aparece en los párrafos 2, 4 y 5, y vuelve a aparecer en el 7 y en el 8; este tema está relacionado con el de la industria y la normativa (7_com) ya que aparecen conjuntamente en el 4 y en el 7 y 8. Hay, también, casos de temas que aparecen solamente una vez, el 2_com, que trata sobre experimentos en ratones, en el párrafo 3. Fijémonos, además, que, en el párrafo 1 y 2, aparecen cuatro de las siete comunidades temáticas diferenciadas en lo que sería la introducción y presentación de temas.

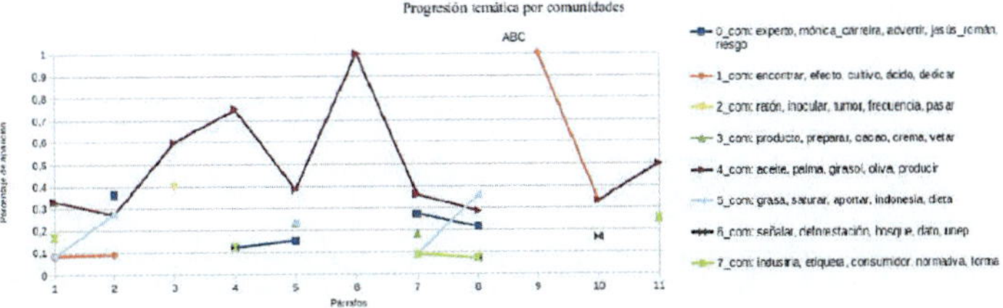

Figura 5: Progresión temática por comunidades y párrafos de *ABC*

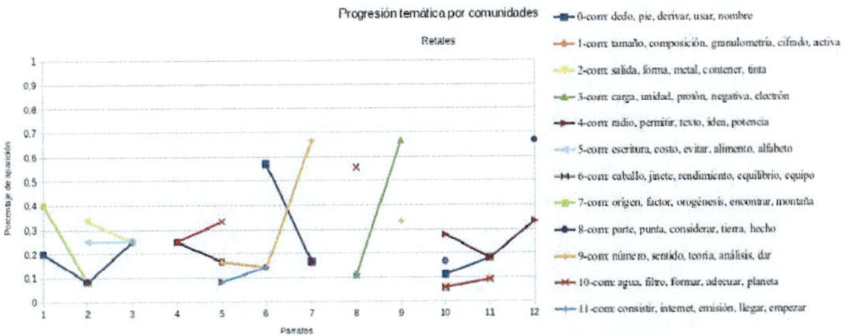

Figura 6: Progresión temática por comunidades y párrafos de *Retales*

Comparemos ahora este gráfico con el del texto *Retales* (Figura 6, en la página anterior) que, hay que recordar, estaba formado por párrafos de temáticas diferentes y escogidos al azar. A diferencia de lo que ocurría en el anterior, no hay una comunidad constante que cohesione los párrafos, los temas aparecen y desaparecen, en algunos casos se repiten, hecho que, al ser párrafos sueltos, parecería un poco extraño; esto se debe a que muchas palabras pueden repetirse, aunque el tema cambie radicalmente, por ejemplo, *agua* de 10_com o *consistir* de 11_com pueden aparecer en textos de temáticas diferentes.

La pertenencia a una comunidad es una cuestión de grado, unas palabras conforman el núcleo de una comunidad y otras la periferia, esas palabras periféricas pueden aparecer cuando se trata otro tema; una de las labores que queda por hacer es encontrar la forma de medir ese grado de pertenencia para poder ser más precisos en la descripción de la progresión temática.

302

Comparemos ahora la progresión en el texto *País* (Figura 7) y en el texto *PaisOlor* (Figura 8) que, recordemos, es la unión del primero con un texto sobre otro el tema del mal olor.

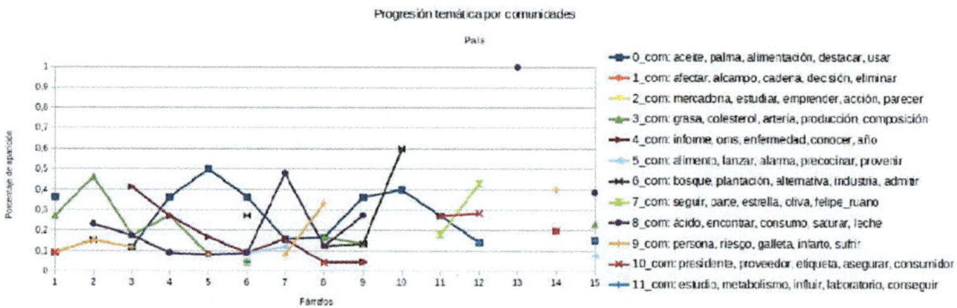

Figura 7: Progresión temática por comunidades y párrafos de *País*

En este texto, se vuelve a ver, aunque de forma menos marcada, como algunos temas discurren a lo largo de casi todo el texto (0_com, 8_com) que tratan sobre el aceite de palma, el ácido palmítico, la alimentación y el consumo. Vemos que, en los tres primeros párrafos, están presentes dos temas muy relacionados (3_com y 9_com) sobre las consecuencias para la salud (*grasa, colesterol, arteria, persona, riesgo, infarto*). En el párrafo 13 aparece el título de un apartado; en este caso, se trata más bien de un párrafo muy breve ("no todo el ácido palmítico es el demonio.") para, en los dos finales, retomar casi todos los temas tratados: 1_com, 4_com, 9_com y 10_com en el párrafo 14 y 0_com, 3_com, 5_com, 8_com, 11_com en el 15.

En *PaisOlor* (Figura 8), la unión de los dos textos con temáticas diferentes produce un corte en los temas en el párrafo 15, ya que, a partir de ahí no se repite casi ninguno de los temas y, los que se repiten, lo hacen de forma muy escasa.

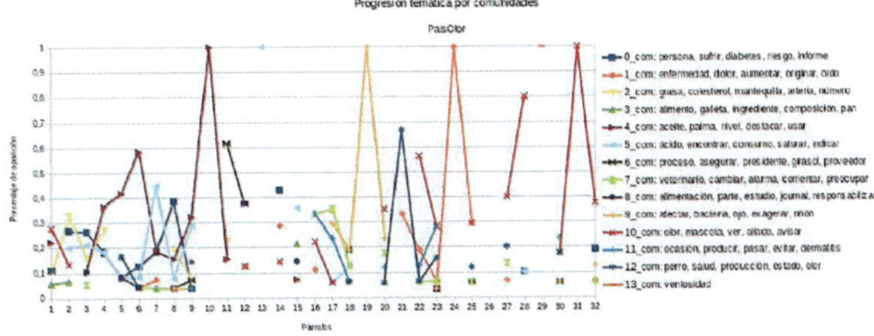

Figura 8: Progresión temática por comunidades y párrafos de *PaisOlor*

Hay que indicar que, en el gráfico, no se han unido los grafos de los dos textos, sino que se han unido los textos y después se ha realizado el análisis como si de un texto único se tratase; por eso, algunos temas se pueden repetir, ya que los textos tienen palabras en común y esas palabras unen ambos grafos y pertenecerán a comunidades presentes en ambos textos. Por ejemplo, *eliminar*, aparece en los párrafos 1 y 25, *informar*, en el 1 y 27, o *favorecer*, en el 2, 20 y 30, estas tres palabras pertenecen al 10_com, por eso este tema aparece en los dos textos. Aquí lo importante es que el corte temático aparece de forma clara entre los párrafos 15 y 16.

Por último, se muestra un texto con un desarrollo diferente a *ABC* o *País*, el texto *Comidista* que parece desarrollarse por partes, no completamente aisladas, pero, hasta cierto punto, independientes (Figura 9).

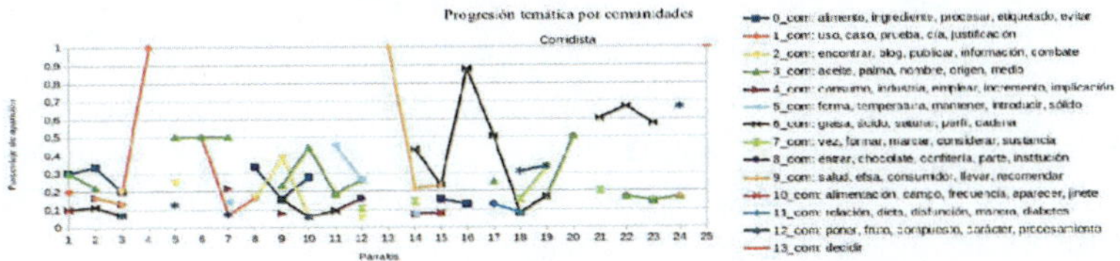

Figura 9: Progresión temática por comunidades y párrafos de *Comidista*

El párrafo 4, el 13 (ambos son títulos de apartados) y el 20 parecen marcar puntos de inflexión. Fijémonos que, en esas partes, predominan algunos temas; por ejemplo, entre el párrafo 5 y el 12, aparece el 3_com, sobre el origen del aceite, o el 2_com sobre la información y el combate contra el aceite, o el 1_com, sobre el uso. En lo que podríamos llamar tercera parte (párrafos 14-20) el tema más constante es el 6_com que habla de las cadenas de grasas saturadas; la última parte es un tanto extraña porque es una enumeración. De todo ello podemos concluir que es un texto bastante parcelado, aunque en sus parcelas los temas se repiten y, también podemos extraer trabajo para el futuro, para, con muchos más textos, comprobar qué constantes numéricas tiene este tipo de textos y cuáles las enumeraciones, si es que esas constantes existen.

3.4. Análisis visual del grafo

Cuando se hace un grafo de un texto, lo normal es, primero, analizar el grafo completo, pero he preferido hacerlo al revés pues creo que, de esta manera, será más fácil comprender qué se puede extraer de la forma visual de los grafos. Analizamos ahora algunas características de los grafos completos de cuatro de los textos –*ABC*, *Comidista*, *PaísOlor* y *Retales*– para comprobar qué podemos intuir de su forma. Hay que indicar, antes, que todos los grafos (Figuras 10 a 12) tienen una distribución *ForceAtlas* con una repulsión de 20000, el tamaño de las etiquetas de los nodos es proporcional a su grado de indeterminación y el color de los nodos corresponde a las distintas comunidades.

En la Figura 10 y en la 11, se puede ver como dos textos con distinta estructura presentan un grafo diferente. En la primera, el texto *ABC*, presentaba dos temas claros que eran constantes a lo largo del texto, constituyen, en el grafo, un núcleo bien definido del que parten los otros temas como brazos de una estrella; en la segunda figura, el texto *Comidista*, se había visto que no tenía temas tan constantes, de ahí que no tenga un núcleo tan claro y que los posibles brazos, a diferencia del anterior, aparezcan menos nítidos y más embebidos en el disperso núcleo central.

Por otro lado, en la Figura 12, el grafo del texto *PaísOlor*, creado por la unión de dos textos, muestra dos claros núcleos con las palabras *olor* y *aceite* como nodos centrales de cada uno; y, para finalizar, un grafo sin núcleo claro o con muchos pequeños núcleos es el que aparece en la Figura 13 que corresponde al texto *Retales*, con sus brazos no claramente relacionados con ningún núcleo, lo esperable de un texto creado por párrafos escogidos al azar de temáticas muy dispares entre sí.

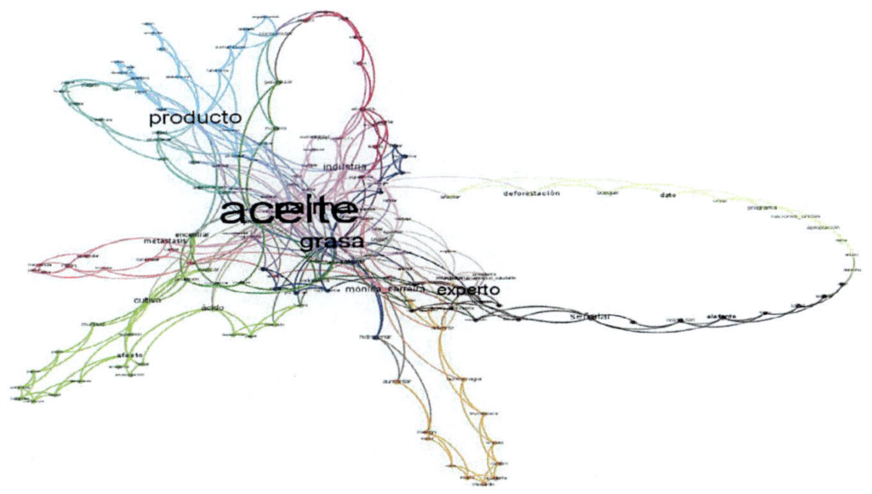

Figura 10: Grafo de *ABC*

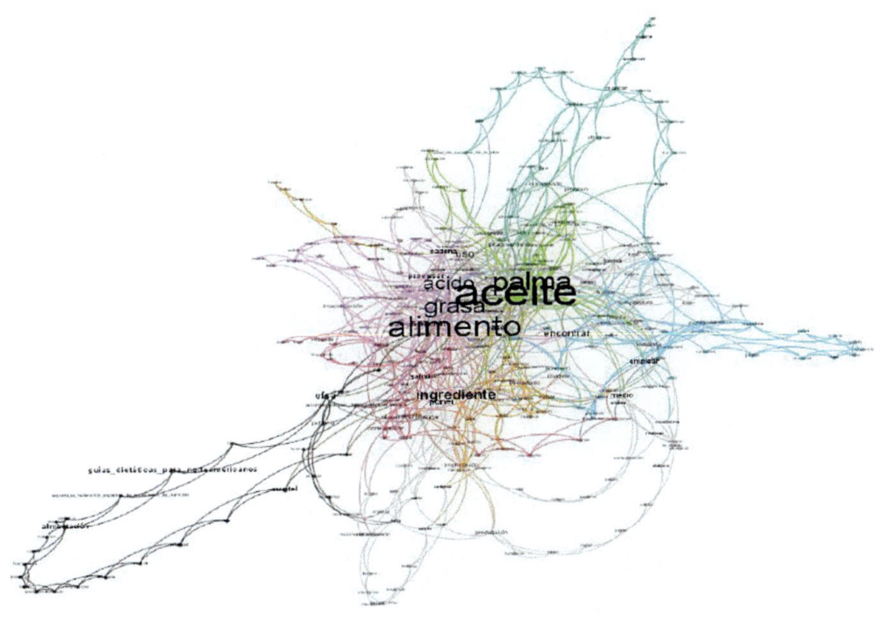

Figura 11: Grafo de *Comidista*

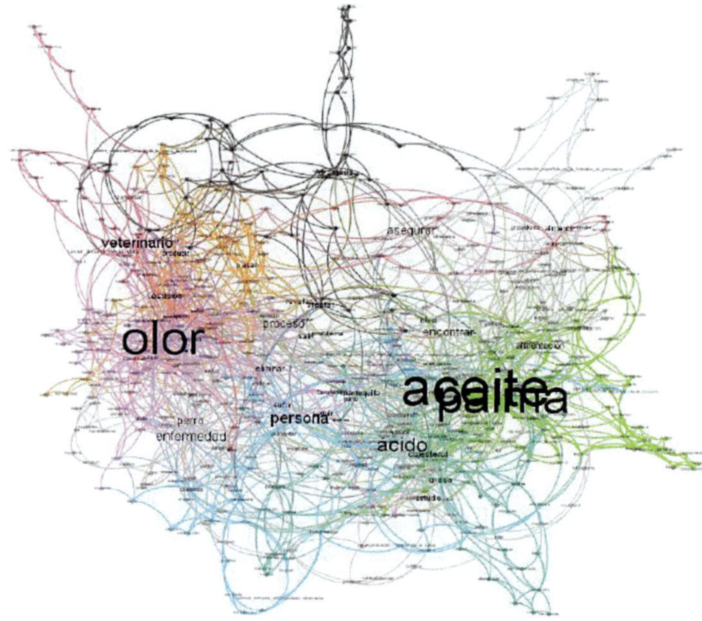

Figura 12: Grafo de *PaisOlor*

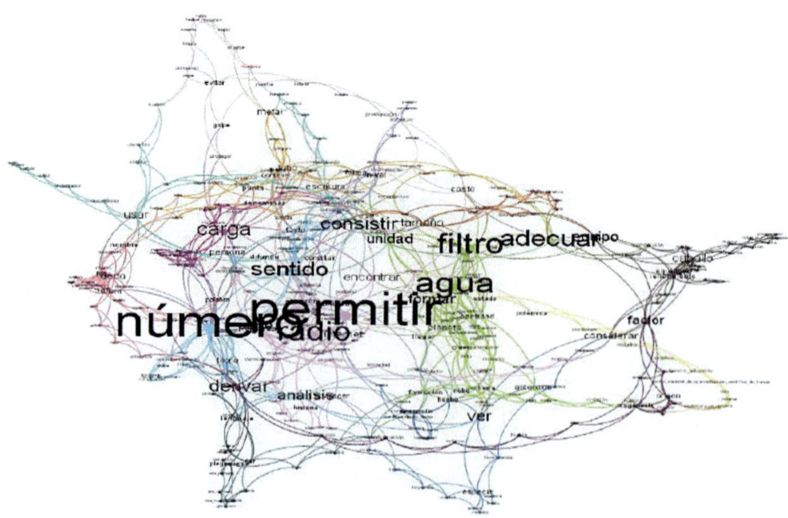

Figura 13: Grafo de *Retales*

4. Conclusiones

Se han mostrado las bondades de la aplicación de la teoría de grafos y de sus métodos en el estudio de la progresión temática y se han apuntado, también, algunas potencialidades de su aplicación en el análisis de la cohesión léxica, los objetivos generales propuestos al comienzo del trabajo.

El uso de la intermediación establece los temas principales del texto como unidad global; el análisis de la evolución de esta medida a lo largo del texto revela cómo se distribuyen los temas principales en los párrafos.

El uso de la modularidad y el estudio de las comunidades generadas por esta permiten analizar la contribución de las palabras de cada comunidad a cada párrafo y poder determinar en qué párrafos son tratados los distintos subtemas textuales mostrando su progreso en el proceso de escritura, en el texto visto como progresión temporal.

La aplicación de ambas medidas facilita la discriminación de textos más y menos cohesionados temáticamente y ayuda a la identificación de su estructura temática.

Es cierto que aún quedan muchos aspectos por estudiar, algunos de ellos ya apuntados: comprobar la potencialidad del método en otros tipos de textos (poéticos, narrativos, descriptivos...); estudiar si existen diferencias topológicas en textos de distinto tipo; medir las diferencias entre palabras periféricas y centrales en las comunidades y las aplicaciones que estas diferencias puedan tener; comprobar si, a través de los grafos, se puede llegar a diferenciar distintos despliegues expositivos (enumeraciones, secuencias temporales, etc.); determinar si la forma global del grafo se corresponde con distintos despliegues temáticos y si es posible establecer una tipología de formas que ayude a identificar visualmente y de forma rápida los tipos de despliegue.

Todos estos aspectos, todavía no estudiados, y muchos más creemos que no disminuyen el valor del estudio, sino que, al revés, abren un campo de investigación amplio y prometedor.

Corpus utilizado

¿Es realmente malo el aceite de palma? (s. f.). Recuperado 9 de mayo de 2017, de http://www.abc.es/sociedad/abcirealmente-malo-aceite-palma-201702211242_noticia.html

¿Malos olores? (2017, abril 5). abc. https://www.abc.es/sociedad/abci-malos-olores-201704052220_noticia.html

Pérez, C. (2015, febrero 2). *Beneficios de comer aceite de oliva crudo*. Natursan. https://www.natursan.net/beneficiosde-comer-aceite-de-oliva-crudo/

¿Por qué Alcampo quiere retirar el aceite de palma de sus productos, si no es tóxico ni venenoso? | BuenaVida | EL PAÍS. (s. f.). Recuperado 9/05/2017, de http://elpais.com/elpais/2017/04/04/buenavida/1491318026_847822.html

¿Por qué es malo el aceite de palma? | El Comidista EL PAÍS. (s. f.). Recuperado 9 de mayo de 2017, de

http://elcomidista.elpais.com/elcomidista/2017/02/16/articulo/1487259154_419212.html

Capítulo 15
Visibilidad y construcción discursiva de la mujer en las publicaciones sobre alimentación de la prensa española

(*Discurso & Sociedad*. 2022. 16. 2. 383-419, en colaboración con Susana Rodríguez Barcia y Ana Varela Suárez).

PRESENTACIÓN

Antonio Rifón encarna para nosotras la figura del verdadero mentor. Un eterno impulso que nos llevó a iniciar nuevas investigaciones con ilusión real; no porque fuese lo esperable en el entorno académico, sino por el deseo honesto de avanzar en el conocimiento lingüístico. En 2017, tras algunas charlas sobre la importancia que tenía en la sociedad actual el discurso alimentario en todas sus dimensiones, decidimos solicitar financiación para un proyecto sobre las características y repercusión en los hábitos de vida y consumo del discurso científico y divulgativo sobre alimentación. Rifón vio desde el principio el potencial del proyecto y buscó el modo de abordarlo poniendo la primera letra del Corpus DAME (Discurso de la Alimentación en los Medios), que ya cuenta con 4375 registros y que está además en la fase de convertirse en recurso público. Él constituía el vértice principal de nuestro grupo y pusimos tres ideas sobre la mesa: el análisis de la subjetividad y la contradicción, el estudio con perspectiva de género y un acercamiento temático que lideraría él a partir del análisis de grafos de coocurrencias. Los resultados de este último proyecto dieron origen a un artículo publicado en 2024 por la revista CLAC. Círculo de Lingüística Aplicada a la Comunicación. Su trabajo era ciertamente una genialidad. Este texto constituye su última investigación completada. Su prosa desprende el rigor e ironía que le caracterizaban. Es una investigación que evidencia una estructura económica que monetiza hasta los principios más básicos.

El trabajo que glosamos se corresponde con la segunda línea de investigación mencionada, la realizada con perspectiva de género, que tuvo como fruto este artículo cuya publicación, en junio de 2022, sí pudo celebrar. Es curioso recordar que entre las últimas lecturas de Antón se encontraban biografías de algunas mujeres ocultas en el relato histórico hegemónico, entre las que él destacó a Elizabeth Friedman. En el último mensaje que intercambiamos comentaba sobre esta criptógrafa: "Al acabar la guerra a su jefe le dieron medallitas y a ella nada por ser mujer". Fascinante que con todo un universo intelectual al que dirigirse en esos momentos en que desearía ser infinito para abrazar y comprender todo lo desconocido dedicase sus horas a estas reflexiones sobre la exclusión de las mujeres. Cuando planteamos este análisis mostró auténtica curiosidad, quería comprobar si la prensa generalista mantenía la imagen estereotipada de las mujeres o si, por el contrario, las mujeres ya se representaban a partir del prestigio profesional en el ámbito de la nutrición y la alimentación más allá de los ámbitos domésticos y de los cuidados. En las conclusiones pudo comprobar cómo la visibilidad de las mujeres en el discurso alimentario era enorme; no obstante, a pesar de su centralidad, la representación seguía construyéndose a partir de lógicas patriarcales con base en la función biológica y en el papel tradicional de las mujeres como eje de la familia nuclear. Los resultados estaban en la línea de otras investigaciones previas que se citan en los antecedentes del artículo y sirvieron como una nueva llamada de atención desde el ámbito universitario a la práctica periodística, con el fin de que esta llegue a ser responsable y emancipadora en cuanto a los grupos sociales minorizados.

Pero, sin duda, para nosotras el valor de este artículo va más allá de su impacto científico. Ha sido un privilegio poder conversar con nuestro maestro, compañero y amigo Antonio Rifón acerca de cuestiones lingüísticas y sociales, de léxico y semántica, de ontologías, de filosofía, de astronomía y hasta del sentido de la vida. Su forma de escuchar con atención y de contemplar los problemas siempre nos ha llevado a un espacio de confianza, de pensamiento divergente y más creativo. Lo mejor de este artículo se encuentra al final, en esa última nota biográfica que se cierra con una de sus palabras preferidas "redes", y con una foto en la que muestra su sonrisa escéptica y su mirada azul, intensa y llena de sabiduría.

Susana Rodríguez Barcia y Ana Varela Suárez

Universidade de Vigo

Introducción

Contexto

Existen en la sociedad algunas representaciones sólidas y legitimadas que se aceptan por consenso tácito y, a pesar de la evolución y cambio social, estas representaciones emergen a partir de su materialidad discursiva en diferentes espacios como pueden ser los medios de comunicación. Los medios, a su vez, actúan como refuerzo para estas representaciones ideológicas con lo que llegan a consolidar determinados estereotipos asociados a ellas. En este sentido, podemos pensar por ejemplo en la construcción discursiva del veganismo frente al omnivorismo, que se ha tratado recientemente en el estudio de Gerhardt (2020), o justamente en el modo en que la mujer es representada en los textos de temáticas alimentarias de los medios y redes sociales. Es significativo el hecho de que, en 2020, en la más importante referencia sobre género y medios de comunicación (Ross, 2020) se contemplen entradas específicas para analizar las líneas de investigación sobre la representación de la masculinidad y la femineidad en los medios en relación con los temas alimentarios (Fidolini, 2020; Sikka, 2020). Una de estas representaciones simbólicas es la de la mujer como elemento nuclear en el ámbito de la alimentación, como pilar en los temas nutricionales y en la cocina doméstica.

En el contexto de crisis sanitaria la construcción discursiva del varón y la mujer se acentuó a partir de la metáfora bélica recurrente en los medios de comunicación al tratar la pandemia (Etxarte, 2020; Mesa y Alonso Cano, 2020). Los roles de la mujer como cuidadora esencial o por naturaleza y el varón como experto y héroe se reforzaron, tal y como se identificó en artículos recientes (Salerno, 2020). En la actualidad, parte de las reivindicaciones sociales del feminismo en los entornos económicamente desarrollados pasan por la solicitud de reconocimiento y visibilidad de la mujer en contextos públicos científicos, artísticos, políticos y profesionales como deuda histórica. También se busca la desaparición de estereotipos de masculinidad y femineidad a través de discursos de género alternativos a la construcción tradicional hegemónica de lo masculino y lo femenino. Además, un sector del movimiento feminista reclama una representación igualitaria de todas las identidades de género incluyendo el aspecto lingüístico.

Antecedentes

Los orígenes de la centralidad femenina en el espacio simbólico de lo alimentario han sido expuestos en investigaciones antropológicas, sociológicas y en investigaciones especializadas en alimentación y nutrición con perspectiva social. En estas últimas sigue siendo habitual que los estudios arrojen resultados en los que se confirma el papel fundamental de la mujer en la preparación alimentaria. En este sentido, Smith Taillie (2018), al cruzar las variables género, formación académica y hábitos de cocina en Estados Unidos, señaló que entre 2003 y 2016 el número de hombres con estudios superiores que cocinaban había aumentado de 37,9 % a 51,9 %. También el número de mujeres que cocinaban y que tenían estudios superiores se incrementó algo en este intervalo temporal, aunque de forma poco significativa porque ya en 2003 superaban el 64%. Asimismo, las mujeres con poca formación educativa no experimentaron cambio alguno, y seguían representando un 72 %. La autora concluyó que, a pesar del aumento de hombres que cocinan en el hogar, el número de mujeres que cocina de forma doméstica seguía siendo notablemente superior al de hombres. Se plantea así de forma indirecta una cuestión interesante, el hecho de que la mujer siga dominando en el ámbito doméstico de la alimentación al mismo tiempo que el hombre comienza a destacar y casi monopolizar el ámbito profesional de la cocina. Este tema se trató de forma específica en 2017 en el trabajo de Herkes & Redden, que determinaron a partir del análisis de siete temporadas del programa televisivo MasterChef Australia que las mujeres se representan como cocineras caseras mientras el chef profesional se identifica casi exclusivamente con figuras masculinas. Esta investigación afirma en concreto que este tipo de programas televisivos han contribuido, a pesar de su retórica de la inclusividad, a devaluar el trabajo femenino en la cocina con una adscripción doméstica frente a la profesionalización prestigiosa del hombre "chef". Nuestra investigación también buscará examinar estas cuestiones en el corpus seleccionado.

En una línea temática relacionada con esta adscripción doméstica de la mujer a lo culinario, Adreatta y Martínez (2017) analizaron la relación entre la mujer y la alimentación desde el enfoque de la etnografía performativa, y a partir de su investigación concluyeron que en la vida cotidiana, en especial en lo que se refiere a las microsociedades familiares, las prácticas alimentarias se estructuran con las mujeres como eje y pilar fundamental frente a la figura del varón-ayudante. Este estudio se circunscribe a Argentina, pero sus resultados podrían hacerse extensivos al resto de países desarrollados socioeconómicamente. Sus conclusiones contradicen la actual defensa de la igualdad en la asignación y reparto de tareas domésticas y abre una reflexión sobre el verdadero papel de las mujeres en la cuestión alimentaria. Del mismo modo que indicábamos al referir la investigación de Herkes & Redden (2017) sobre la construcción que los medios hacían de la mujer cocinera frente al hombre chef, la retórica de la igualdad y la inclusividad se ve comprometida por la materialidad mediática de una representación de lo femenino vinculada todavía a los quehaceres domésticos.

También en Argentina, Ainsestein y Cairo (2012: 244) destacan el hecho de que en los planes y programas educativos de principios del siglo XX se estableciese una clara distribución de características y tareas propias de las mujeres y de los varones en lo que respectaba a la educación alimentaria. Por ejemplo, los varones debían aprender a reconocer y tratar enfermedades del ganado o de los cultivos, conocer los viñedos, diseñar ingenios; mientras que las mujeres debían conocer utensilios de repostería, saber preparar bebidas, postres y remedios caseros. Para las autoras, esta asignación tenía como fin el control de la sociedad a través de la regulación de la familia: "el discurso pedagógico colabora en la construcción de un modelo femenino complementario necesario del nuevo modelo familiar". Y añaden que "Gobernar la sociedad a través de la familia es una de las finalidades estratégicas de estas enseñanzas; para esto será necesario inicialmente constituir a la familia como núcleo organizativo de la vida social". Por lo tanto, este estudio nos permite por un lado sostener la vinculación tradicional de roles a determinados géneros; y, por otro lado, nos acerca a una idea de gran relevancia, el hecho de que la distribución de roles (y su proyección discursiva) contribuya a crear una estructura social más controlable desde el punto de vista político y socioeconómico.

Por último, existe otra cuestión directamente relacionada con la representación de la mujer en el discurso alimentario y es su fuerte vinculación con estrategias semánticas en las que se muestra sexualizada y/o biologizada, esto es, se construyen principalmente dos identidades femeninas: la de la mujer como elemento de erotismo que debe cuidar especialmente su aspecto para explotar su faceta de atracción y la de la mujer madre, centrada en el cuidado de la progenie, cuya buena nutrición y crecimiento saludable dependen de ella. Ambas identidades se combinan y no se excluyen, al revés, se imponen en la construcción social de la mujer y todavía perviven en estereotipos como el de la madre sexy (Romera, 2020) o la MILF. En ambos casos, la génesis de estas construcciones se basa en su condición de potenciales gestantes o progenitoras.

Sobre la figura de la mujer-madre que cuida de la alimentación de la progenie, Díaz Rojo y Morant Marco (2007), al tratar de la responsabilidad sobre la obesidad infantil, recogen algunas posturas expresadas en los medios con respecto a la educación alimentaria que las madres (las familias concretadas en su figura) deben recibir y a la necesidad de valorar también la intervención de la industria alimentaria en la referida obesidad de niños y niñas. Pero sirve esta investigación para demostrar nuevamente la centralidad de la mujer en los hábitos alimentarios de la familia, no solo como responsable de la buena alimentación sino también en el punto de mira como responsable de la mala.

La publicidad es uno de los medios cuyo discurso más ha contribuido a consolidar los estereotipos femeninos basados en estas representaciones. Aunque no es necesario mencionar estudios que traten el tema de la mujer en la publicidad, sí que podemos mencionar algunas investigaciones recientes que se centran en el tema que nos ocupa, el de la representación de la mujer en cuanto a su relación con lo alimentario. En este sentido, Godoy et al. (2019, 77), entendiendo el discurso colonialista y capitalista como clave analítica, concluyen que la publicidad actual en Chile persiste en las representaciones sexistas y patriarcales de la mujer que se construye de forma socialmente simplificada. Además, defienden (2019, 78) que la publicidad de alimentos "está invisibilizando a aquellas mujeres que no se representan con la maternidad" y que "tampoco está representando a quienes no adhieren a la normalidad estética y nutricional".

Sobre la sexualización de las mujeres en la publicidad alimentaria y su construcción excesivamente estética hay infinidad de estudios, y entre las investigaciones más recientes destacamos por ejemplo el trabajo de Gómez de Travesedo Rojas y López Villafranca (2020) que, al analizar los anuncios de leche sin lactosa, observan cómo desde el discurso publicitario se vincula la intolerancia a la lactosa con las mujeres y dirigen especialmente a ellas sus anuncios con un discurso sobre la buena digestión y el cuidado de la línea. Se mezcla así el discurso de la salud con el estético, con especial énfasis en el cuidado de la zona abdominal. El vientre femenino, símbolo ancestral de fertilidad, será una constante en el análisis del discurso alimentario con perspectiva de género, pues es parte de la representación simbólica, ya naturalizada, de la alimentación saludable y del cuidado personal. En concreto nos referimos a la imagen del abdomen con una cinta métrica a su alrededor que simbolizará el canon de medida de su perímetro ideal. De la redondez canónica del pasado que entroncaba con el símbolo primigenio de la fecundidad, se pasó a la lucha por el abdomen plano y definido, señal de la mujer potenciada por el capitalismo que además de madre busca mantener su atractivo sexual. Por ello, estas temáticas también estarán presentes en nuestra investigación.

A la vista de las conclusiones de los referidos estudios que disponen a la mujer en el centro de la alimentación, con una minoría de varones que ejercen la práctica culinaria doméstica y una mayoría de mujeres que cocinan en los entornos caseros/ familiares, parece natural que sean justamente las mujeres las más visibles en los medios de comunicación cuando se trata el tema alimentario. Esto conlleva también su presencia en los estudios de nutrición y su visibilidad como profesionales en este ámbito. La cuestión ahora es, por un lado, analizar si esa visibilidad de la mujer profesional como nutricionista no se halla en tensión inicua con la figura profesional del varón como médico, con una evidente desigualdad en la representación del prestigio social de ambas figuras. Por otro lado, también interesa observar si en España se mantiene la dicotomía mujer cocinera doméstica/ varón cocinero chef, observada en otros países, que incide nuevamente en la representación desigual del prestigio profesional. Finalmente, es necesario observar si la construcción discursiva que los artículos especializados de los medios generalistas hacen de la mujer en el ámbito de la alimentación se corresponde con la que hacen otros discursos como el publicitario, en el que, como hemos visto, todavía perduran las estrategias de biologización y sexualización de la mujer.

Objetivos

Esta investigación busca analizar la visibilidad y representación de la mujer en la prensa generalista española en sus secciones divulgativas sobre alimentación y nutrición. Se someten a análisis también los posibles estereotipos presentes en la construcción discursiva de la mujer en lo que se refiere a su relación con la realidad alimentaria. Los artículos especializados de la prensa, en concreto los 330 que conforman el corpus, se presentan así como la materialidad discursiva a partir de la cual es posible abordar el estudio desde una perspectiva de género que comprende diferentes dimensiones: la mujer como autora y fuente de información (aval científico); la representación de la mujer en los textos periodísticos sobre alimentación y la representación de los hombres y la masculinidad en el mismo corpus textual. El fin último que persigue esta investigación es analizar la pervivencia de la centralidad de la mujer en las cuestiones alimentarias, así como valorar la superación o continuidad de determinados estereotipos sexistas en su representación. Por último, también es importante que la investigación sirva como punto de partida crítico que se pueda tener en cuenta en propuestas educativas transformadoras en cuanto a la forma de entender el papel de la mujer en la sociedad con respecto a la alimentación y a sus funciones en el terreno público y familiar.

Hipótesis y preguntas de investigación

Las investigaciones previas que se han revisado al tratar los antecedentes apuntan hacia una evidente visibilización de la mujer en el ámbito discursivo y en el espacio real y simbólico de la alimentación, tanto en lo que se refiere a las preparaciones culinarias como al estudio de los aspectos nutricionales. En general, también apuntan hacia una construcción discursiva que profesionaliza a la mujer en el terreno de lo doméstico y del cuidado familiar, mientras que el hombre emerge como la figura que se profesionaliza en el terreno de lo público con connotaciones de mayor prestigio (como la figura del "chef" o del médico experto).

H1: Las publicaciones sobre alimentación de la prensa generalista representan a la mujer como un sujeto profesional en el ámbito doméstico y de los cuidados.

En cuanto a la representación sexualizada y biologizada de la mujer (en la que se potencia su condición de madre), a pesar de la notable evolución que se ha ido observando, la intuición previa a la presente investigación permite formular la siguiente hipótesis:

H2: En las publicaciones sobre alimentación de la prensa generalista pervive una representación sexualizada y biologizada de la mujer que contribuye al refuerzo de los estereotipos femeninos.

Puesto que nuestro estudio no solo busca analizar la construcción discursiva de la mujer sino evaluar también la visibilidad que tiene en los textos especializados, es necesario dar respuesta a dos preguntas de investigación:

PI1. ¿cuál es la presencia de la mujer como autora y fuente de referencia especializada?;

PI2. ¿se emplean recursos de lenguaje inclusivo tanto directo como indirecto?

Finalmente, en un contexto político y social en el que resulta fundamental conseguir el reconocimiento público en todos los ámbitos de la identidad no binaria y del colectivo trans, resulta importante observar si los textos sobre alimentación mencionan a estos grupos o si por el contrario estos no se verán representados. Es por ello que en nuestra investigación surge una última pregunta:

PI3. ¿se incluye en los textos sobre alimentación de la prensa generalista alguna referencia al colectivo no binario y trans?

Corpus y metodología

La técnica a la que hemos recurrido para la obtención de datos ha sido la del análisis del discurso realizado con perspectiva crítica. El proceso de compilación y análisis consta de las siguientes fases: (i) recopilación de un corpus de noticias publicadas en la prensa generalista española entre diciembre de 2018 y enero de 2019; (ii) anotación y clasificación de palabras clave en cuanto al género; (iii) recuento de autorías y referencias femeninas; (iv) clasificación y recuento de presencia de la mujer en imágenes; (v) recuento de recursos de lenguaje inclusivo directo; (vi) anotación y clasificación de elementos lingüísticos que revelen la modalización discursiva; y, finalmente, (vii) análisis crítico del contenido de los artículos del corpus con la perspectiva de los Estudios Críticos del Discurso (van Dijk, 2016) en relación con el sexismo.

Los artículos se extrajeron de la prensa generalista, en sus secciones especializadas. Para que la selección de diarios fuese representativa, se limitó la búsqueda a aquellas publicaciones periódicas que según el Resumen del Estudios General de Medios (octubre 2017-mayo 2018) tienen un público de más de 200.000 personas al día. Se empleó como criterio de exclusión eliminar de la lista a los diarios que tuviesen temáticas especializadas ya que el objetivo era observar el discurso de la prensa general.

Las 330 noticias (el término "noticia" se emplea en sentido amplio, al igual que en otros puntos de este artículo, como equivalente de "información divulgada" y no remite al subgénero periodístico) se recogieron entre diciembre de 2018 y enero de 2019 de las páginas web de los medios seleccionados a través de sus propios motores de búsqueda. Se empleó como término clave la palabra "alimentación". Se realizó un proceso posterior de filtro en el que se descartaron todos los artículos en los que la alimentación no constituyese el tema central. En la Tabla 1 se recogen los diarios seleccionados junto con su número de lectores/as por día y el número de noticias recopiladas en cada uno de ellos.

Medio	Lectores/as EGM/día (000)	Noticias recopiladas
El País	1128	11
El Mundo	701	21
La Vanguardia	612	19
La Voz de Galicia	531	63
Abc	429	75
El Periódico	363	11
El Correo	358	26
La Nueva España	286	20
Faro de Vigo	235	18
Heraldo de Aragón	235	7
La Razón	215	30
Levante	210	29
Total	-	330

Tabla 1. Descripción general del corpus

Resultados

Sobre la visibilidad de la mujer como autora y fuente de referencia

Una vez realizado el análisis de la autoría en los artículos que componen el corpus se ha comprobado que un 32% están redactados por mujeres y un 12% por hombres. El resto de los textos están firmados por siglas o responden a una autoría global de la redacción, por lo que la identificación no es suficiente para adscribirlos a uno de los dos grupos o al grupo —invisible en la prensa analizada— de personas de género no binario. Lo cierto es que este resultado de la investigación es previsible teniendo en cuenta la revisión de antecedentes, pero sigue siendo un hecho importante en cuanto que confirma el lugar central de la mujer en el ámbito de los estudios sobre alimentación. Es posible que su posición como elemento tradicionalmente responsabilizado de la alimentación de la familia haya supuesto un condicionamiento para que se interese por los estudios de temática alimentaria y nutricional, así como por la difusión de contenidos relacionados con la dieta saludable, aunque son aspectos en los que debe profundizarse más.

La Infografía 1 recoge la información sobre la autoría de los textos que conforman el corpus.

Infografía 1. Autoría de los textos

En cuanto a la mujer como fuente especializada de la información (Tabla 2), se observa que la presencia de las mujeres (26 %) como expertas es algo inferior a la de los hombres (33%), aunque no son resultados significativos por la relativa equidad que se manifiesta. Tampoco encontramos relación entre la elección de fuentes varón/mujer como autoridades científicas y el signo ideológico editorial de los periódicos analizados. Con todo, sí podemos destacar que cuando se citan como referentes especializados fuentes institucionales o colectivas se invisibiliza la presencia de la mujer en la investigación científica. Esto mismo ocurre en algunos sistemas de citación como Harvard o APA en la que se omite el desarrollo del nombre propio al referenciar y, al existir un prejuicio históricamente sustentado sobre la primacía del varón en las investigaciones científicas, se presupone de forma intuitiva una mayoría de fuentes masculinas. En el momento actual es importante visibilizar a las mujeres como generadoras de conocimiento, por lo que en la divulgación científica realizada en medios de gran alcance sí debería existir una reflexión sobre la pertinencia de mencionar de forma explícita a las mujeres que forman parte de equipos de investigación, instituciones o empresas.

	Hombre	Mujer	Institución	Empresa	Publicación	Trabajo inv.	Grupo inv.	Total
ABC	24	31	18	3	4	5	4	89
El Correo	18	4	6	2	1	3	0	34
El Mundo	9	10	9	0	0	0	0	28
El País	4	3	6	0	0	3	1	17
El Periódico	2	1	7	0	1	0	0	11
El Faro de Vigo	3	4	6	1	1	0	1	16
Heraldo de Aragón	5	0	2	1	0	0	0	8
La Nueva España	5	6	7	1	2	0	1	22
La Razón	17	12	9	10	4	3	2	57
La Vanguardia	14	11	5	0	2	1	0	33
La Voz de Galicia	27	19	17	1	2	2	1	69
Levante	7	6	9	1	2	0	2	27
Total	135	107	101	20	19	17	12	411
	33,8 %	26 %	24,6 %	4,9 %	4,6 %	4,1 %	2,9 %	

Tabla 2. Fuentes de la información

Sobre la representación de la mujer

Análisis de las imágenes

La iconosfera (Gubern, 1987) o sociedad de imágenes a la que alude Barragán Gómez (2005) al abordar el análisis del discurso de textos multisemióticos remite directamente a uno de los elementos más habituales en la prensa impresa y online, las imágenes. Alvarado (1994) insiste en esta dimensión icónica del paratexto que resulta fundamental para un análisis discursivo completo. Más recientemente, este análisis multisemiótico ha sido ampliado a nuevas modalidades que surgen a partir de la explosión masiva de los entornos audiovisuales, de las redes sociales y la comunicación mediática con múltiples focos. Kress y Van Leeuwen (1996, 2001), al analizar la semiótica de las imágenes que circulan por diferentes medios y que confieren un paisaje lingüístico físico y digital, destacan la doble naturaleza de las estructuras representacionales presentes en las imágenes: la narrativa y la conceptual (a su vez clasificatoria, analítica y simbólica) (1996, 59). Siguiendo a estos autores, debemos fijarnos en la mujer como protagonista de las imágenes y en la mujer dentro del significado global de las composiciones fotográficas. La imagen actuará intersemióticamente junto con el texto, y la perspectiva analítica será en ambos casos la misma, puesto que será crítica y tendrá como base la teoría del lenguaje como semiótica social de Halliday (1978), con lo que esto significa en cuanto a la forma en la que se relacionará el posicionamiento de la persona responsable del texto (y de las imágenes) con la polarización discursiva de sus representaciones ideológicas. En el caso del discurso alimentario de las preparaciones, nos interesa la polarización que dispone en sus extremos los ámbitos domésticos y profesionales, vinculados en la bibliografía precedente con las figuras femeninas y masculinas respectivamente. Estos extremos guardan relación con el menor o mayor prestigio que se asigna socialmente a los desempeños laborales realizados en casa y a los que se desarrollan de forma pública.

Para analizar las imágenes, las hemos clasificado en función de la presentación de la mujer frente al hombre y de su composición. La disposición de las personas y/o elementos que participan en las composiciones fotográficas permitirán además establecer mensajes principales y secundarios en las imágenes, en el sentido de alguno de los análisis realizados por Kress y van Leeuwen (1996, 109). Estos autores, al tratar en esta misma obra sobre el significado de las composiciones, mencionan la cuestión de la *prominencia* (1996, 177) que en el caso de los participantes agentes nos permitirá ver cuáles se disponen en primeros planos y cuáles tienen una presencia complementaria.

En total, en nuestro corpus contabilizamos 495 imágenes, en su mayoría de alimentos, pero también con participantes humanos y otros animales. No hemos constatado en el conjunto del corpus ninguna imagen que visibilice de forma explícita al colectivo trans o a personas no binarias en cuanto al género. Sí se han computado 7 casos de fotografías en las que no es posible identificar el género, pero no por ser personas no binarias, sino por el nivel de difuminado o la fragmentación. Esto será relevante para responder en parte a la última de las preguntas de investigación que nos formulamos sobre la presencia de identidades no binarias en el discurso alimentario de los medios generalistas. En la Infografía 2 se encuentran los datos de recuento de imágenes en función del género.

Las mujeres están presentes en 146 imágenes, es decir, en un 22 %, de las que en **109** ocasiones aparecen como participantes únicas en grupo o en solitario y en 37 como parte de grupos mixtos. Los hombres aparecen de forma exclusiva en **45** imágenes (un 9 %) y también en 37 como parte de grupos mixtos, lo que hace un total de 82.

Esto corrobora nuevamente la hipótesis inicial sobre la mayor visibilidad de la mujer en el ámbito de la alimentación, aunque es necesario refinar el análisis y no limitarse al recuento para comprobar cómo es la representación real que se hace de ella.

Infografía 2. Presencia de mujeres y hombres en las imágenes

La mujer como colaboradora o profesional de menor rango/menor cualificación

Del total de las imágenes del corpus en las que se muestra un grupo mixto de personas, el 24,3% tienen lugar en un ambiente laboral. De estas, en un 11% la mujer aparece como figura central o de poder, en un 44% mujeres y hombres coprotagonizan la foto y en el otro 44% se mantiene una representación tradicional de la mujer como compañera o colaboradora del varón, dispuesta en posiciones laterales/marginales en relación con los participantes principales. Merece especial atención la Imagen 1, que es claro ejemplo del mantenimiento de las representaciones conservadoras de la mujer. En ella destaca la presencia femenina en una composición que podríamos denominar de "chica Bond", esto es, las mujeres se disponen a ambos lados de una figura masculina, funcionando en su marginalidad y en su inclinación hacia el punto central como resaltes del elemento principal: el varón. Aun cuando dos varones se disponen igualmente a los lados de las mujeres referidas, el hecho de que se sitúen de pie frente a la posición sedente también resulta significativo, ya que su mayor cercanía con el cielo, su verticalidad, ofrece un valor simbólico añadido de mayor jerarquía profesional. También relevante es la indumentaria, más formal para los tres varones centrales de la imagen y más informal (teniendo en cuenta los cánones de indumentaria tradicionales) en el caso de las mujeres. La ocupación espacial del sofá también es relevante, pues el hombre ocupa casi la mitad de este y las mujeres se adaptan a los espacios de los extremos. Los cruces de piernas de las mujeres remiten además a su posición general de mayor vulnerabilidad puesto que en el caso de que se hubiesen dispuesto abiertas como la figura masculina central se interpretaría como una invitación sexual tácita o como un gesto de vulgaridad. La mujer desde siempre se ha relacionado con el decoro y este tipo de disposición más recatada es ampliamente aceptada y aplaudida por las sociedades contemporáneas.

Imagen 1. "El reto de comprar saludable" (*ABC*, 4 de diciembre de 2018)

La composición de la Imagen 2 también incide en esta representación de la mujer profesional como compañera o colaboradora del hombre, y también en este caso el rango podría ser el mismo, pero la disposición en segundo plano de la mujer junto con la dirección de su mirada enfocan sin duda el elemento central de la fotografía, el varón. Aunque en esta composición mixta la indumentaria es la misma, existen otros elementos que conforman a la mujer como secundaria: la altura inferior, el segundo plano, la dirección de las dos miradas y la acción. La estatura puede suponer simplemente un reflejo de la realidad más común; no obstante, en este caso se combina con la disposición en segundo plano que acrecienta todavía más las diferencias. En lo que respecta a la dirección de las miradas, mientras la del hombre se dirige a un dispositivo electrónico (aunque la expresión es de sonrisa no podemos presuponer el contenido que está viendo) la de la mujer se dirige al varón, con una expresión que podríamos identificar como de admiración. En ambos casos, la imagen es una recreación forzada y artificial en la emoción básica principal sería la "alegría" (Ekman, 1970). Finalmente, en cuanto a la acción representada, el papel del hombre es activo, parece estar revisando datos o al menos empleando material tecnológico de su investigación, mientras que el de la mujer es pasivo, observa a su compañero del que parece esperar alguna indicación.

Además de las mujeres representadas como colaboradoras con roles de mejor jerarquía profesional o más pasivos que los hombres, en las publicaciones recogidas en nuestro corpus también se pone de manifiesto el rol tradicionalmente asignado a la mujer como ama de casa (en concreto a partir de su actividad de clienta en los supermercados) y el de la mujer como profesional del sector terciario. Esto es, dentro de la distribución de la actividad económica no se suele vincular a las mujeres con los sectores primario y secundario, esenciales para la generación de riqueza y para garantizar el desarrollo económico de una sociedad.

Imagen 2. "Proyecto Kriptonita: contra el rastro de alérgeno" (*El Mundo*, 13 de diciembre de 2018).

La identificación global que se realiza de los sectores económicos en relación con el género en las imágenes identifica profesiones como por ejemplo la de pescador, propia del sector primario, con varones; mientras que en otras del sector terciario como camarera, reponedora o frutera predomina la presencia de mujeres. Hay que aclarar que la asociación entre el sector servicios y la figura femenina no se realiza de forma exclusiva en el corpus analizado, en el que también se recogen imágenes de hombres en puestos profesionales de este sector, como camarero. No obstante, lo interesante es el número de imágenes que vinculan profesiones y géneros, muy superior en lo relativo a hombres en los sectores primario y secundario (industria, empresa 75 %) frente a la mujer en el referido sector servicios (73 %). También es superior el número de mujeres consumidoras que reflejan las fotografías de los diarios analizados frente al número de imágenes de consumidores varones. En la Infografía 2 se recogen con detalle los datos principales al respecto de esta cuestión dentro de nuestro corpus:

GÉNERO EN LAS IMÁGENES EN FUNCIÓN DEL SECTOR ECONÓMICO

ACTIVIDAD	MUJER	HOMBRE	GRUPO MIXTO
Sector Terciario (excepto Chefs)	73%	18%	9%
Empresarios/as	15%	75%	10%
Consumo en (super)mercados	81%	6%	13%

Infografía 2. Presencia de mujeres y hombres en las imágenes en función del sector económico.

La Imagen 3 ejemplifica el modo en que los diarios potencian la representación de la mujer en el sector terciario, vinculado como se ha mencionado a los servicios y al comercio. En el análisis general de los datos (Infografía 2) se evidencia que la representación de la mujer como consumidora (Imagen 4) y como eje de consumo para la familia es prominente con respecto a los varones.

Imagen 3. Estos son los alimentos que más se encarecerán esta Navidad (*ABC*, 3 de diciembre de 2018).

Imagen 4. "Más de 4000 alimentos reducirán el azúcar..." (*Levante*, 22 de enero de 2019).

En definitiva, de forma consciente o no por parte de las redacciones de las revistas, persiste una representación conservadora del papel de la mujer en el ámbito económico; a pesar de disponerla en activo en el terreno laboral, se excluye su presencia de los sectores primarios y secundarios que sustentan la economía. Se maximiza por el contrario su papel de trabajadora del sector servicios y su papel como consumidora, con lo que se potencian prejuicios sobre la formación y capacitación profesional, así como sobre la esencialidad de su desempeño laboral. No debemos olvidar que la incorporación plena de la mujer al trabajo es un fenómeno relativamente reciente y que todavía es posible detectar la ausencia o baja representación de mujeres en determinadas profesiones.

La mujer como cuidadora y sostén de la familia

La estrategia de biologización de las mujeres, basada en una *esencialización* (Pereira et al., 2016) que parte de sus funciones biológicas y de sus particularidades hormonales, ha contribuido a que se maximice su potencial como madres y como cuidadoras. Este hecho explica desde la psicología que se perpetúe el sexismo a través de la estereotipación de las diferencias sexuales y de la *esencialización* de los géneros por motivos biológicos. En la totalidad del corpus se recogen 7 imágenes en las que aparece una mujer junto con nietas/os o hijas/os o familias; sin embargo, no se recoge ninguna fotografía de hombres que se presenten como figura paterna junto a su progenie sin el apoyo de figura femenina. Resulta un dato muy significativo, pues no solo incide en el carácter esencial de las mujeres como eje de las familias en el plano de la cocina y la nutrición, sino que al mismo tiempo desliga la masculinidad de los cuidados alimentarios en el ámbito de la familia. Por el contrario, como se observa en el conjunto de imágenes, las figuras masculinas en solitario estarán muy presentes en entornos públicos y de reconocido prestigio social.

En algún caso, como en la Imagen 5, observamos dentro de nuestro corpus cómo la imagen sirve para completar la información supuesta o intuida a partir del titular de las noticias. Es el caso del artículo "Es mejor comer como los abuelos que hacer dieta, según los nutricionistas" (*ABC*, 8 de enero de 2019) en el que la imagen de una abuela con su nieta devuelve una centralidad alimentaria y de cuidados a las mujeres que el titular en masculino genérico podría haber ocultado. Además, la imagen sirve de refuerzo para la representación de la mujer-madre/abuela, biologizada en exceso frente a un varón en el que no se revela su papel de procreador como elemento fundamental de su identidad. La condición biológica de la mujer como gestante y como agente principal en la lactancia mantiene la continuidad de forma permanente en la construcción identitaria global de la mujer. La responsabilidad sobre el cuidado y alimentación de la familia se convierte en una constante a lo largo de su vida y son ya muy conocidas las polémicas mediáticas sobre la imprudencia que supone preguntar a las mujeres en las entrevistas acerca de su compatibilidad laboral y familiar mientras que esta pregunta se omite en los hombres.

Imagen 5. "Es mejor comer como los abuelos que hacer dieta" (ABC, 8 de enero de 2019).

La asignación del rol doméstico a la mujer cocinera discurre en paralelo a la representación singular del hombre, que no se trata como un ente común e indefinido, como elemento de una familia, sino que en lo que concierne a las imágenes, se observa un significativo número de retratos de varones que se dedican de forma profesional a la cocina, es decir, chefs reconocidos. Ferran Adrià, Pepe Rodríguez, Ángel León o Rodrigo de la Calle se convierten así en protagonistas de las imágenes. Solo Elena Arzak y Samantha Vallejo-Nágera aparecerán singularizadas como chefs en las 330 noticias, y en el caso de la primera con la constante referencia a su padre. Por el contrario, los diarios sí singularizarán los retratos de mujeres profesionales de la nutrición, insistiendo así en su faceta central en el cuidado alimentario de la familia y la sociedad.

La mujer como ente sexualizado

Sobre la representación sexualizada de la mujer en la industria audiovisual y en la prensa existen multitud de investigaciones, especialmente realizadas desde las ciencias sociales y de la comunicación (Llanos y Ferré Pavia, 2020; Melero Muela, 2020; Romera, 2020; Galerón Molina, 2019; Fernández Vara, 2014) y todas ellas confirman el papel fundamental de los medios audiovisuales y de la prensa en la construcción cosificada, erotizada y sexualizada de la mujer (y la niña), así como en la responsabilidad que tienen los medios en la reproducción de estos estereotipos sexistas. A pesar de que en nuestra investigación hemos demostrado que en el ámbito especializado de la alimentación los medios generalistas visibilizan a la mujer profesional de la medicina y la nutrición en los relativo a los ámbitos alimentarios, también observamos que la representación general de la mujer pasa por una reproducción de la asignación sexista de roles tradicional, en especial en lo que se refiere a la dicotomía doméstico/público. La proyección de estereotipos sexistas se mantiene en lo que se refiere a la sexualización de la mujer en las imágenes de nuestro corpus. El cuerpo femenino constituye un elemento frecuente en las noticias sobre alimentación, en algunos casos de forma reiterada, como la imagen del vientre femenino y la cinta métrica que recogemos en el ejemplo de la Imagen 6 y que aparece casi idéntica en cuatro ocasiones más a lo largo del corpus. La Imagen 7 pone de manifiesto este mismo fenómeno de la erotización del cuerpo femenino. En ella se observan cuerpos tonificados en posturas artificiales y excesivas, innecesarias para ilustrar la información sobre dietas saludables.

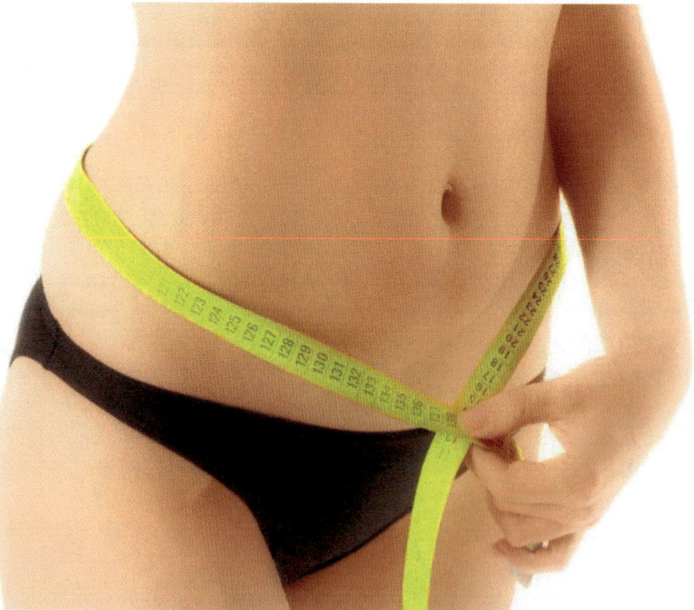

Imagen 6. "Propósitos de Año Nuevo: cinco "apps" que te ayudarán a cumplir tus objetivos" (*ABC*, 8 de enero de 2019).

Imagen 7. "Los 7 mandamientos 'detox' para olvidarnos de los excesos después de Navidad" (*El Mundo*, 3 de enero de 2019).

Una variante de la representación sexualizada de la mujer es la que explota la imagen de las celebridades. Este fenómeno, habitual en revistas de sociedad, resulta reseñable en las secciones de divulgación científica que hemos analizado. La Imagen 8 resulta un ejemplo ilustrativo de este fenómeno, y en diarios como *Faro de Vigo* se reproduce con otras famosas como Cindy Crawford, Gwyneth Paltrow o Elsa Pataky. Lo que se consigue al relacionar la nutrición con las celebridades, que son mujeres casi en su totalidad, es frivolizar la información científica al mismo tiempo que se establece un nexo entre esa frivolización y la esencia de lo femenino.

Imagen 8. "El reto "fit" de Jennifer López que triunfa en Instagram (*ABC*, 29 de enero de 2019).

Una vez realizado el análisis de las imágenes no podemos establecer una relación entre el carácter más o menos sexista de estas y la orientación ideológica de los diarios. En general, todos los periódicos analizados responden a las mismas pautas a la hora de ilustrar sus noticias, entrevistas y reportajes sobre cuestiones alimentarias, y las estrategias semánticas identificadas en este apartado se pueden entender como comunes a todos los diarios que conforman el corpus, con independencia de su carácter más o menos conservador. En resumen, podríamos afirmar que la tendencia global de las imágenes en los textos periodísticos sobre alimentación es visibilizar el lugar central de la mujer en la cuestión alimentaria y mantener parte de los estereotipos tradicionalmente asignados a la feminidad.

Análisis gramatical: el uso del lenguaje inclusivo

Centramos el análisis gramatical en los aspectos morfológicos de género, que es el eje central del estudio. El análisis morfológico del corpus revela la ausencia total del lenguaje inclusivo. El masculino genérico se emplea en el 100% de los textos, lo cual implica la referencia conjunta de hombres y mujeres en las que, como ya es sabido, solo se garantiza la presencia real de los hombres. Esto es, cuando en los artículos se recurre a formas como "los panaderos", "los ciudadanos", "el cliente español", "los españoles", "los médicos", "los hijos", "los niños" o "los invitados", podemos suponer la presencia de mujeres y personas no binarias en los grupos referidos, pero lo cierto es que solo es posible garantizar la presencia incontestable de varones y, desde un punto de vista cognitivo, entendemos que se focaliza y refuerza la representación simbólica de la primacía del varón. En muchos casos, incluso cuando el referente es femenino y es singularizado, se persiste en el uso del masculino para el nombre de profesiones como "médico" (por ejemplo, en el artículo de *ABC* del 28 de enero de 2019 referido a la doctora Odile Fernández, se refieren a ella como "esta médico de familia").

Mención específica requiere el canal "Familia" del diario *ABC,* en el que se encuentran algunas de las secciones en las que se publican con mayor frecuencia artículos sobre alimentación. Además de las secciones de 'Bienestar', 'Mayores' o 'Educación" encontramos la sección 'Padres e hijos', insistiendo en el uso del masculino genérico para la referencia conjunta. No obstante, el aspecto más sexista que se encuentra en las secciones de "Familia" es la presencia de una sección específica denominada 'Mujeres', que incide una vez más en la visibilidad de la mujer como elemento central en la configuración familiar. En este canal no se incluye espacio alguno destinado en exclusiva a varones, lo cual refuerza también la independencia asumida de estos frente a la divulgación sobre cuidados. Aunque sería necesaria una investigación más profunda, la lectura de los artículos sí revela una relación entre el carácter conservador del diario y la mayor centralidad de la mujer en los aspectos familiares, de cuidados y alimentarios.

Retomando la cuestión inicial, la presencia masiva del masculino genérico, por lo tanto, masculiniza los textos y funciona en los procesos de recepción como una manifestación constante de ideologías androcéntricas, a pesar incluso de la autoría femenina de gran parte de los textos. Es decir, mientras la autora permanece estática en una disposición relativamente oculta de los textos, el masculino genérico se presenta activamente en la totalidad de los artículos que conforman el corpus, reproduciendo los mecanismos tradicionales de las ideologías dominantes en cuanto al género.

Es importante destacar el hecho de que, pese a que, según los textos académicos y las opiniones contrarias a la implementación del lenguaje inclusivo, la palabra "padre" remite conjuntamente a la figura materna y a la paterna, en las noticias que conforman el corpus analizado se contabiliza la mención explícita a "madre/s" hasta en 54 ocasiones. Esto apunta nuevamente hacia la centralidad de la mujer en la alimentación y a su construcción discursiva biologizada, a la que ya nos hemos referido al tratar las imágenes.

La Tabla 3 aporta algunos datos concretos al respecto de esta cuestión.

Término	Número de apariciones
Madre/s	54
Padre/s (referido a la figura parental masculina)	14
Padre/s (genérico referido a una figura parental indeterminada o al conjunto)	42
Madre + oficio	7
Padre + oficio	0

Tabla 3. Presencia de "madre/s" y "padre/s" en el corpus.

No nos detendremos más en aclarar la pertinencia y necesidad de recurrir al lenguaje no sexista (directo o indirecto y preferiblemente no binario) como herramienta para alcanzar la inclusividad de todas las identidades de género, especialmente en textos periodísticos de medios con amplia difusión. El carácter excluyente de la lengua ya ha sido tratado recientemente con perspectiva no binaria por López (2020) abriendo así un debate más amplio sobre el carácter excluyente del lenguaje inclusivo binario.

Análisis de la subjetividad en los textos

Tras la lectura de los 330 artículos que conforman el corpus se observa que el discurso periodístico de temática alimentaria se articula a partir de lógicas deónticas, es decir, basadas en la normatividad, en concreto en las normas alimentarias que ponderan lo natural y la mesura como base de lo saludable. La totalidad de los artículos presentan estrategias de significado comunes que en gran medida pueden tener su origen en la automatización de algunas racionalizaciones de la cultura de la alimentación saludable. Estas lógicas deónticas se expresan lingüísticamente a partir de verbos y perífrasis de obligación o recomendación (por ejemplo, en "Hay que comer cada tres horas" *ABC* 9/01/2019; "Cinco mitos sobre los lácteos y sus 'muchos beneficios' que deberías saber" *ABC* 5/12/2018) que se basa en la polarización clásica *experto/a-lego/a*. Desde la perspectiva de género es importante apuntar que los verbos de esta naturaleza suelen ir acompañados en nuestro corpus por sujetos masculinos o en masculino genérico, y hasta en 43 ocasiones se detectan estructuras en las que se combinan sujetos referidos a autoridades intelectuales en masculino ("expertos" o "científicos", por ejemplo) con verbos de permiso, prohibición, recomendación propios de una modalidad deóntica o en contextos claramente deónticos. En algunos casos estas estructuras deónticas masculinas o masculinizadas se presentan incluso en los titulares ("El médico que permite comer jamón ibérico y aceite de oliva para adelgazar" *ABC* 26/12/2018).

Al tratar de las lógicas deónticas de los textos ya se evidencia que partimos en el análisis de una perspectiva crítica, lo cual nos lleva a cuestionar la presencia de recursos lingüísticos subjetivos, impropios en los géneros periodísticos de nuestro corpus. Esto es, además de la modalidad referida, mientras en los artículos de opinión y editoriales periodísticos es muy frecuente el uso de intensificadores, tanto léxicos, semánticos como discursivos (Renkema, 2001), los artículos y noticias deberían estar exentos de estos usos, por lo que implican en cuanto a la presencia de subjetividad en el discurso. En la Tabla 4 se ofrece un recuento de algunos de los elementos intensificadores utilizados en los textos, entre los que se encuentran adjetivos, superlativos absolutos y relativos, así como adverbios. Todas estas formas, previsibles en los géneros periodísticos más personales y subjetivos, revelan el carácter también personal que se le da al tratamiento de las noticias sobre alimentación.

Intensificador	Número de apariciones
Muy	331
Mucho/s	263
Mucha/s	129
Demasiado	31
Excesivamente	6
Altamente	6
Considerablemente	4
Enormemente	1
Sumamente	1
-ísimo/s	16
-ísima	12
El más	18
Los más	32
La más	20
Las más	18

Tabla 4. Intensificadores presentes en el corpus

Una vez reconocida esta presencia de la orientación deóntica, más propia de textos prescriptivos como prospectos, así como de intensificadores, como un rasgo más habitual en los subgéneros de opinión, nos centraremos en analizar otras huellas de modalización discursiva presentes en los textos con el fin de determinar la presencia de subjetividad en los géneros periodísticos compilados a través de las marcas que traslucen la ideología (como creencias socialmente compartidas) de las personas que las han redactado. No realizaremos la búsqueda indiscriminada de estrategias y recursos, sino que nos centraremos en los fenómenos que incidan en la representación de las mujeres. Organizaremos esta sección de los resultados del mismo modo que el análisis de imágenes, a través de la identificación de estrategias globales, en este caso a partir de la polarización semántica con respecto al género.

Antes, es preciso aclarar que, al igual que los intensificadores, son frecuentes las marcas de modalidad epistémica, deóntica y valorativa a lo largo del corpus. Puesto que no tiene incidencia en cuanto al género, no nos detendremos en analizar estos elementos, aunque podemos mencionar como dato complementario del análisis de la subjetividad las 291 apariciones de la perífrasis de obligación "deber + infinitivo" o las 25 ocasiones en que se recoge la forma de evaluación axiológica "error(es)" al referirse a diferentes opciones de dieta.

Polarización del prestigio en la actividad de la cocina en función del género

Como comentamos inicialmente en los aspectos metodológicos, el discurso alimentario se polariza, en lo referente a las preparaciones (y en cuanto al género), entre lo doméstico y lo profesional. Existen algunos elementos lingüísticos que funcionan como huellas de la modalización discursiva que permite revelar el posicionamiento consciente o no de autoras y autores. Es el caso del uso de sustantivos como *gastronomía* frente a *cocina*, *alta cocina* frente a *cocina*, *chef* frente a *cocinero*, o la presencia de adjetivos ponderativos como *alta* unido a sustantivos como *cocina* y *gastronomía*. Estos casos pueden considerarse como recursos de la modalidad apreciativa o valorativa, que es muy frecuente en el lenguaje periodístico. Por ejemplo, destaca la noticia "Chefs que revalorizan la cocina de producto" (*El Comercio*, 28 de enero de 2019), en la que además del empleo de "chef" en el titular podemos observar el uso de "alta gastronomía" en la bajada o subtítulo de la noticia. En *El Correo* del 14 de enero de 2019 se incluía igualmente en el titular el uso de *alta cocina* en "La alta cocina se pone a dieta" y se refuerza la figura prestigiosa del chef varón al centrar la noticia en las propuestas de Rodrigo de la Calle y Jesús Segura, e ilustrarla con la imagen del primero de los cocineros mencionados. En el análisis de las imágenes ya se señaló que el número de noticias e imágenes protagonizadas por chefs varones era muy superior al de mujeres.

Otro ejemplo que ilustra claramente esta polarización en la que sin duda se otorga el mayor prestigio a los varones es el del artículo de la sección "Gastro" del diario *El Mundo* publicado el 3 de enero de 2019. El titular "Más allá de los grandes chefs: los 'no-cocineros' que reinventaron la gastronomía" recoge los recursos ya mencionados de modalidad valorativa "grandes chefs" junto con el juego de negación "no-cocineros" que no hace otra cosa que minimizar la profesión doméstica de cocinar, pues al elogiar la grandeza de los protagonistas de la noticia y negar su condición de cocineros los eleva a una nueva categoría en las preparaciones culinarias, la de chefs renovadores de la gastronomía. Aunque el uso del masculino genérico podría ocultar mujeres en el cuerpo de la noticia, lo cierto es que solo se mencionan varones cocineros de varios momentos de la historia de España (Alberto Chicote, Pepe Rodríguez, Jordi Cruz, Víctor Merino, Pedro Larumbe, Clodoaldo Cortés, Clemencio Fuentes).

La dimensión doméstica de la cocina se vincula, pues, a la mujer en mayor medida; frente a una profesionalización culinaria que en el caso de los varones se eleva a una categoría artística. Esto guarda relación directa con esa centralidad de la mujer en la intendencia familiar que ya se ha analizado en este trabajo y en investigaciones previas ya referidas.

Biologización de la mujer: la mujer madre y la maximización de su faceta de cuidadora

La alimentación va ligada al desarrollo social y, por ello, a la noción de familia. De hecho, el término "familia" se menciona hasta en 90 ocasiones, lo cual ya resulta significativo. Encontramos en el corpus tres ocasiones en las que se pregunta a entrevistados varones por cuestiones familiares, pero de forma más específica, los textos continúan estableciendo la relación de las mujeres con su familia en tanto que cuidadoras. Tal es la relevancia de la representación ideológica de la mujer como centro de la familia que incluso en el diario *La Razón* incluyen en la sección "Familia" artículos exclusivamente dirigidos a las mujeres ("¿De qué manera influye el ciclo menstrual en el hambre que tenemos?" *La Razón*, 25/01/2019; "Cinco hábitos saludables para la salud femenina", *La Razón*, 10/01/2019). En esta sección, aunque algunos titulares no remiten directamente a las mujeres, el contenido se especializa en estas, destacan los artículos sobre dietas y trucos para no engordar junto con recomendaciones alimentarias para la piel. En todos los casos se centran en las mujeres y no se plantean a los varones como objetivos de su discurso. Por supuesto, la naturaleza procreadora de la madre y la lactancia en los primeros meses de vida de los bebés motivan la mitificación de la mujer-madre. El sustantivo "madre(s)" se repite en nuestro corpus en 45 ocasiones, sin contar los casos en los que forma parte de direcciones web o de las estructuras "levadura madre" y "células madre". Algunos contextos en los que se presenta son simplemente deícticos o denominativos, pero en otros se maximiza su potencial de cuidadora, su responsabilidad sobre la salud de la progenie y su capacitación para la cocina:

(1) "Las ostras, en crudo, o 'albardadas', como las prepara mi madre, doña Amparo." (*ABC*, 18/12/2018).

(2) "A nivel público queda muy bien hablar de la creación espontánea, de la anarquía y decir cosas como que la mejor cocina del mundo es la que hacía la madre de uno (...)" (*ABC*, 28/01/2019).

(3) "Obligadas a alimentarse por sus madres y tías." (*ABC*, 19/12/2018).

(4) "Los cocineros de hoy en día tenemos la suerte de haber caído en una época maravillosa. Yo creo que no he hecho más méritos que mi madre, pero me los reconocen mucho más (...)." (*ABC,* Summum, 16/01/2019).

(5) "Mi madre hacía las mejores acelgas del universo conocido." (*El Correo*, 24/01/2019).

(6) "(...) hay que tener mucho cuidado con lo que come la madre..." (*La Razón*, Atusalud, 16/01/2019).

(7) "(...) los efectos negativos de los niños se producen por la composición nutricional de la leche materna y la sangre de la madre (...)." (*La Razón*, Atusalud, 16/01/2019).

(8) "Los malos hábitos en la dieta de la madre pueden heredarse." (*La Razón*, Atusalud, 16/01/2019).

(9) "Recuerdo que mi madre me daba jugo de carne por aquello de la proteína animal y hasta eso me negaba a tomar." (*La Razón*, 1/12/2018).

(10) "La denominada alimentación obesogénica de la madre (...) aumenta el riesgo de que el bebé padezca diabetes (...)." (*La Razón*, Atusalud, 16/01/2019).

(11) "(...) este estudio ha objetivado que las madres que se alimentan mal (...) producen una leche con factores adipogénicos (...)." (*La Razón*, Atusalud, 16/01/2019).

(12) "(...) ilustró con cifras que más del 90% de las madres se alimentaba al menos una vez a la semana con comida rápida (...)". (*La Razón*, Atusalud, 16/01/2019).

Al igual que observamos en las imágenes, en los textos se establece, pues, una relación entre la mujer, su función biológica de madre y la labor del cuidado de la familia. Esta representación, que parte de la esencialización femenina que ya mencionamos y, aunque no es un elemento excesivamente recurrente en el corpus, no se refleja en los varones. Desde el punto de vista lingüístico, además de la frecuencia de aparición del sustantivo "madre", se identifica esta estrategia con la aparición conjunta de la alusión al cuidado propio de la dieta y al de la familia en entrevistas, testimonios o noticias de mujeres. Algunos ejemplos se recogen a continuación:

(13) "[Hablando de la doctora Odile Fernández] Madre de tres niños, esta médico de familia presenta un manual para potenciar la salud de los pequeños...". (*ABC*, 28/01/2019).

(14) "El mejor truco es el de Elsa Pataky, quién es un ejemplo de nutrición sana. La española cuida al máximo su dieta y la de su familia todo el año, evitando alimentos ultraprocesados." (*Levante*, 15 de enero de 2019).

(15) "La investigación para *Mala leche* comenzó en 2012, cuando Barruti [Soledad] empezó a revisar las etiquetas de lo que comía Benjamín, su hijo de diez años." (*El País*, 28 de diciembre de 2018).

(16) "La dieta de cafetería en la lactancia provoca obesidad en el niño." (*Atusalud*, 16/01/2019).

(17) "Alternativas para endulzar y otros trucos para mejorar la alimentación de tus hijos. Consejos prácticos de la doctora Odile Fernández, autora de *Mi niño come sano*." (*La Vanguardia*, 20/12/2018).

Finalmente, hemos de destacar que uno de los subgéneros en los que resulta más presente esta vinculación de la mujer-madre con el cuidado de la familia y la faceta culinaria son las entrevistas, por lo que queda patente que el estereotipo de la cocinera maternal doméstica sigue vivo en el imaginario social.

Subordinación de la mujer frente al hombre

Salvo en los artículos y entrevistas de cocineras hijas de cocineros reconocidos, no se observa en el corpus la subordinación de la mujer frente al hombre salvo en algún ejemplo aislado: "Cuando se da un capricho la mujer de Chris Hemsworth elimina los excesos con un poco de deporte." (*Faro de Vigo*, 15/01/2019). Esta tendencia tiene sentido en el conjunto de rasgos que llevamos identificando, pues la presencia de la mujer en el discurso alimentario es primaria, preeminente, por lo que las estrategias de subordinación solo se observan en el nivel del prestigio profesional que ya ha sido tratado.

Polarización de la formación médico-sanitaria en función del género

Por último, el análisis crítico ha de detenerse en el modo en que la realidad mujer/varón también se polariza entre la menor y la mayor formación médica, es decir, entre los cuidados y el desarrollo científico, siendo la mujer la que suele identificarse con el primer grupo y el hombre con el segundo grupo. Entre las huellas lingüísticas que encontramos para afirmar la existencia de esta estrategia semántica de sobrecapacitación de la mujer como ente de cuidados está el uso del femenino en la referencia a profesiones sanitarias que requieren menor nivel de formación. Uno de los ejemplos más representativos en el corpus es la noticia de *La Voz de Galicia* publicada el 8 de enero de 2019: "Demandan enfermeras en los centros escolares para acabar con la obesidad infantil". El uso exclusivo del femenino y no de desdoblamientos implica una asunción de los cuidados y de los servicios asistenciales como propios o más acusados en las mujeres que en los hombres, insistiendo nuevamente en las representaciones tradicionales que ya mencionamos al tratar los antecedentes de la investigación. El sustantivo "enfermera(s)" aparece en 5 artículos diferentes, mientras que "enfermero(s)" se repite 5 veces, pero siempre dentro del mismo artículo. Este dato no es irrelevante ya que en los casos mencionados se usa como genérico contradiciendo así el uso general del masculino genérico empleado en la totalidad de los textos.

Conclusiones

Los resultados del estudio revelan que la visibilidad de la mujer en el discurso alimentario de los medios de comunicación generalistas es mayor que la del hombre. A pesar de que en la totalidad del corpus recogido no se observan recursos de lenguaje inclusivo binario o no binario, y que el texto se muestra así masculinizado y se invisibiliza en numerosas ocasiones la presencia de la mujer a partir del uso del masculino genérico, la mujer sigue estando presente de forma notable. Nuestro análisis ha constatado también que no existe visibilidad alguna de las personas de género no binario o colectivo trans. La mujer se manifiesta así como elemento preeminente en el discurso alimentario y nutricional, tanto como redactora, como especialista o agente de la propia información. Se aprecia también su centralidad como destinataria a partir de la detección de secciones e informaciones específicas para las singularidades femeninas.

En cuanto a la representación de la mujer, a pesar de su centralidad en la temática alimentaria, esta sigue construyéndose a partir de lógicas patriarcales que tienen como base la función biológica de la mujer y su papel social tradicional como eje de la familia nuclear. Para ello, el discurso (tanto texto como imágenes) presenta estrategias semánticas de esencialización (biologización) y sexualización-erotización de la figura femenina. Asimismo, en el discurso analizado se identifica, además, una persistencia de ciertos estereotipos masculinos como su papel fundamental en la base de la economía y desarrollo social. Se observa también una polarización discursiva en lo que refiere al prestigio de la práctica profesional gastronómica en la que el hombre se vincula con el mayor prestigio frente a la reducción general de la mujer a los espacios domésticos.

Epílogo: Antonio Rifón, morfólogo

No recuerdo bien cuándo, pero sí sé que conocí personalmente a Antonio Rifón en uno de los primeros Encuentros de Morfólogos, cita anual que desde 2005 reúne a estudiosos de la morfología española. Es cierto que yo ya había leído muchas de sus excelentes publicaciones, pero a partir de esa fecha puse cara a sus trabajos. Desde el primer momento noté que Antonio era una persona cercana, un colega muy humano, humilde, discreto, risueño, divertido. En lo profesional, uno de los mejores en la morfología actual: preciso, metódico, concienzudo, con un dominio enorme de la morfología derivativa y con una mente morfológico-filosófica que le permitía intervenir en todos los foros con enorme brillantez.

En julio de 2007 volvimos a coincidir en Soria, en un Seminario de Lengua Española dirigido por José Antonio Pascual, donde Antonio nos habló sobre *"La lexicografía histórica y la evolución del significado morfológico"* e intentó mostrarnos la aportación de la morfología a la confección de un diccionario histórico, para poner de relieve la necesidad de colaborar los morfólogos con los lexicógrafos y huir del aislacionismo disciplinar en el que, muchas veces, los estudios de la lengua están anquilosados; y todo esto lo expuso con un planteamiento tan sólido como lúcido, pues él huía de la pedantería, y su sencillez personal se transmitía a sus escritos sobre temas complejos, cuya lectura siempre era y es clara y precisa.

En 2005 surgió la *Red Temática Española de Morfología*,[136] proyecto para dar a conocer la investigación en el ámbito de la morfología de diferentes grupos de universidades españolas, de la que Antonio Rifón formó parte desde el inicio como coordinador del grupo de la Universidad de Vigo.

---

136 (RETEM: http://hispanicasuam.es/RETEM/),

En todas las actividades relacionadas con la morfología ha estado presente en los últimos años, como pone de manifiesto MORFORETEM,[137] blog coordinado por David Serrano Dolader y Elena Felíu que pretende ser un cauce de información sobre encuentros y congresos, publicaciones relevantes, tesis doctorales o todas las herramientas informáticas que sobre la morfología del español van apareciendo. En este blog también tiene cabida el "Test del morfólogo", en cuya entrada dedicada a Antonio Rifón[138] se cala bien su carácter de discípulo agradecido, al considerar a su maestro Jesús Pena como su lingüista favorito, pues "me enseñó todo lo necesario para que pudiese andar solo. Además, tiene coña", nos dice. Y también permite descubrir muchos otros rasgos de su personalidad, como que le seduce "el orden en el desorden" y que "todo está maravillosamente ordenado y desordenado a la vez".

Antonio Rifón ha sido un gran puntal en la morfología desde que realizó su tesis doctoral, en 1994, sobre la *Derivación verbal en español* hasta que la enfermedad le cortó las alas. Su investigación se ha centrado, sobre todo, en la morfología derivativa del español, tanto desde un punto de vista sincrónico como diacrónico, con especial atención a la organización y evolución de significados y a la competencia de afijos, así como a las relaciones semánticas entre ellos (al análisis minucioso de los sufijos *-oide, -dor, -nte, -ura, -dero* o de los prefijos *supra-* o *infra-*, entre otros elementos, dedicó varios estudios). En todos los congresos en los que coincidimos, siempre sobre aspectos morfológicos, conversamos y, además de aprender mucho de él, lo pasamos bien, pues era un filólogo "normal", en el mejor sentido del término: gran estudioso, culto, metódico, humano, sin alardes de su conocimiento, sin pedantería, sin presunción, sino todo lo contrario: quienes lo conocimos siempre lo vimos como una persona humilde, prudente, con un riguroso conocimiento de la lengua y con un gran sentido del humor. La morfología del español ha perdido a uno de los mejores.

Marisa Montero Curiel
Universidad de Extremadura

---

137 (https://morforetem.wordpress.com/)

138 (https://morforetem.wordpress.com/2014/12/22/el-test-del-morfologo-antonio-rifon-sanchez/)

Bibliografía final

ADESSE (2002-2023). *Base de datos de Verbos, Alternancias de Diátesis y Esquemas Sintáctico-Semánticos del Español.* http://adesse.uvigo.es/

Aisenstein, A. y Cairo, M. E. (2012). El gobierno de la moral y la salud: educación alimentaria en el discurso pedagógico. *História da Educaçao, 16* (38), 227–248.

Alcíbar Cuello, J. M. (2004). La divulgación mediática de la ciencia y la tecnología como recontextualización discursiva. *Anàlisi: Quaderns de comunicació i cultura, 31,* 43–70.

Alemany Bolufer, J. (1920). *Tratado de la formación de palabras en la lengua castellana.* Librería General de Victoriano Suárez.

Alexiadou, A., y Martin, F. (2012). Competing affixes as aspectual morphemes: The case of deadjectival nominalizations. *Athanasios Karasimos, 8,* 8–21.

Almela Pérez, R. (1999). *Procedimientos de formación de palabras en español.* Ariel.

Alvarado, M. (1994). *Paratexto.* EUDEBA.

Amancio, D. R. (2015). A Complex Network Approach to Stylometry. *PLOS ONE, 10*(8). https://doi.org/10.1371/journal.pone.0136076

Anderson, S. R. (1992). *A-Morphous morphology.* Cambridge University Press.

André, J. (1971). *Emprunts et suffixes nominaux en latin.* Libraire Minard.

Andreatta, M. M. y Martínez, A. (2017). Alimentación cotidiana y normas de género: un etnodrama. *Apostadigital. Aposta Revista de Ciencias sociales, 73,* 9–29.

Antiqueira, L., M. Nunes, O. Oliveira Jr. y L. da F. Costa. (2005). Modelando textos como redes complexas. En L.C. Soprani *et al.* (eds). *Anais do XXV Congresso da Sociedade Brasileira de Computação (III Workshop em Tecnologia da Informação e da Linguagem Humana* (pp. 22–26). Sociedade Brasileira de Computação. https://doi.org/10.5753/wei.2017

Antiqueira, L., Nunes, MG., Oliveira, O. y Costa, L. (2007). Strong correlations between text quality and complex networks features. *Physica A: Statistical Mechanics and its Applications, 373,* 811–820. https://doi.org/10.1016/j.physa.2006.06.002

Aronoff, M. (1976). *Word formation in generative grammar.* The MIT Press.

Baayen, H. (2010). The Directed Compound Graph of English. An Exploration of Lexical Connectivity and its Processing Consequences. En S. Olsen (Ed.), *New Impulses in Word-Formation* (pp. 383–402). Buske.

Barragán Gómez, R. (2005). Análisis crítico del discurso en textos multisemióticos. *Lenguaje, 33*, 361-377. https://doi.org/10.25100/lenguaje.v33i0.4831

Barranco Flores, N. (2015). Las cadenas nominales y la estigmatización de la realidad referida en el periodismo informativo. En S. Henter, S. Izquierdo y R. Muñoz (eds.), *Estudios de pragmática y traducción* (pp. 199–134). Ediciones de la Universidad de Murcia.

Barzilay, R. y M. Elhadad (1999). Using lexical chains for text summarization. En I. Mani y M.T. Maybury (eds.), *Advances in Automatic Text Summarization* (pp. 111-121). The MIT Press.

Bastian, M., S. Heymann y M. Jacomy (2009). Gephi: An Open Source Software for Exploring and Manipulating Networks. *ICWSM, 8*, 361–362. https://doi.org/10.1609/icwsm.v3i1.13937

Battaner, P. (dir.) (2001). *Lema. Diccionario de la lengua española.* Vox.

Bauer, L. (1996). Derivational Paradigms. En G. Booij y J. van Marle (eds.), *Yearbook of Morphology* (pp. 243–256). Kluwer Academic Press.

Bauer, L. (2001). *Morphological productivity.* Cambridge University Press.

Becker, T. (1993). Back-formation, Cross-formation, and Bracketing paradoxes' in paradigmatic morphology. En G. Booij y J. van Marle (eds.), *Yearbook of Morphology* (pp. 1–25). Kluwer Academic Press,

Beecher, H. (2004). Derivational Paradigm in Word Formation. Recuperado de http://citeseerx.ist.psu.edu/viewdoc/summary?doi=10.1.1.94.9071

Beniers, E. (1988). La producción de nombres postverbales en español. *Anuario de Letras, Lingüística y Filología, 26*, 229–238.

Bernal, E. y DeCesaris, J. (2006). Nominalitzacions deverbals: distribució formal i semàntica. En Mª C. Junyent Figueres (dir.), *Actes del VII Congrés de Lingüística General. 18-21 de abril de 2006.* Universitat de Barcelona.

Bernárdez, E. (1982). *Introducción a la lingüística del texto.* Espasa-Calpe.

Berretoni, P. (1985). La classificazione semántica dei verbi. Proposta di revisione terminológica. En R. Ambrosini (ed.), *Tra linguistica storica e linguistica generale* (pp. 67–88). Pacini.

Bertinetto, P.M. (1994). Statives progressives and habituals: analogies and differences. *Linguistics, 32*, 391–423. https://doi.org/10.1515/ling.1994.32.3.391

Biemann, C., Choudhury, M., y Mukherjee, A. (2009). Syntax is from mars while semantics from venus! Insights from spectral analysis of distributional similarity networks. En K. Su *et al.* (eds), *Proceedings of the ACL-IJCNLP 2009 Conference Short Papers* (pp. 245–248). Association for Computational Linguistics.

Blevins, J. P. (2001). Paradigm derivation. *Transactions of the Philological Society, 99* (2), 211–222. https://doi.org/10.1111/1467-968X.00080

Bonami, O., y Strnadová, J. (2018). Paradigm structure and predictability in derivational morphology. *Morphology, 29*, 167–197. https://doi.org/10.1007/s11525-018-9322-6

Booij, G. (1988). The relation between inheritance and argument linking: deverbal nouns in Ducht. En M. Everaert, A. Evers, R. Fluybregts y M. Trommelen (eds.), *Morphology and modularity* (pp. 57-74). Foris.

Booij, G. E. (1986). Form and meaning in morphology: the case of Dutch'agent nouns. *Linguistics, 24*, 503–517.

Booij, G. (1994). Review of H. Bochner, *Simplicity in Generative Morphology*. *Linguistica* 2, 592–598. https://doi.org/10.1515/ling.1986.24.3.503

Bosque, I. (1982). La morfología. En F. Abad y García Berrio (coords.), *Introducción a la lingüística* (pp. 115- 153). Alhambra.

Bosque, I. (1989). *Las categorías gramaticales*. Síntesis.

Bosque, I. (1993). Sobre las diferencias entre los adjetivos relacionales y los calificativos. *Revista Argentina de Lingüística, 9* (1-2), 9–48.

Boudin, F. (2013). A comparison of centrality measures for graph-based keyphrase extraction. En R. Mitkov y J. Park (eds.), *Proceedings of the Sixth International Joint Conference on Natural Language Processing (IJCNLP)* (pp. 834–838). Asian Federation of Natural Language Processing.

Boudin, F. (2018). Unsupervised Keyphrase Extraction with Multipartite Graphs. En M. Walker et al. (eds.), *Proceedings of the 2018 Conference of the North American Chapter of the Association for Computational Linguistics: Human Language Technologies, Volume 2* (Short Papers) (pp. 667-672). Association for Computational Linguistics.

Bougouin, A., F. Boudin y Daille, B. (2013). Topic Rank: Graph-based topic ranking for keyphrase extraction. En R. Mitkov y J. Park (eds.), *Proceedings of the Sixth International Joint Conference on Natural Language Processing (IJCNLP)* (pp. 543–551). Asian Federation of Natural Language Processing.

Brandes, U. (2001). A faster algorithm for betweenness centrality. *Journal of Mathematical Sociology, 25* (2), 163–177. https://doi.org/10.1080/0022250X.2001.9990249.

Brinton, L. (1988). *The development of English aspectual systems*. Cambridge University Press.

Brinton, L. (1995). The aktionsart of deverbal nouns in English. En P.M. Bertinetto *et al.* (eds.), *Temporal Reference, Aspect and Actionality* (pp. 27-42). Sellier.

Brown, G. y Yule, G. (1983). *Discourse analysis*. Cambridge University Press.

Bosque, I. y M. Pérez Fernández (1987). *Diccionario Inverso de la Lengua Española*. Gredos.

Bruyne, J. de (1989). Antolojoide. *Boletín de la Real Academia Española, 69* (246), 91–130.

Buenafuentes de la Mata, C. y Muñoz Armijo, L. (2013). *La rivalidad léxica en el patrón derivativo de los nomina qualitatis.* https://web-data.atilf.fr/ressources/cilpr2013/programme/resumes/462f843e9a1cf388ad8acf214d8cd7c0.pdf

Bybee, J. L. (1985). *Morphology. A Study of the Relation Between Meaning and form.* John Benjamins.

Bybee, J.L. (1988). Morphology As Lexical Organization. En H. Hammond y M. Noonan (eds.), *Theoretical Morphology* (pp. 119–141). Academic Press.

Calsamiglia Blancafort, H. y Tusón Valls, A. (2004). *Las cosas del decir. Manual de análisis del discurso.* Ariel.

Camus Bergareche, B. (1996). Analogía y morfología contemporánea. *Dicenda, Cuadernos de Filología Hispánica, 14,* 69–78.

Camus Bergareche, B. (1998). Paradigmas en morfología derivativa: sustantivos españoles en *–ez. Verba, 25,* 357–374.

Camus Bergareche, B. y Miranda, A. (1996). En favor de una morfología paradigmática: las formaciones españolas en *–ata, Revista Española de Lingüística, 26* (2), 271-300.

Carstairs, A. (1987). *Allomorphy in inflexion*. Routledge.

Casati, R. y Varzi, A. (1999). *Parts and Places. The Structure of Spatial Representation.* The MIT Press.

Chafe, W. (1970). *Meaning and the structure of language*. University of Chicago Press.

Chaffin, J., Herrmann, D. J. y Winston, M. E. (1988). An empirical taxonomy of part-whole relations: effects of part-whole-relation on relation identification. *Language and Cognitive Processes, 3,* 17–48. https://doi.org/10.1080/01690968808402080

Chantraine, P. (1968-1980). *Dictionaire étymologique de la langue grecque: Histoire des mots.* Éditions Klincksiek.

Comrie, B. (1976). *Aspect.* Cambridge University Press.

Corbin, D. (1980). Contradictions et inadéquations de l'analysc parasynthétique en morphologie dérivationnelle. En A.M. Desseaux-Berthoneau (ed.), *Théories linguistiques et traditions grammaticales* (pp. 181-224). Presses Universitaires.

Corbin, D. (1987). *Morphologie derivationnelle et structuration du lexique.* Max Niemeyer.

Corominas, J. y Pascual, J.A. (1983). *Diccionario crítico etimológico castellano e hispánico.* Gredos.

Coseriu, E. (1977). *Principios de semántica estructural.* Gredos.

Crane, G. R. (ed.). *The Perseus Project.* https://www.perseus.tufts.edu/hopper/

Croft, W. y Cruse, D.A. (2004). *Cognitive Linguistics.* Cambridge University Press.

Cruse, D.A. (1979). On the transitivity of the part-whole relation. *Journal of Linguistics, 15,* 29–38.

Cruse, D.A. (1986). *Lexical semantics.* Cambridge University Press.

Cruse, D.A. (1994). Prototype theory and lexical relations. *Rivista di linguistica,* 6 (2), 167–188.

Cruse, D.A. (2000). *Meaning in language. An introduction to Semantics and Pragmatics.* Oxford University Press.

Cruse, D.A. (2002). Hyponymy and its Varieties. En R. Green, C. Bean y S.H. Myaeng (eds.), *The Semantics of Relationships. An Interdisciplinary Perspective* (pp. 3–21). Kluwer Academic Press.

Darmesteter, A. (1875). *Traité de la formation des mots composés dans la langue française compare aux autres langues romanes et au latin.* Librairie A. Franck.

Davies, M. (1994). *Corpus del español* [en línea]. https://www.corpusdelespanol.org/

Demonte, V. (1999). El adjetivo: clases y usos. La posición del adjetivo en el sintagma nominal. En I. Bosque y V. Demonte (eds.), *Gramática descriptiva de la lengua española* (pp. 129–215). Espasa-Calpe.

Díaz Rojo, J. A. y Morant Marco, R. (2007). El discurso crítico contra la 'tiranía' del culto al cuerpo. *Tonos. Revista electrónica de estudios filológicos, 14.*

Diccionario General de la Lengua Española Vox (1997) (versión en CD-ROM). VOX.

Dik, S. (1989). *The theory of functional grammar.* Foris.

Dressler, W. U. (1986). Explanation in natural morphology, illustrated with comparative and agent-noun formation. *Linguistics, 24,* 319–548. https://doi.org/10.1515/ling.1986.24.3.519

Ekman, P. (1970). Universal Facial Expressions of Emotions. *California Mental Health Research Digest, 8* (4), 151–158.

Enderton, H. B. (1977). *Elements of set theory.* Academic Press.

Etxarte, H. (16/05/2020). Así en la enfermedad como en la guerra. *Ctxt. Contexto y acción.* https://ctxt.es/es/20200501/Culturas/32221/Hedoi-Etxarte-coronavirus-enfermedad-guerra-imaginario-belico-discurso-Europa.htm

Faitelson-Weiser, S. (1993). Los sufijos formadores de adjetivos en español moderno: valores genéricos y valores específicos. *Nueva Revista de Filología Hispánica, XLI* (1), 19–53.

Fellbaum, C. (1998). A semantic Network of English Verb. En C. Fellbaum (ed.), *WORDNET. An electronic lexical database* (pp. 69–104). The MIT Press.

Fernández Ramírez, S. (1975). Derivados españoles en –ivo. *Archivum, 25*, 323–327.

Fernández Ramírez, S. (1986). *La derivación nominal.* Anejos del *BRAE* XL. Real Academia Española.

Fernández Vara, C. (2014). La problemática representación de la mujer en los videojuegos y su relación con la industria. *Revista de estudios de juventud, 106,* 96–108.

Ferrer i Cancho, R., y Solé, R. V. (2001). The small world of human language. *Proceedings of the Royal Society. Biological Sciences.* 268 (1482), 2261–2265. https://doi.org/10.1098/rspb.2001.1800

Fidolini, V. (2020). Food and Lifestyle Shows. En K. Ross (ed.), *The International Encyclopedia of Gender, Media, and Communication.* Willey Blackwell.

Foley, W.A. y Van Valin, R.D. (1984). *Functional syntax and universal grammar.* Cambridge University Press.

Fortunato, S. (2010). Community detection in graphs. *Physics Reports, 486* (3), 75–174.

Frawley, W. (1992). *Linguistic Semantics.* Lawrence Erlbaum Associates.

Galerón Molina, M. (2019). *La sexualización de la mujer en las series de televisión españolas: Los Serrano, Física o Química y Élite.* [Trabajo de fin de grado, Universidad de Valladolid].

Garrido Medina, J. (1994). *Lógica y lingüística.* Síntesis.

Gerhardt, C. (2020). Constructing Veganism Against the Backdrop of Omnivore Cuisine: The Use of Adjectives and Modifiers in Vegan Food Blogs. En A. Tovares y C. Gordon (eds.), *Identity and Ideology in Digital Food Discourse: Social Media Interactions across Cultural Contexts* (pp. 87-109). Bloomsbury.

Giammatteo, M. (2014). La modalidad volitiva y los verbos de actitud intencional. *Traslaciones. Revista Latinoamericana de Lectura y Escritura, 1* (1), 116–141.

Godoy, C., Denegri, M., Schnettler, B. y Alarcón, M. (2019). La mujer en la publicidad televisiva de alimentos en Chile: una aproximación feminista desde el análisis argumental del discurso. *Comunicación y medios, 28* (40), 68–81.

Gómez de Travesedo Rojas, R. y López Villafranca, P. (2020). La mujer en el discurso publicitario de alimentos para intolerantes: del reclamo de la salud a la perfección estética. *Pensar la publicidad, 14* (1), 53–63.

Gorci, G. (1990). Différenciation des significations dans le dictionaire monolingue: problemes e méthodes. En F.J. Haussmann et alii (eds.), *Encyclopédie internationale de Lexicographie,* II. (p. 910). Mouton de Gruyter.

Gracia Arnaiz, M. (2009). ¿Qué hay hoy para comer?: alimentación cotidiana, trabajo doméstico y relaciones de género. *Caderno Espaço Feminino, 21*(1), 209–237.

Grácia i Solé, L. (1995). *Morfologia léxica. L'herencia de l'estructura argumental.* Universitat de València.

Grimshaw, J. (1990). *Argument Structure.* The MIT Press.

Groot, C. (1985). Predicates and features. En A. Machtelt Bolkenstein *et al.* (eds.), *Predicates and terms in functional grammar.* Foris.

Gubern, R. (1987). *La mirada opulenta. Exploración de la iconosfera contemporánea.* Gustavo Gili.

Guilbert, L. (1975). *La créativité lexicale.* Larousse.

Guilbert, L. *et al.* (dirs.). (1989). *Gran Larousse de la langue française.* Larousse.

Gutiérrez Cuadrado, J. (Dir.) (1996). *Diccionario Salamanca de la lengua española.* Santillana.

345

Gutiérrez Ordóñez, S. (1992). *Introducción a la semántica funcional.* Síntesis.

Halliday, M.A.K. (1978). *Language as Social Semiotic: The Social Interpretation of Language and Meaning.* Hodder Arnold.

Halliday, M. (1985). *An introduction to functional grammar.* Hodder Arnold.

Hay, J. (2002). From speech perception to morphology: Affix ordering revisited. *Language, 78* (3), 527–555.

Hay, J., y Plag, I. (2004). What constraints possible suffix combinations? On the interaction of grammatical and processing restrictions in derivational morphology. *Natural Language & Linguistic Theory, 22,* 565–596.

Herken, E. y Redden, G. (2017). Misterchef? Cooks, Chefs and Gender in MasterChef Australia. *Open Cultural Studies, 1,* 125–139. https://doi.org/10.1515/culture-2017-0012

Hernández, H. (1991). Sobre el concepto de 'acepción': revisiones y propuesta. *Voz y Letra: Revista de Filología Moderna,* II (1), 127–141.

Hoven, R. (1994). *Lexique de la prose latine de la Renaissance.* Brill.

Huntington, E. V. (1916). A Set of independent postulates for cyclic order. En *Proceedings of the National Academy of Sciences of the United States of America.* November (pp. 630-631). https://doi.org/10.1073/pnas.2.11.630

Huygue, R. y Marín, R. (2007). L'héritage aspectuel des noms déverbaux en français et en espagnol. *Faits de Langues, 30,* 265–274.

Jackendoff, R. (1990). *Semantics structures.* The MIT Press.

Kaufmann, A. (1975). *Introduction to the Theory of Fuzzy Subsets.* Academic Press.

Kayl, P. (1971). Taxonomy and contrast. *Language, 47,* 866–887.

Kleiber, G. y Tamba, I. (1990). L'hyponymie revisitée: inclusion et hierarchie. *Langages,* 98, 7–32.

Kneale, W. y Kneale, M. (1972). *El desarrollo de la lógica.* Tecnos.

Kress, G. y van Leeuwen, T. (1996). *Reading images. The grammar of visual design.* Routledge.

Kress, G. y van Leeuwen, T. (2001). *Multimodal Discourse: The modes and Media of Contemporary Communication.* A&C Black 3PL.

Laca, B. (1986). *Die Wortbildung als Grammatik des Wortschatzes.* Günter Narr.

Laca, B. (1993). Las nominalizaciones orientadas y los derivados españoles en -dor y -nte. En S. Varela (ed.), *La formación de palabras* (pp. 180-204). Taurus.

Lahiri, S. (2013), Complexity of word collocation networks: A preliminary structural analysis. arXiv Preprint arXiv:1310.5111.

Lang, M.F. (1990). *Spanish Word-Formation. Productive derivational morphology in the modern lexis.* Routledge.

Langacker, R. (1987a). Nouns and verbs. *Language, 63* (1), 53–94.

Langacker, R. (1987b). *Foundations of Cognitive Grammar. Theoretical Prerequisites.* Stanford University Press.

Langacker, R. (2000). *Grammar and Conceptualization.* Mouton de Gruyter.

LAROUSSE (2000). Gran Diccionario de la Lengua española. Larousse.

Levin, B. y Rappaport, M. (1988). Nonevent -er nominals: a probe into argument structure. *Linguistics, 26*, 1067–1083.

Lindsay, M., y Aronoff, M. (2013). Natural selection in self-organizing morphological systems. *Selected Proceedings of the 7th Décembrettes.* https://linguistics.stonybrook.edu/faculty/mark.aronoff/files/publications/lindsay_aronoff_decembrettes.pdf

Llanos, M. y Ferré Pavia, C. (2020). La figura de la mujer en programas de infoentretenimiento en España: el resistente techo de cristal. *aDResearch: Revista Internacional de Investigación en Comunicación, 23*, 50–69.

Lliteras, M. (2002). Concurrencia histórica de los derivados en *–ción* y en *–miento.* En J. García Medall (ed.), *Aspectos de morfología derivativa del español* (pp. 69–77). Tri Tram.

Löbner, S. (2002). *Understanding Semantics.* Oxford University Press.

López, Á. (2020). Cuando el lenguaje excluye: consideraciones sobre el lenguaje no binario indirecto. *Cuarenta naipes. Revista de Cultura y Literatura, 3*, 295–312.

López Piñero, J. M.ª (1979). *Ciencia y técnica en la sociedad española de los siglos XVI y XVII.* Editorial Labor.

Lyons, J. (1977). *Semantics.* Cambridge University Press.

Lyons, J. (1987). Introduction. En J. Lyons (ed.), *News Horizons in Linguistics 2* (pp. 1–29). Penguin Books.

Lyons, J. (1995). *Linguistics semantics. An introduction.* Cambridge University Press.

Machado, J.P. (1977). *Dicionario etimológico da língua portuguesa.* Livros Horizonte.

Maldonado, C. (dir.) (2002). *Clave. Diccionario de uso del español actual.* SM.

Malkiel, Y. (1941). The development of *-ivu* in Latin and Romance. *Language, 17*, 99–118.

Malkiel, Y. (1988). Las peripecias españolas del sufijo latino *-oriu, -oria. Revista de Filología Española,* LXVIII, 68 (3/4), 217–255. https://doi.org/10.3989/rfe.1988.v68.i3/4.421

Marantz, A.P. (1984). *On the nature of Grammatical Relations.* The MIT Press.

Marle, J.V. (1985). *On the Paradigniatic Dimension of Morphological Creativity.* Foris.

Matthews, P.H. (1974). *Morphology. An introduction to the theory of word structure.* Cambridge University Press.

Mel'Cuk, I., Clas, A. y Polguere, A. (1995). *Introduction a la lexicologie explicative et Combinatoire.* Duculot.

Melero Muela, M.J. (2020). *La sexualización de la mujer en la prensa musical en España.* [Trabajo de fin de grado, Universidad Miguel Hernández de Elche].

Merlini Barbaresi, L. (2004). Aggettivi deadggettivali. En M. Grossmann y F. Rainer (eds.), *La formazione delle parole in italiano* (pp. 444–450). Max Niemeyer Verlag.

Merris, R. (2001). *Graph Theory.* John Wiley & Sons.

Mesa, M. y Alonso Cano, L. (2020). Narrativas y discursos en tiempos de pandemia: cómo explicar la crisis del COVID-19 desde el feminismo pacifista. *Anuario CEIPAZ, 12,* 77–93.

Miguel, E. (1986). Papeles temáticos y regla de formación de adjetivos en -ble. *Cuadernos de Filología Hispánica, 5,* 159–181.

Mihalcea, R., y Radev, D. (2011). *Graph-based natural language processing and information retrieval.* Cambridge University Press.

Miller, G. A. y Fellbaum, C. (2008). Semantic Networks of English. En P. Hanks (ed.), *Lexicology* (pp. 265–297). Routledge.

Moliner, M. (1960). *Diccionario de Uso del Español*. Gredos.

Moltmann, F. (1997). *Parts and Wholes in Semantics*. Oxford University Press.

Monlau, P. F. (1858). *Diccionario etimológico de la lengua castellana*. Imprenta y esterotipia de M. Rivadeneyra.

Morton, Wiston E., Roger Chaffin y Douglas Herrmann (1987). A taxonomy of part-whole relations. *Cognitive Science, 11*, 417–444. https://doi.org/10.1207/s15516709cog1104_2

Moschovajis, Y. (2006). *Notes on set theory*. Springer.

Mosterín, J. (2000). *Conceptos y teorías en la ciencia*. Alianza Editorial.

Mosterín, J. y Torretti, R. (2002). *Diccionario de Lógica y Filosofía de la Ciencia*. Alianza Editorial.

Muñoz Núñez, M.ª D. (1999). *La polisemia léxica*. Servicio de Publicaciones de la Universidad de Cádiz.

Murphy, M. L. (2003). *Semantic relations and the Lexicon. Antonymy, Synonymy, and Other Paradigms*. Cambridge University Press.

Newman, M. E. J. (2010). *Networks: an introduction*. Oxford University Press.

Otaola Olano, C. (2004). *Lexicología y semántica léxica. Teoría y aplicación a la lengua española*. Ediciones Académicas.

Oxford English Dictionary on C-Drom version 1.14 (1994). Oxford University Press.

Old Oxford Latin Dictionary (1968). Oxford University Press.

Panman, O. (1982). Homonymy and Polysemy. *Lingua, 58*, 105–136.

Pena Seijas, J. (1980). La derivación en español: verbos derivados y sustantivos deverbales. *Verba*, 16.

Pena Seijas, J. (1990). Sobre los modelos de descripción en morfología. *Verba, 17*, 5–75.

Pena Seijas, J. (1991). Consideraciones en torno a la *palabra* y al *morfema*. En M. Brea y F. Fernández Rey (eds.), *Homenaxe ó Profesor Constantino García* (pp. 365–373). Universidade de Santiago de Compostela.

Pena Seijas, J. (1993). La formación de verbos en español: la sufijación verbal. En S. Varela (ed.), *La formación de palabras* (pp. 217–281). Taurus.

Pena Seijas, J. (1999). Partes de la morfología. Las unidades del análisis morfológico. En I. Bosque y V. Demonte (eds.), *Gramática descriptiva de la lengua española* (pp. 4305–4366). Espasa-Calpe.

Pena Seijas, J. (2008). El cambio morfológico en el interior de las series de derivación. *Revista de Investigación Lingüística, 11*, 233–248.

Pena Seijas, J. (dir.) (2019). *BDME TIP. Plataforma web para el estudio morfogenético del léxico*. https://bdme.iatext.es

Pena Seijas, J. y Campos Souto, M. (2009). Propuesta metodológica para el establecimiento de familias léxicas en una consideración histórica: el caso de 'hacer'. *Cuadernos del Instituto de Historia de la Lengua, 2*, 21–52.

Pereira, M., Álvaro, J.L y Garrido, A. (2016). Procesos de esencialización de hombres y mujeres: Un estudio comparado Brasil-España. *Anales de Psicología, 32* (1), 190–198. https://dx.doi.org/10.6018/analesps.32.1.190841.

Pharies, D. (2002). *Diccionario etimológico de los sufijos españoles.* Gredos.

Plag, I., y Baayen, H. (2009). Suffix ordering and morphological processing. *Language, 85* (1), 109–152.

Plag, I., Andreou, M., y Kawaletz, L. (2017). A frame-semantic approach to polysemy in affixation. En O. Bonami, G. Boyé, G. Dal, H. Giraudo y F. Namer (eds.), *The lexeme in descriptive and theoretical morphology* (pp. 467–486). Language Science Press.

Porto Dapena, J.Á. (2002). *Manual de técnica lexicográfica.* Arco/Libros.

Querol Bataller, M. (2008a). Relaciones léxicas entre sustantivos deverbales. En D. Azorín *et al.* (eds.), *El diccionario como puente entre las lenguas y culturas del mundo. Actas del II Congreso Internacional de Lexicografía Hispánica* (pp. 380–385). Biblioteca Virtual Miguel de Cervantes.

Querol Bataller, M. (2008b). Sustantivos deverbales alternantes: propuesta para una clasificación diferencial. *Revista de Lingüística y Lenguas Aplicadas, 3,* 73–82.

Quilis, A. (1970). Sobre la morfonología. Morfonología de los prefijos en español. *Revista de la Universidad de Madrid, IV-XIX* (74), 223–248.

Quirk, R. *et al.* (1972). *A Grammar of Contemporary English.* Longman.

Rainer, F. (1988). Towards a theory of blocking: The case of Italian and German quality nouns. En G. Booij y J. van Marle (eds.), *Yearbook of Morphology 1988* (pp. 155–185). Kluwer Academic Publishers.

Rainer, F. (1993). *Spanische Nortbildungslehre.* Max Niemeyer Verlag.

Rainer, F. (1999). La derivación adjetival. En I. Bosque y V. Demonte (eds.), *Gramática descriptiva de la lengua española* (pp. 4595–4644). Espasa-Calpe.

Rainer, F. (2004). Altre categoría. En M. Grossmann y F. Rainer (eds.), *La formazione delle parole in italiano* (pp. 253-264). Max Niemeyer Verlag.

Rainer, F. (2005). Constraints on productivity. En P. Stekauer y R. Lieber (eds.), *Handbook of word formation* (pp. 335–352). Springer.

Rainer, F., Dressler,W. U., Gardani, F., y Luschützky, H. C. (2014). Morphology and meaning: An overview. En F. Rainer *et al.* (eds.), *Morphology and meaning: selected papers from the 15th International Morphology Meeting, Vienna, February 2012* (pp. 3–46). John Benjamins.

Rappaport, M. y Levin, B. (1992). -er nominals: implications for the theory of argument structure. En E. Wehrli y T. Stowell (eds.), *Syntax and Semantics 26: Syntax and the lexicon* (pp. 127–153). Academie Press.

Real Academia Española (1984). *Diccionario de la Lengua Española.* Espasa Calpe.

Real Academia Española (1992). *Diccionario de la Lengua Española.* Espasa Calpe.

Real Academia Española (2001). *Diccionario de la Lengua Española.* Espasa Calpe.

Real Academia Española (2014). *Diccionario de la lengua española.* http://dle.rae.es

RAE/ASALE (2009). *Nueva gramática de la lengua española: Morfología Sintaxis I.* Espasa Libros.

Real Academia Española. Banco de datos (CORDE) [en línea]. *Corpus diacrónico del español.* <http://www.rae.es>.

Real Academia Española (CREA) [en línea]. *Corpus de referencia del español actual.* <http://www.rae.es>.

Reinheimer-Ripenau, S. (1973). Différentes types de parasynthétiques, *R.L.R. XVIII* 5, 487–491.

Renkema, J. (2001). Intensificadores: un marco de análisis. *Revista Electrónica Discurso,* 1 (1), 1–19.

Rey, Alain (dir.). (2000). *Dictionaire historique de la langue française*. Le Robert.

Rifón, A. (1996). Sinonimia y polisemia de los sufijos –*dor* y –*nte*. *Revista de lexicografía, 1,* 95–109.

Rifón, A. (1997a). *Pautas semánticas para la formación de verbos mediante derivación*. Universidade de Santiago.

Rifón, A. (1997b). Sobre la oposición verbal dinamicidad / estatividad en español. *Romanistik in Geschichte und Gegenwart, 3* (2), 241–254.

Rifón, A. (1997c). Reflexiones en torno a la agencia y la afección en español. *Anuario de estudios filológicos, XX,* 367–389.

Rifón, A. (1997d). Sinonimia y polisemia de los sufijos -*dor* y –*nte*. *Revista de Lexicografía, 111,* 95–109.

Rifón, A. (1997e). Sobre la variedad significativa del sufijo postverbal –*dero*. En M.C. Henríquez y M.Á. Esparza (eds.), *Estudios de Lingüística* (pp. 123–137). Departamento de Filología Española de la Universidad de Vigo.

Rifón, A. (1998). La derivación verbal apreciativa en español. *Estudios de lingüística de la Universidad de Alicante, 12,* 211–226.

Rifón, A. (2011). Nominalizations of transfer verbs. En J.L. Cifuentes Honrubia y S. Rodríguez Rosique (eds.), *Spanish Word Formation and Lexical* Creation (pp. 233–254). John Benjamins.

Rifón, A. (2016). Estructura de las redes de familias morfológicas antónimas. *Lingüística Española Actual, 38*(2), 315–338.

Rifón, A. (2018). Las redes semánticas de los prefijos en español. En M. Díaz *et al.* (eds.), *Actas do XIII Congreso Internacional de Lingüística Xeral* (pp. 775-782). Universidade de Vigo.

Rodríguez, F. (2006). La lengua de la ciencia y la técnica moderna en el CORDE: los *Anales de* química de Proust. En E. Bernal y J. DeCesaris (eds.), *Palabra por palabra. Estudios ofrecidos a Paz Battaner* (pp. 219-232). Institut Universitari de Lingüística Aplicada. Universitat Pompeu Fabra.

Rodríguez Espiñeira, M.J. (1990). Clases de Aktionsart y predicaciones habituales en español. *Verba, 17,* 171–210.

Romera, M. (2020). Estereotipos para la mujer de hoy. La maternidad sexy en el discurso de las revistas españolas para mujeres. *Discurso & Sociedad* 14 (4), 970–992.

Rosen, K. H. (2004). *Matemática discreta y sus aplicaciones*. McGraw-Hill.

Ross, K. (2020). *The International Encyclopedia of Gender, Media, and Communication*. Willey Blackwell.

Salerno, P. (2020). Enfermeras en pandemia: el discurso público, entre el cuidado y la heroicidad. En C. Barbato (ed), *El cuidado es político. Reflexiones transversales en tiempos de precariedad* (pp. 198-216). Poliedro.

Salvá, V. (1859). *Gramática de la lengua castellana*. Garnier.

Sánchez, A. (2001). *Gran diccionario de uso del español actual. Basado en el corpus Cumbre*. SGEL.

Sapir, E. (1921). *Language: An Introduction to the Study of Speech*. Brace and World.

Scalise, S. (1983). *Morfología lessicale*. CLESP.

Scalise, S. (1984). *Generative Morphology*. Foris.

Scalise, S. (1987). *Morfología generativa*. Alianza Editorial.

Schlesinger, I. M. (1989). Instruments as agents: on the nature of semantics relations. *Journal of Linguistics, 25,* 189–210.

Seco, M. (2003). *Estudios de lexicografía española.* Gredos.

Seco, M., Andrés, O. y Ramos, G. (1999). *Diccionario del español actual.* Santillana.

Serrano Dolader, D. (1995). *Las formaciones parasintéticas en español.* Arco Libros.

Serrano Dolader, D. (1999). La derivación verbal y la parasíntesis. En I. Bosque y V. Demonte (eds.), *Gramática descriptiva de la lengua española* (pp. 4683–4755). Espasa-Calpe.

Sikka, T. (2020). Food and Femininity. En K. Ross (ed.), *The International Encyclopedia of Gender, Media, and Communication.* Willey Blackwell. https://doi.org/10.1002/9781119429128.iegmc203

Simons, P. (1987). *Parts: A Study in Ontology.* Clarendon Press.

Smith Taillie, L. (2018). Who's cooking? Trends in US home food preparation by gender, education, and race / ethnicity from 2003 to 2016. *Nutrition Journal, 17:* 41.

Stickiness - WordReference Forums. (s. f.). Recuperado 11 de noviembre de 2014, a partir de http://forum.wordreference.com/showthread.php?t=426219&langid=24

Stekauer, P. (2014). Derivational paradigms. En L. Rochelle y P. Stekauer (eds.), *The Oxford Handbook of Derivational Morphology* (pp. 354-369). Oxford University Press.

Stump, G.T. (1991). A Paradigm-based Theory of Morphosemantic Mismatches. *Language, 67* (4), 675–725.

Subbotina, N. S., Fatkhutdinova, V. G. y Ratsiburskaya, L. V. (2017). Derivational paradigmatics in Russian language: linguistic and methodical aspects. *Modern Journal of Language Teaching Methods, 7* (9/1), 166–171.

Tanguy, L., y Hathout, N. (2002). Webaffix: un outil d'acquisition morphologique dérivationnelle à partir du Web. En J.M. Pierrel (ed.), *Actes de la 9ème conférence sur le Traitement Automatique des Langues Naturelles* (pp. 247–256). ATALA.

TLFi. *Trésor de la langue Française informatisé.* http://www.atilf.fr/tlfi, ATILF - CNRS & Université de Lorraine.

Unan, H. (1993). *Les nominalisations agentive et instrumentale en français moderne.* Peter Lang.

Universidad de Salamanca (1996). *Diccionario Salamanca de la Lengua Española.* Santillana.

Van Dijk, T. (2016). Estudios críticos del discurso. Un enfoque sociocognitivo. *Discurso & Sociedad, 10* (1), 167–193.

Val Álvaro, J. F. (1981). Los derivados sufijales en -ble en español, *Revista de Filología Española, LXI,* 185–198.

Van Valin, R.D. (1993). A synopsis of Role and Reference Grammar. En D.R. Van Valin (ed.), *Role and reference grammar* (pp. 1-16). John Benjamins.

Varela Ortega, S. (1990). *Fundamentos de morfología.* Síntesis.

Varela Ortega, S., y Martín García, J. (1999). La prefijación. En I. Bosque y V. Demonte (eds.), *Gramática descriptiva de la lengua española* (pp. 4993–5040). Espasa-Calpe.

Vendler, Z. (1967). Verbs and times. En Z. Vendler (ed.), *Linguistics in Philosophy.* (pp. 97-121). Cornell University Press.

Zwicky, A.M. y Sadock, J.M. (1975). Ambiguity tests and how to fail them. En J. Kimball (ed.), *Syntax and Semantic* (pp. 1-36). New York Academic Press.

LC-3-1